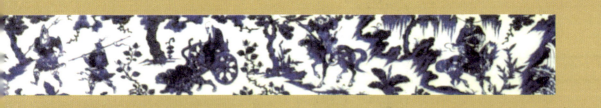

中国战争诗话

◎ 蔡镇楚 蔡静平＝著

湖南师范大学出版社

图书在版编目（CIP）数据

中国战争诗话/蔡镇楚，蔡静平著．—长沙：湖南师范大学出版社，2010.1

ISBN 978 - 7 - 5648 - 0131 - 1

Ⅰ．中…　Ⅱ．①蔡…②蔡…　Ⅲ．诗话—作品集—中国—当代　Ⅳ．I227

中国版本图书馆 CIP 数据核字（2009）第 221457 号

中国战争诗话

蔡镇楚　蔡静平　著

◇组稿编辑：谭南冬

◇责任编辑：蒋旭东

◇责任校对：刘　洪　郭海波

◇出版发行：湖南师范大学出版社

地址/长沙市岳麓山　邮编/410081

电话/0731.88853867　88872751　传真/0731.88872636

网址/http：//press. hunnu. edu. cn

◇经销：湖南省新华书店

◇印刷：长沙瑞和印务有限公司

◇开本：710×1000　1/16

◇印张：25.25

◇字数：346千字

◇版次：2010年1月第1版　2010年1月第1次印刷

◇书号：ISBN 978 - 7 - 5648 - 0131 - 1

◇定价：46.00元

◇田横五百士　　徐悲鸿

中国战争古卷

◇火烧赤壁　　陈全胜　李学明

◇花木兰从军

◇百万雄师过大江　董希文

中国战争寺话

序 言

一

　　烽火连天，硝烟弥漫，战鼓惊魂，杀声动地，血流成河，尸横遍野，胜者欢呼，败者哀嚎，残垣断壁，生灵涂炭，哀鸿千里，怨声载道……这就是战争，残酷的战争！

　　战争是神话，是历史，也是现实。

　　古希腊神话中的战争之神，是阿瑞斯（Ares）。他是主神宙斯的第二个儿子，蛮横凶残，好为征战，却屡战屡败。

　　与西方神话不同，中国人不好战争，故中国神话没有塑造出自己的战神。唯有一个小哪吒，是否可以算作"战神"，还很难下定论。他是玉皇大帝部下托塔天王李靖的儿子，机智勇敢，除恶行善，帮助姜子牙，兴周灭纣。他脚踩风火轮，攻无不克，战无不胜。

　　战争是一把剑，一支枪，一门大炮，一枚炸弹，一阵生死拼杀。古往今来，战争是一个魔物，是一把双刃剑。它制造人为的动乱与灾难，将无辜的民众投入血与火的战场；也以摧枯拉朽之势与气吞万里之力，实现改朝换代的社会变革，摧毁旧政权，建立新世界，创造文明与科技进步，推动历史的车轮滚滚前进。

　　战争是一部史诗。中华民族发展历程中的战争，大大小小，数以千万计，展现的是一部深重的战争灾难史，也是一部创造新时代辉煌的发展史。

二

　　在汉语词汇中，"战"作为单音节词，就是战争。许慎《说文解字》云："战，斗也。从戈，单声。"

这个"战"字，早在《书·甘誓》之"大战于甘"中就出现了。从汉字字源学来分析，"战（戰）"属于形声字：从戈，单（單）声。戈是武器。本意就是人群之间、部落之间乘战车、操戈矛而争斗。

"战争"作为双音节词，出现在秦汉时期，司马迁《史记·秦始皇本纪》记载：秦始皇"以诸侯为郡县，人人自安乐，无战争之患"。"战争"即战斗和纷争之意。自此而后，人们越来越多直接使用"战争"一词。即以一代唐诗为例，直接应用"战争"一词者，先有安史之乱时期诗人刘长卿《至德三年春正月，时谬蒙差摄海盐令，闻王师收二京，因书事寄上浙西节度李侍郎中丞行营五十韵》一首长诗中的"朝市成芜没，干戈起战争"，后有中唐诗人聂夷中的《胡无人行》：

男儿徇大义，立节不沽名。
腰间悬陆离，大歌胡无行。
不读战国书，不览黄石经。
醉卧咸阳楼，梦入受降城。
更愿生羽翼，飞身入青冥。
请携天子剑，斫下旄头星。
自然胡无人，虽有无战争。
悠哉典属国，驱羊老一生。

《胡无人行》是汉族的歌谣。徇大义：为大义献身。陆离：宝剑。战国书：《战国策》。黄石经：《太公兵法》，是黄石公授予张良的秘籍兵书（见《史记·留侯世家》）。青冥：天空。旄头星：髦头星，又称昴星。古人称昴为胡，昴星如果摇动跳跃，就象征着"胡兵大起"（见《史记·天官书》）。典属国：汉朝官名，掌管民族事务。苏武被拘留匈奴，在北海牧羊。归汉后，被任命为典属国。聂夷中此诗，完整地使用了"战争"一词，表达了对胡人的蔑视与边塞虽有胡人而无战争的渴望。

三

战争就是人类族群、国家、阶级之间凭借人力、战车、戈矛等进行的相互争斗。这种争斗，根源于"饮食男女"。为了自身的生存与发展，自有人类之始，不同的族群、国家、阶级就宿命般被卷入了战争的漩涡。

在人类发展史上，生存与发展是硬道理。生存与发展，需要饮食，需要资源，需要土地。而为了饮食、资源、土地等，就必然发生战争。古往今来，中国历史上的大小战争就是这样发生的。

中国古代的战争，最早有文字记载的是炎黄之间的"阪泉大战"与黄帝大败蚩尤的"涿鹿之战"，就是炎帝与黄帝为首领的两大部族为了争夺生存与发展空间而引起的。

西汉司马迁的《史记·五帝本纪》记载："轩辕之时，神农氏衰，诸侯相侵凌，暴虐百姓，而神农氏弗能征。""诸侯咸尊轩辕为天子，代神农氏，是为黄帝。"又称黄帝与炎帝"战于阪泉之野，三战，然后得其志"。

晋人皇甫谧《帝王世纪》记载："黄帝有熊氏，少典之子，姬姓也，生寿丘，长于姬水。龙眼，有圣德，受国于熊，居轩辕之丘，故因以为号。治五气，设五量。及神农氏衰，黄帝修德抚民，诸侯咸去神农，而归之。黄帝于是乃扰驯猛兽，与神农氏战于阪泉之野，三战而克之。又征诸侯，使力牧神皇直讨蚩尤氏，擒之于涿鹿之野，使应龙杀之于凶黎之丘，凡五十二战，而天下大服。"（《艺文类聚》卷十一）这些文献记载，说明黄帝与炎帝两个原始部落之间，确实发生过土地之争与权力之争。其后炎帝败，而走南方。

一部中国历史，从某种意义上而言，就是一部汉民族与周边少数民族争夺生存与发展空间的历史。从秦汉时期的匈奴到满清王朝的入主中原，汉族政权与北方少数民族政权的争夺与战争，绵延了一千多年，都是围绕着饮食、资源、土地与主宰中国政治权力而展开的。

世界范围的战争，从古代的特洛伊战争到两次世界大战，再到当代的两次海湾伊战争，也都是各个军事政治集团之间为了争夺饮食资源、争夺各自生存和发展空间而发生的。

古希腊神话中著名的特洛伊战争，"饮食男女"就是其导火线。特洛伊战争，因争夺金苹果而起，因争夺美女海伦而发生。海伦，是斯巴达王墨涅拉俄斯的妻子。传说特洛伊王子帕里斯的父母举行的宴会，没有邀请"不和女神"厄里斯出席，她就在筵席上放置了一个金苹果，上面刻着"属于最美丽的人"。这个金苹果，引起了天后赫拉、智慧女神雅典娜、爱神阿芙洛狄忒的激烈争夺。总神宙斯要她们找特洛伊王子帕里斯来评判。三位女神一个个向帕里斯许愿，如果判给自己，就给帕里斯多少好处。天后许诺让他成为"最伟大的君主"，智慧女神许诺使他成为"最勇敢的战士"，爱神许诺为他娶一个"最美丽的女人"。结果帕里斯果断地将金苹果判给了爱神阿芙洛狄忒。随后美丽女神邀请帕里斯到斯巴达做客，与斯巴达王墨涅拉俄斯最美丽的妻子海伦一见钟情，美女海伦与帕里斯两情相悦。后得到爱神阿佛洛狄忒的帮助，特洛伊王子帕里斯乘斯巴达王外出之际，引诱海伦私奔，并且劫走了大批财富。希腊各部落认为这是希腊历史的奇耻大辱，就公推阿伽门农为首领，联合攻打特洛伊，从此引发了持续十年之久的特洛伊战争。希腊人远征特洛伊，围攻九年不下，希腊将领奥德修斯献计，最后采用木马计，里应外合，攻克特洛伊城。

两百多年前美利坚合众国的诞生，也肇始于饮食之争。自从西班牙航海英雄哥伦布发现"新大陆"以后，美洲的土地、黄金、矿藏、森林与劳力等资源成为欧洲人争夺的对象。美利坚人嗜好饮茶，然而英国殖民主义者实行茶叶垄断，激化了波士顿居民的反抗情绪。从某种意义来说，美国乃是波士顿茶叶事件的产物。两百多年以前，北美波士顿还处在英国殖民者的统治之下。为了反对殖民地繁重的茶叶税和东印度公司的茶叶贸易垄断，波士顿居民于1773年12月16日举行声势浩大的集会抗议活动。当晚，13名波士顿茶党青年，化装成印第安人，爬上英国商船，将价值108万英镑的45吨共计342箱茶叶，统统倾倒于海中。这就是直接引发美国独立战争的"波士顿茶党案"，从此揭开了北美殖民地人民与英国殖民主义斗争的序幕。从1775年到1783年，经过八年独立战争血与火的洗礼，北美13个殖民地脱离英国而独立，"美利坚合众国"这第一个新的资产阶级共和国在美洲大陆诞生。茶叶的社会效应，甚至可以作为一个导火线，引发出一场美国独立战争，影响了一种政治取向、一个时代的发展历史。一个强大、民主的美国，就诞生在北美人与欧洲人的饮食之争而引起的战争风烟之中。日本作为一个岛国，资源贫乏，地理环境不好。为了谋求大

和民族的生存与发展，明治维新后，经济腾飞的日本，日本军国主义分子利用日本民族参与生存竞争的民族意识，实施"以军事强国"战略，着手打造"大海军国"。中国历史上，唯有元蒙帝国的忽必烈曾两次出兵攻打日本，一为公元1274年的"文永之役"，二为公元1281年的"弘安之役"，但元军两次渡海都因风暴而未能成功。中国的地理形状像一只雄鸡，而日本则像一条蜈蚣。雄鸡从来没想吃掉蜈蚣，而蜈蚣却一心想吃掉比自己大几十倍的雄鸡。于是他们的眼睛便盯上了中国大陆这块毗邻的肥肉。明清时期，倭寇不断侵扰中国沿海，出现长期的"倭寇之乱"。鸦片战争以后，日本不断侵略中国与朝鲜，清朝光绪二十年（1894）爆发中日甲午战争，逼迫清朝政府派李鸿章签订受屈辱的《马关条约》。1936年"2·26"军事政变之后，日本确立了军人政治，肆无忌惮地走上侵略扩张的军国主义道路，走火入魔，野心膨胀，以征服中国为基本国策，妄想建立大东亚共荣圈。从明治维新到"九一八"事变的一个世纪，日本发动与参加的14次对外战争，就有10次是针对中国的。第一次世界大战时，日本趁火打劫，利用所谓"日英同盟"捞到对外侵略扩张的许多好处。于是第二次世界大战时，日本全面发动侵略中国的战争，所谓建立"大东亚共荣圈"，主要目的是通过侵略战争，寻求自身的生存与发展机遇。中国人民八年之久的抗日战争，从某种意义上来说，也是反抗日寇侵略、维护自己生存权的生死搏斗。

冷战结束之后的当代局部战争，也基本上是围绕着生存与发展这个核心问题而展开的。中东地区持续不断的战争，基本上是围绕着争夺能源石油而展开的。诸如十年两伊战争，旷日持久的巴勒斯坦与以色列争夺生存与发展空间的拉锯战，都是为了争夺石油、争夺生存权与发展权而展开的。美国发动的伊拉克战争，明为"反恐战争"，实则为争夺石油资源，争夺中东地区的霸权而战。将来的太空战争，依然围绕着人类未来的生存和发展空间的争夺而展开。正如美国前总统尼克松说："谁控制了太空，谁就控制了整个地球。"

四

古往今来，战争有正义与非正义之分。正义者，乃是一个民族维护自身生存权与发展权的反侵略、反掠夺、反压迫的自卫战争；非正义者，乃是剥夺他

5

人生存与发展权的侵略战争。

　　既然如此，自古以来，人们对待战争，历来有三种截然不同的态度：

　　第一，支持正义战争，反对非正义战争。

　　《老子》有云："夫兵者，不祥之器，非君子之器，不得已而用之，恬淡为上。"（《三十一章》）诗人李白《战城南》也称："乃知兵者是凶器，圣人不得已而用之。"历数中国历史上的战争，我们才知道兵戈是天下杀人的凶器，圣贤是不得已而使用这种凶器的。所以中国主流文化中的儒道释三家，都主张兴仁义之师，反对非正义的侵略战争。杜甫《前出塞》旗帜鲜明地说："挽弓当挽强，用箭当用长。射人先射马，擒贼先擒王。杀人亦有限，列国自有疆。苟能制侵陵，岂在多杀伤？"

　　战争其所以有正义与非正义之别，分界线就在于其战争的性质，是压迫还是反压迫，是侵略还是反侵略。以武装斗争来保卫自身的饮食资源、土地资源与矿产资源，保卫自己民族的发展权益，保卫自己国家的主权，这种战争就是正义的；反之，依靠武力去抢夺别人的饮食与资源，侵犯其他民族的生存利益与发展权益，侵略其他国家的领土主权，这种战争就是非正义的。

　　清朝著名思想家魏源从人类发展历史入手，即主张以战争制止战争，其《古微堂内集·治篇十四》第二条指出："虽古之圣王，不能使甲兵之世复还于无甲兵，而但能以甲兵止甲兵也；不能问世刑狱之世复还于无刑狱，而但能以刑狱止刑狱也。"甲兵，泛指战争。魏源认为即使是古代的圣王，也不可能把已经爆发战争的时代回复到没有战争的时代，而只能用战争去制止战争；不可能把已经使用刑法监狱的时代回复到没有使用刑法监狱的时代，而只能用刑法监狱去消灭刑法监狱。魏源主张以战去战，以杀止杀。在《观物吟》十首组诗里，他主张《我今以杀来止杀》，云：

> 君不见
>
> 禽兽逼人传上古，九州道路横豺虎。
>
> 倮虫那敌爪牙横，爰是羲皇制网罟。
>
> 弱肉强食翻手势，不惟除害反争利。
>
> 燔山竭泽神鬼号，大觉慈悲来救世。

戒杀兼爱无等差，狼麟一律何能殊？
我今以杀来止杀，不容鹰隼与豺獭。
入山但捕猿与枭，入水但斩鳄与鲛。
周处儋台孙叔教，秉畀炎火迎虎猫。
生生杀杀皆天意，枭羹可以祀上帝。

鸦片战争时期，魏源是典型的主战派，面对九州豺狼当道，隼獭横行，弱肉强食，中国人不应该相信佛教宣传的"戒杀兼爱"，而应该武装起来，以战去战，以杀止杀，"入山但捕猿与枭，入水但斩鳄与鲛"。

第二，兼爱非攻，反对一切进攻性战争。

先秦时代，墨家经典《墨子》中有《兼爱》、《非攻》等篇什，明确打出"兼爱非攻"的旗号，认为"兼爱"者则"非攻"，攻伐来源于不相爱。他指出："大夫各爱其家，不爱异家，故乱异家以利其家；诸侯各爱其国，不爱异国，故攻异国以利其国。""若使天下兼相爱，国与国不相攻，家与家不相乱，盗贼亡有，君臣父子皆能孝慈，若此则天下大治。"墨子这种反进攻性战争思想，源于他的"兼爱"与构建大同世界的社会理想。但墨子并不反对一切战争，认为以下三种情况即可使用暴力性的战争：一是出现暴君，应该除暴安民；二是外敌入侵，应该起而反抗；三是以强凌弱、以大欺小，即可使用暴力。他在《公输》一篇中，制止公输盘为楚国进攻宋国制造云梯，是因为他反对楚国以大欺小、以强凌弱的侵略行径。

第三，耻于战争，反对一切战争。

先秦时期，老子反对一切战争，主张"不以兵强天下"（《老子》第三十章）。晚唐咏史诗人胡曾《首阳山》一诗，写孤竹君二子伯夷、叔齐耻于战争，反对"以暴易暴"。周武王伐纣时，曾拦道请求休兵，殷商灭亡，周朝建立以后，作为殷商遗民的伯夷、叔齐，因不食周粟，而后活活饿死在首阳山上。其诗云：

孤竹夷齐耻战争，望尘遮道请休兵。
首阳山倒为平地，应始无人说姓名。

前两句写伯夷、叔齐耻于战争。伯夷、叔齐，是孤竹君的两个儿子，兄弟俩因互让君位而隐居。周武王伐纣，他们认为这是不仁不孝，明确反对"以暴易暴"的战争。据《史记·伯夷叔齐列传》记载：西伯卒，武王载着木主，号称为周文王，东征讨伐商纣王。伯夷、叔齐两兄弟认为此举不妥，叩马而进谏周武王说："父死不葬，爰及干戈，可谓孝乎？以臣弑君，可谓仁乎？"意思是说：父亲周文王死了，你不予以安葬，却要载着父亲的尸骨去大动干戈，可以说是尽孝道吗？你作为商朝的臣子，却去攻杀商朝君王，可以算是仁义吗？周武王最终灭殷的不义之举而得天下，伯夷、叔齐他们以此等战争为耻，义不食周粟，隐居首阳山，采薇而食。作歌曰：

> 登彼西山兮，采其薇矣。
> 以暴易暴兮，不知其非矣。
> 神农虞夏忽焉没兮，我安适归矣？
> 于嗟徂兮，命之衰矣！

"以暴易暴兮，不知其非矣。"认为用暴力来改变暴力，是不知使用暴力，本身就是不对。伯夷、叔齐们主张仁政，反对霸道，自无可非议，但其反对一切战争的观念却是不切实际的，只能落得个饿死于首阳山的命运悲剧。

和平是战争的对立面，二者是相互对应而存在的。要和平，要发展，不要争斗，更不要战争，这是人类共同的愿望。当今之世，和平与发展，始终是世界各国面临着的两大主题。要和平，不要战争！这是全世界人民的共同呼声。我们研究中国军旅文化，主要目的是为了弘扬英雄主义与爱国主义传统，反对侵略战争，维护世界和平，以构建一个和谐社会与和谐世界。

五

军旅，就是军事之旅，干戈之旅，是军队、军队生活与军事活动的集中体现。

旅者，队伍也。中国自古以来，就有军旅，就有军事活动。

军队是什么？军队是为特定政治目的服务的武装集团。《孙子兵法》开篇

即有"兵者，国之大事，死生之地，存亡之道，不可不察"之论。军队事关国家大计，战争关系着人民的生死、国家的存亡。

《论语·颜渊》记载：子贡问政，孔子说了三个方面："足食，足兵，民信之矣。"他认为充足的粮食、充足的军队、民众的信任，乃是为政的根本。

那么，建立军队的目的何在？古人认为在于"农战"：一是为"农"，一是为"战"。《诗经·大雅·公刘》第五章诗云：

> 其军三单，度其隰原。
> 彻田为粮，度其夕阳。
> 豳居允荒。

《公刘》是描述周民族生存与发展的史诗之一。公刘是后稷的曾孙，相传公刘遭夏之乱，乃避中原之难，率领部族自邰迁豳。三单，就是将军队分为三批，轮班服役。以上诗句是说：公刘将他的军队分成三批，轮班服役，组织人员测量低湿平整的土地，开垦良田，种植粮食，又开垦山丘，扩大耕地。这样以来，周民族在豳的居住生活条件大大改善了。

"军旅"一词，最早出现在孔子时代。《论语·宪问》："仲叔圉（yǔ）治宾客，祝鮀治宗庙，王孙贾治军旅。"治：管理，掌管。仲叔圉：孔文子，卫国大夫孔圉，掌管外交。祝鮀：一作祝佗，字子鱼，卫灵公时官大祝，长官祭祀礼仪。王孙贾：卫国大夫，掌管军队。又《论语·卫灵公》："俎豆之事，则尝闻之矣；军旅之事，未之学也。"卫灵公向孔子请教军队列阵之法，孔子说："礼仪之事，我曾听说过；而军队之事，我从来没学习过。"

《全唐诗》里"军旅"之词，出现过 12 次。大诗人杜甫诗集里竟出现 4次，其中《怀锦水居止二首》之一云：

> 军旅西征僻，风尘战伐多。
> 犹闻蜀父老，不忘舜讴歌。
> 天险终难立，柴门岂重过。
> 朝朝巫峡水，远远锦江波。

此中"军旅"就是军队。杜甫在成都，看到军队西征，战伐繁多，想起蜀中父老不忘讴歌舜帝。天险，柴门，巫峡水，锦江波，一派风光都付之风尘战火了。这样看来，杜甫对李唐王朝"军旅西征"是反对的。

六

军旗猎猎，军号声声，军歌嘹亮，军令铮铮，这是军旅的誓言，是出征的步伐，是战无不胜、攻无不克的胜利呼唤，是中华民族的浩然正气之歌！

一部金戈铁马中国战争史，积淀了丰厚的中国军旅文化。

军旅文化，是关于军队与军事行旅的文化现象，是战争与军旅生活历练而来的一种文化积淀。

中国军旅文化，凝聚着历代征战将士的鲜血，也闪现着中国人民抗敌御侮时英勇奋战、流血牺牲的刀光剑影。那血与火的战场，那临危不惧、临死不屈的呼喊，那奔赴国难的惊天地、泣鬼神的英雄壮举，至今历历如在目前，声声萦绕心间，激励着历代炎黄子孙保家卫国，奋勇向前。于是，中国有了"黄河在咆哮"的呐喊，有了激越千古的《义勇军进行曲》，有了毛泽东在天安门向全世界发出"中国人民从此站起来了"的庄严宣告……

中国军旅文化，是中华民族优秀传统文化的一个重要组成部分。中国传统文化中的三大主流文化，即儒家文化、道家文化与佛教文化，因为有军旅文化的渗透其中，而注入了爱国主义、英雄主义的灵魂，中华民族的文化性格也变得更加刚毅坚强，充满着钢铁意志与不怕苦、不怕死、不怕牺牲的战斗精神。研究历代战争与中国军旅文化的关系，让人们感受到战争的残酷性与破坏性，可以加强对战争与动乱的历史反思与理性思考，从而更加珍惜和平，反对动乱，反对分裂，自觉维护和平安定的社会环境。

博大精深的中国军旅文化，大致具有以下基本特征：

第一，是以披坚执锐的将士为军旅文化的主体。有军队，而后有军旅文化。离开了安边报国的将士，就难以成就军旅文化。

第二，是以团结紧张、严肃活泼为基调的军旅文化生活，即使其间偶有美酒与雅乐，有衔觞赋诗的豪纵，也充满着一种严酷悲壮的战争气息。

第三，是绵延千载的中国军旅文化精神，以英雄性格、爱国主义、自我牺

牲精神为主旋律，也同样充满着故土之恋与思乡情调。

第四，中国历代的军事冲突与历代战争，无论是对外的反击侵略与对内的改朝换代，都经受着血与火的洗礼，闪现着刀光剑影，因而中国军旅文化也带有一种明显的血腥气味，是流血牺牲的沙场，是生死搏斗的战场，是悲壮的战争安魂曲。

第五，中国军旅文化的主要载体与传播媒介，是战争神话传说、历史故事、军旅诗歌、战争小说戏剧、军事著述与军事传播媒体。这些媒体既是军旅生活的产物，又是军旅文化的发扬光大者，因此研究中国军旅文化，不仅要关注现实军队与战争，还要特别注重其历史流传的文化载体。

中国军旅文化的文化载体与传播媒介如此丰富多彩，本书所涉及的仅仅是其中与诗歌相关者。所谓"中国战争诗话"，就是中国关于军旅生活与战争的诗歌故事，是中国军旅文化与中国诗义化相结合的产物。

七

美学家宗白华说："文学是民族的表征。"中国著名的战略学家李际均将军也指出，中国军旅文学参与了民族智慧的培育、民族精神的锤炼和塑造，蕴含着民族的情怀与期望。中国军旅诗歌大多诞生于戎马倥偬之际。特别是在国难当头、民族存亡的严峻岁月里，历代有识之士情系天下兴亡，用其如椽巨笔，锻铸了不朽的民族之魂。

首先，伟大的爱国主义精神，是纵贯于中国军旅诗词中永恒的主旋律。从中国最早的《诗经》开始，诗人们怀着对国家、民族命运的深切关注，以悲天悯人的生命情怀，或拍案高歌，或横槊赋诗，凸显了同仇敌忾、抗敌御侮、笑傲边陲、以身许国的爱国热忱。曹植"捐躯赴国难，视死忽如归"，戴叔伦"愿得此身长报国，何须生入玉门关"等军旅壮曲，都表现出历代志士仁人强烈的历史责任感和时代使命感。

其次，勇武壮伟的英雄主义精神，是弥漫在中国军旅诗歌作品中的内在基调。为了"挽狂澜于既倒，扶大厦之将倾"，历代诗人词客或借景抒情，或托物言志，不但为我们塑造了一大批气吞山河、光昭日月的英雄儿女，也展示了我国传统文化中"舍生取义"、"杀身成仁"的核心价值观。即以唐代的边塞军旅诗歌而言,作品描写的那些顶天立地、铁骨铮铮的军旅英豪,他们或慷慨尚武:"男儿何不带吴钩,收取关山五十州";或豪迈自许:"黄沙百战穿金甲,不破楼兰终不还";或慷慨激越:"也知边塞苦,岂为妻子谋"……他们把边塞之苦当作人生的大滋味,把残酷的战斗当成砥砺男儿本色的磐石,表现出醉卧沙场的洒脱和剑斩楼兰的胆魄,饱含着不畏艰苦的乐观主义,融合着为国立功的荣辱观念和壮志凌云的英雄气概,迸发出中华民族至大至刚、视死如归的浩然正气。

再次,磅礴大气、豪放阳刚之美,构成了中国军旅诗词独特的风格特征。军旅生活的艰难险阻和豪放不羁,熔铸着中国军旅诗词自身的艺术特质。如吴均"男儿不惜死,破胆与君尝";徐锡麟"只解沙场为国死,何须马革裹尸还";秋瑾"拼将十万头颅血,须把乾坤力挽回"等壮烈诗篇中所表现出来的风格,就具有一种阔大的风云之气和摄魂夺魄、催人奋进的阳刚之美,有机地构成了中国军旅诗歌博大精深的精神世界和艺术境界,其感染力非常强大,激励着一代又一代的中国军人为了国家、民族的利益,英勇不屈、前仆后继、勇往直前。

中国军旅诗歌是中华民族文化宝库中的瑰宝,其精品力作抒发了爱国戍边的豪情,描摹了金戈铁马的画卷,展示出感人至深的品性,犹如黄钟大吕,唱出了时代的最强音。那些因战争酷烈而愈显壮美的中国军旅诗歌作品,不仅是现代军队先进文化建设的宝贵财富,也是激发民众战争伟力的精神源泉。

八

胡锦涛总书记在党的十七大报告中明确指出,当今时代,文化越来越成为民族凝聚力和创造力的重要源泉、越来越成为综合国力竞争的重要因素。要激发全民族文化创造力,提高国家文化软实力。

所谓"软实力"(Soft Power),又叫"软力量",是美国学者、哈佛大学肯尼迪学院院长、美国国防部前部长助理约瑟夫·S·奈(Joseph Nye)于2004年出版的《软实力:在世界政治中成功的手段》一书中提出的。最初的含义是指

在国际政治领域，可以通过非军事性、非强制性的文化、政治信念、理想和政策等无形的力量资源，来影响与改变其他国家或地区人们的思想行为。这种理论，为人们将视野转移到如何培育本国软实力上面来，提供了新的思路，因而为各国决策层注重软实力建设提供了理论依据。

文化是国家和民族的根，也是一支军队的魂，它体现为一种理念、一种精神，是一种无形胜有形的重要力量。文化软实力是综合国力和国际竞争力的重要组成部分。当前，我国要在激烈的国际竞争中赢得主动，就必须在壮大经济实力、科技实力和加强国防力量的同时，使国家文化软实力有一个大的提高。

早在先秦时代，老子就在其《道德经》中称："天下之至柔，驰骋天下之至坚。无有入无间，吾是以知无为之益。"十分形象地揭示了软实力的特殊作用。中国历代王朝，历来注重文治武功，既重武，更重文，文武兼备，刚柔相济，所谓"文武之道，一张一弛"之谓也。唐太宗于贞观年间，在京都北郊祭祀神州，祭祀乐章中有《舒和》一曲，其词云：

> 坤道降祥和庶品，灵心载德厚群生。
> 水土既调三极泰，文武毕备九区平。

坤道：地道。三极：天地人。这首词曲主要颂扬神州地祇（即地皇菩萨）之功德，调和水土，天人安康，以灵心载物厚德，养育众生。皇天后土，文武兼备，能够注重文治武功者，则九州太平。

中国军旅文化，是中国文化软实力的重要支柱。对于军队而言，军旅文化凝聚着军队的"精、气、神"，从根基上影响着军人的人生观、价值观与战争观，决定着军队战斗力的生成。一支军队能否履行保家卫国的历史使命，既取决于其军事装备等科技硬实力根基，也受制于军人的思想觉悟、文化修养等文化软实力的支撑。军队与军事院校必须把加强军事文化软实力建设摆上战略位置，使广大官兵文化权益得到更好保障，文化生活更加丰富多彩，人文素质更加提高，精神风貌更加昂扬向上。

我们撰著的这部《中国战争诗话》，其行文体例大致以时代为序，分厘为八卷诗话，其中，卷一为先秦战争诗话，卷二为秦汉战争诗话，卷三魏晋六朝战争诗话，卷四为隋唐五代战争诗话，卷五为宋金元战争诗话，卷六为明清战争诗话，卷七为近代战争诗话，卷八为现代战争诗话，共计192则诗话条目。具体内容统计如下：

分卷	卷一	卷二	卷三	卷四	卷五	卷六	卷七	卷八	合计
条目	21	25	17	29	21	19	26	34	192

　　全书以完备的体系，充实的内容，描摹出一幅广阔的中国战争历史画卷，呈现了磅礴大气的中国军旅文化精神，高扬了中华民族几千年来一脉相承的悠悠军魂，以期能为人民军队的先进文化建设，为提高我军军事文化软实力，贡献出自己的绵薄之力。

蔡镇楚　蔡静平

2009 年 4 月 24 日于长沙

14

目录

先秦战争诗话

◆阪泉之战

战争之神，从远古神话时代走来，滚滚车轮，啸啸战马，践踏着中华民族赖以生存和发展的神州大地。

阪泉之战，是炎帝神农氏与黄帝有熊氏两个部族之间发生的战争，属于神话传说。

这是有文字记载的中国历史上最早的古代战争。

1972年，山东临沂银雀山汉墓出土的《孙子兵法》竹简，有"黄帝伐赤帝"一段历史记载：

> 孙子曰："黄帝南伐赤帝，至于□□①，战于反山之原，右阴，顺术，倍（背）冲，大灭有之。"

反山之原，就是阪泉之野。反，通"阪"；原，通"泉"。《大戴礼记·五帝德》也指出，黄帝"与赤帝战于阪泉之野"。

阪泉，一名版泉，古地名。多数学者考证认为，阪泉在今河北涿鹿东南。《晋太康地志》说："涿鹿城东一里有阪泉，上有黄帝祠。"涿鹿，山名，在今河北省涿鹿县东南。相传黄帝与蚩尤大战于涿鹿之野。阪泉与涿鹿，地理位置应相距不远，都在今河北省涿鹿县东南。黄帝与炎帝神农氏先战于阪泉之野，黄帝三战而胜，炎帝神农氏率领部族南迁。蚩尤是炎帝神农氏的部下，之后黄帝又大战蚩尤于涿鹿之野，发生神话传说中的涿鹿之战。经过52次鏖战之苦，黄帝终于统一了整个中原地区。所以刘安《淮南子·大荒北经》记载：蚩尤作兵，讨伐黄帝，黄帝乃指令应龙攻之于冀州之野。应龙蓄水，蚩尤请求风伯和雨师襄助，致使风雨大作。黄帝乃要天女魃（bá，旱神）下凡，降伏风雨之师。风雨被停止了，黄帝就擒杀了蚩尤。蚩尤也是一个部落，是否被黄帝所杀，还很难判断。相传蚩尤败绩冀州以后，尾随着炎帝神农氏南下湖湘，古代被称

---

① 这里的□□为原缺字。

为"南蛮"的湘西南一带少数民族，都是蚩尤的后裔。

东汉王充《论衡·率性篇》记载："黄帝与炎帝争为天子，教熊、罴、貔、虎，以战于阪泉之野，三战得志，炎帝败绩。"又云：黄帝"教熊罴战，以伐炎帝。炎帝败绩。"（《吉验篇》）熊、罴、貔、虎，属于以四种野兽为图腾的原始部落。

据晋人皇甫谧《帝王世纪》记载："黄帝有熊氏，少典之子，姬姓也，生寿丘，长于姬水。龙眼，有圣德，受国于熊，居轩辕之丘，故因以为号。治五气，设五量。及神农氏衰，黄帝修德抚民，诸侯咸去神农，而归之。黄帝于是乃援驯猛兽，与神农氏战于阪泉之野，三战而克之。又征诸侯，使力牧神皇直讨蚩尤氏，擒之于涿鹿之野，使应龙杀之于凶黎之丘，凡五十二战，而天下大服。"（《艺文类聚》卷十一）

这是战争神话。

战争神话，也是人类文明最初的文化源泉。

晚唐咏史诗人胡曾《涿鹿》一诗，描写黄帝擒杀蚩尤的涿鹿之战。诗云：

> 涿鹿茫茫白草秋，轩辕曾此破蚩尤。
> 丹霞遥映祠前水，疑是成川血尚流。

前两句以叙事之笔写涿鹿之秋，说黄帝轩辕氏曾经在这里大破蚩尤。茫茫白草，一是描写涿鹿的秋色，二是写神话与历史传说之悠远。后两句以想象之笔写眼前涿鹿之景，丹霞遥映着黄帝祠前的流水，诗人怀疑这是当年涿鹿之战中远古将士的鲜血汇流而成的河流。

◆共工怒触不周山

不周山，古代神话传说着的山名，在西部昆仑山的西北。

屈原《离骚》："路不周以左转兮，指西海以为期。"王逸注："不周，山名，在昆仑西北。"《山海经·大荒西经》记载："西北海之外，大荒之隅，有山而不合，名曰不周。"郭璞注云："此山形有缺，不周匝，因名之。西北不周

风，自此出也。"《淮南子·原道训》记载："西北方不周之山，曰幽都之门，又曰昆仑之山，北门开，以纳不周之风。"

据《淮南子·天文训》记载："昔者共工与颛顼争为帝，怒而触不周之山，天柱折，地维绝。天倾西北，故日月星辰移焉；地不满东南，故水潦尘埃归焉。"共工，是古代神话传说中的天神恶煞，兴风作浪，与颛顼（zhuān xū）争为帝君，发生激战。共工失利，愤怒之下，头触不周山，致使天柱折断，东南倾斜，形成中国地理疆域向东南倾斜的地势结构形态。

这则神话传说，是从中国地理环境的特殊性立说的。泱泱中国，穆穆神州，地理特征，是西北高峻，而东南倾斜。中国先民对这种地理形势走向，给予神话原型的解释，以为这是共工与颛顼争霸中原，共工失利，怒触不周山，致使天柱折断的结果。于是，中国出现了女性崇拜而有女娲炼石补天的神话故事。

不周山神话，带有悲壮的格调。共工一怒之下，头触不周山，改变了中华大地的山川形胜，以致东南倾斜，逝水东流。是祸是富？是喜是怨？唯有生长在这块土地上中华民族，感同身受，心知肚明。

晚唐诗人胡曾《不周山》一诗云：

> 共工争帝力穷秋，因此捐生触不周。
> 遂使世间多感客，至今哀怨水东流。

前两句写共工与颛顼争为帝，怒触不周之山的神话故事。力穷秋：力量穷尽之时。捐生：舍弃生命。后两句感叹共工怒触不周山的深远影响，不在于"天柱折，地维绝"，而是产生一种独特却十分常见的文化心理，使历代文人骚客多愁善感，悲哀怨恨逝水东流。晋朝《子夜歌》云："不见东流水，何时复西归？"后人将共工视为改变天地日月星辰，敢于斗争，敢于改造大自然的英雄。

◆ 妲己亡纣

《礼记·礼运》云："饮食男女，人之大欲存焉。"认为饮食男女，是人的共同欲望。《孟子·告子上》又指出："食色，性也。"认为饮食与爱好美色，乃是人的本性。可见，人类生存与繁衍发展，都与"饮食男女"相关联，是人的本质属性。

人类历史上所发生过的一切大大小小的争夺与无休止的战争，究其根源，无非两个：一是为了满足"食欲"之需，一是为了满足"性欲"之需。

正因为如此，美女与战争的关系，可谓千丝万缕。

美女以其倾城倾国之美，有时会成为惊心动魄的战争导火线，引发大规模的族群战争。

百媚频生的美女向来被当作权谋的工具，成为决定国家兴亡成败的砝码。中国战争史上多次运用的"美人计"，就是最好的诠释。

中国历史上的商纣王是以荒淫无度著称的典型暴君，"酒池肉林"是其罪，妲己乱政是其恶，以致被周武王奉天意而伐商，并灭亡之。

妲己是何许人也？是殷商时代倾城倾国的绝代美女。

妲己旧传出生在平凉府（今属甘肃）之灵台县西，被商纣王纳之为妃。因商纣王荒淫无度，而使妲己连同坐罪，成为千年唾弃的狐狸精。六朝李逻注《千字文》称妲己是九尾狐，《封神传》称妲己是千年狐精的化身。从此，"狐狸精"则成为中国美女具有诱人魅力的代名词。

最早记载妲己的史书是《国语》，其《晋语一》云："殷辛伐有苏，有苏氏以妲己女焉。"有苏，古国名，又称有苏氏，己姓，在今河南济源县西北。商纣王进伐有苏氏，有苏氏则将美女妲己奉献给商纣王为妃。女，名词变为动词，就是出嫁为人妻之意。

妲己以其美貌，而后成为商纣王的宠妃，即历史上的所谓"惑妇"。屈原《天问》云："殷有惑妇，何所讥？"王逸注云："惑妇，谓妲己也；讥，谏也。言妲己惑误于纣，不可复讥谏也。"

自屈原以妲己为"惑妇"，历代著述家均视妲己为红颜祸水，将商纣王之无道归咎于美女妲己之惑。《烈女传·殷纣妲己》写得更加露骨："妲己者，殷纣之妃也，嬖幸于纣"；商纣王"好酒淫乐，不离妲己。妲己之所誉，贵之；妲己之所憎，诛之。作新淫之声、北鄙之舞……流酒为池，悬肉为林，使人裸形，相逐其间，为长夜之饮，妲己好之，百姓怨望，诸侯有畔者。纣乃为炮烙之法，膏铜柱加之炭，令有罪者行其上，辄坠炭中，妲己乃笑。比干谏曰：'不

修先王之典法，而用妇言，祸至无日。'纣怒，以为妖言。妲己曰：'吾闻圣人之心有七窍。'于是剖心而观之。囚箕子，微子去之。武王遂受命兴师伐纣，战于牧野，纣师倒戈。纣乃登廪（lǐn）台，衣宝玉衣而自杀。于是武王遂致天之罚，斩妲己头，悬于小白旗，以为亡纣者是女也。"

这一后世文人笔下的妲己传略，"以为亡纣者是女"，将美女妲己视为殷商亡国的罪魁恶首。中国美女的人生命运与历史悲剧，就这样演变而为男权社会的牺牲品，妲己就是其中典型代表。

《灯下闲谈·湘妃庙会》中记载有妲己同湘妃诸仙女赋诗一首云：

> 欢乐平生自纵心，武王兵起势难任。
> 自兹社稷倾危后，方悟当时酷暴深。

势难任：指势不可挡。这首诗虽是唐人伪托之作，但从神话传说的角度，反映出人们对妲己乱国的历史反思。

◆周武王东征

周武王东征，率领仁义之师，诛伐无道，开始了一场正义与邪恶的大厮杀，导致了商纣王的灭亡。

孟津，又名富平津，古渡口。在今河南省孟县之南。《尚书·禹贡》："导河积石，至于龙门，南至于华阴，东至于砥柱，又东至于孟津。"传说周武王伐纣，与八百诸侯会盟于此，故又名"盟津"。

据《史记·周本纪》记载：商朝末年，商纣王无道，民怨沸腾。周武王会天下诸侯伐纣，挥师东征。渡河到中流，有白鱼跃入武王舟中。武王取以祭之。渡过黄河以后，有一火球自上复于下，至于王屋，流为乌雀，其色赤，其声魄（魄：象声词）云。是时，诸侯不期而会盟津者，八百诸侯。诸侯皆曰："纣可伐矣！"周武王一听，既感到惊奇，又为之振奋。于是，周武王遍告诸侯各国："殷有重罪，不可以不毕伐！"乃遵周文王之意，率领战车三百乘、虎贲三千人，与商纣王军队大战于牧野。商军虽众，但都无战之心，还希望周武王的军队赶紧进入。于是商军纷纷倒戈，为周军开道。商纣王逃走，登上鹿台，蒙衣其珠玉，自焚而死，商朝灭亡。

钜桥，商周时代的国家粮仓。故址在今河北曲周东北的古衡漳水东岸。《史记·殷本纪》记载：商纣王"厚赋税，以实鹿台之钱；而盈钜桥之粟"。周武王灭殷商以后，打开钜桥粮仓，"发钜桥之粟，以振弱萌隶"。萌隶：平民百姓。

晚唐诗人胡曾《钜桥》《孟津》二诗，吟咏周武王东征之事，云：

积粟成尘竟不开，谁知拒谏剖贤才？
武王兵起无人敌，遂作商郊一聚灰。

秋风飒飒孟津头，立马沙边看水流。
见说武王东渡日，戎衣曾此叱阳侯。

第一首诗，主要写商纣王的荒淫无道，不得人心，突出周武王东征伐纣的历史必然性。前两句极写商纣王治理国家之无道，他不顾百姓疾苦，钜桥这样规模浩大的国家粮仓，积压的粟谷霉烂成尘了，也不开仓发放给老百姓；他荒淫无耻，好酒淫乐，宠爱妲己，以酒为池，悬肉为林，驱使男女一伙相互追逐其间，而自己却与宫中美女作长夜之饮。百姓怒，诸侯有反抗者，乃施用重刑，有炮烙之法，微子劝谏，他不听；比干劝谏，他剖其心肝；箕子劝谏，他囚禁之。荒淫昏庸，无与伦比。后两句写周武王伐纣，顺应民心，无人能敌，最终灭亡殷商。商纣王自焚于商郊鹿台，成为一聚死灰。

第二首诗，着重写周武王挥师东渡孟津。前两句描写周武王东渡孟津时的景象：秋风秋风飒飒之中，周武王立马沙边，看着黄河水东流而去。后两句写周武王东渡孟津时，怒斥波涛之神当道的凛然正气。阳侯：波涛之神。《淮南子·览冥训》："武王伐纣，渡于孟津。阳侯之波，逆流而出，疾风晦冥，人马不相见。于是，武王左操黄钺，右秉白旄，瞋目而撝之，曰：'余任天下，谁敢害吾意者！'于是，风济而波罢。"高诱注释："阳侯，陵阳国侯也。其国近水，溺水而死。其神能为大波，有所伤者。因谓之阳侯之波。"撝（huī）：通"挥"。

◆褒姒烽火戏诸侯

褒姒，褒国人，周幽王时代的美女。

褒国人犯有罪过，将美女褒姒送给周幽王，表示谢罪。

据说褒姒不好笑，一旦笑起来，有百廿种媚态，能使众人倾倒，备受周幽王所宠爱。周幽王废弃了申后与太子宜臼，而立褒姒为皇后，以褒姒之子伯服为太子。

美女褒姒的故事，最早记载于《国语·郑语》，说褒姒是龙漦（lí，口水）所生的怪物。而大诗人屈原《天问》一诗却云："妖夫曳衒，何号于市？周幽谁诛，焉得夫褒姒？"意思是问：妖怪夫妇相引，为何行卖于市？周幽王被谁诛杀，为何牵连到褒姒？而后，司马迁《史记·周本纪》承袭《国语》之述，将褒姒出宫复入宫的原委写得曲折淋漓，亦对屈原《天问》"何号""谁诛"做出合理的解答，指出："宣王之时，童女谣曰：'檿弧箕服，实亡周国。'于是宣王闻之，有夫妇卖是器者，宣王使执而戮之。逃于道，见乡者后宫童妾所弃妖子出于路者，闻其夜啼，哀而收之。夫妇遂亡奔于褒。褒人有罪，请入童妾所弃女子者于王以赎罪。弃女子出于褒，是为褒姒。"檿（yǎn）弧：山桑木制作的弓。《国语》韦昭注："山桑曰檿；弧，弓也。箕，木名；服，矢房。"

据《琱玉集》卷十四《美女篇》记载："褒姒，周时褒国之美女也。褒人献于周幽王，王耽之，遂逐申后，立褒姒为皇后。其一笑有百廿（niàn）种媚，然褒姒非集大众不笑。幽王于是举烽打鼓，诸侯闻之，谓言有贼，皆赴殿前。王曰：'无贼，欲使褒姒笑耳。'如是非一。后犬戎来伐，王使放烽。诸侯谓言无贼，止为褒姒笑也，遂不往。犬戎来至，王及褒姒并皆被煞。"

褒姒一笑百媚生，这是褒姒美色与笑态之魅力。周幽王因讨褒姒一笑而失信于诸侯，结果被申侯联合犬戎国攻伐之，西周王朝终为犬戎国所灭。其历史教训是相当深刻的，但是能够归罪于褒姒吗？《诗·小雅·正月》云："赫赫宗周，褒姒威之。"威（xuè）：本义是灭火，引申为灭亡之意。《小雅》亦将周室之灭亡归罪于褒姒，正与童谣"檿弧箕服，实亡周国"相呼应。

唐代著名咏史诗人周昙《咏史诗》里有一首吟及周幽王者，诗云：

狼烟篝火为边尘，烽候那宜悦妇人？

厚德未闻闻厚色，不亡家国幸亡身。

周昙此诗前两句以直白的语调，描写周幽王为取悦于褒姒，不惜以烽火战事来博得褒姒一笑的故事；后两句是抒写诗人的感叹：指控周幽王不看重德操，只看重美色，好在他自己身亡而未导致家国的灭亡。

历史上的史家、史书与诗文作品，几乎是众口一词，异口同声地指责美女褒姒，认识西周王朝之灭亡，全在于褒姒。显然，这是不公正的！

褒姒何罪之有？罪于美色吗？非也；罪于一笑百态吗？非也。周室之亡，亡于周幽王，非亡于褒姒也。

◆孙子兵法

战争注重的是兵法，是战略战术。

中国人非常注重兵法，注重战争中的战略战术。世界上第一个将战争中的战略战术予以全面总结的人，是著名军事家孙武。

孙子，名武，字长卿，乐安（今山东惠民）人，春秋战国之交的著名军事家，古代兵家的主要代表。著有《兵法》13篇。

但是孙子有两个：一个是春秋末年的孙武，一个是战国时期的孙膑。原先都将二人混为一谈，也将《孙子兵法》与《孙膑兵法》二书混为一谈。1972年4月，山东淄沂银雀山一号汉墓出土的汉简，惊人地发现《孙子兵法》与《孙膑兵法》两部著作，将历史的谜团一下解开了。司马迁《史记·孙子吴起列传》记载的孙子与孙膑是有依据的，孙武与孙膑的军事事迹也基本符合历史事实。

孙武曾帮助吴王阖庐训练吴军，以治军严明名世，最著名的案例，是在军事演练场上，当众怒斩吴王宠姬。

据《史记·孙子列传》记载：齐人孙武以兵法见于吴王阖庐，阖庐出宫中美女一百八十人，令孙武练之以武。孙武将美女分为两队，以吴王宠姬二人为

队长，号令鼓舞，持戈操练。孙子三令五申不准发笑，而美女亦然不听，嬉笑不止。孙武怒不可遏，立斩两位美女队长。而后列队操练，宫女队列，左右前后，跪起站立，整齐划一，皆符合规矩绳墨，训练有素，如同一人。

晚唐诗人罗虬《比红儿》诗之第六十首，以吴宫美女比拟官妓杜红儿。诗云：

> 总似红儿媚态新，莫论千度笑争春。
> 任伊孙武心如铁，不辨军前杀此人。

此首以吴王阖庐宫美女比红儿之美。前两句描写阖庐宫美女如同杜红儿一样争春的千般媚态；后两句以孙武故事写杜红儿如果出现在阖庐宫美女之中，孙武整肃军纪时要杀的最佳美人一定是杜红儿。

从此，中国古代就有了"文官课堂，武官操场"之说，认为课堂与操场一样，皆以严肃为宗，不可以有丝毫懈怠和游戏。日本著名汉诗诗人小笠原午桥有《题宫娃肄兵图》一诗云：

> 一鼓美人笑，再鼓美人颦；
> 三鼓声寂寂，千人如一人。

这一鼓、再鼓、三鼓时，美人队列与阵营姿态的变化，充分说明军事训练的严肃性与实效性。

晚唐咏史诗人周昙亦有《孙武》一诗，吟咏孙武在军队演练场怒斩吴王宠姬之事，诗云：

> 理国无难似理兵，兵家法令贵遵行。
> 行刑不避君王宠，一笑随刀八阵成。

前两句是议论，认为治理国家没有像治军那样难度更大，军队法令贵在坚决遵守，毫不动摇地执行。后两句以因君王爱姬阵中笑闹而被当场斩首的实例，来说明这个军事原则，指出行刑应该做到不避君王宠爱的妃子，主张在军法面前一律平等。

　　孙武，是中国历史上第一位军事理论家与军事实践家，其军事思想与战略战术虽然明显地打上历史的烙印，甚至也有一定的缺陷，但他的历史功绩与深远影响，则是千秋不磨的。《孙子兵法》是中国古代最早最杰出的兵书，被誉为"兵学圣典"、"百世兵家之师"，雄视古今军事几千年，是古今军事将领和高官大吏们必读之书。当代西方发达国家的一些政要和企业家等，都在认真地研读《孙子兵法》。日本的一些人将《孙子兵法》与企业管理紧密地联系在一起，受益匪浅，并著书立说。1996 年美国的哈佛大学的 57 名学者，对世界名著进行了评选，其中把《孙子兵法》列为"世界四千年十大名著"。书中的"避实击虚"、"上兵伐谋"、"知己知彼、百战不殆"、"出奇制胜"、"以迂为直"等兵法谋略，充分体现出中华民族的智慧和创造力。

◆ 西施与吴越争霸

　　西施何美？

　　西施何能？

　　美人计何用？

　　这是一个卓绝千古的论题。

　　吴越争霸，是中国历史上最早施用"美人计"的富有戏剧性的战例。

　　西施，是春秋末年越国苎萝山区（今浙江省诸暨市南部）一个浣纱女，以其美色而名扬乡里，是中国古代四大美女之一。

　　西施之美，由"东施效颦"的寓言故事可见一斑。《庄子·天运》云："西施病心而颦（pín）其里。其里之丑人见而美之，归亦捧心而颦其里；其里之富人见之，坚闭门而不出；贫人见之，挈（qiè）妻子而去之走。彼知颦美，而不知颦之所以美。"意思是说：西施犯了心病，经常捂着胸口、皱着眉头在乡里行走。她同乡的丑女见她这种形态，觉得西施很美，回家去仿效她，也捧着胸口皱着眉头在村里行走；她同村的富人见了，就紧闭着大门不出；穷人见了，就带着妻子离开而奔走他乡。他们都知道西施皱着眉头很美丽，却不知道西施皱着眉头为什么美丽。颦：同"颦"，皱眉。挈：携带。

《国语》卷二十《越语上》记载：公元前496年，吴越大战，吴王阖庐伤指而死，命其子必报此仇。后三年，吴王夫差伐越，大败越军。越王勾践以残军五千人退保会稽。越王勾践栖于会稽之上，派遣文种出使吴国，以厚币贿赂太宰噽，求委国为臣妾。并对吴王夫差说："寡君勾践愿意与大王求和，没有什么礼物赠送给大王，请以国君之女妻于大王，将全部宝物随同美女献给吴国。"于是，越王将浣纱美女西施献于吴王，美女八人献于太宰。吴王夫差不听伍子胥劝谏，与越国签署和约，而后撤兵。

《史记·越王勾践世家》云："西施，越之美女。越王勾践以之献吴王夫差，大幸之。每入市，人愿见者，先输金钱一文。"

《吴越春秋·越王勾践阴谋外传》记载：吴王夫差因为荒淫好色，越王"乃使相者（于）国中得苎萝山鬻薪之女，曰西施、郑旦，饰以罗縠，教以容步，习于土城，临于都巷，三年学服而献于吴，乃使范蠡进。"鬻（yù）薪：卖柴人。縠（hú）：绉纱一般的丝织品。容步：宫中仪容步履。学服：指训练的科目完成，能够适应宫中生活。

《汉唐地理书钞》辑录《吴地记》记载："越王派遣范蠡送西施入吴，西施于路与范蠡潜通，三年始达于吴，遂生一子。至此亭，其子一岁，能言，因名'语儿亭'。"西施入吴后，成为吴王的爱妃，备受吴王夫差的宠爱。吴王沉湎于美色，整日莺歌燕舞，醉酒欢歌，并为其修"馆娃宫"（吴人以"娃"为美女昵称），建姑苏台，又以梓木板铺地，修建"响屧廊"，让西施及其侍女穿着木屧走过时能够发出富有节奏感的声响。屧（xiè），木屧，江浙人爱穿的木质底拖鞋。左思《吴都赋》云："幸乎馆娃之宫，张女乐而娱群臣；罗金石与丝竹，若钧天之下陈。"《文选》李善注："吴俗谓好女为娃。扬雄《方言》曰：'吴有馆娃宫。'"与此同时，越王勾践则卧薪尝胆，志在复兴越国，最终于公元前473年灭亡了吴国，迫使吴王夫差自杀。

有意施用"美人计"以报仇复国，是越王勾践的一种创造发明。由美女西施引发出吴越争霸的这段惊心动魄的历史演义，被汉人司马迁的《史记》与赵晔的《吴越春秋》等史书记录下来而千古流传着，咏叹着。

越国灭亡吴国之后，美女西施的下落成了千古之谜。但大致有两种说法：一是被沉于水而亡，《墨子·亲土》云："西施之沉，其美也。"二是随范蠡出走，浮五湖。《越绝书》云："西施亡吴国后，复归范蠡，同泛五湖而去。"晚唐诗人杜牧《杜秋娘》诗云："西子下姑苏，一舸逐鸱（chī）夷。"范蠡浮海，游齐国，自号鸱夷子皮，以经商致富，改名陶朱公。

美女西施，是吴越争霸的关键人物。勾践之卧薪尝胆、夫差之沉湎酒色、越国之报仇复国、吴国之灭亡，都显示出美女西施的无限魅力。

晚唐诗人汪遵的咏史诗有《越女》一诗云：

> 玉貌何曾为浣纱？只图勾践献夫差。
> 苏台日夜唯歌舞，不觉干戈犯翠华。

这首诗写越国使用的"美人计"，其实际效果已经大大超越了千军万马为之付出巨大牺牲的一场战争。浣纱：西施本是古越西部山区的一名浣纱女，而她的作用，却是无数军队不可替代的。于是有明人梁辰鱼的传奇剧本《浣纱记》之演义吴越春秋故事。苏台：苏州歌台。指吴王之沉湎于美色。翠华，是皇帝仪仗队旗杆上装饰的翠羽，指代越王发动灭吴战争。

晚唐诗人胡曾赋《会稽山》一诗，描写越王勾践栖身会稽山卧薪尝胆的故事，诗云：

> 越王兵败已山栖，岂望全生出会稽。
> 何事夫差无远虑，更开罗网放鲸鲵。

前两句写越王兵败后栖身会稽山卧薪尝胆；后两句写吴王夫差没有远虑，终于为了一个美女，打开了早已设好的罗网，放走了捕获的鲸鲵，终致吴国的灭亡。

南宋《乐府雅词》收录的宋人董颖《薄媚·西子词》一套组曲，以美女西施为主要线索，演绎了吴越争霸的历史故事。文辞之华丽，故事情节之曲折动人，如同一幕幕正在盛装演出的历史悲剧。其曲云：

排遍第八

怒潮卷雪，巍岫布云，越襟吴带如斯。有客经游，月伴风随。值

盛世，观此江山美。合放怀、何事却兴悲。不为回头，旧谷天涯，为想前君事。越王嫁祸献西施，吴即中深机。

阖庐死，有遗誓，句践必诛夷。吴未干戈出境，仓卒越兵，投怒夫差。鼎沸鲸鲵，越遭劲敌，可怜无计脱重围。归路茫然，城郭丘墟，飘泊稽山里。旅魂暗逐战尘飞，天日惨无辉。

按：这是总起，写吴越争霸，形势严峻险恶。越王勾践施美人计，向吴王夫差献美人西施。排遍，又名"迭遍"，唐宋大曲，每套包括十遍，分别归入散序、中序、破三大段。王国维《唐宋大曲考》云："中序一名拍序，即排遍。"又云："排遍又谓之歌头，［水调歌头］即［新水调］之排遍也。"

排遍第九

自笑平生，英气凌云，凛然万里宣威。那知此际，熊虎涂穷，来伴麋鹿卑栖。既甘臣妾，犹不许，何为计。争若都燔宝器，尽诛吾妻子。径将死战决雄雌，天意恐怜之。

偶闻太宰，正擅权，贪赂市恩私。因将宝玩献诚，虽脱霜戈，石室囚系。忧嗟又经时，恨不如巢燕自由归。残月朦胧，寒雨萧萧，有血都成泪。备尝险厄返邦畿，冤愤刻肝脾。

按：此则写越国兵败于吴王夫差之后，越王勾践悲痛无助的复杂心情。

第十摭

种陈谋，谓吴兵正炽。越勇难施，破吴策，唯妖姬。有倾城妙丽，名称西子，岁方笄。算夫差惑此，须致颠危。范蠡微行，珠贝为香饵。苎萝不钓钓深闺，吞饵果殊姿。

素肌纤弱，不胜罗绮。鸾镜畔、粉面淡匀，梨花一朵琼壶里。嫣然意态娇春，寸眸剪水。斜鬟松翠。人无双、宜名动君王，绣履容易，来登玉陛。

按：此上二曲写越国处于困境，为破吴策，文种计谋，唯有献出美人西施，并指派范蠡至吴国。接着细腻地描写西施倾城倾国之美。

入破第一

窣湘裙，摇汉佩，步步香风起。敛双蛾，论时事，兰心巧会君意。殊珍异宝，犹自朝臣未与。妾何人，被此隆恩？虽令效死，奉严旨。

隐约龙姿忻悦，重把甘言说。辞俊雅，质娉婷，天教汝、众美兼备。闻吴重色，凭汝和亲，应为靖边陲。将别金门，俄挥粉泪，靓妆洗。

按：此则描写越王召见西施，议论时事，申明大义，当面向西施说明此举"和亲"（此举是否也算"和亲"，与汉唐王朝的"和亲"是否有本质区别，还值得商榷），目的在于"靖边"；美女西施接旨，即将泪别金门。窣（sù）：翻飞，此指西施行走时，湘裙翻飞，汉佩摇曳，香风盈步之美。

第二虚催

飞云驶，香车故国难回睐。芳心渐摇，迤逦吴都繁丽。忠臣子胥，预知道为邦祟。谏言先启，愿勿容其至。周亡褒姒，商倾妲己。

吴王却嫌胥逆耳，才经眼、便深恩爱。东风暗绽娇蕊，彩鸾翻妒伊。得取次、于飞共戏，金屋看承，他宫尽废。

按：此则写西施乘香车，风飞云驰，奔赴美丽繁华的吴国都城。忠臣伍子胥预知为越国作祟，则以"周亡褒姒，商倾妲己"历史悲剧进谏吴王。吴王夫差不听劝谏，越女西施从此得宠。褒姒，妲己，都是夏商时期的美女，被帝王宠爱，以致亡国。

第三衮遍

华宴夕，灯摇醉。粉菡萏，笼蟾桂。扬翠袖，含风舞，轻妙处，惊鸿态。分明是，瑶台琼榭，阆苑蓬壶，景尽移此地。花绕仙步，莺随管吹。

宝帐暖留春，百和馥郁融鸳被。银漏永，楚云浓，三竿日、犹褪霞衣。宿醒轻腕，嗅宫花，双带系。合同心时，波下比目，深怜到底。

按：怜者，爱也。此则写西施进宫以后深受吴王宠幸的实际情景。

第四催拍

耳盈丝竹，眼摇珠翠。迷乐事，宫闱内。争知，渐国势凌夷。奸臣献佞，转恣奢淫，天谴岁屡饥。从此万姓离心解体。

越遣使，阴窥虚实，蚤夜营边备。兵未动，子胥存，虽堪伐、尚畏忠义。斯人既戮，又且严兵卷土。赴黄池观衅，种蠡方云可矣。

按：此则描写吴王沉湎于酒色，国势危倾；而越王卧薪尝胆，伺机卷土重来。越国派遣使臣去吴国刺探虚实，使离间计，伍子胥被杀。经过黄池实地考察，越国大臣文种与范蠡认为时机已到，才说："可以进攻吴国了。"

第五衮遍

机有神，征辇一鼓，万马襟喉地。庭喋血，诛留守，怜屈服，敛兵还，危如此。当除祸本，重结人心，争奈竟荒迷。战骨方埋，灵旗又指。

势连败，柔荑携泣，不忍相抛弃。身在兮，心先死。宵奔兮，兵已前围。谋穷计尽，唉鹤啼猿，闻处分外悲。丹穴纵近，谁容再归。

按：此则以急迫的节奏，描写越王乘机讨伐吴国的战斗情景。

第六歇拍

哀诚屡吐，甬东分赐。垂暮日，置荒隅，心知愧，宝锷红委。鸾存凤去，辜负恩怜，情不似虞姬。尚望论功，荣还故里。

降令日，吴亡赦汝，越与吴何异。吴正怨，越方疑。从公论、合去妖类。蛾眉宛转，竟殒鲛绡，香骨委尘泥。渺渺姑苏，荒芜鹿戏。

按：此则描写越国美女西施的复杂心态与人生悲剧。

第七煞衮

王公子，青春更才美，风流慕连理。耶溪一日，悠悠回首凝思。云鬟烟鬓，玉珮霞裙，依约露妍姿。送目惊喜，俄迁玉趾。

同仙骑，洞府归去，帘栊窈窕戏鱼水。正一点犀通，遽别恨何已。媚魄千载，教人属意。况当时，金殿里。

按：此则为尾声，悠悠岁月，回首凝思，人们叹美人窈窕，感历史陈迹，唯有"媚魄千载，教人属意"。

◆ 战国七雄

悠悠中国历史，经历了一个波澜壮阔的"战国时代"。

历史学界，一般以周元王元年（前475）到秦始皇统一中国（前221），战争频发，烽火连天，凡244年的战争岁月。

战国时期的纷繁战争，记载在西汉刘向编的《战国策》与20世纪长沙马王堆汉墓出土的西汉帛书《战国纵横家书》之中。

一个历史时期，因绵延不绝的战争而得名，不难设想，这是怎样一个战火连天的艰难岁月啊！

因战争命名的战国时代，是诸侯各国为了自身的生存与发展而相互争夺、相互厮杀的历史。两个多世纪的艰难岁月，风云变幻，诸侯争霸，干戈四起，战火连绵，生灵涂炭，整个神州大地，处在血与火的洗礼之中。

　　战国七雄，是中国历史上以战争手段相互争夺土地、资源和霸权，谋求生存与发展的七个诸侯国，它们是秦、齐、楚、燕、韩、赵、魏。

　　晚唐咏史诗人周昙《咏史诗·春秋战国门》组诗晚唐咏史诗人第一首诗，总括地描写了战国时期的战争形势，云：

　　　　周室衰微不共匡，干戈终日互争强。
　　　　诸侯若解尊天子，列国何因次第亡。

　　周王朝衰微，战国伊始，诸侯纷争，干戈四起。争夺土地，争夺资源，争夺人力，争夺美女，争夺霸权，这是周天子王权的再分配，在唾手可得的诸多权力诱惑面前，哪里还能尊重一个周天子？诗人天真地设想，如果诸侯各自能够尊崇周天子，诸侯列国怎么会相继灭亡呢？

　　晚唐诗人胡曾的《流沙》一诗，不直接写战争纷乱，而是从侧面描写老子率领徐甲避战乱而去流沙的历史神话故事，诗云：

　　　　七雄戈戟乱如麻，四海无人得坐家。
　　　　老氏却思天竺住，便将徐甲去流沙。

　　流沙：古地域名，是玉门关以外的戈壁沙漠地区。《通典》："沙洲，古流沙地，其沙风吹流行，在郡西八十里。"《太平御览》："流沙在玉门关外。"胡曾诗前两句写战国时期七雄纷争，战乱四起，四海之内，无安家之处。后两句写老子想去天竺之国，就带着徐甲去了流沙。老氏：老子，名耳，字聃，楚国苦县（今河南省）人。老子是道家学派的开创者，也是中国道教的始祖。他的出生是个传奇的故事，充满着神秘主义色彩。《玄妙·内篇》云："李母怀胎八十一载，逍遥李树下，乃割左腋而生。"又说："玄妙玉女梦流星入口而有娠，七十二年而生老子。"《上元经》记载："李母昼夜见五色珠，大如弹丸，自天而下，因吞之，即有娠。"天竺：古印度。将：带领。徐甲：道家传说中的人物。葛洪《神仙传》称：老子西游，雇请徐甲而往。徐甲将死，老子授予他太玄清生符，他又重新活命了。老子《道德经》："我无为而民自化，我清静而民自正。"胡曾抓住老子"清静无为"之说，以咏史诗写老子为避战乱而去流沙的故事，突出表达了诗人感时伤乱的思想情感。

◆战国四公子

战争，是人之战、人之争，人是战争的主体。

所以，战争需要人才，需要战略家、谋略家、军事指挥家，也需要政治家、外交家、谈判专家与军事宣传家，等等。

然而，人才非天生，非地长，战争中的人才，并非是天才，主要依靠军队培养，依靠实战锻炼，在巨大的战争熔炉中千锤百炼而成。所谓"乱世出英雄"，就是从人才成长环境的角度来说的。

中国战争史上，烽火连天、群雄并起的战国时代，也是人才济济、英雄辈出的时代，大批形形色色的人才脱颖而出，走上军事政治舞台，成为历史天空中一颗颗亮丽的星星。

战国四公子，是战国时代军事人才中的四大明星。

战国四公子，是指齐国的孟尝君（田文）、魏国的信陵君（魏无忌）、楚国的春申君（黄歇）、赵国的平原君（赵胜）。他们都是宫廷贵族公子，年轻有为，礼贤下士，养士三千，担任相国，重用人才，声震于战国，远播于后世，在战国七雄争霸之中，起到抑制秦国的作用，故并称为"战国四公子"。

孟尝君，即田文，齐国贵族公子，承袭父亲田婴爵位，封于薛（今山东滕县南），称薛公，号孟尝君。后为齐相，养士三千余人，曾联合韩、魏两国攻击楚、秦、燕三国。一度入秦为相，因鸡鸣狗盗之徒帮助，而逃出函谷关。后因田甲叛乱，逃亡魏国，担任魏相，反而联合秦、燕、赵国征伐齐国。

晚唐诗人胡曾《函谷关》，写孟尝君依靠鸡鸣狗盗之徒而脱险的故事。诗云：

> 寂寂函关锁未开，田文车马出秦来。
> 朱门不养三千客，谁为鸡鸣得放回？

孟尝君逃出咸阳，至函谷关尚未天亮，关门不开，于是门客中学鸡鸣，守关士

卒闻之而开关门，孟尝君于是逃出函谷关。

晚唐咏史诗人周昙《田文》一诗，又写齐国孟尝君如何善待门客冯谖的事迹，诗云：

> 门下三千各自矜，频弹剑客独无能。
> 田文不厌无能客，三窟全身果有凭。

自矜：自我矜持，傲慢。弹剑客：指孟尝君门客冯谖（xuān），未受重视，乃弹奏剑歌："长铗归来乎，食无鱼。"孟尝君命其食鱼，而后又弹奏剑歌："长铗归来乎，出无车。"孟尝君又命为之备车。狡兔有三窟，冯谖为孟尝君营造三窟，使之终生富贵无患（《战国策·齐策四》）。

平原君，即赵胜（？—前251），赵文惠王之弟，封于东武城（今属山东省东武城西北），号平原君。后为赵相，有门客三千余人。赵孝成王九年（前259），秦国出兵围困赵国都城邯郸，赵胜组织邯郸军民坚守三年之久。平原君求救于楚国，门客毛遂自荐，从平原君出使楚国。至于楚国郢都，平原君与楚王谈判了一个上午，没有任何结果。毛遂按剑逼近楚王，说以利害，楚王才答应缔结合纵。赵国得到楚国与魏国救援，而解邯郸之围。平原君尊毛遂为上客，感慨地说："毛先生以三寸之舌，强于百万之师。"

周昙《毛遂》诗云：

> 不识囊中颖脱锥，功成方信有英奇。
> 平原门下三千客，得力何曾是素知。

此诗写毛遂自荐、脱颖而出的故事，说明人才的发现还要看关键时刻，不能只看平素是否熟知。

信陵君，即魏公子无忌。魏安厘王之弟，号信陵君，养士三千余人。《史记·魏公子列传》记载：魏安厘王二十年（前257），秦国攻打赵国，赵国求救魏国，魏王同意出兵相救，而将军晋鄙却观望不前。上宾侯嬴为魏无忌设计，得到魏王宠妃如姬帮助，窃符救赵，并推荐勇士朱亥，椎杀击杀将军晋鄙，夺

卷一

先秦战争诗话

中国古战争诗话

21

取兵权，率魏军救赵。侯嬴送别信陵君后，即自刎身亡。信陵君大破秦军于河外，乘胜追击，直至函谷关，获得巨大胜利。后为上将军，合纵其他五国，抗击秦国大将蒙骜东进，有效地抑制了秦国实施的连横东进策略。

晚唐诗人周昙《公子无忌》诗云：

> 赵解重围魏再昌，信陵贤德日馨芳。
> 昏蒙愚主听谗说，公子云亡国亦亡。

前两句写信陵君窃符救赵而德泽天下；后两句写信陵君的命运遭遇：信陵君威震天下，秦军不敢出关。秦王采用反间计，并贿赂晋鄙的门客，极力谗毁信陵君。魏安厘王中计，剥夺了信陵君兵权，信陵君忧郁而死。不久，魏安厘王亦死。秦军乘机攻打魏国，连拔二十城。后十八年，魏国灭亡。

春申君黄歇（？—前238）：楚国贵族公子，是战国四公子之一。楚顷襄王时为左徒，考烈王即位，任命为相（令尹），改封于吴（苏州），号春申君。主张连横抗秦，曾派兵救赵攻秦，后又灭亡鲁国。考烈王死后，宫廷内讧，被杀。《史记·春申君列传》记载：春申君门客三千余人，其上客皆蹑珠履，以富贵之态会见赵国使者，赵使感到非常惭愧。

晚唐诗人胡曾《夷陵》一诗云：

> 夷陵城阙倚朝云，战败秦师纵火焚。
> 何事三千珠履客，不能西御武安君。

诗人写秦楚夷陵之战时，楚国先王之陵被秦将白起烧毁，借问楚国的申春君不是养士三千吗，何以不能抵挡秦国武安君白起的攻击？

◆ 齐楚召陵之盟

战争与和平，是互相对立的两方，是矛盾的统一体，是战争双方同时实施的两种策略和手段。

古往今来，战争的双方，往往是一手拿着武器，一手挥舞橄榄枝，一战一和，先战而后和，放下武器，签订盟约，化干戈为玉帛。

齐楚召陵之盟，就是一个战后议和的典型案例。

《左传·僖公四年》记载：僖公四年（前656）春，齐桓公为泄私愤，以鲁、宋、陈、卫、郑、许、曹等诸侯各国之师侵犯蔡国。蔡国失败后，齐桓公听信管仲之言，又挥师进伐楚国。楚成王派遣使者到齐军去对齐桓公说："君处北海，我处南海，唯是风马牛不相及也。没想到你们派军队践踏我土地，不知何故？"管仲强词夺理，说楚国有三年没有向周王进贡包茅，而且周昭王及其臣属，也在汉水溺死，你楚国难辞其咎。现在，我是奉命前来征讨。使者说："没有及时进贡包茅，这是我们的罪责；至于周昭王淹死在汉水，楚国不能承担责任。"楚国不服罪，齐军继续进伐，楚军败退。齐军驻扎在陉山，占据险要地势。夏，齐军进驻召陵。楚国派屈完去齐军，齐桓公带着屈完乘车去观看齐军阵营，说话中带有威胁语气："以此众战，谁能抵御；以此攻城，何城不克！"屈完回答说："如果齐国以德服人，那么我们楚国愿意和好；如果全凭武力，楚国并非不能奉陪。"于是，屈完代表楚国，与齐国签订了和约。历史上叫做"齐楚召陵之盟"。

召陵，古地名。在今河南省郾城县东四十五里。春秋时属于楚国，汉朝置县属于汝南郡。晋改为邵陵，隋朝废弃。

晚唐诗人胡曾《召陵》一诗云：

小白匡周入楚郊，楚王雄霸亦咆哮。
不思管仲为谋主，争敢言征缩酒茅。

这首诗咏齐楚召陵之盟。前两句写僖公四年春，齐桓公率诸侯之师侵犯楚国与楚军对峙于召陵的情形。小白：齐桓公，名小白。匡周：匡正拯救周室。这只是齐桓公率诸侯之师侵犯楚国的一个幌子。雄霸：可以称雄一方的杰出人才。此指楚成王派遣去齐军谈判的使者屈完。咆哮：怒号声，指屈完不卑不亢、不屈不挠的外交语言。后两句写齐桓公之所以能够名正言顺地率诸侯之师征讨楚国，就因为有管仲为之出谋划策。《史记·管仲列传》："管仲夷吾者，颍上人也。……齐桓公以霸，九合诸侯，一匡天下，管仲之谋也。"《国语·齐语》云："齐桓公使鲍叔为相，辞曰：臣之不若夷吾者五：宽和惠民，不若也；治国家不离其柄，不若也；忠惠可结于百姓，不若也；制礼仪可法于四方，不若也；执枹鼓立于军门，使百姓皆如勇，不若也。"《说苑》记载：管仲指出齐桓公治国不好的三权之弊是：一是"贱不能临贵"，二是"贫不能使富"，三是"疏不能制近"。争：通"怎"。缩酒：有两种解释：一是过滤去渣的酒。郑玄《礼记》注以为滤酒去渣。二是祭祀用的酒。《左传·僖公四年》"尔贡包茅不入，王祭不共，无以缩酒，寡人是征"句，杜预注释："包，裹束也；茅，青茅也。束茅而灌之以酒，为缩酒。"

◆秦赵渑池之会

渑池，一作"黾池"，古城名，因有黾池而得名。战国属郑国领土，后并入韩国。公元前279年，秦昭王与赵惠文王会盟于此。在今河南省渑池县之西，现在尚存会盟台遗址。

秦昭王与赵惠文王在渑池会盟，也是战与和的一个著名案例，具有重要的战略意义。晚唐诗人胡曾《渑池》诗云：

> 日照荒城芳草新，相如曾此挫强秦。
> 能令百二山河主，便作樽前击缶人。

前两句描写诗人经过渑池的所见所思。春天的阳光照耀着渑池被历史荒废的古城，芳香的绿草焕发出一派崭新的生机，这就是当年赵国上大夫蔺相如挫败强秦侵略阴谋的地方。后两句追述智勇双全的蔺相如，当年逼迫不可一世的秦昭王樽前击缶的情景。《史记·廉颇蔺相如列传》记载：秦昭王二十六年（前281），秦国连续两年进攻赵国，侵占了石城，杀害赵国两万余人。而后秦国又假惺惺地派遣和平使者，报告秦昭王要与赵惠文王会盟于西河之外的渑池，两国握手言和，结成友好盟国。赵王害怕与秦王见面，打算不去。廉颇蔺相如进谏说："王如果不去，就表示赵国虚弱胆怯。"赵王于是安排好后事，指令廉颇

备战，按照约定的时间，带着蔺相如赴会于渑池。渑池之会，秦王饮酒正酣，说："寡人窃闻赵王爱好音乐，请赵王奏瑟。"赵王于是为秦王鼓瑟。秦国御史立即上前书写以下文字："某年月日，秦王与赵王会饮，命令赵王鼓瑟。"看到这种侮辱性的历史记录，蔺相如立即上前，说："赵王窃闻秦王善于演唱秦地的乡土歌曲，我冒昧地请求将盆缶呈献给秦王，相互酬答以娱乐。"秦王怒气冲天，不答应蔺相如的无礼要求。于是蔺相如上前进献盆缶，顺势跪请秦王。秦王还是不肯击缶，相如威胁说："我距离秦王近在五步之内，请允许我用自己头颅之血，喷溅你秦王一身！"秦王左右侍卫要杀死蔺相如，蔺相如张瞪着大眼怒斥着，左右侍卫都退却了。秦王逼于蔺相如的威势，很不愉快地敲了一下盆缶。蔺相如立即招呼赵国御史记录着："某年月日，秦王为赵王击缶。"秦国群臣齐声说："请以赵国十五座城为秦王祝寿！"蔺相如毫不自弱，高举起酒杯说："请以秦国都城咸阳为赵王祝寿！"秦王直到酒宴完毕，依然不能取胜于赵国。

战争取胜，不能光凭匹夫之勇，更要有信心，有气势，用智慧。一次渑池之会，蔺相如面对强敌，以大智大勇，气吞百二山河之主，胜过了千军万马。此后的赵国，也增强了信心，设重兵等待来犯的秦军，而秦国始终不敢轻举妄动。

◆孙膑兵法

孙膑是孙武的后裔，孙武的《孙子兵法》对孙膑的《孙膑兵法》也有明显影响，但其战略战术思想也有许多不同之点（参见1976年文物出版社银雀山汉墓汉简《孙子兵法》）。

山东淄沂银雀山一号汉墓出土的汉简，给我们解读孙膑及其《孙膑兵法》提供了古典文献的依据。孙膑与庞涓本来同学兵法于鬼谷子（楚人，长于修身养性和纵横捭阖之术。张仪与苏秦曾从学鬼谷先生之术），后来庞涓去魏，被惠王封为大将军，总以为孙膑的军事才干胜于自己，出于嫉妒之心，将孙膑骗到魏国，处以膑刑（去膝盖骨）。双腿残疾以后的孙膑，被齐国使臣秘密带回齐国，齐威王敕封为军师。孙膑运用自己独特的战略战术，积极配合齐军，先后在齐魏桂陵之战与马陵道之战中大败魏军。

孙膑被同学庞涓所害，庞涓妒贤嫉能，致使孙膑跛足。孙膑以双足残疾，参与军事活动，指挥桂陵之战与马陵道之战，打败魏军，射杀庞涓，可见其军事才华与意志力之强。

晚唐咏史诗人周昙有《孙膑》一诗云：

曾嫌胜己害贤人，钻火明知速自焚。
断足尔能行不足，逢君谁肯不酬君。

此诗前两句从对面来写孙膑。庞涓妒忌孙膑而坑害孙膑这样的贤人，结果自己在马陵道被孙膑大败而自焚；后两句从正面写孙膑，说孙膑虽然被庞涓摧残双足，但亦能够指挥打仗，打败魏军，建立战功，为齐国君臣民众所敬仰。

◆ 齐魏马陵道之战

马陵，古地名。在近河北大名县东南，一说在河北范县西南。战国时属齐国。公元前341年，齐将田忌用孙膑之计，在此地射杀魏将庞涓，大败魏国军队。

根据《史记·孙子吴起列传》记载：公元前341年秋天，魏国伙同赵国合力攻击韩国，韩国向齐国告急。齐威王指派田忌与孙膑率军前往救援，一路直走大梁。魏将庞涓听到这个消息，立即从韩国撤回，而此时齐军已经过而西去了。田忌按照孙子的战略战术，指派齐军入魏地为十万个炉灶吃饭，第二天易地改为五万灶，第三天易地又改为三万灶。炉灶一天比一天减少，给魏军制造齐军士兵不断逃亡的假象。庞涓行军三日，见到此种情景，非常高兴，说："我固知齐军胆怯，才进入我国地域三日，士兵逃亡者超过半数了。"于是庞涓放弃其步兵，与其轻锐部队加快步伐并行追击齐军。孙子估计魏军行军的速度，夜晚应当可以到达马陵道。马陵道，狭窄险要，两旁又多阻隘，可以设置伏兵。于是命令士兵砍倒一棵大树，削去树皮，书写几个大字："庞涓死于此树下！"又命令齐军善射高手组合成万弩，夹道埋伏着，约定好："夜晚见树边火把举起，就万箭齐发。"庞涓率轻锐精兵，果然夜至斫木下，看见白书，则点火照

看。还未读完文字，齐军万箭齐发，魏军失惊大乱。庞涓自知图穷兵败，就拔剑自刎，说："遂成竖子之名！"

晚唐诗人胡曾《马陵》一诗，描写齐魏马陵道之战。诗云：

> 坠叶萧萧九月天，驱兵独过马陵前。
> 路傍古木虫书处，记得将军破敌年。

前两句写庞涓率领魏军独过马陵道的情景，先写景，再叙事。坠叶：落叶，属秋景。后两句写诗人路过马陵道的所见所思。虫书：即鸟虫字，属于篆书的变体。因其形似虫鸟，故名虫书。当时孙膑在树白处书写的七个大字，应该是虫鸟字体。将军：此指孙膑。齐军取胜马陵道后，乘胜追击，俘虏魏太子申而归，故谓破敌之年。

◆田单火牛阵

即墨，古邑名。战国时期属于齐邑，秦置县，北齐废弃。今在山东平度县东南。《史记正义》云：即墨，今莱州。

田单，战国齐之临淄人。起初为临淄市掾，后入齐军，守即墨。公元前284年，燕将乐毅率军进攻齐国，连拔七十余城，唯即墨与莒（jǔ）不下。即墨人推举田单为将军。公元前279年，田单于此以火牛阵战术，大败燕国军队，全部收复齐国失地。迎齐襄王而立于莒，田单抗燕有功，被封为安平君。

火牛阵，即齐将田单利用火牛冲击燕军的一种战术。据《史记·田单列传》记载：燕昭王时，燕将乐毅攻齐，连拔七十余城，齐将田单固守即墨，唯即墨与莒（jǔ）城始终攻不下来。公元前279年，燕惠王即位。田单对燕国施行反间计，使燕惠王改用骑劫为大将军，率军攻击即墨。田单派人假装向燕军投降，麻痹燕军。又在即墨城中收集千余头牛，为之披上绛缯衣服，绘制五彩龙文，在牛角上扎上锋利的兵刃，在牛尾上扎上灌以油脂的芦苇，在城墙上开凿数十个洞穴。等到深夜，将牛尾上扎着的芦苇尖端点上火，然后纵牛从洞穴中放出。牛尾热，怒而直冲燕军阵营。牛尾炬火，光明炫耀，视之皆如龙文。

燕军大惊失色，触之者，人员死伤，帐篷起火。五千壮士紧随火牛之后，杀声震天。齐军杀死主将骑劫，燕军大败，血流成河。田单指挥齐军，乘胜追击，齐国失去的七十余城，全部收复。

晚唐诗人胡曾《即墨》一诗，描写战国时代齐将田单实施火牛阵而击败燕国军队入侵的战争故事。诗云：

即墨门开纵火牛，燕师营里血波流。

固存不得田单术，齐国寻成一土丘。

前两句描写田单当年使用的火牛阵战术，成功地击败了入侵的燕国军队，创造了中国古代战争史上的奇迹；后两句诗人以冷静的历史观念，理智地分析，指出后世泛用田单火牛阵战术的局限性。比如《宋史·王德传》记载：南宋绍兴初年，平秀州水贼邵青军大败。他日，其余党复寻战机，扬言报仇。宋军密探报告：邵青将用火牛阵战术。王德笑着说："那是一种古代的战术方法。可以使用一次，不可再次使用。而今如果他邵青不知变化，必然会束手被擒。"寻：旋即，不久。时代在发展，战术也在变化，齐国不久也被灭亡了，成为历史的一土丘。火牛阵之术不可固存，战略战术必须应时知变。

◆吴楚柏举之战

柏举，古地名，春秋时属于楚国，今在湖北麻城县附近。《左传·定公四年》记载：夏，蔡侯灭亡沈国；秋，楚国为救沈侯之难，出兵围攻蔡国。吴国派兵援助蔡侯，大败楚国军队于柏举。柏举因此而闻名。

据《史记·伍子胥列传》记载：伍子胥，名员，其父叫伍奢，其兄叫伍尚。伍奢为楚平王太子太傅。楚平王听信费无极的谗言，杀害了伍奢及其长子伍尚。伍子胥被迫逃至吴国，受到吴王阖庐的重用。五年以后，吴国为救蔡侯之难，指派伍子胥兴师进攻楚国。吴军在柏举大败楚军，而后乘胜而前，历经五战，至于楚国郢都。当时，楚平王已经死亡，楚昭王率领大臣出走。伍子胥指挥吴军四处搜查楚昭王而不得，为报杀父兄之仇心切，乃命令将士挖掘楚平

王的坟墓，出其尸首，鞭之三百，而后罢休。按：《吕氏春秋》与《淮南子》，均说是鞭楚平王之坟墓，而非鞭尸。

伍子胥为报家仇而鞭尸，开历史之先河，违背仁义道德之思。晚唐诗人胡曾《柏举》诗云：

> 野田极目草茫茫，吴楚交兵此路傍。
> 谁料伍员入郢后，大开陵寝挞平王。

胡曾这首诗是游览怀古之作，主要是隐括史事。前两句描写路过柏举之战旧地时的所见，看到一片衰草茫茫的景象；后两句写伍子胥进入郢都以后，大开陵寝鞭挞楚平王尸体的历史事实。一个"谁料"，表明诗人对伍子胥报仇鞭尸之举的否定。

◆秦庭之泣

秦庭之泣，是一个感天动地的战争故事。

历史上因借兵而制胜的案例比比皆是，最著名的是春秋时期，吴国军队征伐楚国，楚国郢都失陷。楚国大夫申包胥亲自跑到秦国借兵救楚。申包胥依秦庭之墙而哭，七天七夜，感动了秦哀公，乃出兵救了楚国之难。

据《史记·伍子胥列传》记载：起初，伍子胥与申包胥交谊甚笃，伍子胥被迫逃亡楚国，对老朋友申包胥说："我必覆楚！"申包胥回答他说："我必存之！"

伍子胥逃至吴国，而后亲自率领吴国军队来讨伐楚国，攻进楚国都城郢，寻找楚昭王报仇，未能找到。伍子胥就使人挖掘楚平王的坟墓，出其尸首，狠狠地鞭尸三百，然后才罢休。申包胥逃亡于山中，闻讯大惊，派人去对伍子胥说："您的报仇，难道不是太过分吗？我闻古人说，人众者胜天，天定亦能破人。今您本来是已故楚平王之臣子，亲北面而事之；而今您却这样苛刻地侮辱一个死人，难道这不是无天道之极吗？"伍子胥对使者说："请为我谢谢申包胥。譬如人行路，日势已暮，而前途尚远，因此我不得不颠倒疾行，逆理施事。

何能责我非顺应常理啊！"

申包胥知道他在强词夺理，立即出走秦国告急，向秦国求救，秦王不许。申包胥立于秦国皇宫墙下，昼夜号啕痛哭，七天七夜，勺饮不入，哭声不绝于耳，终于感动了秦王。秦哀公怜悯他，感叹地对大臣说："楚虽无道，有臣若是，可无存乎？"（楚王虽然无道，有像申包胥这样的忠臣，怎么可以让它灭亡呢？）

七日，秦哀公接见申包胥，并为之赋《诗经·秦风·无衣》，吟诵其中"王于兴师，修我戈矛，与子同仇"与"修我甲兵，与子偕行"之诗句，暗示秦国可以答应为申包胥出兵救楚。申包胥闻之，感激涕零，立即向秦哀公九顿首。秦国派遣五百辆车乘，跟着申包胥出武关，去援救楚国，抗击入侵的吴军。当年六月，秦军于稷击败吴军，拯救了楚国。

申包胥向秦国哭泣求援的动人故事，历史上叫做"秦庭之泣"。晚唐诗人胡曾《秦庭》一诗云：

> 楚国君臣草莽间，吴王戈甲未东还。
> 包胥不动咸阳哭，争得秦兵出武关。

前两句写吴军攻入楚国郢都以后的情景：楚国君臣避难于草野之中，而吴军并没有东还。后两句写申包胥去秦国借兵救楚及其结果。"咸阳哭"，就是"秦庭之哭"。后人以此作为向他国乞师求救的典故。庾信《哀江南赋》："鬼同曹社之谋，人有秦庭之哭。"李白诗云："申包哭秦庭，泣血将安仰？"胡曾这首诗，以儒家仁义为本，认为伍子胥报仇鞭尸，有背于仁义道德，实在太过分，因此他赞扬申包胥作"秦庭之哭"。

明朝末年，吴三桂镇守辽东，闻崇祯皇帝自缢于煤山，爱妾陈圆圆被李自成部下擒获，也在山海关外仿效申包胥作"秦庭之泣"，借清兵入关，以报仇雪恨。这是中国历代战争史上两次著名的"秦庭之泣"。

◆金牛道与五美女

金牛道，就是蜀道。原名金牛驿，是陕西翻越秦岭通往成都的唯一的驿道。剑门蜀道，以其开通之缘，又称之为"金牛道"、"石牛道"或"五丁路"。

四川，古称蜀，历来号称天府之国。秦惠王打算征伐蜀国，而不知道路。作五头石牛，牛尾置以黄金，扬言石牛能够屎金。蜀王贪财，又自负其军力，于是命令五个壮士前去引路，蜀道因此开辟。

《五经注》云："秦惠王欲伐蜀而不知道，作五石牛，以金置于牛尾下，言能屎金。蜀王负力，令五丁引之成道。秦使张仪、司马错寻路灭蜀，因曰'石牛道'。"又据《华阳国志·蜀志》称，秦惠王又见蜀王好色，答应嫁五名美女给蜀王。蜀王派五名力士前去迎亲，返回梓潼时，路遇一条大蟒蛇，力士斩之不得，蛇钻入山洞。五位力士拖住蛇尾巴，齐心用力一拖，山崩地裂，五名壮士和五位美女，都被活活压死，山也裂为五座峰峦。这就是神奇的"五丁开蜀道"的历史传说。后人为了纪念五名壮士开路之功，就把五座山峰命名为"五丁山"及"五丁冢"，而把五丁开辟的千里蜀道称之为"五丁路"。

李白《蜀道难》一诗以千古神话传说写蜀道之难，诗云：

> 噫吁嚱，危乎高哉！蜀道之难，难于上青天。
> 蚕丛及鱼凫，开国何茫然。
> 尔来四万八千岁，不与秦塞通人烟。
> 西当太白有鸟道，可以横绝峨眉巅。
> 地崩山摧壮士死，然后天梯石栈相钩连。
> 上有六龙回日之高标，下有冲波逆折之回川。
> 黄鹤之飞尚不得过，猿猱欲度愁攀援。
> 青泥何盘盘，百步九折萦岩峦。
> 扪参历井仰胁息，以手抚膺坐长叹。
> 问君西游何时还？畏途巉岩不可攀。
> 但见悲鸟号古木，雄飞雌从绕林间。

又闻子规啼夜月，愁空山。

蜀道之难，难于上青天，使人听此凋朱颜！

连峰去天不盈尺，枯松倒挂倚绝壁。

飞湍瀑流争喧豗，砯崖转石万壑雷。

其险也如此，嗟尔远道之人胡为乎来哉！

剑阁峥嵘而崔嵬，一夫当关，万夫莫开。

所守或匪亲，化为狼与豺。

朝避猛虎，夕避长蛇，磨牙吮血，杀人如麻。

锦城虽云乐，不如早还家。

蜀道之难，难于上青天，侧身西望长咨嗟！

诗人极尽夸张、比喻之能事，将神话、传说、民间故事与现实融为一体，神、猛兽与人交织一起，使蜀道与蜀地神奇化，构建了一幅神奇而凶险的蜀道远古与现实相交叉的时空图景。这图景之神奇，是神话的魅力，是神话构筑了李白诗歌的艺术境界："蜀道之难，难于上青天！"

蜀王既贪财又好色，因此上了秦惠王的当。晚唐诗人胡曾《金牛驿》一诗，描写秦惠王指派张仪、司马错灭蜀的故事，诗云：

山岭千重拥蜀门，成都别是一乾坤。

五丁不凿金牛路，秦惠何由得并吞。

前两句描写成都被千重山岭拥簇着，是别有天地的山川形胜。后两句描写蜀道开辟的神话传说，认为这是秦惠王灭蜀国的先决条件。《史记·张仪传》记载：秦惠王二十二年，张仪率兵伐蜀国，十月攻取成都，蜀国平定，贬谪蜀国王，更号为侯，而派遣陈庄为蜀相。

◆国殇

国殇，即死于国事，为国牺牲。

国之殇，是举国的哀伤，举国的祭奠。

屈原（前340？—前278）是中国第一位伟大的诗人，他把自己写的《国殇》列入《九歌》组诗之中，乃是祭奠为国牺牲的壮士之歌，是一首爱国主义与英雄主义的赞歌。

操吴戈兮被犀甲，车错毂兮短兵接。
旌蔽日兮敌若云，矢交坠兮士争先。
凌余阵兮躐余行，左骖殪兮右刃伤。
霾两轮兮絷四马，援玉枹兮击鸣鼓。
天时坠兮威灵怒，严杀尽兮弃原野。

出不入兮往不反，平原忽兮路超远。
带长剑兮挟秦弓，首身离兮心不惩。
诚既勇兮又以武，终刚强兮不可凌。
身既死兮神以灵，子魂魄兮为鬼雄。

操：手持。吴戈：古代吴地出产的兵器。被：同"披"。犀甲：犀牛皮制作的铠甲。错毂（gǔ）：战车的车轮相互交错着。短兵：指刀剑之类短兵器。旌蔽日：旌旗遮蔽了太阳，形容人数众多。矢交坠：敌我双方的弓箭交相碰撞坠落。士：战士。凌：侵犯。余阵：我军的阵地。躐（liè）：践踏，摧毁。行（háng）：行列，队列。骖：在两旁驾车的马。殪（yì）：倒地而死。右：指右骖。刃伤：被刀砍伤。霾（mái）：同"埋"。絷（zhí）：系绊着。援：拿着。玉枹（fú）：美玉装饰的鼓槌。天时坠：天昏地暗，整个天地好像要崩塌下来了一样。威灵怒：威武的鬼神被震怒了。严杀：战士们在鏖战着，在痛杀着。弃原野：尸体抛弃在原野上。反：通"返"。回来。忽：迅猛貌。指战士们在平原上急速勇猛地行军作战。路超远：路途遥远。挟：挟带着。秦弓：秦国出产的弓箭。惩：悔恨。指战士们身首异处，内心也不感到后悔。诚：真正。既勇兮又以武：指战士们勇猛威武。不可凌：不可凌辱，不可侵犯。神以灵：指战士虽死，而精神长存天地。子：尊称为国死难的战士。鬼雄：鬼中的雄杰。

一曲《国殇》，是一曲英雄赞歌，一曲浩气长存的祭奠死难战士的挽歌。

这首诗十八句，前十句描写战争场景，充满着悲壮气氛；后八句歌颂战士为国献身的英雄主义精神，情辞慷慨激昂。如果说《诗经》中关于战争的描写，还带有一种无可奈何的感伤情调与思乡情怀，那么屈原的《国殇》终于奠定了中华民族历史悠久的英雄主义与爱国主义的优秀传统，在中国文学史上闪耀着夺目的光辉，影响之深远，有如长虹贯日，气壮山河。

◆楚怀王死咸阳

楚虽三户，亡秦必楚。这是何等远大的抱负！

然而，无情的历史，给貌似强大的楚国开了一个莫大的玩笑，楚国没有亡秦，反而被秦国所灭。

这是偶然，还是必然？也许是偶然之中寓于必然，必然之中又带有某种偶然的因素。

据《史记·楚世家》与《屈平贾生列传》记载：公元前299年，楚国兵败于秦国。秦昭王写信给楚怀王，愿与楚国通婚，结成盟友，并约楚怀王在秦国的武关相见。秦国诡计多端，玩弄权术，楚国哪里是他的对手？楚怀王打算赴约，三闾大夫屈原极力劝阻，说："秦，虎狼之国，不可信。不如无行！"令尹子兰极力赞成怀王去会见，说："怎么能够让秦国不高兴？"楚怀王因此出行。果然，秦昭王指令一将军带兵埋伏在武关，假装为昭王，断绝楚怀王的后路。等楚怀王一行进入武关，立即将关门紧闭。强行把怀王押送至咸阳，以求楚国割地。楚怀王不听，愤怒不已。后逃亡至赵国，赵国却不予接纳，楚怀王再次返回咸阳。最后客死在秦国，归葬楚地。

楚怀王是楚国历史上最为昏庸无能的皇帝，听信谗言，贬斥贤能，屈原被他一再流放，至于湖湘。

晚唐咏史诗人周昙《楚怀王》诗二首，其中第二首云：

> 不得商于又失齐，楚怀方寸一何迷。
> 明知秦是虎狼国，更忍车轮独向西。

面对着秦国的出击与欺诈，楚怀王往往采取割地赔偿的策略，结果顾此失彼，乱了方寸，一再上当受骗。最后被张仪诓进了武关，落入秦国早已设置的圈套，在咸阳变成了一个死囚。

晚唐诗人胡曾因此而专门写《武关》一诗云：

> 战国相持竟不休，武关才掩楚王忧。
> 出门若取灵均语，岂作咸阳一死囚？

武关、潼关、萧关、大散关，是秦国的四大要塞，形势十分险要。然而，国之存亡，在于人杰，而不在地灵。前两句诗人从战国时代风云变幻的大环境来入笔，写楚怀王以武关掩其忧的历史悲剧。后两句赞扬屈原（号灵均）的远见卓识，而楚怀王不听屈原劝谏，最终成为咸阳一死囚。

晚唐咏史诗人周昙《咏史诗·春秋战国门》组诗《顷襄王》诗云：

> 秦陷荆王死不还，只缘偏听子兰言。
> 顷襄还信子兰语，忍使江鱼葬屈原。

前两句写楚怀王不听屈原的劝告，只听子兰的话，结果客死秦国；后两句写楚顷襄王还是偏信子兰的话，导致楚国的灭亡和屈原的投江自尽。

◆秦楚夷陵之战

夷陵，古邑名，战国楚邑。在今湖北省宜昌市东南。

秦楚夷陵之战，是楚国最受屈辱的一次战争。楚国先祖的坟墓，被秦将白起全部捣毁，楚国的皇室子孙们已无面目再见先王陛下。所以，伟大诗人屈原就说："秦，虎狼之国，不可信。"

《史记·白起列传》记载：楚顷襄王二十一年（前278），秦将白起在此夷陵大战楚军，烧毁楚国先王之墓。《史记·楚世家》也记载：楚顷襄王二十一年，秦将白起率领大军与楚军大战，攻陷楚国郢都，烧毁楚先王坟墓夷陵，直

卷一 先秦战争诗话 中国古今战话

指竟陵。楚顷襄王兵败，人马失散四方，不敢复战。

晚唐诗人胡曾《夷陵》一诗，写秦楚夷陵之战：

夷陵城阙倚朝云，战败秦师纵火焚。
何事三千珠履客，不能西御武安君。

前两句先写夷陵城阙的高峻险要，依承着巫山十二峰的神女峰，再写历史上的秦楚夷陵之战，楚国大败，秦军纵火焚烧了城阙高耸的夷陵古邑。朝云：就是巫山神女峰，用宋玉《高唐赋》的巫山神女故事："先王尝游高唐，怠而昼寝，梦见一妇人，曰：'妾巫山之女也，为高唐之客，闻君游高唐，愿为枕席。'王因幸之。去而辞曰：'妾在巫山之阳，高丘之阻，旦为朝云，暮为行雨，朝朝暮暮，阳台之下。'"后两句以养士三千的申春君故事，反问楚国是什么缘故不能抵御武安君白起的进攻。何事：何故，为什么。珠履：缀珠的鞋子。申春君：楚国公子，是战国四公子之一。《史记·申春君列传》记载：申春君门客三千余人，其上客皆蹑珠履，以见赵国使者，赵使感到非常惭愧。

◆秦赵长平之战

长平，古城名。在近山西高平西北。

长平，是战国史上最悲壮的地名。公元前260年，秦将白起大败赵将赵括，坑杀赵国投降军士四十万众于此。

秦赵长平之战，是中国战争史上杀害俘虏兵最为残酷的一大战例。白起将长平变成了人间地狱，其负面影响是极为恶劣的。《史记集解》引何晏语指出："白起之降赵卒，诈而坑其四十万，岂徒酷暴之谓乎！后亦难以重得志矣。向使众人皆预知降之必死，则张虚卷犹可畏也，况于四十万被坚执锐哉？天下见降秦之将头颅似山，归秦之众骸积成丘，则后日之战，死当死耳，何肯服众，何城肯下乎？"

秦将白起是杀人不眨眼的魔鬼，他在长平坑人如麻，较之秦始皇焚书坑儒，有过之而无不及，故为后世怒目而不齿。

晚唐诗人胡曾《长平》一诗，以史笔描写秦赵长平之战，诗云：

长平瓦震武安初，赵卒俄成戏鼎鱼。
四十万人俱下世，元戎何用读兵书！

前两句描写秦将白起坑杀投降赵卒的历史惨状。瓦震：犹言土崩瓦解一样。俄：顷刻。戏鼎鱼：游戏于鼎中的鱼。比喻长平之战的悲惨之状。《史记·廉颇蔺相如列传》记载：七年，秦与赵兵，相拒长平。赵王听信秦人的离间，也不听蔺相如劝告，以赵括为将，取代廉颇将军。秦将白起闻讯，立即纵奇兵，佯装败走，却断绝了赵军的粮道，将赵军分断为二，士卒离心。围困赵军四十余日，赵军中粮草断绝，士卒饥饿难忍。不得已，赵将赵括亲自率领精锐部队，出军营上阵搏战。白起指挥秦军出击，射杀死赵括。赵军大败，数十万士兵投降秦军。白起说："赵卒反复无常，不尽杀之，恐后为乱。"于是，采用挟持与欺诈方式，全部被白起坑杀于长平，仅留下比较幼小的两百四十人归回赵国。这次长平之战，赵国惨败，前后阵亡将士多达四十五万人，赵国大为震惊。

后两句写四十万赵卒被秦将白起坑杀于长平，罪责在于元凶白起，也在于主将赵括。元戎：主将，元凶。据《史记·廉颇蔺相如列传》记载：赵括自幼读兵书，言兵事，以为天下莫能当。母亲问其父赵奢是何缘故，赵奢说："兵，死地也，而（赵）括易言之。使赵不将（赵）括即已，若必将之，破赵军者，必括也。"赵奢的预言是正确的。诗人以此结句，对赵括乃是一大讽刺。

秦汉战争诗话

◆万里长城

巍巍长城，是民族精神的象征，是中华民族英雄气节的标志。它宣示着大秦帝国的威严，标志着祖茔之地的神圣不可侵犯。

万里长城，东起山海关，西至嘉峪关，全长六千七百公里，是世界上最古老的宏伟建筑工程之一，更是中华民族傲然立于世界民族之林的标志性工程之一，如同民族的脊梁和钢骨铁筋。

长城，原本是中原汉族政权为抵御北方匈奴侵扰中原而修建的。

春秋战国时代开始修建，秦始皇统一中国之后，于公元前214年，将秦、赵、燕三国修建的北方长城予以加修，连贯为一，于是号称"万里长城"。

据《水经注》记载：秦始皇二十四年，派遣长子扶苏与大将蒙恬修筑长城，起自临洮，至于碣石，东暨辽海，西并阴山，凡万里余里，民怨劳苦。

魏晋哲学家杨泉《物理论》云："秦筑长城，死者相属。民歌曰：'生男慎勿举，生女哺用脯。不见长城下，尸骸相支拄。'其怨痛如此！"

秦始皇修筑万里长城，是耶？非耶？功罪几何？历史上一直众说纷纭，是非莫辨，功过难分。

晚唐诗人胡曾《长城》一诗持否定态度，云：

祖舜宗尧自太平，秦皇何事苦苍生？
不知祸起萧墙内，虚筑防胡万里城。

尧舜，是远古时代的贤明帝王，因以"尧天舜日"比喻太平盛世。胡曾从关注民生出发，反对秦始皇修筑长城之举。祸起萧墙：指内乱，即陈胜吴广起义之事。所以，诗人才用一个"虚"字，与上面的苍生之"苦"相互照应，说修筑防备北方匈奴的万里长城，不过是白白地浪费时间、人力、财力、物力，既要祖宗尧舜，以德治理天下，又要永保天下太平，防御北方匈奴侵扰边关，就只有劳苦天下，修筑万里长城。二者兼得，秦始皇是难以做到的，只有选择其一。秦始皇作为中国第一帝王，他只能劳苦苍生，派遣长子扶苏与大将蒙恬修筑长城。虽然民怨沸腾，以至孟姜女哭倒长城，但是万里长城，作为中华民族伟大智慧与无穷创造力的象征，依然矗立在中华大地，永远屹立在世界的东方。

◆扶苏之死

扶苏（？—前210），是秦始皇的长子。因劝阻秦始皇焚书坑儒，而被贬谪，发派往上郡，监大将蒙恬军。秦始皇死后，宦官赵高与丞相李斯合谋，伪造遗诏，害死扶苏，立次子胡亥为帝。

晚唐诗人胡曾《杀子谷》一首诗，写扶苏屈死边关之事，是怨愤不平之作。杀子谷，大概是扶苏监兵大将蒙恬的上郡。上郡故地在今陕西绥德县城内的疏属山，山巅有扶苏墓，长方形墓前，立有"秦长子扶苏墓"石碑。其诗云：

举国贤良尽泪垂，扶苏屈死树边时。
至今谷口泉鸣咽，犹似秦人恨李斯。

前两句写扶苏屈死树边，全国贤良为之垂泪；后两句写今日杀子谷的鸣咽泉水仍然鸣咽，好像是当年秦人痛恨丞相李斯一样。《史记·秦始皇本纪》记载：秦始皇病情日益严重，就写玺书给公子扶苏，说："与丧会咸阳而葬。"玺书已经封在中车府，令赵高行盖玉玺，没有及时授予使者。七月丙寅，秦始皇崩于沙丘平台。赵高乃与胡亥、丞相李斯密谋，破去皇帝诏书，更改为丞相李斯受始皇遗诏沙丘，立子胡亥为太子，为书赐公子扶苏与蒙恬数罪，令其赐死，曰："朕巡天下，祷祠名山诸神，以延寿命。今扶苏与将军蒙恬将师数十万以屯边，乃反数上书，直言诽谤我所为，以不得罢归。为太子，日夜怨望。扶苏为人子不孝，其赐剑以自裁。将军（蒙）恬与扶苏居外，不匡正，宜知其谋，为人臣不忠，其赐死，以兵属裨将王离。"赵高于是封其书，加盖玉玺，派遣胡亥门客送给上郡的扶苏。使者至，打开诏书，扶苏哭泣不止，进入内室，准备自杀。蒙恬制止他，说："陛下居外，未立太子，使臣将三十万众守边，公子为监。此天下重任也。今一使者来，即自杀，怎么知道是不是欺诈？请再次请示。复请而后死，不迟啊！"使者多次催促之，扶苏为人注重仁义，对蒙恬将军说："父赐子死，还值得复请吗？"于是扶苏自杀。

篡改遗诏，阴谋篡权，这是最大的作假，最阴险的手段。公子扶苏，死在阴谋家的欺诈之中，因而加速了秦王朝的灭亡。

◆陈胜揭竿而起

中国历史上的第一次农民战争，发生在秦王朝之末，揭开了中国以农民战争推动时代发展、实现改朝换代的历史序幕。

陈胜，字涉，秦朝阳城（今河南登封东南）人。农民出身。根据《史记·陈胜世家》记载，秦二世元年（前209），他被应征屯戍渔阳（近属北京密云县西南），与吴广皆为屯长，遇大雨，耽搁了期限，按照法律应当斩首。于是诈称公子扶苏，又以篝火狐鸣为号，在安徽大泽乡率领同行士卒九百人揭竿而起，成为中国历史上第一支农民起义军。各地苦秦苛法，纷纷响应，起义军迅速发展壮大为数万众，后于陈县（今河南淮阳）建立张楚政权，陈胜被推举为王。次年，秦将章邯率领优势兵力反扑，围攻陈县，农民军与秦军展开生死搏斗，失利后退至于下城父（今安徽涡阳东南），陈胜被叛徒庄贾所杀。

陈胜吴广起义，率先拉开农民战争的历史序幕，从此开始，一部中国战争的历史，须臾也没有离开过农民战争书写的篇章，甚至可以说，农民战争是促进历代王朝改朝换代的工具。西汉末年的绿林军，东汉末年的黄巾军，隋朝末年的瓦岗军，唐朝末年的黄巢起义军，元朝末年的朱元璋起义军，明朝末年的李自成起义军，莫不是如此，都走了陈胜吴广固有的道路。

晚唐咏史诗人周昙的《陈涉》一诗云：

> 秦法烦苛霸业隳，一夫攘臂万夫随。
> 王侯无种英雄志，燕雀喧喧安得知。

《史记》为陈胜立专门篇章，反映出司马迁忠于历史的史家意识。唐代诗人周昙第一个以"陈胜"为题写咏史诗，对陈胜予以歌颂，说明周昙具有比较进步的历史观。前两句写陈胜起义之所以振臂一呼万夫相随的社会历史原因是"秦法烦苛"，其巨大影响是使秦始皇开创的霸业毁于一旦。后两句赞颂陈胜"王侯无种"的英雄志向，而这是那些只有燕雀之志者所难以得知的。《史记·陈胜世家》记载：陈涉少时，曾与人一起替别人当雇工，种田之余，在田埂上长叹息说："苟富贵，无相忘！"雇农笑着说："你替人耕种，何有富贵？"陈涉叹息说："哎！燕雀怎么知道鸿鹄的志向啊！"陈涉与吴广共同起事之时，即说："壮士不死即已，死即举大名耳。王侯将相，宁有种乎！"于是陈胜乃立为王，号为"张楚"。这是中国历史上，第一个农民政权！

农民政权的诞生，可喜可贺，可歌可泣。但农民意识的局限性，致使农民政权极其脆弱，经不起战争风雨的洗礼，经不起封建政权的残酷围剿。所以，因农民战争而建立起来的许多农民政权，从陈胜的"张楚"到清朝咸丰年间的"太平天国"，要么成为封建统治者改朝换代的工具，要么被残酷地镇压下去，没有一个能够持久地巍然挺立于神州大地。其历史的局限性是相当明显的，同时也说明农民问题是中国革命的首要问题。

◆秦王朝覆灭

战争是中国历史上封建王朝改朝换代的工具，是江山易主的千古法轮。

历史给第一次统一了中国而显赫一时的大秦帝国，开了一个莫大的玩笑。秦始皇死后，传位于二世，有如昙花一现，不到三年时光，就灭亡于声势浩大的秦末农民战争。

农民战争只是秦朝迅速灭亡的外因，其中望夷宫政变才是其直接引线。晚唐诗人胡曾《咸阳》一诗，描写赵高、阎乐发动望夷宫政变，致使二世朝廷最终覆灭的历史命运，诗云：

> 一朝阎乐统群凶，二世朝廷扫地空。
> 唯有渭川流不尽，至今犹绕望夷宫。

咸阳，古地名。战国时秦孝公建都于咸阳。咸，训皆。其地在渭水之北，北阪

之南；水北曰阳，山南亦曰阳，皆在二者之阳，故名"咸阳"。

前两句描述二世朝廷覆灭时的情景，突出赵高的篡权阴谋活动，指使咸阳令阎乐发动望夷宫政变。后两句写时代变迁，王朝更替，唯有渭水长流，至今仍然环绕着当年发生过赵高篡权政变的望夷宫。阎乐：赵高的女婿，任咸阳令，是赵高篡权政变的主要帮凶。据《史记·秦始皇本纪》记载：秦二世皇宫，因发生盗贼之事，赵高感到恐惧，乃暗中与其女婿咸阳令阎乐和其弟弟赵成密谋。一天，宫人假称有大盗贼，赵高借机命令阎乐召集官吏，发吏卒千余人追击，至于望夷宫，将卫令仆射捆绑起来，说："贼入此，为何不止？"卫令反问："周庐设卒甚严谨，盗贼怎么能够入宫？"阎乐就当场斩杀了卫令，将吏直接闯入，行射，郎与宦官们非常震惊，有的逃走，有的格斗，凡格斗者皆被处死，死者数十人。此时，二世正在望夷宫斋戒，郎中令赵成与阎乐一同走进去，射落上幄坐帏。二世勃然大怒，立即召集左右大臣。大臣们都感到惶恐忧虑，一个个不敢争斗。二世身旁唯有一个宦官，侍候着不敢离开。秦二世入内，对那个宦官说："公公为何不早告诉我，乃至于这步田地？"宦官说："臣不敢言，因而得以保全自身。如果早说了，皆已经处死了，怎么能够活到现在？"阎乐上前对二世说："足下骄恣，诛杀无道，天下共畔足下。足下自己考虑任何处置吧！"二世回答说："我可以见见丞相吗？"阎乐说："不可以！"二世说："我愿意得一郡为王。"没有答应。二世又说："愿为万户侯。"没有允许。二世只好说："愿与妻儿子女为黔首，与一般公子相比。"阎乐说："臣受命于丞相，为天下诛杀足下。足下即使有许多言语，臣依旧不敢上报丞相。"说罢，阎乐一挥手，卫兵一拥而进，二世自杀。阎乐回去报告赵高。赵高立即召集各位大臣公子，通报诛杀二世的情状，宣布拥立二世之兄子子婴为秦王，以黔首埋葬了秦二世。

望夷宫，是秦宫殿，面临泾水，可望北夷，故名。多行不义必自毙！望夷宫的悲哀，是秦二世胡亥伙同赵高、李斯密谋篡权的必然结果，是历史的报应。《史记·秦始皇本纪》曰：二世梦见白虎吞噬他的左骖马杀之心，醒来后闷闷不乐，又觉得奇怪，就询问占梦者。占梦者卜卦说："泾水为祟。"于是二世则去望夷宫斋戒，被赵高指派阎乐所杀。二世朝廷，扫地已空；溶溶渭水，流淌千载。咸阳从此成为短命王朝的不祥之都。汉高祖时，更名为新城，汉景帝更名渭城。唐人李商隐《咸阳》诗曰：

咸阳宫阙郁嵯峨，六国楼台艳绮罗。
自是当时天帝醉，不关秦地有山河。

前两句对比秦国与六国京都之不同，一嵯峨，一绮罗，突出秦国京都地理形胜之险要。后两句以假设语气，写秦朝覆灭的历史教训，说当时的天帝是不是喝醉酒了，根本不考虑秦地有险要的"百二山河"，就将秦朝灭亡了。秦地，形势险要，历来有"百二山河"之称。《史记·高祖本纪》："秦，形胜之国，带河山之险，县（悬）隔千里，持戟百万，秦得百二焉。"元好问《岐阳》诗："百二关河草不横，十年戎马暗秦京。"

胡曾与李商隐二诗，皆写咸阳，皆为七言绝句，皆写秦朝覆灭主题，但各有千秋：胡诗重"史"，李诗重"景"；胡诗在"鉴"，李诗在"刺"；胡诗语直，李诗含蕴。

一个国威赫赫的大秦帝国，终于毁在赵高这些小人手中。这个赵高是什么角色？乃是一朝奸佞之臣也。赵高（？—前207）本是赵国人，入秦为宦官，任中车府令，兼行符玺令事。秦始皇死后，他干尽坏事，先与李斯伪造遗诏，逼使长子扶苏自杀，拥立少子胡亥为二世皇帝，掌管朝政，指鹿为马。后杀死李斯，任中丞相；又制造望夷宫政变，杀死二世，立子婴为秦王。不久，赵高被子婴所杀。晚唐诗人周昙《赵高》一诗云：

赵高胡亥速天诛，率土兴兵怨毒痡。
丰沛见机群小吏，功成儿戏亦何殊。

率土：境内各地，全国。痡（pū）：病苦，指暴政。秦朝暴政，民怨沸腾，全国上下，起兵反秦。中国历史上第一个封建大帝国的巍峨大厦轰然倒塌，赵高、胡亥招来天诛，而刘邦、萧何、曹参这群出身低微的小吏，见机揭竿而起，终于功成大业，与一场历史儿戏又有什么区别？

◆巨鹿之战

巨鹿之战，是秦朝末年起义军与秦军主力的一次历史性决战。

巨鹿，古县名，在今河北省平乡西南，系秦置巨鹿郡治所。秦二世三年（前207），秦将章邯率领秦军攻打赵国，以重兵包围巨鹿。楚怀王指派宋义为上将军、项羽为次将，率领起义军解救赵国之围。宋义在中途徘徊不前，项羽怒杀宋义，夺取了起义军的领导权。项羽指挥大军渡过漳水，破釜沉舟，只带三天干粮，表示与秦军血战到底的决心。起义军在巨鹿鏖战多次，大破秦军主力，杀死秦将苏角，活捉王离，涉间自杀，章邯率领二十余万主力在殷墟（河南安阳西北）投降。

巨鹿之战，是秦王朝走向灭亡的终结点，也是楚汉争霸拉开序幕以后的前奏曲。

章邯，秦二世时官少府。陈胜起义，秦二世发骊山之兵，以章邯为将，率领秦军出函谷关，先后击破周章、陈胜、项梁、魏咎等起义军，进而围困巨鹿与棘原，却为项羽所败。章邯投诚以后，跟随项羽入关，被项羽封为雍王，王咸阳以西，都于废丘古城。《史记·高祖本纪》记载：汉王与项羽争战，败于彭城。根据"先入关者为王"的约定，刘邦挥师西行入关，令太子守栎阳，诸侯子在关中者，皆集结在栎阳，以栎阳为卫，引渭水而灌废丘。驻扎在废丘的楚军，全部投降汉军，章邯兵败自杀。

晚唐诗人胡曾《废丘山》一诗，描写秦将章邯投诚项羽以后，却死于楚汉之争的历史漩涡。诗云：

> 此水虽非禹凿开，废丘山下重萦回。
> 莫言只解东流去，曾使章邯自杀来。

前两句写汉军引渭水灌废丘古城，说这河水虽然不是大禹开凿的，却如今在废丘山下重新萦回流淌着；后两句写章邯兵败自杀，你不要说这水只是东流而去，当年曾经逼迫着项羽封敕的雍王章邯兵败自杀啊。

◆火烧阿房宫

阿房宫，秦大宫殿名，故址在今陕西西安市西南阿房村。

《三辅黄图》云："阿房宫，亦曰阿城。惠文王造，宫未成而亡，始皇广其宫，规恢三百余里。离宫别馆，弥山跨谷，辇道相属，阁道通骊山，八百余里。"之所以名"阿房宫"，是"言其宫四阿旁广"的意思。四阿，是指房屋四周有曲檐。中国古代宫殿，大多采用这种样式。而阿房宫建筑之弘丽，是中国建筑史少见的。唐人杜牧《阿房宫赋》，曾经把阿房宫的宏伟气势与辉煌景象，描绘得淋漓尽致。

唐人于季子有《咏项羽》与《咏汉高祖》二诗，将刘邦与项羽两人的谋略策略予以比较，认为刘邦入关"约法三章"，而项羽入关却火烧宫室，东归不王秦，其谋略策略之高下十分显著。诗曰：

咏项羽

北伐虽全赵，东归不王秦。

空歌拔山力，羞作渡江人。

咏汉高祖

百战方夷项，三章且代秦。

功归萧相国，气尽戚夫人。

然而，战火无情，兵燹多难，阿房宫遭殃，正像杜牧《阿房宫赋》所感叹的那样："戍卒叫，函谷举；楚人一炬，可怜焦土"。

根据《史记·秦始皇本纪》记载，子婴为秦王四十六天，刘邦击破秦军，进入武关，至于灞上。使人约降秦王子婴。子婴则系颈，以组白马素车，奉天子玺符，降于轵道之旁。刘邦捷足先登，立即率军进入咸阳。这对项羽来说，无疑是一声惊雷。凭借雄厚的军事实力，项羽自然并不服气。于是一场争夺权力、争夺王位的楚汉之争，从此搬上了历史舞台。

据《史记·项羽本纪》介绍，秦二世三年（前207），刘邦进军至灞上，秦王子婴迎降，宣告秦朝灭亡。项羽闻讯，迅速率领楚军入关，逼迫刘邦迅速退出咸阳。项羽进驻咸阳以后，推行焦土政策，西屠咸阳，杀死投降刘邦的秦王子婴，一把火，烧毁秦朝宫殿，大火烧了三月而不减其势，气势恢弘的阿房宫，从此化为灰尘。

火烧阿房宫，是秦王朝崩溃的标志，也是楚汉两大军事集团争夺霸主权位的白热化。晚唐诗人胡曾《阿房宫》诗云：

新建阿房壁未干，沛公兵已入长安。
帝王苦竭生灵力，大业沙崩固不难。

这首诗以阿房宫为主线，以楚汉争夺霸权的典型事例，突出亡秦之淫奢暴虐。前两句写亡秦之速，后两句秦皇帝业崩溃之易。亦"易"亦"速"，其根本原因在于"苦竭生灵"。

根据《史记·秦始皇本纪》记载：秦始皇为修建阿房宫，动用了全国的人力、物力与财力，收藏了全国所有的金银财宝、奇器珍怪与历史文物，以水银为百川，上具天文，下具地理，以人鱼膏脂为烛光。天下之徒被遣送至于骊山者，多达七十余万人。死者甚众，葬于其下，机关繁杂，暗道相连，树草木，以象山。工成之后，所有工匠，全部活埋于其中。神州长叹，山河萧索，生灵涂炭，令人发指。这就是被后世历史学家称之为"中华第一大帝"的秦始皇，一个空前独裁、极度豪奢的秦始皇。

中国历史上赫赫一时的大秦帝国，其昙花一现，灭亡之速，是秦始皇自己作孽的结果。所以，杜牧《阿房宫赋》严正指出："呜呼！灭六国者，六国也，非秦也；族秦者，秦也，非天下也。"

◆鸿门宴

鸿门宴，是阴谋诡计与别有用心的代名词。

鸿门，坂名。在今陕西省临潼县东十里的鸿门堡。东接戏水，南靠高原，北临渭水，古今大道。形似鸿沟，北出口如门道，故称鸿门。因项王驻军于此，故当地又称"项王营"。

秦二世三年（前207年），项羽于巨鹿歼灭秦军主力，以四十万大军西向入函谷关，驻军新丰鸿门，刘邦十万军驻扎在灞上。为庆贺秦王朝灭亡，项羽以义军首领名义，宴请先入关的汉王刘邦于鸿门，欲借机杀之，史称"鸿门宴"。

楚汉相争，其刀光剑影，令人惊心动魄。其中鸿门宴，就是刘邦与项羽两大军事政治集团之间展开的一次智慧与力量的生死搏斗，一场戏剧性的社会人生悲喜剧。项羽的悲剧成就了刘邦的喜剧，而刘邦的喜剧加速了项羽的悲剧进程。

据《史记·项羽本纪》记载：刘邦进军咸阳后，秋毫无犯，退居灞上。项羽大军入关后，驻军鸿门，不得与刘邦相见。范增对项王说："沛公居山东时，贪于财货，好美色；今入关，财物无所取，妇女无所幸，此其志不在小。我令人望其气，皆有龙虎，成五彩。此天子气啊。我建议赶紧出击他，不要失去时机！"项伯是项羽的季父，与张良友善，赶紧深夜飞骑至灞上，私告张良。刘邦会见项伯，奉卮酒为寿，约为婚姻，并一再表白自己入关后，秋毫无所犯，日夜盼望将军到来，不敢背叛项王。项伯约沛公明日早早去拜访项王，连夜赶回，将沛公的话报告项王。次日一早，沛公从百余骑来到鸿门，向项王道歉说："臣与将军合力攻秦，将军战河北，臣战河南，自己没料到能够先入关破秦，能够在这里再见到将军。而今，有小人挑拨将军与臣的关系。"项王心直口快说："这是你的左司马曹无伤说的。不然，怎么会这样？"于是项王设宴招待沛公。项王与项伯东向坐，亚父范增南向左，沛公北向坐，张良西向侍。酒宴上，范增多次示意项王，又三次举起所佩带的玉玦示意项王动手。项王却默然不应。范增起身出去，召项庄说："君王为人不忍。你进入，前去祝寿，寿毕，请以剑舞，顺势将沛公击杀在座位上。否则，你们都将要被他所俘虏。"项庄进去祝寿，然后说："君王与沛公饮酒，军中没有作乐的东西，请允许我为诸位舞一段剑术。"项王说："可以！"项庄拔剑起舞，项伯也拔剑起舞，而且经常用自身掩护着沛公，项庄始终不能袭击沛公。张良见此情景，赶紧跑到军营门口见樊哙。樊哙问："今日情况如何？"张良说："情况非常紧急！现在项庄正在舞剑，其用意常在沛公。"樊哙说："情况紧迫，请让我进去，与他拼命！"樊哙立即

带剑拥盾进入军门。门口卫士将戟交叉着，想制止他进入，樊哙用他手中的盾牌一挡，卫士倒地。樊哙闯进去，拉开帷幕，西向而立，瞪目怒视项王，头发上指，眼珠尽裂。项王按剑而跪："客是什么人？"张良说："他是沛公的参乘樊哙。"项王说："壮士！赏赐他卮酒！"樊哙拜谢项王，站起来，一咕噜将斗酒饮尽。项王说："再赏赐给他猪腿！"樊哙将盾牌放置在地，把生猪腿放在盾牌上，拔剑切开猪腿，吃着。项王说："壮士！能够再饮酒吗？"樊哙借机发难，说："臣死都不怕，卮酒怎么足以推辞！秦王有虎狼之心，杀人数不能数，惩罚人唯恐不胜，天下百姓都反叛他。楚怀王与各位将领约定：'先破秦如咸阳者为王！'现在，沛公先破秦入咸阳，毫毛不敢有所接近，封闭宫室，还军灞上，以等待大王来。所以派遣军队把守关卡，主要是防备其他盗贼出入，应付非常事件出现。如此劳苦功高，没有封侯的赏赐，反而听信小人的谗言，打算杀害有功的人。这是被灭亡的秦朝的继续而已，我以为大王不可取啊！"项王无话应答，说："坐！"樊哙跟随张良坐下。不一会，沛公起身去上厕所，顺便招呼樊哙出来。沛公已出，项王指使都尉陈平去召沛公。沛公说："现在出来，没有向项王告辞，怎么办？"樊哙说："大行不顾细谨，大礼不辞小让。如今人为刀俎，我为鱼肉，还告辞干什么！"沛公要张良留下，感谢项王，自己脱身而去。事后范增气愤地将玉斗击破，叹息地说："呜呼！竖子不足与谋！夺项王天下者，必沛公也！"

　　一介武夫的樊哙，竟然在鸿门宴的关键时刻，在刘邦的生死关头，起了如此巨大的作用，不能不说这是汉王刘邦的幸运！鸿门宴的结局，是项王放虎归山，酿成历史的悲剧。

　　晚唐诗人胡曾《鸿门》诗云：

<blockquote>
项籍鹰扬六合晨，鸿门开宴贺亡秦。
樽前若取谋臣计，岂作阴陵失路人？
</blockquote>

前两句写项王像苍鹰一样飞扬在早晨的天地之间，以鸿门宴来庆贺灭亡秦朝的胜利。项籍，就是项羽。六合：天地上下四方。后两句以反问句式，叹息项王如果采纳范增的计策，怎么会兵败如山倒，成为一个在阴陵迷失方向的末路人

呢？阴陵：古县名，在今安徽定远县西北。据《史记·项羽本纪》记载：项王败至阴陵，迷失道路，询问一个田父，田父欺骗他说："左！"于是项王向左，陷入一片大泽之中，被汉军追及。

西楚霸王项羽有几多人生的悲哀，楚人又有几多历史的遗憾，从"鸿门宴"即可领悟到。

南宋末年，著名爱国诗人谢翱曾经写过一首《鸿门宴》的诗歌，借鸿门宴故事来感叹南宋王朝灭亡的历史悲剧，诗云：

> 天云属地汗流宇，杯影龙蛇分汉楚。
> 楚人起舞本为楚，中有楚人为汉舞。
> 鸂鶒淬光雌不语，楚国孤臣泣俘虏。
> 他年疮背怒发此，芒砀云归作风雨。
> 君看楚舞如楚何，楚舞未终闻楚歌。

全诗抒写"鸿门宴"与霸王别姬时的"四面楚歌"。楚汉、楚人、楚国、楚舞、楚歌，还有两个"楚"，一连用了九个"楚"字，以突出写西楚霸王的英雄末路与历史悲剧，出语奇崛峭峻，不同凡响。之所以以"鸿门宴"为标题，是因为鸿门宴拉开了楚汉两大军事集团争夺天下的历史巨幕，是因为项羽的仁慈与优柔寡断，丧失了在鸿门宴上诛杀刘邦的大好机会，铸成了难以饶恕的历史错误与深刻教训。

战争的胜负，往往有其历史的际遇，甚至是偶然的机遇。刘邦与项羽都没有想到：鸿门宴之后，为期五年的楚汉两大军事集团争夺天下的战争，会是西楚霸王自刎乌江，而刘邦却黄袍加身那样的历史结局。难道是历史的误会，难道真如项王自己感叹的是"天之亡我，非战之罪也"？否！这是历史之必然，是天道之当然！

司马迁早就说过：项羽不读书，缺乏理智，又"自矜功伐，奋其私智而不师古，谓霸王之业，欲以力征经营天下，五年卒亡其国，身死东城，尚不觉悟，而不自责，过矣！乃引'天亡我，非战之罪也'！岂不谬哉"！

◆鸿沟

　　鸿沟，古沟渠名。大约是战国时期魏惠王十年（前360）开凿而成的。在今河南省荥阳市中牟县境内，是古汴水的分流，即今之贾鲁河。这条沟渠通过广武山谷，东西两座山头有楚汉二王城，谷为大沟，名曰鸿沟。

　　据《史记·项羽本纪》与《汉书·高帝纪》记载：汉之四年（前205）冬天，楚汉两大军事集团的实力已经发生根本性的转变。汉兵盛，粮食多；项王兵疲惫不堪，粮食断绝。刘邦派遣陆贾去劝说项羽，要求释放作为人质的太公与吕后，项羽根本不听。汉王又派侯公去说服项羽，项羽才答应与汉王订立和约：中分天下，以鸿沟为界，以西归汉，以东归楚。项王还答应将在荥阳被收押的太公和吕后归还，汉军皆欢呼万岁。中国历史上"楚河汉界"的军事格局，终于出现在楚汉之争的战场上。

　　然而，这个"楚河汉界"的军事格局，须臾之间就被刘邦打破了。项王见咸阳秦朝宫室皆已焚烧残破，又心怀思归故乡之情，说："富贵不归故乡，犹如身穿锦绣衣服夜行，谁又知道你呢？"于是，项王如约，引兵东归。而刘邦正要西归，张良和陈平劝阻说："汉有天下大半河山，而诸侯都依附着我们。楚军疲惫不堪，粮食殆尽，这是老天灭亡楚项的时候。我们不如乘其困乏之机，追击不舍，一举取之。现在如果不去追击，这叫做'养虎自遗患'啊。"汉王听从了他们的意见，立即回师追击项王楚军。

　　晚唐诗人胡曾《鸿沟》诗云：

> 虎倦龙疲白刃秋，两分天下指鸿沟。
> 项王不觉英雄挫，欲向彭门醉玉楼。

胡曾此诗写楚汉以鸿沟为界而两分天下之事。前两句写楚汉两大军事集团争战疲惫之后以鸿沟为界而两分天下的意愿。楚汉相争，鏖战多年，虎倦了，龙疲了，指鸿沟而两分天下。后两句写项王不觉悟，尊约而东，天真幼稚地欲作"向彭城"而衣锦还乡、"醉玉楼"以贻享天年的美梦，却被汉王随后追击的马蹄声声所吞灭。英雄失路，霸业受挫，这挫折来自项王至死而未觉悟。

中唐诗人张祜早有《鸿沟》一诗，是从嘲笑楚汉两大军事集团企图以鸿沟为界而分割中国版图方面来写的，立意颇新。其诗云：

> 龙蛇百战争天下，各制雄心指此沟。
> 宁似九州分国土，地图初割海中流。

龙蛇百战，争夺天下，而鸿沟之约，却各怀雄心。诗人讥讽楚汉两大军事集团以鸿沟为界而两分天下，是多么愚蠢！难道如同远古时代，以九州划分中国国土，虽地图初割，鸿沟之水仍然在我海中流淌。海中：犹言海内，即中国也。宁：岂，难道。

◆ 楚汉荥阳之争

荥阳，古邑名。原本属于战国时期的韩国。故城在今河南省荥阳县西南。

晚唐诗人胡曾《荥阳》一诗，写楚汉荥阳之争，诗云：

> 汉祖东征屈未伸，荥阳失律纪生焚。
> 当时天下方龙战，谁为将军作诔文？

诗人描写楚汉荥阳之争的具体战况，前两句写汉王刘邦东征彭城失利与纪信被杀，后两句是诗人对纪信将军舍生取义的赞美。失律：军纪丧失，出师不利。纪生：纪信。龙战：群雄争夺天下的战争。诔文：表彰死者德操的哀悼之文。诔文，仅用于上对下。《礼记·曾子问》："贱不诔贵，幼不诔长，礼也。"

根据《史记·项羽本纪》记载：汉三年（前204），汉王刘邦率部五诸侯兵五十六万人马，东征彭城楚军主力，结果十余万汉兵被杀，败走山路。楚军追至灵璧东部的睢水，十万汉兵退入睢水，睢水竟然不流，汉王刘邦被西楚霸王围了三层。此时，一场大风暴自西北刮起，天昏地暗，折木拔屋，飞沙走石，直逼楚军，楚军大乱，溃不成军。这是天意，还是人谋？汉王得数十骑兵，乘

机逃亡。刘邦至荥阳，被追击而来的楚军团团围困。

　　项羽多次侵夺刘邦汉军的运输通道，汉军粮草匮乏，产生恐惧情绪，请求与项羽议和，答应以荥阳为界，以东归楚项王，以西归汉王刘邦。项王打算接受刘邦的议和，范增却说："汉王是容易对付的，现在放弃征伐的机会，以后后悔就来不及了。"项王觉得范增说得有道理，就立即与范增率军赶紧围攻荥阳。刘邦非常害怕，就用陈平之计，离间范增与项王的关系。项王使者来，安排特别丰盛的"太牢"宴席（一头全牛、一只全羊、一头全猪），将宴席摆好后，奉献给使者，才请入席享用。见到使者，假装惊愕地说："我们还以为是亚父的使者，没想到你反而是项王的使者！"说完，马上派人将全席撤去，换上丑恶的食物给项王使者吃。使者回去报告项王，项王就怀疑范增与汉军有勾结，逐渐将范增的军权剥夺过去。范增非常恼怒，冲着项王说："天下大事基本已定位了，君王您好自为之。愿您准予我退伍，让我这把老骨头归葬田园吧！"项王果然准许他退职。范增还未到达彭城，因毒疮穿背而死。

　　汉王刘邦被围困在荥阳城中，粮尽兵绝，危在旦夕。汉将纪信，急中生智，对汉王说："事已急矣！请允许我假扮成王，欺骗项王，王可以借机秘密逃出。"刘邦答应。纪信就假装成汉王，乘黄屋车，举左纛，连夜组织十几个女子出城，大声叫喊着："城中食尽，汉王投降！"楚军以为当真，纷纷高呼万岁，而此时的刘邦，借机与数十骑从荥阳城西门逃出，逃跑到成皋。

　　项王见到纪信，问道："汉王安在？"纪信得意地说："汉王早已出城了。"项羽一气之下，烧杀了纪信，无奈地抓住刘邦的父亲与妻子作为人质。纪信为了拯救汉王危难，急中生智，挺身而出，舍身成仁，功德可昭日月。

◆ 刘邦数罪楚师

　　《水经注》之《郡国志》：荥阳县境内有广武城，城在广武山上，为汉朝所筑建。高祖刘邦在广武山，与项羽面临绝涧对话，谴责项羽十大罪过，项羽非常气愤，一箭射中刘邦的胸部。

　　《后汉书》注引《西征记》：有三皇山，或者叫做三室山。山上有二城池，东叫东广武，西叫西广武，其间隔着深涧，正是刘邦与项羽对话之处。

声势浩大的秦末农民起义，最后演变为起义军内部楚汉两大军事集团的权利之争。

在长达四五年的楚汉之争中，双方斗红了眼，而项羽在战略战术方面屡屡出错，给刘邦提供了许多难得的机遇。刘邦在广武山与项羽面临绝涧对话，谴责项羽十大罪过，就是其中最好的证据。

（汉高祖像）

据《汉书·高帝纪》与《史记·项羽本纪》记载：汉之四年十月，汉王、项羽相与临广武之涧而语。项王对汉王说："天下汹汹数岁者，徒以吾两人耳。愿与汉王挑战，决一雌雄，不要徒然让天下平民百姓父子受苦受难了！"汉王笑着说："我宁愿斗智，不能斗力！"

经过几个回合的厮杀之后，汉王与项羽隔涧相望，汉王刘邦历数项王十大罪状："我始与项羽受命于楚怀王，约先定关中者为王。你项羽负约，自立为西楚霸王，而王我于蜀汉，罪一也。项羽骄纵，杀害卿子冠军宋义，而自尊，楚国为之惊震，罪二也。你项羽当以救赵回报，却擅自窃取诸侯兵入关，罪三也。怀王约定入秦不得暴虐，你项羽烧毁秦宫室，挖掘秦始皇坟墓，收其财产据为己有，罪四也。你又强杀秦朝降王子婴，罪五也。你以欺诈手段坑杀秦子弟二十万于新安，却王其将，罪六也。你封王诸将于好地区，而徙逐故主，指使臣下争相叛逆，罪七也。你出逐义帝于彭城，而自己以彭城为都城，抢夺韩王地盘，并王于梁楚，将其地大多据为己有，罪八也。你不仁不义，指使人暗杀义帝于江南，罪九也。你为人臣而杀其主，杀其已经投降者，为政不平，主约不信，为天下所不容，大义不道，罪十也。我以仁义之师，随从诸侯诛杀残贼，使刑余罪人追击你公，何苦与你挑战！"项羽听完大怒，指使埋伏在旁的弓箭手，射中汉王胸部。汉王抚摸着胸口，顿着足轻蔑地说："虏中吾指！"（你这狗奴才，只伤着我一个手指头！）

这是楚汉之争两军对垒时，刘邦与项羽隔溪相对一段精彩的对话。战争双方的人物个性气质与聪明才智，表现得淋漓尽致。

晚唐诗人胡曾《广武山》诗云：

数罪楚师应夺气，底须多论破深艰？

仓皇斗智成何语，遗笑当时广武山。

前两句描写项羽听到这十大罪状以后的心理反应。夺气：因慑于声威而丧失了胆气。底须：设问之词，难道需要过多的言语去道破其中艰深的奥妙吗？后两句写刘邦仓皇斗智所产生的巨大影响，让当时的广武山为后人留下了笑柄。

《晋书·阮籍传》记载：竹林七贤中的阮籍登广武山，观楚汉战争遗址，感叹地说："时无英雄，遂使竖子成名！"竖子：骂人语。阮籍指的"竖子"是谁？多以为指刘邦。苏轼认为是指魏晋间无刘邦、项羽之类的英雄（《东坡志林》）；萧士赟说是指曹氏父子；王琦不同意萧士赟的看法，仍然认为"竖子"应该是指因人成事的刘邦。

◆ 义帝徙郴

郴州市旧城的中心，有一个沉静而凝重的小园林。四周是方形的宫廷式围墙，红墙绿瓦，亭阁路径，青松翠柏，碑记石阶，庙宇华表，皆呈南北对称的皇家陵园模式，庄重肃穆，井井有序，拱卫着一座硕大的圆形墓冢。

汉白玉墓碑上镌刻着隶书"义帝之墓"四个大字。

秋日的余晖，从晚霞中照耀着这座古老的陵寝，墓冢上的芦草在秋风夕阳中摇曳，仿佛在诉说着历史沧桑中无尽的幽怨……

此时此刻，我伫立在义帝之墓前，时而仰视两座汉白玉双层六角形的护碑亭，汉碑的字迹，斑驳脱落，依稀难辨，留下历史的沧桑，亭顶上金黄色的琉璃瓦闪烁着落日的余晖；时而瞩目两柱汉白玉华表上仰望天空的两只石兽，凝视那一副以隶书镌刻在华表正面的挽联：

楼头有伴应归鹤

原上无人更牧羊

苍凉，悲咽，悠悠千古，是义帝的身世遭遇与悲剧命运的真实写照。读着湘乡方堃落款的这副挽联，一种历史的感怆与莫名的惆怅油然而生。

晚唐诗人胡曾《郴县》一诗云：

义帝南迁路入郴，国亡身死乱山深。

不知埋恨穷泉后，几度西陵片月沉。

义帝，姓熊名心，是楚怀王之孙。楚怀王入秦被秦国扣留，后死于异乡。这是血与火的岁月，中国历史开始了新的一页。大诗人屈原行吟湖湘，悲愤之中，怀沙自沉于汨罗江。

楚国被秦国灭亡以后，与楚皇室成员一样，熊心流落江湖，在民间替人牧羊。本来可以过着常人一般的安定生活，然而，楚汉集团一场史无前例的权力争夺，无情地把他卷进到历史的漩涡之中。西陵，楚怀王陵墓。

义帝的人生悲剧，是历史上"楚汉相争"的产物。

据《史记·项羽本纪》记载：秦二世元年（前209），项梁率领起义军渡江西进，时闻起义军领袖陈胜不幸牺牲，项梁依据范增之计，从民间寻找楚国皇室子孙，拥立在民间牧羊的熊心为楚怀王，建都盱台（今江苏盱眙东北），挟天子以令诸侯。项梁战死后，熊心乘机到彭城（今徐州）夺取项羽、吕臣兵权，改用宋义为上将军。之后，项羽杀宋义，夺回兵权。公元前206年1月，项羽自立为西楚霸王，而佯尊楚怀王熊心为"义帝"，迁都长沙。过了三个月，项羽又以"古之帝者，地方千里，必居上游"为借口，徙义帝于长沙郴县。翌年1月，项羽暗中命部将衡山王吴芮、临江王共敖击杀于湘江之中，未能得逞。8月，又命黥布（即英布）追杀义帝于郴县。

项羽派人追杀义帝于郴县，这是一个战略性的错误，落得个不仁不义的骂名。刘邦正好利用了项羽这个错误，大肆笼络人心。同年3月，刘邦即令三军披素，为义帝居丧三日，并致檄文于各路诸侯，历数项羽十大罪状，兴兵讨伐项羽，公开打出了楚汉争霸的旗帜。三年以后的公元前202年，刘邦消灭了项羽而统一了天下。据《郴县志·流寓志》记载，"汉王陵、周勃、樊哙、高祖使至郴，为义帝发丧"，卜葬义帝于"后山"，即有了保存至今的"义帝陵"。王陵为安国侯，周勃为绛侯，樊哙为舞阳侯，三侯奉旨凭吊义帝后，乘舟返回，

过永兴三江口少驻，今尚存有"三侯祠"。

秦末楚汉相争的历史，是项羽与刘邦两大政治军事集团之间智慧、谋略、力量、德行与权力的比拼、较量。

义帝熊心大幸，他是时代的宠儿，历史的幸运儿。楚汉相争的历史潮流，把他这位沦落民间牧羊人的楚国王孙，推上帝王宝座，推上时代风云的风口浪尖，在岌岌可危之中当了三年傀儡皇帝，而成为楚汉两大政治军事集团争权夺利的焦点人物。

熊心大不幸，他又是人生悲剧的演义者，是统治集团内部权力之争的牺牲品。楚汉之争的历史漩涡，改变了他作为牧羊人安定与平静的生活方式，又无情地吞噬了作为"楚怀王"的"义帝"企图借机复仇兴楚的政治梦呓和社会理想。

◆ 垓下之围

历史将项羽与刘邦推上秦末农民战争的政治舞台，经过血与火、灵与肉的洗礼与搏斗，刘邦的汉军把项羽团团围困在垓下（今安徽灵璧县南）。这就是赫赫有名的楚汉相争中的"垓下之围"，时在汉高祖五年（前202）十二月。

据《史记·项羽本纪》记载，夜色茫茫，寒风猎猎。包围四面的汉军齐声高唱楚歌，歌声响彻夜空，传遍项羽的军营。项羽大惊失色，以为楚军已经降汉，失败的命运之神已经降临到自己头上。于是项羽演绎出一幕"霸王别姬"的动人悲剧：此时此刻，曾经叱咤风云的西楚霸王，而今四面楚歌、处于英雄末路，与自己心爱的美人虞姬对坐在帐下，畅饮美酒，乘酒兴而拔剑起舞，慷慨悲歌——

> 力拔山兮气盖世，时不利兮骓不逝。
> 骓不逝兮可奈何，虞兮虞兮奈若何！

这是英雄末路之歌，是生命的挽歌，是无可奈何的人生哀叹。项羽歌之再三，声泪俱下。据《楚汉春秋》记载，虞姬亦拔剑起舞，唱和歌一首：

汉兵已略地，四方楚歌声。
大王意气尽，贱妾何聊生！

美人清亮而伤感的歌声，在四面楚歌的战场上回荡着，在历史的天空中萦绕着，在末路英雄项羽的心头震荡着。唱罢，虞姬饮剑自刎。一代美人的鲜血染红了锋利的宝剑，染红了洁白的衣裙，染红了帐下的土地。晚唐诗人胡曾有《垓下》一诗云：

拔山力尽霸图毁，倚剑空歌不逝骓。
明月满营天似水，那堪回首别虞姬。

霸业未成，拔山何益？明月满营，倚剑空歌。项羽目睹美人殉情的悲剧，也激奋了他这位末路英雄的热血如海洋一样澎湃。项羽身披戎装，拔剑上马，率领江东子弟二十八骑与汉军拼死厮杀，冲出重围。亭长划船，战马长嘶。然而，此时此刻，兵败如山倒的项羽，有何脸面再见江东父老？于是拔剑自刎于乌江。胡曾为此又有《乌江》一诗云：

争帝图王势已倾，八千兵散楚歌声。
乌江不是无船渡，耻向东吴再起兵。

晚唐咏史诗人周昙《项籍》诗云：

九垓垂定弃谋臣，一阵无功便杀身。
壮士诚知轻性命，不思辜负八千人。

这是天意吗？这是命运的安排吗？一个豪气盖世的项羽却败在流氓无赖似的刘邦手里，一个勇猛过人的英雄却遭遇了"霸王别姬"的人生悲剧，这就是楚汉相争的历史，一段令人心酸的历史，一页引人深省的千古历史。

◆胡汉和亲之始

和亲，就是汉族皇帝以公主与周边少数民族首领通婚。

中国历史上的战争，大致分为四种：一是内乱，如战国七雄争霸、西汉景帝时的吴楚七国之乱、五胡乱华、安史之乱、侯景之乱、军阀混战；二是改朝换代的战争，如周武王伐纣、北宋末年的靖康之变、明末清初满清贵族入主中原；三是中原汉族王朝与周边少数民族政权之间发生的边塞战争；四是中国人民反抗外国侵略者的民族解放战争，如鸦片战争、甲午战争、抗日战争等。

中国历史上的和亲之策，是中原汉族王朝与周边少数民族政权之间发生的边塞战争的特殊产物。而汉朝这个和亲之策，始作俑者是汉高祖，是其大臣陈平为解高祖皇帝平城之围而提出的一个秘计，而后奉春君娄敬加以实施。

平城，古县名，秦置。在今山西省大同市东北。公元前200年，汉高祖亲征韩信至此，被匈奴围困于平城城东南的白登山。

《汉书·高帝纪》、《汉书·匈奴传》与《史记·陈丞相世家》记载：七年冬十月，陈平以护军中尉，从高帝攻击造反的韩信于代。此时，匈奴引兵南侵，攻击太原，至晋阳下。高帝亲自将兵往击之，从晋阳连战，乘胜北上，至于楼烦。遇雨雪大寒，士卒冻烂手指头者什二三。于是匈奴冒顿佯装败走，诱惑汉军深入。高帝先至平城，步兵尚未尽到。冒顿纵精兵三十余万骑，将高帝少数人马围困在平城城东南的白登山，七日不得食，汉军中外不能相救饷。高帝用陈平秘计，使单于阏氏，而后单于围以得开。高帝得以出围脱险，陈平秘计，世莫得闻。

陈平施出何等秘计？《史记集解》引桓谭《新论》解释道：或云："陈平为高祖解平城之围，则言其事秘，世莫得而闻也。此以工妙踔善，故藏隐不传焉。子能权知斯事否？"吾应之曰："此策乃反薄陋拙恶，故隐而不泄。高帝见围七日，而陈平往说阏氏，阏氏言于单于而出之，以是知其所用说之事矣。彼陈平必言汉有好丽美女，为道其容貌天下无有。今困急，已驰使归迎取，欲进与单于。单于见此人必大好爱之，爱之则阏氏日以远疏，不如及其未到，令汉（高帝）得脱去，去，亦不持女来矣。阏氏，妇女，有妒媚之性，必憎恶而事去之。

此说简而要，及得其用，则欲使神怪，故隐匿不泄也。"刘子骏闻吾言，乃立称"善"焉。

晚唐诗人胡曾《平城》一诗，咏叹陈平秘计以解汉高祖皇帝平城之围事。诗云：

> 汉帝西征陷虏尘，一朝围解议和亲。
> 当时已有吹毛剑，何事无人杀奉春。

前两句写汉高祖皇帝平城之围七日，一朝解围原来陈平用的是和亲秘计。后两句诗人因反对和亲，故说如果当时有把吹毛之剑，为什么无人斩杀提出和亲之策的奉春君呢？吹毛剑：利剑名。《碧岩录》："剑刃上吹毛试之，其毛自断。乃利剑，谓之吹毛也。"何事：何故。奉春君，就是刘敬。刘敬：原名娄敬，他最先提议都秦地之说，被刘邦赐姓刘，拜为郎中，号奉春君。《史记·刘敬列传》记载：高帝罢平城归，韩信已经逃亡入胡。当时，冒顿为单于，兵力强大，控弦三十万，多年来苦于北边。高帝患之，询问娄敬。娄敬说："陛下诚能以适长公主妻之，厚奉送之财物。他知道汉朝嫁女送礼丰厚，蛮夷必然歆慕以为阏氏，生子必为太子，代单于。冒顿在，固为子婿；冒顿死，则外孙为单于。岂尝闻外孙敢与大父抗礼者哉？兵可无战而渐渐臣服也。若陛下不能遣长公主，而令宗室及后宫诈称公主，彼亦知，不肯近贵，无益也。"高帝说："善！"欲遣长公主，吕后日夜哭泣，说："妾唯有太子，一女，奈何弃之匈奴！"高帝最终不能遣长公主，而取家人子，名为长公主，妻于单于。派遣娄敬前往匈奴，缔结和亲之约。

作为游牧民族与农耕民族契约和平的一种形式，和亲在以后的历史中出现过多次，其内涵和形式略有差异。绝代佳人王昭君和文成公主都等参与了和亲活动，在中国古代汉族朝廷，受当时的民族观念与国家观念之局限，文人士大夫大多反对朝廷的"和亲"政策，以为是缺乏民族自尊心，向外敌屈膝求和，"千秋污史牒"。唐代戎昱《咏史》称：

汉家青史上，计拙是和亲。
社稷依明主，安危托妇人。
岂能将玉貌，便拟静胡尘。
地下千年骨，谁为辅佐臣。

显然，戎昱认为汉朝所采取的与匈奴的"和亲"之计并不足取。其实，汉高祖、陈平与奉春君娄敬，他们率先提出与周边少数民族政权"和亲"之策，乃是一大影响中国历史的伟大创举：一则缓和了当朝汉族政权与少数民族政权的矛盾冲突，使双方老百姓免受绵绵征伐战争之苦；二则对中华民族的大融合、大统一、大团结起了积极的推动作用，也促进了中原文化的交流与传播，如王昭君出塞，文成公主入藏，就是汉唐王朝奉行"和亲"政策的典范。

◆ 细柳营

细柳营，汉朝军营名。在长安西北。

西汉初周勃在此细柳营屯军，以治军严明而名世。

据《史记·绛侯周勃世家》记载：汉文帝之后六年，匈奴大入边，乃以汉宗室刘礼为将军，驻军在灞上；祝兹侯徐厉为将军，驻军在棘门；河内守周亚夫为将军，驻军在细柳营。这种军事部署，在于防备匈奴进攻。皇帝亲自来慰劳三地驻军，至灞上与棘门驻军时，皇帝车队可以长驱直入，毫无障碍，将领以下军骑，列队迎送。而后到达细柳营驻军，没有迎送，没有招待，唯有驻军全副武装，临阵以待，官吏与士兵被甲执锐，弓矢持满。天子先驱到达军门，被站岗军士拦住，不得进入。先驱说："天子将至！"军门都尉回答："将军有令：军中只听将军命令，不听天子的诏书。"先驱停止在门前，感到无可奈何。一会儿，皇帝到达，又不能进入军营大门，于是派遣使臣持节诏告将军："我想入营慰劳驻军。"周亚夫才传言门前都尉打开壁门。壁门士吏对从属车骑说："将军有约：军营中不能骑马驱驰。"天子乃按住马辔，慢慢步行。到达军营，周亚夫手持兵器作揖说："介胄之士不拜，请允许我以军礼叩见皇上。"天子为之感动，面色庄重，遣人称谢："皇帝特来犒劳将军！"劳军既终，礼成而去。

63

走出军门，群臣都为周亚夫将军的无礼，感到吃惊与气愤。汉文帝却说："此真将军啊！先前在灞上与棘门军，如同儿戏而已，那些将军本可以偷袭又能逮住。至于周亚夫军，你可能侵犯他吗?"

晚唐诗人胡曾《细柳营》诗云：

> 文帝銮舆劳北征，绛侯此地整严兵。
>
> 辕门不峻将军令，今日争知细柳营。

这首诗写细柳营，平铺直叙，前两句述古，后两句设问，点明题意，落实在一个"峻"字上面。峻者，严整、严峻也。辕门：军营。军营是驻军之地，治军要严，必须从军营抓起。銮舆：皇帝的车驾。皇帝劳军，来到三大军营。灞上与棘门两大军营，注重仪礼，劳师迎送，如同儿戏；而细柳营驻军，却不拘君臣之礼，严阵以待。看似冷峻严酷，不通人情，却因"峻"而"知"周亚夫将军治军之严。不管皇帝是否高兴满意，汉文帝能够从三大军营的对比中肯定细柳营，说出"此真将军矣"之类赞叹，说明他是一个有所作为的皇帝。于是在中国历史上，他与汉景帝开创了令历史学家啧啧赞赏的"文景之治"。

◆南海朝台

朝台，一名朝汉台，故址在今广东省南海县的东北。是西汉初年南海尉赵佗归附汉朝的标志性建筑。相传这是南越王尉他初次会见汉朝特使陆贾的地方。

尉他，一作尉佗，即赵佗。秦朝末年任嚣担任南海尉，发病将死，命河北真定人赵佗接替自己为南海尉。故人称赵佗为"尉佗"。《汉书·文帝纪》记载：南越王尉佗自立为武帝。汉朝皇帝召商尉佗兄弟，以德报之南越。尉佗刚筑台，陆贾奉命前来召访，尉佗就去帝位而称臣。于是此台北面朝汉，朔望升拜，名曰"朝台"。

陆贾，楚国人，能言善辩，从刘邦起兵定天下，居左右，常出使诸侯，名为有口辩士，是刘邦的主要谋臣之一。汉朝建立后，官至太中大夫。他向汉高祖提出："居马上得之，宁可以马上治之乎?"意思是说：陛下凭着武力夺得天

下，还能够用武力治理天下吗？"于是汉朝兴儒学，辅助以黄老之学，提倡"无为而治"。陆贾是汉朝著名政论家，著有《新语》一书。据《史记·陆贾》记载：汉高祖得天下，中国初定，河北真定人尉佗平南越，自立为王。高祖派遣陆贾去南越赐尉佗印，封南越王。尉佗接见陆贾时，傲慢地"箕倨"而坐，将汉高祖赏赐的冠带丢弃在地上。陆贾因此进言道："你是中原人氏，亲戚、兄弟、祖先坟墓都在真定。现在您违反天性，抛弃华夏冠带，想以区区南越之地与汉朝天子相抗衡成为敌国，大祸就要临头了！"又说：天子闻君王在南越称帝，不助天下讨伐暴逆，将相们正想率领军队而来诛杀君王，可是天子怜悯百姓重新陷入痛苦劳累之中，所以制止了将相们的征伐之举，派遣臣子前来南越，授予君王之印，剖解虎符通使。君王您应该到郊外迎接，北面称臣。而您却打算以刚刚造就还来不及整合集结的南越，对汉朝如此倔强不服从。我大汉帝国闻讯，必定发掘和烧毁你先祖坟墓，灭绝你赵氏宗族，派遣一个偏将率领十万大兵压境，那么南越人杀您投降汉朝，是易如反掌而已。尉佗一听，感到陆贾说得在理，对他非常欣赏，还留他畅饮数月。陆贾就拜尉佗为南越王，令其称臣，奉行汉朝之约。陆贾回长安复命，汉高祖非常高兴，立即封他为太中大夫。

晚唐诗人胡曾《番禺》一诗，追述陆贾说服尉佗归汉之事，寄托诗人主张中国统一，反对分裂之志。其诗云：

> 重冈复岭势崔巍，一卒当关万卒回。
> 不是大夫多辩说，尉他争肯筑朝台。

番禺，就是今之广州的番禺县，以其境内有番山与禺山而得名。秦朝设置县，属于南海郡。前两句写景，描写岭南一带的地理形势，以番禺险峻的山河胜状，衬托陆贾说服尉佗归汉、维护中国统一的历史功绩；后两句叙事，写陆贾说服尉佗归汉之事。诗不从正面叙述，而以"不是""争肯"作否定性判断，有顿挫之实，摇曳之姿。

◈马邑之谋

文景之治后，汉朝国力强盛。但匈奴连年侵扰北方边境，屠戮边民，抢掠财物。元光二年（前133）六月，年少气盛的汉武帝刘彻采纳大臣王恢的计谋，派遣马邑（今山西朔县）商人聂壹（一作聂翁壹）以出卖马邑城为名向匈奴诈降，又命李广、韩安国等率兵三十余万埋伏城外山谷中，俟机出击，期望一举聚歼匈奴军队。结果汉王朝诱敌之计被狡黠的军臣单于识破，带着其十万骑兵全部逃脱。盛怒之下的汉武帝以王恢坐失战机而又畏敌如虎将其斩首。这就是历史上有名的"马邑之谋"。

汉武帝诱捕单于的计划未能成功，从此汉匈关系破裂，汉王朝走上了对匈奴大规模反击作战的道路。战争的结果，一方面是汉王朝开拓了疆土，另一方面也使得汉帝国人口减半，民怨沸腾，边境地区更是满目疮痍。武帝晚年，其精锐部队几乎损失殆尽，主要将军非死即降。国家的经济损失更是不可估量，仅赏赐军功所用黄金就达二十余万斤。

宋代诗人刘攽《咏史》曰：

自古边功缘底事？多因嬖倖欲封侯。

不如直与黄金印，惜取沙场万髑髅。

诗以愤激的口吻，揭示了汉王朝开疆拓土带给人民的无尽苦难，对皇帝因嬖倖（bì xìng）而封侯也进行了无情嘲讽。嬖倖：出自《烈女传·殷纣妲己》："妲己者，殷纣之妃也，嬖倖于纣。"指被宠爱的姬妾或侍臣。髑髅（dú lóu）：多指死人的头骨。《庄子·至乐》："庄子之楚，见空髑髅。"

◈汉武帝习水战

中国古代战争，历来使用步兵与骑兵，很少使用水兵。

水兵雏形于战国，而成于两汉时期。据《太平御览·汉宫殿疏》，汉武帝

欲通"身（yuán）毒"（即古印度），军队被越巂（xī）昆明所阻。元狩三年（120），汉武帝下令按照昆明滇池的模样，在长安近郊开凿一个昆明池，以备练习水战。经过一年的开凿，昆明池成，池周围四十里，占地三百三十二顷。于是开始训练水兵，这也许是中国水兵之始。

晚唐诗人胡曾《昆明池》正是追述汉武帝教习水战而造昆明池之事。昆明池，本指云南昆明滇池，滇池亦名昆明池、昆明湖或滇南泽。而长安西南郊的昆明池，乃是仿造昆明滇池而开凿的，故也叫昆明池。今在西安市西南部斗门镇，已经变成一片洼地。这个昆明池才是胡曾吟咏的对象。胡曾诗云：

（汉武帝像）

> 欲出昆明万里师，汉皇习战此穿池。
> 如何一面图攻取，不念生灵气力疲。

前两句写汉武帝开凿昆明池的目的动机。汉武帝欲通古印度，万里征战之师却被云南的昆明池水阻断出路。于是汉武帝下令在长安西南郊外仿照云南滇池再开凿一个人工昆明池，以便让水兵在昆明池水中练习水战。后两句诗人站在反战立场说话，认为汉武帝下令开凿昆明池，教军队练习水战，是只图攻取，而不顾劳民伤财与生灵涂炭。《搜神记》记载：汉武帝开凿昆明池极深，挖出来的土色都如灰墨，不复像土。举朝不解其故，以此询问东方朔。东方朔说："臣愚，不足以知之，可试问西域人。"汉武帝以为东方朔真的不知，就难以再询问其他人士了。到后汉明帝时，西域道人来到洛阳，当时有人回忆起东方朔说的话，乃试问汉武帝开凿昆明池时为什么尽是灰墨，西域道人回答说："经云：天地大劫将尽则劫烧。此劫烧之余也。"此西域道人，叫做法兰。《高僧传·竺法兰》记载："昔汉武穿昆明池底，得黑灰。以问东方朔，朔云：'不知，可问西域胡人。'后法兰既至，众人追以问之。兰云：'世界将终，劫火洞烧。此灰是也。'"后人则以劫灰比喻战火烧毁的残迹。韩偓《乱后春日途径野塘》诗云："眼看朝市成陵谷，始信昆明有劫灰。"用的就是汉武帝开凿昆明池时得灰墨的典故。

◆飞将军李广

人们常说："千军易得，一将难求。"

在悠悠中国战争史上，被历代将士怀念不息、被历代文人诗客咏叹不止的将军，唯有一个被誉为飞将军的李广。

飞将军，即李广（前183—前119），西汉陇西成纪（甘肃静宁县）人。据《史记·李将军列传》记载：李广，善骑射，时人有"李广才气，天下无双"之赞。文帝时，出征匈奴有功，封武骑侍郎；武帝时，为右北平太守，驻守龙城，英勇善战，威震四方，匈奴闻之，号曰"汉之飞将军"。汉武帝元狩四年（前119），李广随卫青出征匈奴，因为迷路失期而受到指责，自以耻对刀笔之吏（拿笔杆子的文职官吏），于是引颈自刎而死。

李广为将，与士卒共饮食，家无余财，众乐为用。前后与匈奴七十余战，以英勇善战、爱兵如子著称于青史。

"但使龙城飞将在，不叫胡马度阴山。"（王昌龄《出塞》）

"君不见沙场征战苦，至今犹忆李将军。"（高适《燕歌行》）

盛唐边塞诗人如此赞叹飞将军，既极言其历史功勋，又借古讽今，对唐代那些骄纵淫靡、了无战功的无能将军们大加挞伐。

晚唐诗人胡曾有《霸陵》一诗，咏李广罢职闲居逐猎迟归，遭灞陵尉呵斥的故事，并借以为失意的李广鸣不平。诗云：

> 原头日落雪边云，犹放韩卢逐兔群。
> 况是四方无事日，霸陵谁识旧将军？

这是一首咏史诗。霸陵，古地名，在今咸阳市东北二十五里。因汉文帝葬于此地，故谓之霸陵。诗的前两句写李广之英勇善战。韩卢，战国时韩国名犬，黑色，故名"卢"。《战国策·秦策三》："以秦卒之勇，车骑之多，以当诸侯，譬若驰韩卢而逐蹇（jiǎn，跛足）兔也。"此用以比喻李广将军率轻骑驱逐匈奴之意。后两句写霸陵尉与李广将军的故事。

据《史记·李广将军列传》记载，李广将军在汉武帝元光二年（前133）被匈奴击败活捉了，后来逃回，却被贬为庶人。有一次深夜路过霸陵驿亭，霸陵尉正喝醉了酒，喝令他停下。李广将军回答："我是先前李广将军。"霸陵尉说："现在的将军尚且不能夜行，何况先前的将军！"于是解押着李广在驿亭过夜。过了不久，匈奴攻入辽西，击败了韩安国的军队。于是皇帝召李广，封他为右北平太守。李广随即请求武帝，准许派遣霸陵亭尉一同前去。到了军中，李广借机就把亭尉杀了，然后向皇帝上书谢罪。这件事也从一个侧面反映出李广将军的恼怒与心胸狭窄。

◆李陵兵败

李陵，也是历史上有争议的人物。其功过是非，历史并未给予定论，这就给后人的评说，提供了一个纷争的空间。

据《史记·李广将军列传》所附《李陵传》与《汉书·苏武传》记载：李陵，字少卿，在李广部下任骑都尉，率领丹阳楚人五千人，教射于酒泉、张掖。天汉二年秋，贰师将军李广利率三万骑兵出击匈奴右贤王于祁连天山，使李陵率领射士步兵五千人出击居延以北约一千余里，被单于八万兵将团团围困。李陵部弹尽粮绝，死伤过半，而援军不至。李陵痛苦地说："无面目报陛下。"李陵被迫投降匈奴，居匈奴二十余年而亡。

李陵被迫降奴，是李广利用兵战略错误的结果。其家眷亲友受株连而被杀绝，是朝廷断了李陵归汉的后路。大历史学家司马迁当时就为李陵公开进行辩护，也遭到株连（《报任安书》）。此后，西汉杜陵人苏武奉命以中郎将出使匈奴，因其副手涉于匈奴内乱而被单于拘禁，吸取了李陵的教训，致死不降，被匈奴流放于北海（今西伯利亚的贝加尔湖）。苏武持汉节牧羊，日掘野鼠草根为食，羁留大漠雪域十九年之久。

在匈奴，苏武是唯一与李陵相交甚笃的汉使。《文选》有李陵《答苏武书》，备述忍辱偷生之苦，叙异域死别之情。汉昭帝初年，西汉与匈奴和亲，苏武终于被汉廷召回，而永远不能回中原的李陵，此时此刻持酒为苏武饯别。两人携手河梁，醉酒酣歌。李陵有《别苏武诗三首》，其二诗云：

嘉会难再遇，三载为千秋。

临河濯长缨，念子怅悠悠。

远望悲风至，对酒不能酬。

行人怀往路，何以慰我愁？

独有盈觞酒，与子结绸缪。

"独有盈觞酒，与子结绸缪。"诉不清的恩怨，道不完的思乡之愁，我李陵唯有在这北国雪域，能够与您结下深厚情谊，能够举着酒杯为先生饯别河梁。苏武亦有别李陵诗四首，其中一首诗云：

骨肉缘枝叶，结交亦相因。

四海皆兄弟，谁为行路人。

况我连枝树，与子同一身。

昔为鸳与鸯，今为参与辰。

昔者常相近，邈若胡与秦。

惟念当乖离，恩情日以新。

鹿鸣思野草，可以喻嘉宾。

我有一樽酒，欲以赠远人。

愿子留斟酌，叙此平生亲。

嘉会、美酒，悲风、死别，道不尽知音的愁苦之心，诉不完游子的思归之情。苏武归汉后，备受朝廷奖赏，而李陵却客死异域，留下的是千古骂名。然而苏武最了解李陵，李陵是逼于无奈，李陵自己也以苏武这样的知音而深感慰藉。《汉书·苏武传》记载：李陵置酒祝贺苏武归汉，说："今足下还归，扬名于匈奴，功显于汉室，虽古竹帛所载，丹青所画，何以过子卿！（李）陵虽驽怯，令汉且贳（shì，赦免）陵罪，全其老母，使得奋大辱之积志，庶几乎曹柯之盟。此陵宿昔之所不忘也。"李陵以曹沫（沫）自比，希望汉室看在我为朝廷作出贡献的分上，能够让我在奇耻大辱之下积蓄起来的志气发挥出来。而后，

李陵饯别，为苏武敬酒，起舞而歌曰：

> 径万里兮度沙幕，为君将兮奋匈奴。
> 路穷绝兮矢刃摧，士众灭兮名已溃。
> 老母已死，虽欲报恩将安归？

李陵泣泪下数行，而后与苏武挥手诀别。曹柯之盟，事见《史记·刺客列传》：曹刿（沫）为鲁国大将，与齐国战，三战三败。鲁庄公以割地求和，与齐桓公会盟于柯邑。曹刿持匕首劫持齐桓公，逼使齐国答应归还所侵占的鲁地。尽管苏李河梁别诗的真伪受到后世质疑，但它在中国文学史与酒史上的意义，是极为深刻的，以致唐朝大诗人元稹《唐检校工部员外郎杜君墓系铭序》谈到杜甫诗歌集大成之功时称其"言夺苏李，气吞曹刘"。"苏李"者，是指李陵与苏武河梁饯别赠答诗。

　　晚唐诗人胡曾，能够比较清醒地看到李陵当时的处境，同情李陵的人生遭遇，有《李陵台》一诗为李陵鸣不平，赞叹李陵"不伏蛮夷死"的英雄本色与家国情怀。诗云：

> 北入单于万里疆，五千兵败滞穷荒。
> 英雄不伏蛮夷死，更筑高台望故乡。

前两句写李陵随李广利出征，五千人马败绩，李陵被滞留北国雪域。后两句点题，写李陵筑高台遥望故乡的家国情怀。正如《乐府歌辞·悲歌》曰："悲歌可以当泣，远望可以当归。思念故乡，郁郁累累。欲归家无人，欲渡河无船。心思不能言，肠中车轮转。"

◆昆阳之战

　　昆阳之战，是中国历史上以弱胜强的四大著名战役之一。
　　昆阳，古邑名，在今河南叶县，因在昆水之北，故名昆阳。

昆阳之战，发生在西汉末年新莽政权地皇四年（23）。战争双方，一是王莽的新军，一是王凤、刘秀为代表的绿林军。

据《后汉书·光武帝纪》记载，公元23年，绿林军进逼宛城（即河南南阳），节节胜利。王莽指派王寻、王邑等率领四十二万新军，向绿林军反扑而来，将昆阳城围困得水泄不通，又用楼车与地道猛攻城池。刘秀说："今若破敌，珍瑶万倍，大功可成。"于是，王凤率领绿林军八九千人马固守昆阳。刘秀等突围后，于城西收编敢死者三千人，乘王莽新军轻敌懈怠之机，集中冲击新军的中军大营，新军阵营大乱，兵败如山倒，王寻在阵中被杀死。昆阳城内绿林军，亦鼓噪而出，里外夹击，王邑逃遁，歼灭了新军主力，取得昆阳之战的辉煌胜利。

晚唐诗人胡曾《昆阳》一诗云：

师克由来在协和，萧王兵马固无多。
谁知大敌昆阳败，却笑前朝困楚歌。

前两句议论，认为一支军队，无论兵马多寡，要在战争中取得胜利，从来就在于军队内部的积极协调，和谐配合，步调一致。萧王：指汉光武帝刘秀。更始帝刘玄遣侍御持节，立刘秀为"萧王"。公元24年，刘秀于河北鄡（qiáo）县击败铜马起义军，俘虏兵中传言："萧王推赤心置人腹中，安得不投死乎！"于是人人皆服。从此，关西一带称光武帝刘秀为"铜马帝"。后两句写王莽新军主力大败于昆阳城下，终于留下项羽当年被四面楚歌围困的笑话，让历史嘲笑。

◆刘秀滹沱河遇险

滹沱河，水名，子牙河的北源。在河北省西部。源自于山西五台山东北的泰戏山，经太行山而流入河北平原，汇合为子牙河，出代州，于定州入渤海。

西汉末年，王莽篡政，刘秀跟随其兄刘演起兵于舂陵，后受命于更始皇帝刘玄，大败王莽新军于昆阳。刘玄杀其兄刘演，刘秀以行大司马平定河北，更始三年即位，定都洛阳，是为东汉。据《后汉书·冯异传》记载：刘秀平定河

北，自蓟州南驰，至于饶阳无蒌亭，士众介饥饿疲惫难当。冯异连夜煮豆粥，送给刘秀与士卒吃。到达南宫，又遇大风雨，冯异又进麦饭给刘秀他们充饥，因而能够渡过滹沱河，抵达信郡。刘秀即位以后，赐冯异诏书曰："仓卒，无蒌亭豆粥，滹沱河麦饭，厚意久不报。"

晚唐诗人胡曾《滹沱河》一诗写刘秀河北遇险时，冯异予豆粥麦饭之事，赞颂光武帝刘秀不忘"无蒌亭豆粥，滹沱河麦饭"的救命之恩。诗云：

> 光武经营业未兴，王郎兵革正凭陵。
> 须知后汉功臣力，不及滹沱一片冰。

前两句写王莽篡政，自称摄皇帝，改国号为"新"；刘秀起兵，转战河北，战争侵扰于中土。王郎：指王莽。兵革：兵器铠甲，指战争。凭陵：同"冯陵"，侵扰，进逼。后两句写后汉功臣之力，还不及冯异当年"无蒌亭豆粥，滹沱河麦饭"的救命之恩。

◆ 马革裹尸

马援（前14—49），扶风茂陵（今山西兴平东北）人，字文渊，其先祖赵奢为赵将，号"马服君"，子孙遂以马为姓。马援少有大志，常谓宾客曰："丈夫为志，穷当益坚，老当益壮。"曾为新城大尹（即汉中太守），后归附光武帝刘秀，以其英雄善战，为东汉王朝的建立立下汗马功劳。建武十一年（35），任陇西太守，曾率军击破先零羌。建武十七年（41）光武帝拜马援为伏波将军，征讨交趾郡（今越南北部一带）的部落首领征侧、征贰。二征虽为女子，但勇敢善战。马援率军长途奔袭，缘海而进，随山开道千余里，最后大破二征，斩首数千级，降者万余人，受封为新息侯，食邑三千户。建武二十年（44），刚从南方凯旋回到都城洛阳的马援听说匈奴和乌桓接连侵犯北部边疆，他深为国家安危着急，就想前往戍边。这时，前来迎接祝贺的好友孟冀等人就劝他："你连年打仗，立了不少战功，已经够辛苦了，还是在家休养休养吧！"马援一听此话，非常气愤，直言："方今匈奴、乌桓，尚扰北边，欲自请击之。男儿要当死于边野，以马革裹尸还葬耳，何能卧床上在儿女子手中邪？"（见南朝宋范晔《后汉书·马援传》，意谓："真正的男子汉大丈夫应该战死在边疆荒野的战场上，让别人用马革裹着尸体送回来安葬，怎么能够老待在家里过安逸的日子，最后躺在床上，死在儿女的身边？"）

后人多用"马革裹尸"一词，指军人英勇作战，捐躯沙场，并抒发其凌云豪情。马援六十二岁那年，武陵少数民族首领发动叛乱，他又主动请缨征讨。后因长期辛劳，患了重病，在军中死去，从而实现了他"马革裹尸"的誓言。

近代民主革命烈士徐锡麟有一首《出塞》诗：

> 军歌应唱大刀环，誓灭胡奴出玉关。
> 只解沙场为国死，何须马革裹尸还！

这首诗通过描写出征者的豪壮心情，表达了作者刚毅的战斗意志和为国捐躯、视死如归的革命情怀。大刀环：出征将士还乡的隐语。"环"同"还"谐音。胡：原是对我国古代对北方各少数民族的统称，这里借以指满族统治者。玉关：玉门关，在今甘肃省敦煌县西，此处以玉门关暗指山海关。解：知道，明白。

◆班超出征西域

西域，古地域名。有狭义与广义之分：狭义的西域，指玉门关以西到葱岭以东的地区，即今新疆。广义的西域，包括今新疆、中亚、西亚、南亚、北非、东欧的广大地区。

据《后汉书·班超传》记载：班超（32—102），字仲升，史学家班彪之子、班固之弟、班昭之兄，东汉扶风安陵（今咸阳东北）人。从小志向远大，尝投笔叹曰："大丈夫当效傅介子、张骞，立功异域，以取封侯，安能久事笔砚间乎？"汉明帝永平十六年（73），班超从窦固出击匈奴，不久，奉命率领吏士三十六人奔赴西域。章帝初，北匈奴反扑西域，他出生入死，屡建战功，又派遣甘英出使大秦（古罗马帝国）与条支西海（波斯湾）。和帝永元三年（91）

出任西域都护，明年封定远侯，邑千户。他出征西域，前后三十一年之久，为安定西域，维护古丝绸之路畅通，做出巨大贡献。永元十二年（100），他上疏皇帝曰："臣闻太公封齐，五世葬周，狐死首丘，代马依风。夫周、齐同在中土千里之间，况远处绝域，小臣能无依风首丘之思哉？（按：依风首丘：追随故乡风俗，死后归葬故土。出自屈原《哀郢》）蛮夷之俗，畏壮侮老，臣（班）超犬马齿歼，常恐年衰，奄忽僵仆，孤魂弃捐。……臣不敢望到酒泉郡，但愿生入玉门关。……谨遣子（班）勇，随献物入塞，及臣生在，令（班）勇目见中土。"与此同时，班超妹妹班昭也上书为他求情。帝读上疏，感其言，乃征班超还都。永元十四年八月，班超艰难跋涉，回到洛阳，拜为射声校尉。不久，则病故。

班超一生出征西域的传奇经历与人生遭遇，为唐代诗人所赞叹吟咏。晚唐诗人胡曾有《玉门关》一首诗云：

> 西戎不敢过天山，定远功成白马闲。
> 半夜帐中停烛坐，唯思生入玉门关。

玉门关：古关隘名。在今甘肃河西走廊之西部敦煌地区，是古代中原出西域与古丝绸之路的必经之关口。相传因西域和田玉经此关输入中原，故名。胡曾此诗之咏班超出征西域之事，在于表达年老怀念故乡、依风首丘之意。前两句写班超出征西域的赫赫战功，后两句写班超深夜思念中原的怀乡之情。

唐人戴叔伦的《塞上曲》，却反班超之意而吟之："愿得此身长报国，何须生入玉门关。"

◆大汉铜柱

铜柱，为大汉帝国的界碑，系东汉大将军马援南征交趾时所立，是大汉帝国神圣不可侵犯的标志。

晚唐诗人胡曾《铜柱》一诗，吟咏伏波将军马援立铜柱的历史故事，表达了诗人对伏波将军的仰慕之情与维护国家边界尊严的意愿。诗云：

一柱高标险塞垣，南蛮不敢犯中原。

功成自合分茅土，何事翻衔薏苡冤。

前两句写马援征讨交趾而立铜柱的赫赫战功。《广州记》：马援到交趾，立铜柱，为汉朝之极界。险塞：险要的关塞。垣：墙。此言铜柱立于险要的关塞，如同城墙一样威严，神圣不可侵犯。后两句写马援功成而班师回朝以后，应该分茅土而封侯受赏，反而蒙受薏苡明珠的莫白之冤。"何事"，即何故。这种反问句式，表达了诗人的不平与怨愤。

据《后汉书·马援传》记载：马援在交趾，要军队常食用薏苡米，用能轻身者，欲以战胜瘴气。凯旋归朝时，马援想带些种子回去栽种，就收购薏苡米，用军车装载着，运回洛阳。而后，马援去世，有人上书诬告马援，以为前所载还者全是明珠文犀。皇帝更加愤怒。马援妻室惊恐万分，不敢以丧还旧茔，只买城西数亩地，蒿葬马援而已。宾客故人都不敢前来吊唁，唯有同郡的朱勃，伏阙上书，为马援叫冤。皇帝拿出梁松的书奏来看，方知所坐罪由梁松引起。马援家属即上书诉冤，前后六上，文辞哀切，然后马援得以归葬。

此后，因称蒙冤被诽谤，而为"薏苡明珠之冤"。薏苡明珠，就是将薏苡当作明珠。

◆隗嚣割据陇西

陇西，即陇山之西。陇山，是六盘山南段的别称，古称陇坂，在陕西陇县西北，是渭河平原与陇西高原的分界处。

隗嚣（？—33），字季夏，西汉天水成纪（今甘肃秦安）人。西汉新莽政权末年，被当地豪强拥立为王，占据天水、武都、金城等郡，一度依附刘玄，后割据陇西，自立为西州上将军。名震西州，闻于山东。屡次与汉军作战，又屡战屡败。

据《后汉书·隗嚣传》记载：东汉光武帝刘秀接见隗嚣，深知隗嚣欲持两端，不愿天下统一，乃稍黜其礼，正君臣之仪。而隗嚣大将军王元、王捷等，

常以为天下成败未可知，则劝告隗嚣说："今天水完富，士马最强，北收西河、上郡，东收三辅之地，案秦旧迹，表里河山。（王）元请以一丸泥，为大王东封函谷关，此万世一时也。若计不及此，且畜养士马，据隘自守，旷日持久，以待四方之变。图王不成，其弊犹足以称霸陇西。"隗嚣接受了大将军王元的计策，继续割据陇西。

东汉建武九年（33），因兵败如山倒，隗嚣病且饥饿，出城餐糗糒（粗糙干粮），忧愤而死。王元立其少子隗纯为王，隗纯投降汉军，结束陇西割据局面。

晚唐诗人胡曾《陇西》一诗，写隗嚣割据陇西之事，诗云：

> 乘春来到陇山西，隗氏城荒碧草齐。
> 好笑王元不量力，函关那受一丸泥。

前两句描写陇西春天的自然环境，所见隗嚣旧城池，却是一派衰败荒芜的景象，因而顿生人事已空的历史沧桑之感。后两句写大将军王元为隗嚣献割据陇西之计，以王元衬托隗嚣割据野心。一个"好笑"句，见诗人鄙弃、嘲讽割据，主张天下统一之意。

中国历史长河中，漫无休止的战争，确实成为一把双刃剑，时而因战争而制造割据和分裂，时而因战争而完成国家大统一。分久必合，合久必分，分分合合，几乎成了一个自然法则，一条中国历史发展的必然规律。这条规律，先秦、魏晋六朝、晚唐五代与宋金元时期，反映得尤为突出。

一部中国历史，从公元前841年周王朝到1911年中华民国建立，大凡2752年的历史进程，中华大统一的时间只有1090年，而割据与分裂的局面，时间大约有1562年之久，直至1279年元蒙帝国定鼎中华才宣告结束。而元蒙帝国的大统一至于现在，中国虽然战争不息，但相对大统一的国家局面持续了将近10个世纪。这种中华大统一的国家局面之所以能够长期维持着，主要原因大致有三：

一是历史发展之必然。中华五千年悠悠历史，经历着无数次血与火的洗礼，战争、灾祸、割据与分裂、瓜分与奴役、压迫与反抗、侵略与反侵略，从春秋战国到鸦片战争、抗日战争，中国人民饱尝了战争、灾祸、割据、分裂、瓜分、奴役、压迫、侵略的痛苦。历史的教训告诉我们，国家的统一与强盛，不仅是历史发展的必然趋势，也是中国人摆脱战争、灾祸、割据、分裂、瓜分、奴役、压迫、侵略与贫穷落后的唯一选择。尽管元蒙帝国之前，中国的分裂比统一，时间上要多五个世纪，但是国威显赫的"汉唐气象"，曾经为历代文人士大夫所顶礼膜拜；"文景之治"、"贞观之治"、"开元盛世"与"康乾盛世"，都曾为历史学家们所歌颂；而当今的"盛世中华"，更是为世界所瞩目，海内外炎黄子孙都深感自豪。晚唐诗人胡曾是一个具有强烈民族自尊心的人，曾为安定西南边境作出过一定贡献。唐懿宗咸通年间，路岩镇蜀，胡曾为幕府从事。当时南诏国常常侵犯晚唐西南边境，扬言要"饮马锦江"。胡曾奉命檄南诏，檄文中说："夫物居中者尊也，处处者卑也，是以众星拱北辰，百谷趋东海。天地尚不能违，何况人乎？我国家居天之心，宅地之腹，四方八表，莫不辐辏，亦犹北辰与东海也。"喻中国为众星相拱的"北斗"和百川趋汇的"东海"。义正词严，气势磅礴，强烈的民族自豪感，使南诏王骠信震慑不已，随即"送质子入朝，约，不敢寇蜀"。从此，西南边境安定，汉族和西南少数民族和平相处，相安无事。

二是国家意识之使然。春秋战国时期，人们的国家意识是模糊的，仅仅停留在各个诸侯国；秦始皇统一中国之后，自秦汉到唐宋，国家意识已经上升到中国的层面上，但依然带有大汉族主义的色彩，所谓"东夷"、"南蛮"、"西番"、"北狄"，皆以中原为其中心；元明清时期，虽有民族歧视，但随着周边少数民族政权入主中原，大中华地舆版图的确立，中国人的国家意识已经超越了狭隘的汉民族意识，各民族大融合的中华大帝国已经深入人心，中国人的国家意识不断增强。特别是鸦片战争和抗日战争时期，面对帝国主义列强的侵略与瓜分，中国人团结一致，奋起反抗外敌侵略，自觉维护民族尊严，捍卫国家主权的中国国家意识与国民意识，得到了空前未有的发扬光大。中国人共同参与并为之流血牺牲的反侵略战争，激发了中国人的爱国主义精神；而这种爱国激情与英雄性格，正是维护中国统一、反对分裂的坚强意志与强大力量。梁启超的一篇《少年中国说》，方志敏的《可爱的中国》，乃是中国人的国家意识、国民意识与中华崛起的时代意识不断增强的一个重要标志，孙中山、毛泽东等

中国革命领袖带领中国人民共同缔造的一个自由、民主、幸福、强盛的新中国，无疑为中华大统一、大复兴构筑了一座坚不可摧的钢铁长城。

三是中华民族文化之当然。中华的统一、社会的和谐，取决于各民族的团结。中华民族的强大凝聚力，来源于历史悠久的中华民族传统文化。世界上四大文明古国，唯有中华文化绵延不绝，丝毫没有中断。文化没有中断，文明正在发展，中华大统一、中华振兴就有了共同的精神支柱和价值标准。因为中华文化，乃是维护中华大统一、中华民族大团结的精神纽带。中华民族文化中的儒、道、佛三大主流文化，虽然也有不少糟粕，但总体来说，中华民族传统文化的魅力是无穷的。因为中华民族文化属于复合型文化，属于多元化的文化体系，植根于中国多民族的社会结构与文化环境之中，如长江黄河，如巍巍昆仑，如泰山东海，具有广泛而深厚的包容性，不狭隘，不小气，没有排外性，没有排他性，唯有大容纳，大吸收，大融合，厚德载物，吐故纳新，富有强大的生命力。主要表现在：汉语言文字，已经成为中国人思想沟通与文化交流的共同语境；世界华人的炎黄子孙意识，引导海内外亿万炎黄子孙认祖归宗；大中华民族意识，增强我们民族自立于世界民族之林的自尊心与自信心；中华优秀文化传统，为中华腾飞插上"科技硬实力"与"文化软实力"两大翅膀；天下为公与世界大同的理念，海纳百川的宽阔胸怀，"以和为贵"的处世哲学，天地人和的宇宙观念，大小国家和平共处的和谐文化理念，维护国家统一的坚强意志与爱国主义精神，皆为中国的长治久安与可持续发展，奠定了深厚的文化根基与理论基础。

卷（二）　秦汉战争诗话

中国战争诗话

魏晋六朝战争诗话

◆貂蝉连环计

貂蝉，中国古代四大美女之一。

传说她在东汉末年群雄逐鹿之际，受司徒王允之托，连施美女连环计，在除掉独裁者董卓的斗争中做出了最大的贡献。元杂剧中有一部叫《连环记》（全名《锦云堂美女连环记》，又称《连环计》），就详细描写了这个离奇的故事。

罗贯中在他的《三国演义》第八回更是铺陈其事称，司徒王允府中有一个自幼选入的歌伎名貂蝉，年方二八，色艺俱佳，被司徒视为亲女。王允召见貂蝉，申明大义，将欲使用连环计的计划告诉她，就是董卓与其义子吕布都是好色之徒，先将貂蝉许嫁吕布，而后献给董卓，离间他们父子关系，让吕布亲手杀死董卓，为国锄奸，为民除害。貂蝉表示愿意从命，虽万死而不辞。董卓与吕布父子为争夺一个美女貂蝉而反目成仇，董卓大闹凤仪亭，最后被吕布所杀。

罗贯中有一首咏貂蝉离间吕布、董卓之间关系的诗歌：

司徒妙算托红裙，不用干戈不用兵。
三战虎牢徒费力，凯歌却奏凤仪亭。

毛宗岗专门评说道："十八路诸侯不能杀董卓，而一貂蝉足以杀之；刘关张三人不能胜吕布，而貂蝉一女子能胜之。以衽席为战场，以脂粉为甲胄，以盼睐为戈矛，以笑颦为弓矢，以甘言卑词为运奇设伏，女将军真可畏哉！当为之语曰：'司徒妙计高天下，只用美人不用兵。'"貂蝉之施美人计，把阴晦的政治斗争点缀得色彩斑斓，显示出中国美女在乱世救国斗争中特殊的地位与作用。故毛宗岗对此赞叹不已："为西施易，为貂蝉难。西施只要哄得一个吴王；貂蝉一面要哄董卓，一面又要哄吕布，使出两副心肠，妆出两副面孔，大是不易。我谓貂蝉之功，可书竹帛！"

◆曹魏东吴濡须桥之战

濡须桥，古地名。濡须水经过于出，因以得名。

东汉建安十七年（212），东吴孙权将其治所迁徙至建康，于濡须口作坞，以防备曹操魏军的侵犯。次年正月，曹军进攻东吴濡须，相持月余而不得进退。曹公仰望孙权军容，感叹其整肃严明，乃退军而返。即此地。

《吴历》记载：曹公出濡须，作油船，夜渡洲上。孙权以水军围攻而取之，俘虏得曹军三千人马，其溺没者亦数千人马。孙权多次挑战，曹公坚守不出。孙权于是亲自率军出发，乘坐轻船，从濡须口进入曹操军水域。曹操诸将都以为是挑战者，准备击杀之。曹公制止道："这必定是孙权，想亲自看看我军的部位。"于是命令军营皆精严，弓弩不得妄发。孙权行五六里，返回作鼓吹，曹公见孙权舟船、器仗、军伍，皆非常整肃，喟（kuì）然而叹息，说："生子当如孙仲谋，刘景升儿子若豚（tún，猪）犬耳！"（按：刘景升，即刘表。）孙权写信给曹操说："春水方生，公宜速去。"别纸又说："足下不死，孤不得安。"曹操对诸将说："孙权不欺孤。"

晚唐诗人胡曾《濡须桥》一诗咏曹军进攻东吴濡须战事，云：

> 徒向濡须欲受降，英雄才略独无双。
> 天心不与金陵便，高步何由得渡江。

前两句写曹操徒然进军濡须桥，因为对手是英雄才略无双的孙权。赵宋王朝的辛弃疾常叹"生子当如孙仲谋"、"千古江山，英雄无觅孙仲谋处"等，可见孙权"英雄才略独无双"也。后两句写天意难违，曹操欲南渡攻击东吴之难。

◆官渡之战

官渡之战，是中国历史上以弱胜强的四大著名战役之一。

官渡之战，风声鹤唳，演绎出一页古代战争史的辉煌。官渡，地名，在今

河南省中牟县东北，因临古官渡水而得名。

官渡之战，发生在东汉建安五年（200）。交战的双方，一是曹操，一是袁绍。今尚存土垒遗址，称"中牟台"，又名"曹公台"。《中牟县志》记载："林柜坡，在中牟县东北十里。曹操驻兵官渡，引河水于地中，覆之以土，灌袁绍军处。"官渡二十里外的霍庄村，为袁绍屯兵处，故名"袁绍岗"。

东汉末年，袁绍势力强大，占据了幽州、冀州、青州、并州等广大的北方地区，自恃兵多粮足，于建安四年（199）冬，率十数万军南下，攻打曹操。曹操此时，兵少粮缺，以劣势兵力与袁军相拒于官渡。次年春天，官渡之战爆发。本来许攸曾建议袁绍采取"分遣轻军，星行掩袭"之策，袭击曹操老巢许下。袁绍却不用，坚持在官渡与曹操鏖战。许攸家犯法，郁郁不得志，许攸则投奔曹操。曹操乘袁军轻敌，内部不和，以轻骑两次袭击袁绍后方，焚烧其粮车与粮食仓库。袁绍军心动摇，纷纷溃败投降。曹操乘胜，全线出击，歼灭了袁绍的主力。

官渡之战，曹操以少胜多，以弱胜强，为统一中国北方奠定了基础。晚唐诗人胡曾《官渡》一诗云：

> 本初屈指定中华，官渡相持勒虎牙。
> 若使许攸财用足，山河争得属曹家？

屈指：扳着手指计算时日；定中华：使中国统一安定。勒虎牙：形容两军鏖战之苦。根据《后汉书·袁绍传》记载：建安五年（200）春，曹操军队还屯官渡，袁绍进军阳武，两军合战，形成虎牙交错之势。曹操军不利，复还坚壁。袁绍为高橹，起土山，射营中，皆蒙盾而行。曹操军乃发石头车袭击袁绍军的楼房，一一被石车打破，曹军称呼为"霹雳车"。袁绍军又挖地道，想通过地道袭击曹军；曹军则深挖壕沟，引河水拒之。又派遣奇兵偷袭袁绍军后方运输车队，大破袁军，烧毁袁军粮草。两军相持百余天，河南人疲惫不堪，大多背叛袁绍而投奔曹操。袁绍自从兵败以后，发病呕血，夏五月病死。

这首咏史诗写官渡之战，而从失败者袁绍一方着笔，用意在于借古鉴今。前两句写袁绍字本初，欲统一中华之志，再写官渡之战。用一"定"字，见其志大；用一"勒"字，写其军威之显，按照常理必取天下，此为一扬。后两句以设问为转笔，议论袁绍失败的原因及其影响，写其矜愎自高，短于从善，认为如果袁绍重用许攸的才华，江山怎么会属于曹家？此为一抑。全诗采用先扬后抑之法，跌宕起伏，突出其历史教训。

◆赤壁之战

赤壁，是一首诗，一首悲壮的史诗。

赤壁之战，是中国历史上以弱胜强的四大著名战役之一。

赤壁之战的烽火，为三国鼎足而立举行了一场悲壮的奠基礼。

赤壁，在湖北蒲圻县西北的长江南岸，因东汉末年孔明与周瑜在此火烧赤壁、大破曹操而闻名于世。

赤壁之战，周瑜以火攻取胜。《资治通鉴·赤壁之战》记载：周瑜率军进发，与曹操八十万大军会于赤壁。黄盖对周瑜说："今寇众我寡，难与持久。操军方连船舰，首尾相接，可烧而走也。"周瑜接受黄盖火攻之计，乃取蒙冲斗舰十艘，载干燥芦荻枯柴，灌油其中，裹以帷幕，上建旌旗，再预备轻快的小船，系于其尾。先以书信寄送曹操，诈云欲降。时，东南风骤起，黄盖率领十艘走在最前面，中流举帆，其余船只以次俱进。曹操军队皆走出军营，站着观看，手指舞之地说黄盖来投降了。黄盖指挥船舰，离曹军二里余，全部发火，随着风力，顿时火焰冲天，船舰像弓箭一样，直冲曹操舰船，火势蔓延到岸上营落，火焰张天，人马被活活烧死。周瑜等率领轻锐部队猛烈追击，曹军大败。而后，刘备与周瑜水陆并进，追击曹操至南郡。曹军走华容道，兼以讥疫，疲惫不堪，死者大半。曹操引军北还，与孙权书却说："赤壁之役，值有疾病。孤烧船自退，横使周瑜获此名！"

晚唐诗人胡曾《赤壁》诗，以史笔写此赤壁之战，云：

> 烈火西焚魏帝旗，周郎开国虎争时。
> 交兵不假挥长剑，已挫英雄百万师。

前两句写赤壁之战，周郎以火攻取胜八十万曹军，周瑜二十四岁为将军，被东吴人呼之为"周郎"。后两句继续写周瑜在这场赤壁之战中，不用凭借短兵相接，就挫败了曹操百万大军，不愧是青年英雄。而杜牧《赤壁》诗却反说其意，做翻案文章：

折戟沉沙铁未销，自将磨洗认前朝。
东风不与周郎便，铜雀春深锁二乔。

折戟：折断了兵器。戟（jǐ）：长柄上有月牙形利刃的古代兵器。将：拿起。认：识别。前朝：指三国时代的遗物。东风：指孔明祭东风以火烧赤壁的战事。不与周郎便：不给周瑜方便。铜雀：铜雀台，在邺城（即今河北省临漳县），系曹操为蓄养姬妾歌妓而修建。上有楼，顶上立有一丈五尺高的大铜雀，故名。二乔：指乔家二姐妹，大乔与小乔，都是东吴著名的美人。其中大乔嫁于孙权，小乔嫁于周瑜。

杜牧此诗所写的赤壁，则是湖北黄州的赤鼻矶，即苏轼所说的"人道是、三国周郎赤壁"。杜牧于唐武宗会昌年间曾任黄州刺史（842—844），借此而写翻案诗，对历史上的赤壁之战作新的认识，以抒发兴亡之叹。诗人突出周瑜巧得天时之利，如果不是这种偶然机遇，历史将是另外一种模样。前两句记述史事，后两句发表议论。史论色彩很浓，作历史兴亡之叹，以二乔命运的变化书写历史的机遇，含蓄蕴藉，韵味无穷。

宋人许顗（yǐ）《彦周诗话》批评杜牧说："社稷存亡、生灵涂炭都不问，只恐捉了二乔；可见措大不识好恶！"措大：骂人的话，指愚蠢的读书人。其实，这是迂腐之论，后人多批评之，如清人何文焕《历代诗话考索》就指出："诗人之词微而婉，不同论言直率也。牧之之意正谓幸而成功，几乎家国不保。彦周未免错会。"

古往今来，历代的志士仁人，一谈起赤壁之战中的英雄豪杰就肃然起敬，一踏上这块英雄辈出的土地就精神振奋。

北宋神宗元丰五年（1082），因"乌台诗案"而贬于黄州的大文学家苏轼，游黄冈赤壁，借题发挥，作《念奴娇·赤壁怀古》一词：

　　大江东去，浪淘尽、千古风流人物。古垒西边，人道是、三国周郎赤壁。乱石穿空，惊涛拍岸，卷起千堆雪。江山如画，一时多少豪杰。

　　遥想公瑾当年，小乔初嫁了，雄姿英发。羽扇纶巾，谈笑间，强虏灰飞烟灭。故国神游，多情应笑我，早生华发。人生如梦，一尊还酹江月。

这首词是怀古之作，于怀念古代英豪之中，感叹自我失意之情。上片咏赤壁，即景写实，突出江山之胜；下片怀周瑜，因景生情，突出英雄之业。词人纵览古今，大气磅礴，悲壮豪迈，气贯长虹。写江山，词人采用中国画中的"大斧劈皴（cūn）法"，大笔淋漓，将美丽江山与千古风流人物融为一体；写人物，词人采用"英雄＋美人"的传统手法，极尽夸张之能事，栩栩如生地将青年将军周瑜写得风华正茂，风流儒雅，英姿潇洒，指挥若定，战功赫赫；写自我，词人采用衬托手法，以江山之胜衬托英雄之业，以美好江山衬托自己功业未成而愧对江山，以青年周瑜反衬47岁的自我戴罪黄州的命运悲剧，自惭形秽，无地自容。结句与首句前后照应，悲壮不已，归结出"人生如梦"的悲壮主题，才有"一尊还酹江月"的悲壮之举。有人批评"人生如梦"消极悲观，其实了解苏轼的人，都知道这是愤激之辞，不平之鸣，抗争之声！

　　滚滚滔滔的长江水向东流去，千古风流人物啊，被这汹涌的波涛冲洗得干干净净了。旧时战争营垒的西边，人说是三国周郎的赤壁。陡峭的石壁直插天空，惊骇人心的波涛拍打着江岸，卷起了千层雪白的浪花。这美丽如画的江山啊，曾经涌现出多少英雄豪杰。遥想周公瑾当年，小乔初嫁了，英雄姿态，英气勃发。他手摇羽毛扇，戴着配有青丝带的头巾，在谈笑之间，强大的敌军就已经灰飞烟灭。我的心灵游历在三国时代的古战场，人们应笑我多愁善感，以致过早生满了白发。而今的我啊，戴罪黄州，愧对了大好江山，愧对了古代英雄豪杰。人生如同一场梦幻啊，我还不如将一杯美酒洒到江水中，去祭奠这一轮美丽的江月。

　　历史是公正的。在中华民族发展的历史长河之中，凡是成就了大事业、大学问的人，不论其生前的遭际是幸与不幸、遇与不遇，毁誉升沉，成败功过，

是非曲直，历史会做出公正的结论。

然而，凡是熟悉这段悲壮历史的人，一旦踏上赤壁这块悲壮的土地，心情都难以平静下来。这是血与火的土地，这是生与死的拼搏，这是成与败的较量，这是勇敢与智慧的力量抗衡啊。那一个个熟悉的历史人物的身影，那一桩桩脍炙人口的历史故事，那一幅幅震撼人心的战争画面，那一曲曲动人心弦的悲壮人生之歌，无不使后人为之赞叹，为之悲歌，为之心驰神往，为之进行理性的历史反思：

> 滚滚长江东逝水，浪花淘尽英雄。是非成败转头空。青山依旧在，几度夕阳红？
> 白发渔樵江渚上，惯看秋月春风。一壶浊酒喜相逢。古今多少事，都付笑谈中！

这是明代蜀中才子杨慎撰写的［西江月］，后被罗贯中置入《三国演义》卷首语。此词读后使人怀古思今，仿佛对三国赤壁史诗与《三国演义》有一种更深刻的历史感悟。长江滚滚，英雄淘尽；人生有限，江山永恒；乾坤易变，历史无情。人生聚散都是一种缘分，只有弃一时之是非成败功过而能开万世之功德师表伟业者，才是真正的一代英雄豪杰。

◆刘备三顾茅庐

诸葛亮，是富有传奇色彩的历史人物。

诸葛亮，是中国历史上少有的智者、仁者。刘备三顾茅庐，请诸葛亮出山，使东汉末年的中国局势，发生了戏剧性的巨大转变。时至当今，"三顾茅庐"、"空城计"、"三气周瑜"、"八卦阵"、"借东风火烧赤壁"、"七纵七擒孟获"、"六出祁山"等脍炙人口的故事传说，依然广泛地流传在民间。

一个人物，决定一段历史走向。诸葛亮，字孔明，山东琅琊人。随父依附荆州牧刘表，而后隐居南阳，躬耕苦读，关心世事，时人称之"卧龙"。建安十二年，刘备求贤若渴，三顾茅庐，议论国事。诸葛亮答应出山，辅佐刘备，奠定"三分天下"基业。

刘备三顾茅庐，言其求贤之诚；孔明出山，终于改变了中国历史格局，形成魏蜀吴三足鼎立之势。

晚唐诗人胡曾《南阳》一诗，写刘备三顾茅庐的故事，诗云：

世乱英雄百战余，孔明方此乐耕锄。
蜀王不自垂三顾，争得先生出草庐？

前两句写东汉末年天下纷争的乱世局面，而诸葛亮却泰然自若，正在怡然自乐地躬耕于南阳草庐。后两句写刘备求贤若渴，三顾茅庐，诸葛亮答应出山。垂：表示敬意的副词，犹如"俯"，亲自。争得：怎么能够。

◆诸葛亮七擒七纵孟获

欲擒故纵，是出于战略战术的需要。

泸水，即《尚书·禹贡》所谓梁州之黑水也。汉朝、三国时名泸水，唐朝名金沙江，就是万里长江流经云南的上游河段。

《太平寰宇记》引《十道记》记载：泸水出番中，入黔府，历越巂郡界，出柘州，至此有泸津关。关上有石峰，高三十丈，四时多瘴气，三四月间发，人冲之立死。非此时中，则人多闷吐。惟五月上优，即无害。故诸葛亮武侯南征越巂，上疏云："五月渡泸，深入不毛之地。"

孟获，是云南彝族首领。刘备死后，他与建宁豪强雍闿起兵反蜀汉。诸葛亮亲自率领蜀汉军南下云南，奉行恩威并重的民族政策，七纵七擒孟获。孟获感恩万千，再次归附蜀汉，仕蜀汉，为御史中丞。

晚唐诗人胡曾于咸通末年为汉南从事，感于时事，以《泸水》一诗，写诸葛亮率领蜀汉军南渡泸水，七擒七纵孟获的故事。诗云：

五月驱兵入不毛，月明泸水瘴烟高。
誓将雄略酬三顾，岂惮征蛮七纵劳。

前两句描述当年诸葛亮率领蜀汉军南渡泸水亲征之事，突出其环境之苦。不毛：不毛之地，是不生茅草的贫瘠土地，与膏腴之地相对。瘴烟：瘴气、瘴雾，是西南高山地区常见的一种温热致病的雾气。后两句追述诸葛亮以国士之心，为报答刘备三顾茅庐的知遇之恩，率军亲征，七纵七擒孟获的安边之功。雄略：雄才大略。岂惮：哪怕。蛮：南蛮。古代中原人贱称南方、西南或周边一带土居民族为蛮夷。

《三国志·诸葛亮传》裴松之注释引《汉晋春秋》云：建兴三年（225），诸葛亮率军到达南中，所在战捷。闻孟获者，为夷、汉并所服，募生致之。既得，使观于营阵之间。问曰："此军何如？"孟获对曰："向者（从前）不知虚实，故败；今蒙赐观看营阵，若祇如此，即定易胜耳！"诸葛亮笑，将他放回去，再战，七纵七擒。诸葛亮还要放纵，孟获制止不去，曰："公，天威也。南人不复反矣！"

◆巨星陨落五丈原

诸葛亮死了，蜀汉折柱，犹如一颗巨星，陨落于五丈原。

五丈原，古地名。在今陕西岐山县城西四十里处，西接麦里河，东界石头河，南临棋盘山，北据渭水。高一百二十米，面积约十二平方公里，形势险要，可据可守，为古代兵家布阵之地。诸葛亮六出祁山，屯兵五丈原，病死于军中。

这是令千古诗人为之叹息的噩耗！时至今日，诸葛亮的前后《出师表》尚存于成都武侯祠，献殿墙壁嵌刻着宋代名将岳飞手书的前后《出师表》石碣四十方。

晚唐诗人胡曾《五丈原》一诗，咏叹诸葛亮六出祁山，屯兵五丈原，病死于军中的动人故事。诗云：

> 蜀相西驱十万来，秋风原下久裴回。
> 长星不为英雄住，半夜流光落九垓。

根据《三国志》本传记载：东汉建安二十六年（221），刘备称帝于成都，拜诸葛亮为丞相，国号为蜀，史称"蜀汉"。

刘备死后，诸葛亮辅佐幼主刘禅，曾于建兴五年（227）北伐汉中，上《出师表》给刘禅，表示要"鞠躬尽瘁，死而后已"；十二年（234）春夏，诸葛亮为继承刘备未竟之业，再次率师十万北伐曹魏，出斜谷，屯兵五丈原，与司马懿对峙于渭南。诸葛亮每患粮草不济，使己志不伸，于是分兵屯田。两军相持甚久，诸葛亮数次挑战，司马懿就是不出。诸葛亮采用激将法，派人送巾帼妇人服饰，司马懿恼羞成怒，上书请战，终究因魏明帝不许而罢。于是，诸葛亮与司马懿在五丈原对垒百余日，进退维谷。其年八月，诸葛亮发病，有彗星自东北流入诸葛亮军营，不久，诸葛亮死于军中，时年五十四岁。蜀军撤退后，司马懿案行其军营处所，感叹说："天下奇才也！"

诸葛亮之死，使蜀汉失去了顶梁柱石，阿斗王朝很快土崩瓦解。阿斗被俘虏后，沉湎于酒色，乐不思蜀。

稀泥扶不上壁，阿斗还是阿斗！

几百年以后，唐代著名诗人杜甫来到成都，特赋《蜀相》一诗，无限深情地叹息道："出师未捷身先死，长使英雄泪满襟。"

◆西晋伐吴

据《晋书·王濬传》记载：王濬（xùn），字士治，西晋弘农湖人，任益州刺史。晋武帝计谋伐吴国，诏王濬为龙骧将军，修筑舟舰。王濬乃造大船连舫，方百二十步，可容纳两千余人。以木为城，起楼橹，开四出门，其上皆能驰马来往。晋武帝太康元年（280）正月，王濬自成都出发，攻打吴国。吴人为阻挡王濬楼船的东下，于长江要害处，暗设铁锁楼、铁椎等，长丈余，暗置江中，以逆拒舟船。羊祜得到间谍报告后，告知王濬。王濬则先以数十大筏，缚草为人，去除铁椎；而后又作火炬长十余丈，大数十围，灌上麻油，放置船前，一遇铁锁楼，即燃火炬烧之，一下融液断绝。以火攻烧，于是舰船无所阻碍，兵不刃血，直取金陵。

孙皓又派遣游骑将军张象率领舟船部队万人抵御，张象军望风而降。王濬军队进入石头城，吴王孙皓"乃被亡国之礼，素车、白马、肉袒、面缚、衔璧、

牵羊，大夫衰服，士舆榇……造于垒门。（王）濬躬解其缚，受璧焚榇，送于京师"，孙吴灭国之速，是王濬没有料想到的。

晚唐诗人胡曾为此而赋《武昌》诗云：

> 王濬戈铤发上流，武昌鸿业土崩秋。
> 思量铁锁真儿戏，谁为吴王画此筹？

这首诗写西晋益州刺史、龙骧将军王濬进伐吴国，致使吴王孙皓投降之事。前两句写王濬伐吴，东吴武昌鸿业土崩瓦解。戈铤：戈矛。孙权破关羽，自公安徙都鄂州，改名为武昌。后两句写孙吴在长江以铁锁为御，出此计策者真是儿戏。

◆ 淝水之战

淝水之战，是中国历史上以弱胜强的四大著名战役之一。

淝水之战的双方，一是东晋名将谢玄率领的晋军，一是前秦苻坚统帅的秦军；两军对峙于淝水。

东晋太元八年（383）八月，十六国前秦皇帝苻坚（338—385），强征西北各族百姓，组建九十万大军，大举进攻东南的东晋王朝。派遣苻融率领步骑骑二十五万为前锋，发长安成卒六十余万，骑兵二十七万，前后千里，旌旗相望。凉州之兵，达于咸阳；蜀汉之军，顺流而下；幽冀之众，至于彭城。东西万里，水陆并进，运槽万艘。

根据《晋书·苻坚载记》苻坚率军出发时，声称要一举消灭东晋王朝，其弟苻融、太子苻弘一再劝阻，苻坚不听，说："以吾之众旅，投鞭于江，足断其流。"

东晋王朝，危如累卵。宰相谢安指派谢石、谢玄率领北府兵八万人马，在安徽淮南东面的洛河，迎战十倍于晋军的秦军，大破秦军前哨。苻坚登寿阳城楼，看见晋军阵容严整，遥望城外的八公山，面有惧色，以为草木皆兵，下令撤兵。晋军乘胜追击，至于淝水。谢玄要求苻坚指挥秦军稍稍后撤，以便晋军渡水决战。苻坚想等待晋军半渡水之际，发起猛攻，一举歼灭晋师，就宣布稍稍后撤。谁知秦军将士不愿作战，一退而不可收拾。鲜卑族与羌族的将领更不希望苻坚取胜，以便乘机割据独立。曾在襄阳被捕归降苻坚的东晋将领朱序，在秦军后撤之时，大声呼喊秦军已经败退。晋军乘势渡水追击，秦军大败，闻风声鹤唳，亦如晋军追兵。谢玄率领晋军一路追击，攻占了洛阳、彭城等重要城市。苻坚逃回关中，后为羌族首领姚苌所杀。今陕西彬县城西的水国镇，存有苻坚墓，呈角锥形状，俗称"长角冢"。清朝乾隆时代陕西巡抚毕沅，为之立"前秦国王苻坚之墓"石碑一块。

淝水之战，前秦与东晋，兵力悬殊之极，然而东晋却以弱击强，以少胜多，主要原因是敌方轻敌思想严重，而且苻坚的军心向背，秦军将士不愿意打仗。

晚唐胡曾《东晋》诗云：

石头城下浪崔嵬，风起声疑出地雷。
何事苻坚太相小，欲投鞭策过江来。

前两句描写前秦苻坚统帅九十万大军南下的严峻形势，石头城下的波浪汹涌澎湃，如同高高耸立的山峰一样，北风声声吹来，如同惊雷一样震撼着大地。后两句从前秦苻坚方面入手，以反问句式写苻坚小看了东晋王朝，一心只想投鞭过江，一举歼灭东晋王朝。胡曾没有直接描写淝水之战的结果，但是其历史的反思全在这反问之中。

胡曾又有《八公山》一诗，专门写苻坚登寿阳城楼，遥望城外的八公山，以为草木皆兵的情景：

苻坚举国出西秦，东晋危如累卵晨。
谁料此山诸草木，尽能排难化为人。

这首诗描写淝水之战。前两句写战前双方，突出东晋危如累卵的险峻形势；后两句集中描写"草木皆兵"的历史典故，突出前秦军败绩时的心理状态。《晋书·苻坚载记》："（苻）坚与苻融登城而望王师，见部阵齐整，将士精锐；又

望八公山上，草木皆类人形，顾谓（苻）融曰：'此亦劲敌也，何谓少乎？'忱然而有惧色。"

以上两首咏史诗，都是吟咏历史上的淝水之战，然各有侧重：《东晋》侧重于写苻坚欲"投鞭断流"，突出苻坚战前之傲慢轻敌；《八公山》侧重于写"草木皆兵"，突出苻坚战后之神经过敏与外强中奸。两首结合为一组，比较完整地再现了淝水之战的历史，揭示了苻坚必然失败的历史命运。正如唐代另一位咏史诗人周昙《苻坚》诗所说：

> 水影星光怪异多，不思修德事干戈。
> 无谋拒谏仍轻敌，国破身擒将奈何。

这首诗主要是写苻坚失败的必然性。前两句写前秦苻坚治国、用兵之无道，因为不思修德、专事干戈，致使家国水影星光怪异多；因为无谋、拒谏、轻敌，致使国破身擒，突出其自作孽，无可奈何。

◆ 祖逖北伐

枕戈待旦，闻鸡起舞。这成语，这故事，激励着中国古代多少报效祖国的志士仁人！

祖逖（tì）（266—321），东晋名将，字士稚，范阳遒县（今河北涞水县北）人。《晋书》本传：祖逖与刘琨同为司州主簿，刘琨说："吾枕戈待旦，志枭逆虏，常恐祖生先吾著鞭。"于是，两人夜同床睡，闻鸡而起舞。西晋南渡，祖逖率部曲百余家渡江，中流击楫，发誓说："祖逖不能清中原而复济者，有如大江！"建兴元年（313）请求北伐，晋元帝任其为豫州刺史，自募军部，自筹军饷，纪律严明，百姓多爱之，尽收黄河以南地区。

当时，匈奴族首领刘曜与羯族首领石勒相互攻击，可乘机收复中原，而东晋朝廷内乱，对祖逖北伐之举不予支持，祖逖忧愤而死。

晚唐著名咏史诗人胡曾《豫州》一诗，咏祖逖北伐之事，诗云：

策马行行到豫州，祖生寂寞水空流。
当时更有三年寿，石勒寻为关下囚。

前两句写祖逖北伐，步步取胜，而朝廷不予支持，使祖逖深感寂寞，中流击楫之水，付之东流。后两句写祖逖与石勒之死。据《晋书·祖逖传》记载：戴洋对华谭说："祖豫州（逖）九月当死，妖星已见于豫州之分矣。"祖逖自己也见妖星而叹息，说："此为我也。"不久，祖逖死于河南雍丘，时年五十六岁。豫州百姓，如丧考妣，为之立祠。石勒：后赵开国君主。寻：不久。言祖逖如果不早死，石勒即可擒，很快成为关下囚。

◆ 酒兵

军队不可无酒，酒是军旅生活中的必需品，用以壮行，用以御寒，用以壮胆，用以庆功。

然而，酒兵却是一种比喻。因为酒既能消愁，又能壮胆，如同兵能克敌制胜一样，故称酒为"酒兵"。

"酒兵"之说，最先出自于《南史·陈庆之传》附录，陈暄《与兄子（陈）秀书》引人之语云："酒犹兵也。兵可千日而不用，不可一日而不备；酒可千日而不饮，不可一饮而不醉。"这种比喻，在于说明酒的社会地位与以酒壮胆消愁的饮用功能。所以，唐代诗人唐彦谦《无题十首》之八诗云：

忆别悠悠岁月长，酒兵无计敌愁肠。
柔丝漫折长亭柳，绾得同心欲寄将。

此诗为无题，实则以无题写爱情。前两句以酒兵难敌愁肠比喻别后相思之苦，后两句以柳丝比喻柔情写欲寄同心结之愿。柔丝：柔情如柳丝。绾（wān）：盘绕着打成结，指同心结。

南宋费衮《梁溪漫志》"晋人言酒犹兵"一条针对饮酒"不可一饮而不醉"的论调而指出："饮酒之乐，常在欲醉未醉时，酣畅美适，如在春风和气中，乃

为真趣；若一饮径醉，酩酊无所知，则其乐安在邪？"并且以苏轼"饮酒至少，尝以把盏为乐"为例，说明饮酒要如东坡那样"深识酒中之妙"。

◆侯景之乱

金陵，古邑名。历史上为三国吴、东晋、宋、齐、梁、陈之都城，故有"六朝古都"之称。后又有明初、南明、民国定都于此地。《景定建康志》卷十五记载：金陵，古扬州之域。在周为吴，春秋末属于越，楚灭越，并有其地。以其地有王气，埋金以镇之，号曰"金陵"。

根据《梁书》卷五十六与《南史》卷八十记载：侯景，怀朔镇（今内蒙古包头市东北）人，字万景。初为北朝北魏尔朱荣之将领，后归高欢，封司徒行台，拥兵十万，镇守河南。

大同十三年（547），侯景担心被高欢之子高澄所杀，又降梁朝，被梁武帝封为河南王。次年，与梁朝宗室萧正德勾结，举兵反梁，围攻建康，陷台城，梁武帝被逼饿死。侯景拥立萧纲为简文帝，分兵攻破扬州、苏州、吴兴、绍兴，到处烧杀抢掠，无恶不作。

大宝二年（551），复又废简文帝，立萧栋为豫章王、萧纪为武陵王。不久他废梁帝，自立为汉帝，改国号为汉，建元太始。历史上称为"侯景之乱"。次年，侯景为梁将陈霸先、王僧辩所败，逃亡入海，至于壶豆洲，被前太子舍人羊鲲所杀。羊鲲将其尸首送于王僧辩，暴尸于金陵市。百姓切齿痛恨，争取奢脍嗷食，仍不解其恨，则焚其骨，扬其灰，以灰和酒饮之。

侯景之乱，是侯景投机钻营、玩弄权术、实现其政治野心的一场叛乱，使南北朝时期的战争伤害与混乱局面达到极点，金陵等城市蒙受严重破坏，从中原到长江下游地区，屡遭战乱，广大老百姓深受其害。这场为期五六年的"侯景之乱"与唐朝为期八年的"安史之乱"充分说明，战争机器一旦落到野心家、阴谋家的手中，就会变成危害社稷、荼毒生灵、破坏社会、分裂国家的工具。

晚唐诗人胡曾《金陵》一诗云：

侯景长驱十万人，可怜梁武坐蒙尘。

生前不得空王力，徒向金田自舍身。

金陵，以山川形胜著称。改朝换代，形若走马。自从秦始皇说"东南有天子气"以来，历代诗人多以"王气"吟咏六朝古都，而寄兴亡之感，抒黍离之叹，如李白《金陵三首》，刘禹锡《金陵五题》、《金陵怀古》、《台城怀古》等。胡曾这首诗之写金陵，则不再重复"王气"之说，而专写"侯景之乱"，突出金陵的人祸之灾。前两句写侯景之"乱"，后两句言侯景之"死"；一乱一死，先乱后死，因乱而死，罪该当死。全诗既表达人们对侯景的憎恨与唾弃，又寄予了诗人的伤乱之情。对本来虔诚奉佛的梁武帝，却被侯景所逼坐死金殿的遭遇，诗人也表示了深切同情。

◆王濬楼船

王濬（xùn）：字士治，西晋弘农湖人，任益州刺史。晋武帝计谋伐吴，诏王濬修舟舰。王濬乃造大船连舫，方百二十步，受二千余人。以木为城，起楼橹，开四出门，其上皆得驰马来往。太康元年（280）正月，王濬自成都出发，攻打吴国。（《晋书·王濬传》）

西塞山，在今湖北省黄石市之东，俯枕长江，为三国东吴军事要塞之地。

长庆四年（824）八月，刘禹锡由夔州调任和州刺史，沿江而下，途经西塞山而作此诗。怀古，追念古昔。诗题一作《金陵怀古》。《唐诗纪事》卷三十九记载："长庆中，元微之、（刘）梦得、韦楚客同会（白）乐天舍，论南朝兴废，各赋《金陵怀古》诗。刘满引一杯，饮已即成，曰：'王濬楼船下益州……'白公览诗，曰：'四人探骊龙，子先获珠，所余鳞爪何用耶？'于是罢唱。"

王濬楼船下益州，金陵王气黯然收。

千寻铁锁沉江底，一片降幡出石头。

人世几回伤往事，山形依旧枕寒流。

今逢四海为家日，故垒萧萧芦荻秋。

金陵王气：是说金陵（今南京市）有帝王之气。据《太平御览》卷170引《金陵图》云："昔楚威王见此有王气，因埋金以镇之，故曰金陵。秦并天下，望气者言江东有天子气，凿地断连冈，因改金陵为秣陵。"金陵为吴国都城。黯然：黑暗，不明亮貌。预示着吴国将要灭亡。千寻：比喻铁锁的长度。古代以八尺为一寻。铁锁沉江底：据《晋书·王濬传》记载，吴人为阻挡王濬楼船的东下，于长江上设置铁锁楼、铁椎等，长丈余，暗置江中。羊祜得到间谍报告后，告知王濬。王濬则先以数十大筏，缚草为人，去除铁椎；而后又以火攻烧铁锁楼，兵不刃血，直取金陵。降幡（fān）：投降的旗帜。

据《晋书·王濬传》，王濬军队进入石头城，吴王孙皓"乃被亡国之礼，素车、白马、肉袒、面缚、衔璧、牵羊，大夫衰服，士舆榇……造于垒门。（王）濬躬解其缚，受璧焚榇，送于京师"。石头：石头城。《元和郡县志》云："石头城，在县西四里，即楚之金陵城也。吴改为石头城。建安十六年，吴大帝修筑，以贮财宝军器，有成。"伤：感伤。往事：指以金陵为都的六朝亡国之事。山形：指西塞山。枕：倚枕，靠近。寒流：指长江水。四海为家：指国家统一。《史记·高祖本纪》："天子以四海为家。"故垒：旧时的战争营垒。萧萧：秋风萧瑟之声。芦荻：芦苇，显示一派荒凉寂寥景象。

此诗之写西塞山，因追怀晋、吴两国兴亡之事而作，感叹历史兴亡由人事而山川之险不足恃。金陵是六朝古都，然而金陵王气早已丧失殆尽，在此建都者一个个被赶出了历史舞台。诗人指出：历史上军阀割据一方的局面，必将归于统一。这就是历史！一部皇皇中国历史，往往是分久必合，分则衰，合则兴；国家统一，民族和睦，中华复兴，乃是人心所向，众望所归。

◆沙苑之战

沙苑，古地名，又名沙海、沙泽、沙阜，东西八十里，南北三十里。在今陕西省大荔县南洛、渭二水之间。

西魏大统二年（537），宇文泰大败东魏大将高欢于此。

高欢（496—547），一名贺六浑，东魏渤海蓨（今河北景县）人。曾依附鲜卑贵族，联络山东土族，掌握东魏兵权，称大丞相，执政十六年。死后，其子高祥称帝，改国号为北齐，尊封高欢为神武皇帝。

李贽《藏书》卷六记载：大统二年（537），东魏高欢率大军，自蒲津渡黄河，进攻北周。宇文泰迎战于沙苑，高欢军队大败而归。

晚唐诗人胡曾《沙苑》诗，是诗人游览沙苑时的怀古之作，追述高欢与宇文泰大战沙苑的情景。诗云：

> 冯翊南边宿雾开，行人一步一裴回。
> 谁知此地雕残柳，尽是高欢败后栽。

前两句写诗人游历沙苑时所见到的景象：冯翊郡南边的夜雾已经疏散了，路上的行人一步一徘徊着，是流连沙苑的风光，还是凭吊这个曾经发生沙苑大战的古战场？后两句写眼前沙苑古战场上已经凋残的杨柳，说是高欢败后所栽，突出历史变迁之大。

◆木兰从军

花木兰，一个掷地有声的名字。

木兰从军，是古代一个北方女子替父从军的传奇故事，流播古今，优美动人，感奋天地。

南北朝时期，在国家受到敌人入侵的危难之际，一个美貌女子花木兰，代替年迈的父亲去从军，脱下红裙，换上戎装，女扮男装，跟着将士们骑马打仗，征战千里之外，立功沙场之上，凯旋而归。天子要嘉奖战功显赫的花木兰，花木兰不愿意接受奖赏，只要求还其女儿装，送她回故乡。花木兰终于脱下了戎装，现出女儿身，让天子与同行十二年的将军们惊诧不已。

花木兰女扮男装替父从军的动人故事，在民间流传着，演绎而为乐府民歌《木兰诗》，不啻是古代女子从军的千古绝唱。其诗云：

> 唧唧复唧唧，木兰当户织。
> 不闻机杼声，唯闻女叹息。

问女何所思？问女何所忆？
女亦无所思，女亦无所忆。
昨夜见军帖，可汗大点兵。
军书十二卷，卷卷有爷名。
阿爷无大儿，木兰无长兄。
愿为市鞍马，从此替爷征。
东市买骏马，西市买鞍鞯，
南市买辔头，北市买长鞭。
旦辞爷娘去，暮宿黄河边。
不闻爷娘唤女声，但闻黄河流水鸣溅溅。
旦辞黄河去，暮至黑山头。
不闻爷娘唤女声，但闻燕山胡骑鸣啾啾。
万里赴戎机，关山度若飞。
朔气传金柝，寒光照铁衣。
将军百战死，壮士十年归。
归来见天子，天子坐明堂。
策功十二转，赏赐百千强。
可汗问所欲，木兰不用尚书郎，
愿驰千里足，送儿还故乡。
爷娘闻女来，出郭相扶将。
阿姊闻妹来，当户理红妆。
小弟闻姊来，磨刀霍霍向猪羊。
开我东阁门，坐我西阁床。
脱我战时袍，著我旧时裳。
当窗理云鬓，对镜帖花黄。
出门看火伴，火伴皆惊忙。
同行十二年，不知木兰是女郎。
雄兔脚扑朔，雌兔眼迷离。
双兔傍地走，安能辨我是雄雌？

（木兰从军图）

　　这是对木兰从军的赞歌，是中国唯一描述农村女子从军的长篇叙事诗。

　　全诗以流畅的笔调，叙述了花木兰替父从军十二年军功显赫的战斗生涯与返回故乡的全过程。第一节写木兰不得已作出替父从军的自我选择，原因是"军书十二卷，卷卷有爷名。阿爷无大儿，木兰无长兄"。第二、三节描写木兰替父从军后，征战千里，战功赫赫，十二年后凯旋而归，接受天子奖赏的整个过程。第四、五节写木兰不愿意接受封赏，而要求回故乡，等到她脱下战袍，改换红装，出来见战友时，将士们惊诧不已："同行十二年，不知木兰是女郎。"结尾以"扑朔迷离"为比喻，含蓄地解答同行战友们的惊异。

　　花木兰是千古奇女，《木兰诗》也是千古杰作，是古代女子从军的生动记录与传播媒介。

◆曹景宗将军之诗

　　曹景宗（457—508），字子震，南朝梁之新野（今属河南省）人。出身将家，善骑射。齐末，依附萧衍（后之梁武帝），被荐为竟陵太守，帮助萧衍夺取政权。天监六年（507），与韦叡共救钟离，破魏军。官至侍中、中卫将军。

　　据《南史·曹景宗传》记载：南朝梁武帝时，大将军曹景宗大破魏军，凯

旋而归。梁武帝设宴庆贺；宴饮间，联句赋诗。梁武帝哪里想到，凯旋而归的将军曹景宗竟然向武帝请求赋诗，而时韵已尽，只剩下"竞""病"二字。梁武帝只好将"竞""病"二字交给将军。没想到在文人诗家的众目睽睽之下，曹将军提笔立成一首，诗云：

去时儿女悲，归来笳鼓竞。
借问行路人，何如霍去病？

这是历代将军诗的杰作，真切自然，豪情满怀。梁武帝一看，甚为赞叹，朝中贤良，亦惊嗟累日。

此诗题为《光华殿侍宴赋竞病韵》，见清人沈德潜《古诗源》卷十三。笳鼓：古代管乐器与打击乐器。竞：指各种乐器竞相鸣奏的欢闹场景。借问：请问。何如：怎么样。霍去病（前140—前117），西汉青年名将，西汉河东平阳（今山西省临汾市西南）人。他前后六次出击匈奴，屡建功勋，却英年早逝。官至骠骑将军，封冠军侯。汉武帝曾为他在长安修建豪华府第，他毅然拒绝，说："匈奴不灭，无以家为！"

曹景宗凯旋归来，以霍去病自居。全诗的意思是：离家出征的时候，儿女们牵着我的衣襟，哭泣声凄切悲凉；如今我凯旋归来了，欢迎的笳鼓如雷霆震响。请问路上的行人啊，在你们眼里，霍去病怎么样？

将军之诗，往往蕴涵着一种风云豪壮之气。此诗虽为联句，却含义丰富，气势磅礴，格调昂扬，也是历代军旅诗歌中的杰作之一。前两句缩写出征与凯旋归来的全过程，一悲一喜，反衬出破魏战争的胜利情景；后两句写凯旋归来时的心态，作者以西汉名将自况，表现出功高盖世的踌躇满志与欢欣鼓舞，却没有霍去病的胸襟气度与壮志豪情。

◆亡国之音

《礼记·乐记》从政治与音乐的关系入手，将古典音乐分为"治世之音"、"乱世之音"与"亡国之音"三大类。其中"亡国之音"的审美特征，主要是情调低迷，如靡靡之音。

玉树花，即《玉树后庭花》，是古代舞曲，系南朝陈后主陈叔宝所作，是亡国之音的典型代表。

《旧唐书·音乐志》云："前代兴亡，实由于乐。陈将亡也，为《玉树后庭花》；齐将亡也，而为《伴侣曲》。行路闻之，莫不悲泣，所谓亡国之音也。"

《陈后妃传》云："后主自居临春阁，张贵妃居结绮阁，龚、孔二贵嫔居望仙阁，并复道，交相往来。以宫人有文学者袁大舍等为文学士，后主每引宾客、对贵妃等游宴，则使诸贵人及女学士与狎客共赋新诗，采其尤艳丽者以为曲调，选宫女有容色者歌之。其曲有《玉树后庭花》、《临春乐》等，大抵皆美张贵妃、孔贵嫔之容色。"①

《隋书·五行志》记载："祯明初，后主作新歌，词甚哀怨，令后宫美人习而歌之。其辞曰：'玉树后庭花，花开不复久。'时人以为歌谶。此其不久兆也。"

据《隋书·韩擒虎传》记载，公元589年，隋兵大举进伐陈国，以韩擒虎为先锋。隋将韩擒虎率领精骑五百，攻进皇宫朱雀门。此时此刻，陈后主正与贵妃张丽华、孔贵人等寻欢作乐，无处可逃，不得已匿藏于宫中景阳殿胭脂井内。继而军人窥井而呼，后主不应，正欲下石，乃闻其呼叫声。军人以绳子引之，惊呼太重。等其引出，后主、张贵妃、孔贵人三人同时而上，一一被隋将韩擒虎活捉。

隋主杨广命斩贵妃，张榜于青溪中桥。故杜牧《台城曲》有所谓"门外韩擒虎，楼头张丽华。谁怜容足地，却羡井中蛙"的讥讽。

作为陈后主专宠的贵妃，张丽华以美色名世。据《隋书·韩擒传》与《隋书·后主沈皇后传》记载：张丽华好厌魅之术，假借鬼道以迷惑陈后主，设置淫祀于宫中，聚集妖巫使之鼓舞。因参访外事，人间有一言一事，嫔妃必先知之，而后报告后主。由是后主更加宠幸贵妃，张氏宗族多被重用。在战争风云际会之时，美女张丽华与陈后主共同遭遇了亡国的悲剧情节。《玉树后庭花》因此成为"亡国之音"的代名词。

---

① 转引自《玉台新咏》卷九徐陵《杂曲》题下注。见成都古籍书店影印本第266页。

晚唐著名咏史诗人胡曾《陈宫》诗云：

> 陈国机权未可涯，如何后主恣娇奢。
> 不知即入宫中井，犹自听吹玉树花。

这首诗吟咏陈后主亡国之事。前两句写陈后主荒淫无度，导致国家灭亡。

陈国，是南朝最后一个王朝。公元 557 年，陈霸先代梁称帝，国号陈，都建康。公元 589 年，陈为隋所灭。自三国时代的吴国孙权建都金陵，历晋、宋、齐、梁、陈，凡六朝三十九个君主，经历了三百三十二年，故史书称其为六朝。机权：权柄，掌管的国家政权。后两句写写隋军攻破陈宫后，陈后主被俘于宫中胭脂井，感叹《玉树后庭花》这种亡国之音的音乐旋律至今不绝于耳。

根据《陈书》记载：陈后主每引宾客，与贵妃等游宴，常使贵人及女学士与狎客们共赋新诗，相互赠答，采取其中最艳丽者以为曲调，被以新声。又选择宫女中有容色者，以千百数，令其演习而歌唱之，分部迭进，特以相乐。其曲有《玉树后庭花》、《临春乐》等，大指所归，皆赞美张贵妃、孔贵嫔的美色，如"璧月夜夜满，琼树朝朝新"之类。

历史无情。自从魏晋以降，国家分裂，战火纷飞，生灵涂炭，曹操、刘备之辈力图统一中华，然而五胡乱华，南北朝的分割之势，愈演愈烈，各国纷争的战火，绵延了整个中华大地。经历了近三百七十年的风风雨雨，至于南朝末年，隋兵灭陈，才最终结束了诸侯割据、南北分裂的混乱局面，再次实现了中国统一。这是怎样一段血泪斑斑的战斗历程啊！

中国战争诗话 卷四

隋唐五代战争诗话

◆ 贺若弼《平陈七策》

贺若弼（544—607），隋朝大将军。字辅伯，河南洛阳人。北周时任寿州刺史，封襄邑县公。

隋文帝篡位以后，一心想平定江南，受高颎推荐，拜贺若弼为吴州总管，与寿州总管源雄并为重镇。贺若弼写诗给源雄云：

交河骠骑幕，合浦伏波营。
勿使麒麟上，无我二人名。

贺若弼以西汉骠骑大将军霍去病与东汉伏波将军马援自许，告诫源雄不要幻想跨上皇帝的麒麟殿上去。

《平陈七策》，是贺若弼军事战略思想的集中体现。

根据《隋书·贺若弼传》记载：隋文帝杨坚开皇九年（589），隋军大举进攻南朝陈国，贺若弼献《平陈七策》，上于朝廷：其一，请广陵屯兵一万，番代往来。陈人初见设备，后以为常，便不复疑，我乃进兵。其二，使兵缘江时猎，人马宜噪噪，及兵临江，陈人以为狩猎也。其三，以老马多买陈船而藏匿之，买敝船五六十艘于渎（小沟渠）内，使陈人看得见，以为我们内部无船。其四，收集苇荻于杨子津，其高可以掩蔽船舰。及大兵将要渡江，乃卒通渎于江。其五，涂战船以黄色，与枯萎苇荻同色，使陈人不得察觉。其六，先取京口仓储，火速占据白土冈，置兵于死地，遂一战而胜。其七，臣平京口，俘虏五千余人，便悉给粮劳遣，付以皇帝敕书，命令他道宣谕。是以大军渡江，陈军必然望风而倒。隋文帝非常赏识，任行军总管，赐以宝刀。

隋军按照其《平陈七策》布防，贺若弼于是率大军渡江，奇袭陈南徐州，并一举拔之，进屯蒋山（今南京钟山）白土冈。陈将鲁广达、田瑞、萧摩诃等，以强劲兵力拒战，田瑞为先锋，鲁广达等相继递进；贺若弼军屡作退却。但知隋军将骄卒惰，则置将士于死地，鼓励将士作殊死战斗，结果大破陈军，活捉陈将萧摩诃。而后，十七日之间，南至林邑，东至沧海，西至象林，皆被隋军平定之。

贺若弼因平陈有功，被封宋国公，而他自谓功名出朝臣之右者，每以宰相自许。既而杨素为右仆射，贺若弼仅为将军，心中甚为不平，形于言色，而被罢官。他更加怨愤，又被打入监狱。朝廷公卿皆奏贺若弼怨望。皇上说："臣下守法不移，公可自求活埋。"贺若弼说："臣恃至尊威灵，将八千兵渡江，即擒陈叔宝。窃以此望活。"皇上说："此已格外酬赏，何用追论？"贺若弼说："平陈之日，公议不许。臣行推心为国，已蒙格外重赏，今还格外望活。"皇上低回者数日，惜其功，特令除名。岁余，恢复其爵位。不久，贺若弼又犯罪，皇上指出他有"三太猛"，即"嫉妒心太猛，自是非人心太猛，无上心太猛"。后突厥入朝，皇上赐之以射，突厥使臣一发中的。皇上说："非弼无能当此。"乃命贺若弼上殿比试。贺若弼再拜说："臣若赤诚奉国，当一发破的。"贺若弼果然一发而中，皇上非常高兴，回头对突厥使臣说："此人，天赐我也！"

隋炀帝杨广为太子，在东宫时，曾询问贺若弼说："杨素、韩擒虎、史万岁，三人将才，孰优孰劣？"贺若弼心直口快地回答："杨素是猛将；韩擒虎是斗将，非领将；史万岁是骑将，非大将。"太子说："既然这样，大将是谁呢？"贺若弼跪拜着，说："唯殿下所择。"贺若弼意思是自许为大将。

人不能过于张扬，武将也是这样。

隋炀帝即位，有意疏嫉他。大业中，随驾北征，因与高颖、宇文弼等议论其得失，被人告发，坐罪被杀。

晚唐咏史诗人周昙《贺若弼》一诗，吟咏隋代著名将军贺若弼，云：

> 破敌将军意气豪，请除倾国斩妖娆。
> 红绡忍染娇春雪，瞪目看行切玉刀。

红绡：红色丝巾。请除倾国：指破陈以后，韩擒虎于胭脂井中抓获后主陈叔宝和宠姬张丽华、贵嫔孔贵人。张丽华美丽倾国，晋王杨广见之倾心，欲纳张丽华为妃。隋军元帅长史高颖极力反对，上奏隋文帝曰："武王灭殷，戮妲己。今平陈国，不宜取丽华。"文帝乃命斩杀之。晋王为此很不高兴。

美女张丽华被斩杀之事，本与贺若弼无关。诗人这里是采用典型化手法，

拉入贺若弼头上，以突出贺若弼的权谏之功。而后，才被隋炀帝杨广借故杀掉。贺若弼之父贺若敦临死前，对儿子贺若弼说："吾欲平江南而不果，汝当成吾志。吾以舌死，汝不可不思。"于是引锥刺贺若弼的舌头，以至出血，告诫他"诚以慎口"。贺若弼之死，死于失言，死于议论国是。他没有听其父贺若敦临死前的忠告，因为人直率，口无遮掩，言多必失，以其赫赫战功，而招致杀身之祸。

◆隋炀帝三征高丽

历史有惊人的相似之处。

与秦朝一样，隋朝不到三十几年的历史，战争频发，连续四次出征高丽，记载了中国战争史的峥嵘岁月。

开皇十八年（598），高丽王高元进攻辽西，隋文帝大怒，以汉王杨琼为元帅，统兵 30 万，分水陆两路，出击高丽。

据《隋书·炀帝纪》记载：大业元年（605），隋炀帝杨广即位，诏告高丽王高元亲自入朝，高元不听。隋炀帝恼羞成怒，决定征伐高丽，于是开通济渠，大造战舰，征兵百万，而后连续三次攻打高丽，天下百姓深受其害。

大业七年（611），王薄在山东发动农民起义，作《无向辽东浪死歌》，号召天下老百姓起来反对战争。然而，隋炀帝一意孤行，悍然出兵征伐高丽。亲征之前，隋炀帝赋《饮马长城窟行，示从征群臣》诗，云：

肃肃秋风起，悠悠行万里。
万里何所行，横漠筑长城。
岂合小子智，先圣之所营。
树兹万世策，安此亿兆生。
诋敢惮焦思，高枕于上京。
北河见武节，千里卷戎旌。
山川互出没，原野穷超忽。
撞金止行阵，鸣鼓兴士卒。

千乘万旗动，饮马长城窟。

秋昏塞外云，雾暗关山月。

缘岩驿马上，乘空烽火发。

借问长城侯，单于入朝谒。

浊气静天山，晨光照高阙。

释兵仍振旅，要荒事方举。

饮至告言旋，功归清庙前。

隋炀帝这首诗，以古乐府《饮马长城窟行》为题，以诏示从征群臣为旨意，抒写此次出征高丽的目的动机在于"树兹万世策，安此亿兆生"，表明这次战争中的从征群臣应该遵守军纪，身先士卒，务必发扬"千乘万旗动，饮马长城窟"的战斗精神，率领全军，夺取全胜，以告慰清庙。此诗清雅纯正，气象阔大，风格古朴，是难得的帝王之诗。清人沈德潜《古诗源》卷十四题下注，称隋炀帝"能作雅正语，比陈后主胜之"。

第一次出征高丽，是大业八年（612）。隋炀帝亲自节度，统帅陆军113万，分二十四军，从河北涿郡出发，渡过辽河，进军围困辽东城（今辽阳），却久攻不下。其中9个军30.5万人，由宇文述等大将率领，渡过鸭绿江，直取平壤。至于平壤北30里处，高丽大将乙支文德遣使伴装求和，乘隋军班师半渡萨水之际，猛攻隋军后翼，致使隋军全军覆灭，狼狈逃回辽东城者仅仅2700人马。水军由来护儿率领，亦直逼平壤城下，被高元之弟弟高建武牵制，传闻宇文述军败，即刻撤离退还。

第二次出征高丽，是大业九年（613）。隋炀帝于四月亲临辽东，命宇文述等率陆军、来护儿率水军，分两路合击平壤。杨玄感在河南黎阳督运粮草，却以征讨来护儿谋反为名起兵造反，隋炀帝惊恐万状，立即从高丽撤军，平叛杨玄感之乱。兵部侍郎斛斯政是杨玄感挚友，乘机逃亡高丽。高元知情后，立即组织反攻，隋后军弃械而逃，伤亡惨重。

第三次出征高丽，是大业十年（614）。平定杨玄感叛乱后，隋炀帝又至辽东，指挥水陆两军出击高丽，来护儿水军在平壤附近取得小胜。高丽久战困弊，遣使求和，并将逃亡高丽的前兵部侍郎斛斯政引渡给隋朝。隋炀帝答应议和，

下令来护儿退兵。隋炀帝还京，拘留高丽使者，要高元入朝。高元仍然不听。隋炀帝本想再次出击，但是天下已经大乱。后隋炀帝被杀，隋朝灭亡。

◆亡隋波涛

亡隋波涛，是指推翻隋朝的农民起义军。

隋朝末年的农民军，风起云涌。大业七年（611）主要有：长白山王薄起义，又孙安祖、张金称、高士达、窦建德等起义，山东孟海公、孟让、郭方预、郝孝德、孙宣雅起义，河北格谦起义，陕西向海明起义，甘肃白榆娑起义，广东梁慧尚起义，江淮杜伏威、辅公祐、苗海潮起义。大业十二年（616），全国会合而成三支农民起义军：河南的瓦岗军，河北窦建德军，江淮杜伏威军。此外，李渊、李世民父子起兵太原，直取长安。武德元年（618）五月，李渊称帝，即唐高祖，国号唐。

隋朝于公元581年由北周左大丞相，后被封为随（即"隋"）王的杨坚建立，而后隋灭陈，结束南北朝分裂局面，统一了中国。隋文帝杨坚后被太子杨广所杀，自立而为隋炀帝。隋炀帝荒淫无度，大兴土木，开凿运河，游历江淮时，被部将宇文化及所杀。隋朝与秦朝一样，不到35年，就在农民起义的猛烈冲击之下，彻底覆灭了，成为继秦朝之后，中国历史舞台上第二个来去匆匆的锦绣过客。

晚唐诗人胡曾《汴水》一诗，写才统一中国不到三十年的大一统隋朝，就被滚滚而来的历史潮流彻底吞没了。诗云：

> 千里长河一旦开，亡隋波浪九天来。
> 锦帆未落干戈起，惆怅龙舟更不回。

这是谁之过？

晚唐咏史诗人周昙《炀帝》一诗指出，是隋炀帝的罪过：

> 拒谏劳兵作祸基，穷奢极武向戎夷。

兆人疲弊不堪命，天下嗷嗷新主资。

隋炀帝杨广，是历史上最奢侈荒淫的皇帝之一，于仁寿四年（604）弑父篡位，在位十四年，横征暴敛，穷兵黩武，出征吐谷浑，三征高丽，三游江都，广大民众苦不堪言。兆人：亿万百姓。新主：指唐高祖李渊。

大业元年（605），隋炀帝杨广即位，就诏杨素营造东都洛阳，内史舍人封德彝等营造显仁宫。南接涧水，北跨洛水，凡是大江以南，五岭以北，奇材异石，全部输送到洛阳。又征发河南、淮北诸郡的民众，前后一百余万，开通济渠，自西苑引谷洛水以达黄河，再自板渚引黄河水，经历荥泽进入汴（即开封），又自大梁之东引汴水入泗水，连接到淮河，又征发淮南十万多民众，开凿邗沟，自山阳进入扬子江。渠河宽凡四十步，渠旁都修筑御道，种植杨柳，自长安至于江都（扬州），修建离宫四十余所，江南造龙舟以及杂船数万艘。隋炀帝大游江都，自漕渠出洛口，御龙舟，龙舟四重，高四十五尺，长两百尺，上层有正殿、内殿、东西庙堂；中二层有一百二十间房；下层为内侍住处。皇后乘坐的翔螭舟，制度差小，而装饰无异。又有朱坞、苍螭、白虎、玄武、青凫、凌波等数十艘，后宫诸王、公主、百官、僧尼、道士、蕃客乘坐之。这批船队共计使用挽船士八万余人，谓之"御脚"，皆以锦彩为袍。又有平乘、青龙、艨艟、八擢数千艘，并载兵器、帐幕、兵士，舳舻相接两百余里。照耀川陆，骑兵翊两岸而行，所经过州县五百里内，皆令敬献食品。

兴建东都，大建宫殿，大兴土木，开凿运河，动用了全国的人力、财力、物力。规模之大，绝不亚于秦始皇修筑万里长城。秦始皇修筑万里长城是为了防御北方匈奴入侵，而隋炀帝大修东宫与运河，是为了满足自己的游览与豪华奢侈的享乐生活。隋炀帝御龙舟，游江都，荒淫过度，见各地义军蜂起，天下已经大乱，乃引镜自照，回头对萧后说："好头颈，谁当斫之？"隋炀帝自知难逃一死，也希望死得干脆了便。皇帝最宠幸的虎贲郎将司马德戡、元礼与直阁裴虔通等，密谋杀隋炀帝。炀帝说："天子死自有法，不可加以锋刃，取鸩酒来！"文举等不许，隋炀帝乃自解练中，授行达缢杀之。

胡曾等认为隋朝灭亡，在于开凿运河，漫游江都。而晚唐诗人皮日休的《汴河怀古》一诗，却比较公正地说：

尽道隋亡为此河，至今千里赖通波。

若无水殿龙舟事，共禹论功不较多。

诗人高度地赞颂隋朝开凿运河、沟通南北水陆交通的历史功绩，认为此等功勋如果没有水殿龙舟的奢侈，简直可以与大禹治水相高下。

大国要有大国的风度，也要有大国的气度。秦朝与隋朝的昙花一现，充分说明这样一个真理：大一统的封建大帝国，摆在帝王与中央集权面前的首要职责，是安民，是励精图治，让天下百姓休养生息，而不能以一统江山而居功自傲，为所欲为，奢侈腐败，也不可穷兵黩武，不侵扰天下。

国之长治久安者，生民也。所谓"生民"，就是要让天下的老百姓生活得安宁幸福。

◆ 秦王破阵乐

秦王，即李世民。李世民（599—649），李渊的次子，跟随李渊于太原起兵反隋，屡建战功。李渊称帝，李世民被封为秦王，任尚书令。

武德九年（626），他发动"玄武门之变"，杀死太子李建成与齐王李元吉等，逼迫唐高祖李渊让位，登基为帝，是为唐太宗。但他能以"亡隋为戒"，安民富民，出现初唐时期的"贞观之治"，成就"盛唐气象"，是历史上少有的几个有作为的"明君"之一。

《秦王破阵乐》，又名《七德舞》，是唐代著名的武舞，反映秦王李世民杀敌立功的赫赫战绩，与唐玄宗谱曲、杨贵妃编舞的《霓裳羽衣曲》文舞齐名，并称为唐朝两大著名的国家级音乐舞蹈史诗。

（唐太宗像）

据《旧唐书·音乐志》与《新唐书·礼乐志》记载，李世民为秦王，披坚执锐，征伐四方，战功显赫。破灭刘武周时，军中则已流传着《秦王破阵乐》的歌曲。李世民即位以后，就命吕才协音律、魏徵等人作歌词，更名为《七德舞》，又亲自绘制《破阵乐舞图》：左圆右方，先偏后伍，鱼丽鹅贯，箕张翼舒，交错屈伸，首尾回互，以象战阵之形。令吕才依图教习乐工一百二十八人披坚执锐而歌舞，以表现"居安思危"与"不忘于本"的治国理念。

《全唐诗》卷十五"郊庙歌辞"中有《破阵乐》云：

受律辞元首，相将讨叛臣。
咸歌破阵乐，共赏太平人。

这个歌词写得实在一般化，可能不是原辞。但舞有三变，每一变为四阵，共计二十五遍，以龟兹乐为基调，伴之有箫管钟鼓合奏，歌者合唱，舞者多达900人，以《龟兹乐》为主调，繁弦急管，气势恢弘，将秦王李世民的赫赫战功表现得淋漓尽致，声韵慷慨，发扬蹈厉，充分体现出一代辉煌的"盛唐气象"。破阵乐是唐朝最著名的歌舞大曲之一，每有国家庆典，必有此舞。诗人张祜《破阵乐》诗云：

秋风四面足风沙，塞外征人暂别家。
千里不辞行路远，时光早晚到天涯。

诗人笔下的《破阵乐》，如同四面秋风，让塞外征人告别家眷，不辞千里，长途跋涉，不论早晚，走向天涯。诗句情调萧索而悲怜，风格平淡而通俗。

◆执契静三边

执契，执掌着兵符，统帅着军队。静三边：安定边疆。三边：汉朝指幽州、并州、凉州，皆为汉朝边境地区，合称为"三边"。

唐太宗在位二十四年，以安边与拓边为基本国策，故唐太宗多次亲自率军出征三边。唐太宗在位期间发动的主要战争有三：

一是贞观三年（629）全线出击，于次年灭亡东突厥汗国，而后设立燕然

都护府。

二是贞观十四年（640），唐朝军队攻占高昌，设立安西都护府。随后攻占龟兹，以龟兹、于阗、疏勒、碎叶为安西四镇。后平定西突厥，以叶护史那贺鲁为都督，统领西突厥各部。

三是贞观十八年（644）出征高丽，水路派张亮率战船 500 艘，渡海驱平壤；陆路派李勣率兵 6 万驱辽东。次年，唐太宗亲自率领六军奔赴前线督战，相继克复盖牟城（今抚顺）与辽东城，但遭遇高丽顽强抵抗，唐朝军队与物资损失不大。深秋九月，唐太宗以"士卒饥寒"，宣布撤军。

唐太宗李世民"执契静三边"的战争，其目的与动机全部反映在他的《执契静三边》一诗里面，诗云：

执契静三边，持衡临万姓。
玉彩辉关烛，金华流日镜。
无为宇宙清，有美璇玑正。
皎佩星连景，飘衣云结庆。
戢戈耀七德，升文辉九功。
烟波澄旧碧，尘火息前红。
霜野韬莲剑，关城罢月弓。
钱缀榆天合，新城柳塞空。

花销葱岭雪，毂尽流沙雾。
秋驾转兢怀，春冰弥轸虑。
书绝龙庭羽，烽休凤穴戍。
衣宵寝二难，食旰餐三惧。
翦暴兴先废，除凶存昔亡。
圆盖归天壤，方舆入地荒。
孔海池京邑，双河沼帝乡。
循躬思励己，抚俗愧时康。

元首伫盐梅，股肱惟辅弼。

羽贤崆岭四，翼圣襄城七。

浇俗庶反淳，替文聊就质。

已知隆至道，共欢区宇一。

前十六句为一韵，总写唐太宗"执契静三边"的目的，在于昌七德，明九功，求国泰民安。持衡：比喻公正地评量人才。衡：度量衡器。关烛：边关的烽火。日镜：太阳。无为：老子提倡"无为"，孔子曾歌颂舜帝"无为而治"，唐太宗以道教为李唐国教，实施"无为而治"。璇玑：指北斗七星。比喻执掌国柄要严正。"皎佩星连景，飘衣云结庆"二句，比喻国家吉祥如意。七德，即《左传·宣公十二年》所述"武七德"：禁暴，戢（jí）戈（休兵），保大，定功，安民，和众，丰财。九功：提倡文治的九大内容。孔颖达《尚书·大禹谟》疏："养民者，使水、火、金、木、土、谷，此六事当修治之；正身之德、利民之用、厚民之生，此三事惟当谐和之。"

中间十六句为二韵，写皇帝亲征匈奴的军旅生活与勤于政务军旅、不断反省自己的心境。"花销"二句写将士们在流沙中的生活煎熬。葱岭：指帕米尔高原。縠（hú）：用丝织品制作的衣服。一年四季，鲜花凋落在帕米尔高原的皑皑白雪之上，出征将士的身影消失在大沙漠的茫茫雾海之中。接着写自己的军旅生活：秋天里，我怀着战战兢兢的恐惧心理；春天融冰时节，我心里更加痛念着死去的将士。兢怀：惊恐之情绪。轸虑：痛念。我是万不得已啊，北方匈奴侵犯，不断传来紧急军书，我是宵衣旰（gàn）食，时刻牢记着"二难"和"三惧"。二难：指"知机"、"推诚"两种难能可贵的品格。见《三国志·魏志·管辂》注：何晏谢之曰："知机其神乎，古人以为难；交疏而吐其诚，今人以为难。君今一面而尽二难之道，可谓明德惟馨。"三惧：孔子指出明王治国的三件可惧之事。见《韩诗外传》卷七：一是处尊位而恐不闻其过；二是得志而恐骄；三是闻天下之至道而恐不能行。凤穴：泛指北方边境地区。宵衣旰食：天未亮就起床，天黑了才吃饭。比喻勤于政事。剪暴：除暴安民。孔海：大海。循躬：自我反省。抚俗：安抚百姓。

最后八句为一韵，抒写自己急需辅佐人才、期望国家统一与长治久安、追

118

求至善之道的宏大志愿。盐梅：比喻傅说一样的宰相人才。《尚书·说命》："若作和羹，尔惟盐梅。"殷高宗称颂傅说像盐梅一样，最适宜于和羹。股肱（gōng）：比喻富有力量的辅佐人才。羽贤：以贤良为羽。崆岭四：黄帝听说广成子在空同山，特意前往拜访而问道（见《庄子·在宥》）。黄帝自昆仑返回，遗其玄珠（"道"、"真"）。乃使知（理智）、离朱（视觉）、喫诟（言辩）、象罔（有形和无形、虚和实的结合）四人回去索之。翼圣：以圣哲为翼。襄城七：黄帝将见大隗乎具茨之山，方明、昌寓、张若、諝朋、昆阍、滑稽七个贤人随行，至襄城之野，七圣皆迷，无所问路。后问路于牧马童子。又问治国之道，童子以"除害群之马"为比喻作答，黄帝当则称之为"天师"（见《庄子·徐无鬼》）。至道：至善之道，即最高的思想境界。区宇一：就是天下大统一。

　　阅读这首诗，我们主要是要了解两点：一是战争的目的性，二是人才对于国家统一、长治久安与战争胜负的重要性。

　　"休兵"是"武七德"中的关键。战争的目的只有一个，就是"除暴安民"，让天下百姓休养生息，舍此无他。如果不是北方匈奴侵犯边疆，唐太宗不会亲征。人才是战争胜负、国家统一与长治久安的第一要素。唐太宗注重人才，提倡文德，一开始就设立文学馆，出现了"十八学士登瀛洲"的可喜局面，而后开设科举，打破门阀制度，使大批寒门子弟能够通过考试步入仕途，以诗赋取士，促进一代唐诗的空前繁荣，成就了一个诗歌王国；以"丰财"为国策，注重经济建设与社会和谐，李唐王朝继西汉"文景之治"以后，终于出现了一个空前绝后的"贞观之治"，社会安定，经济繁荣，国力强盛，成就了当时世界上国威赫赫的第一个东方大帝国。

　　以其业绩而言，中国历史上的第一大帝王，应该是唐太宗，而不是秦始皇。秦始皇统一了中国，却治国无方：他焚书坑儒，既坑害了人才，又毁灭了文化；他修筑长城，既劳民伤财，又与北方少数民族为敌，阻碍了中华民族大融合的历史进程。这样的暴君，能够算是千古中华第一帝王吗？

◆唐太宗出征高丽

贞观十六年（642），高丽西部酋长泉盖苏文杀高丽王高建武，拥立高藏为王，自立为莫离支（相当于中国的兵部尚书兼中书令），联合百济进攻新罗。唐太宗曾经派遣使臣去劝说高丽罢兵。然而，高丽不听，且更加肆无忌惮。

唐太宗认为高丽西部酋长泉盖苏文弑君，且虐待百姓，侵略邻国，而辽东本来就是中国领土，可以出师征伐。大臣大多上书劝阻，唐太宗执意不从，于贞观十八年（644），指派大将张亮率领水军战舰 500 艘，渡海驱向平壤；李勣统帅陆军 6 万直取辽东。

次年秋天，唐太宗亲征，率领六军奔赴辽东前线督战。唐朝军队，虽然遭到高丽军的猛烈抵抗，但仍然相继攻取盖牟城（今抚顺）与辽东城（今辽阳）。唐太宗站在辽东城头，瞭望着初升的月亮，写下一首题为《辽城望月》的诗歌：

> 玄兔月初明，澄辉照辽碣。
> 映云光暂隐，隔树花如缀。
> 魄满桂枝圆，轮亏镜彩缺。
> 临城却影散，带晕重围结。
> 驻跸俯九都，停观妖氛灭。

此诗作于贞观十九年，主要是描写辽城望月时的景象：初升的月亮如玉镜魄轮，辉光照耀着辽西的山川，树丛中若隐若现的花斑，城边时结时散的疏影，月光透过云层而折射出一圈圈光环，都显得如此光彩而宁静。我站在城头，俯瞰着辽东这块土地，好像亲眼看到妖气正在熄灭，光华照耀在九都。

然而，唐太宗此次亲征，未能取得全胜。唐朝军队虽然损伤不多，但军需物资马匹损耗严重。据《旧唐书·高丽传》记载，至于深秋九月，"太宗以辽东仓储无几，士卒寒冻，乃诏班师。"

直至唐高宗乾封三年（668），唐将薛仁贵率军攻克扶余城（今四平），李

勋攻下新城（今抚顺北）之后，所向披靡，直取平壤，灭亡高丽。以薛仁贵为安东都护，治平壤。至此，唐朝面对高丽的战争，才宣告结束。

◆白江口之战

唐高宗显庆五年（660），唐朝为打破高丽与百济联盟，指派苏定芳率领水陆十万大军，从成山渡海，出击百济，与新罗军队会师。经过激战，终于灭亡百济，以郎将刘仁愿等驻守百济王城等地。

百济王族福信等并不甘心，遣使前往倭国，迎取王子扶余丰，乞师日本，企图与唐朝－新罗联军抗衡。

据张声振《中日关系史》卷一记载：龙溯元年（661）四月，福信乘唐军出击高丽之机，率军围攻刘仁愿驻军。倭寇政府命令在百济的倭军参与战斗。663年6月，倭军2.7万人进攻新罗，形势十分危机。唐高宗命令刘仁轨等撤出百济，刘等认为坚守阵地、静观其变反而有利，遂不奉诏。果然，百济内部发生内讧，王子扶余丰杀死骄横跋扈的福信。唐朝抓住时机，指派孙仁师统帅七千援军渡海而至，与新罗陆军、驻防百济的刘军奋力反攻，取得初步胜利。而后，唐朝与倭寇之间爆发了一场"白江口之战"。

白江口，是现在韩国的锦江口。

唐朝将领刘仁轨率领李唐与新罗海军驶向白江口，打算溯江而上，逼近周留城。在白江口与倭寇海军和扶余丰的陆军遭遇，双方发生激烈战斗。刘仁轨以170艘大战船与倭寇上千艘战船对阵，焚烧倭寇战船400艘，倭寇海军指挥官朴市田来津当场战死，全歼百济陆军，扶余丰在乱军之中逃亡高丽。刘仁轨指挥唐朝与新罗联军，乘胜追击，直捣周留城。城中百济守军，全部缴械投降，倭军残部逃回日本本土。

白江口战役的胜利，极大地打击了倭寇的嚣张气焰。倭国先后派出遣唐使者多次，唐、日双方开始正常的外交往来。672年，倭国爆发壬申之乱，次年天武天皇即位，将国名正式改为"日本"。

◆边塞战争

李唐王朝无休止的边塞战争，主要是针对匈奴的。

匈奴，是中国北方的一个古民族，以游牧为生，以剽悍与善骑为民族个性特征。

战国时期，匈奴各个部落，活动于燕、赵、秦三国以北地区，不断侵扰中原地区。而中原地区多采取防御政策，故而有燕、赵、秦三国修建长城，以之为防御前哨。

秦汉之际，冒顿单于统一匈奴各部，建立起一个强大的军事帝国，控制地盘，东尽辽河，西至葱岭，北抵贝加尔湖，南达长城，并在西域设置"童仆都尉"，逐步控制了西域各国。秦汉时期之于匈奴，采取防御与主动进攻相结合的政策。

公元前215年，秦始皇派大将蒙恬率兵30万北击匈奴，夺取河南地区（今河套地区），逼迫匈奴北迁七百里。汉初高祖刘邦于公元前201年再次率30万大军出击匈奴，被围困于平城白登山，陈平串通单于阏氏，刘邦才得以解围而归，首创与匈奴和亲之举。汉朝与匈奴，时而和，时而战。为了确保北方边境安全，汉武帝时，多次进攻匈奴，出现了李广这样的"飞将军"与霍去病"匈奴未灭，何以家为"那样的骠骑大将军。

但是，为了扩大游牧民族的生存和发展空间，获得丰厚的水草资源，匈奴骑兵依然不断地侵犯中原，甚至逼近长安，到南北朝时期，终于酿成了"五胡乱华"的混乱局面。

中原汉族政权与北匈奴的战争，绵延了将近十个世纪，胡尘千里，中原沦丧。这个漫长的边塞战争历程，再次证明：战争的唯一根源，在于争夺生存与发展的空间。北方匈奴族的游牧生活，需要草原牧场，需要粮食与水源。水土肥沃与粮草富庶的中原地区，乃是匈奴贵族对外扩张，寻求生存与发展空间的最佳选择。中原汉族政权也要维护自身的权益，维护自身的生存与发展空间，于是这场无休止的战争，也就难以避免了。南北朝分裂局面一结束，隋唐两个统一的封建大帝国，依然面临着北方少数民族政权的挑衅，还是要进行边塞战争，实现护边与拓边相结合的双重战略战术。

中原与北方匈奴的边塞战争，其意义主要在于：

第一，加快了少数民族与中原汉民族的融合，加速了中华民族内部的文化交流。整个李唐王朝特别是京都长安的文化艺术与生活方式，出现了"胡化"的倾向。

第二，边塞战争，给文人从军入幕提供了一个崭新的活动空间。唐朝的文人，其成才的出路大致有几条途径：一是参加科举考试进士，而步入政界仕途；二是从军，走向边塞，在军旅马上获取功名利禄；三是诗歌创作，成为著名诗人，在才子佳人之路上追求人生价值。

第三，边塞诗，是中国军旅文化的重要载体。边塞战争，文人从军，大大促进了唐朝边塞诗的蓬勃发展，形成了以岑参、高适、李益等为代表的兴盛一时的边塞诗派，为中国诗坛与诗歌流派注入了新鲜血液。

"匈奴"一词在《全唐诗》里共出现过65次。魏晋以后，大多称匈奴为"胡"。如果以"胡"来称呼，那就不计其数了。唐太宗对于北方匈奴的政策，采取软硬兼施的策略，一方面北方胡人大量进入朝政军界，一方面主动出击东突厥与西突厥，打通西北丝绸之路。反映在诗歌里，李世民就有《执契静三边》、《饮马长城窟行》、《于北平作》等描写边塞战争的诗篇。其中《饮马长城窟行》诗云：

塞外悲风切，交河冰已结。

瀚海百重波，阴山千里雪。

迥戍危烽火，层峦引高节。

悠悠卷旆旌，饮马出长城。

寒沙连骑迹，朔吹断边声。

胡尘清玉塞，羌笛韵金钲。

绝漠干戈戢，车徒振原隰。

都尉反龙堆，将军旋马邑。

扬麾氛雾静，纪石功名立。

荒裔一戎衣，灵台凯歌入。

这首诗主要描写边塞风光与战士出征边塞的战争气氛。前十句写边塞战争。塞外刮着凄切的悲风，吐鲁番的交河已经结冰了。大沙漠如海，泛着百重沙浪，阴山下着千里白雪。遥远的边戍传递着危急的烽火，层峦叠嶂引发着战士们英勇奋战的高风亮节。旆旌悠悠地舒卷着，我们的军队饮马出了长城。寒冷的沙漠连着战骑的足迹，朔风劲吹，掩盖了边塞凄凉的战马悲鸣声。后十句写战争结束后的边塞。匈奴的骑兵扬起的一片片沙尘，现在终于澄清了，边塞依然像碧玉一般宁静美丽，羌笛的声韵应和着军中的金钲之声，在边塞传播着。绝域沙漠中的战争停息了，草原上只有劲走的车马。武官都尉返回到了白龙堆，统帅军队的将军们凯旋而归马邑。手中扬着的旗帜已经放下，匈奴骑兵扬起的氛雾已经清静下来，记载战功的碑刻已经竖立。边疆已经安定，凯旋而归的歌声已经响彻了京城。金钲（zhēng）：军中铜制打击乐器。原隰（xí）：草原上低洼的湿地。荒裔：边疆。《后汉书·杜笃传》："信威于征伐，展武于荒裔。"《尚书·武成》："一戎衣，天下大定。"灵台：周文王时代的天文台，故址在今陕西户县境内。此指代京城长安。

唐明皇李隆基的《平胡》一诗，也反映唐朝与北方匈奴的边塞战争取得辉煌胜利的情况，基调和风格，基本与唐太宗诗一致。前有一序，云："戎羯不虔，窃我荒服。命偏师之俘翦，彼应期而咸殄。一麾克定，告捷相仍。爰作是诗，聊以言志。"其诗云：

> 杂虏忽猖狂，无何敢乱常。
> 羽书朝继入，烽火夜相望。
> 将出凶门勇，兵因死地强。
> 蒙轮皆突骑，按剑尽鹰扬。
> 鼓角雄山野，龙蛇入战场。
> 流膏润沙漠，溅血染锋铓。
> 雾扫清玄塞，云开静朔方。
> 武功今已立，文德愧前王。

诗写平定边塞胡患的情况。先写北方匈奴忽然又在猖狂挑衅边关，边塞烽火连

夜相望，紧急羽书相继传到朝廷。次写将士出征，英勇顽强杀敌的情景。凶门：北出门。将军之出北门，以丧礼处之，以表示必死战场无疑（见《淮南子·兵略训》高诱注）。死地：《孙子兵法·九地》的九地之一："投之亡地而后存，陷之死地而后生。"蒙轮：车轮被包裹着。鹰扬：勇猛的战士像雄鹰一样飞扬。汗水滋润着沙漠，鲜血飞溅着染红了锋利的剑矛。最后四句写战争胜利，北部边塞，雾扫云开，武功显赫，但是文德方面，我们愧对了前王。唐人称唐太宗为"文皇"，唐明皇为"武皇"，故言。

◆ 葡萄美酒

军队是男子汉的世界，是赳赳武夫的荟萃。

美酒能醉人，富有阳刚之气，自古酒与军队就结下了不解之缘。

酒是战场上的尤物，以酒助战，酒壮英雄胆。

战场上的酒，是壮行之酒，是死别之酒，是英雄壮士的豪酒。

先秦时代，战事频发，战场上以酒助战者甚多：

越王勾践欲洗会稽之耻，希望将士能够以死力战。于是以酒醨于江水之中，与将士同醉饮之。

秦穆公征伐晋国，渡河时，欲犒劳出征之师，而醪酒只有一钟。塞叔劝他说："虽有一米，可投之于河而酿也。"于是秦穆公将这一钟酒投于河水中，三军共饮，皆醉。

楚军与晋军大战，楚王以酒犒劳将士，士气大增，大败晋师。《文选·张协〈七命〉》："单（箪）醪投川，可使三军告捷。"李周翰注云："楚与晋战，或人进王一箪酒，王欲与军共饮之，则少而不遍，乃倾酒于水上源，令众比饮之。士卒皆醉，乃感惠尽力而战，晋师大败之。醪，酒也；箪，谓一樽也。"

唐代战争频发，与战争相关的酒诗，首推王翰的《凉州词》。

王翰，字子羽，唐初并州晋阳（今太原）人。为景云间进士，名震天下，杜华的母亲倾慕其才，曾效法孟母三迁，令杜华与王翰为邻。《凉州词》，是乐府歌曲，相传由龟兹传入中原。唐人多借以作边塞诗，与凉州未必有关。

葡萄美酒夜光杯，欲饮琵琶马上催。

醉卧沙场君莫笑，古来征战几人回。

此诗写戍边将士们的欢宴与征战，充满一种死别的悲壮气氛。全诗由"饮"而"醉"而"征战"，以酒宴之欢反衬"醉卧沙场"之苦，以欢乐反衬悲壮。葡萄美酒：以葡萄酿造的美酒。夜光杯：精美闪亮的酒杯。沙场：平沙旷野，后多指战场。前两句以美酒、夜光杯、琵琶等写将士们的欢宴场面，把读者引入了塞外古战场紧张而热烈的气氛中，具有浓郁的边塞色彩和鲜明的军旅生活特征；然而一个"催"字，既是催酒，也是催征，说明是征战前的一次宴饮。故而后两句写宴饮劝酒的场景，既悲壮且豪放，生的狂欢与死的无畏包含在"醉卧沙场"之中，表现了出征将士一醉方休、视死如归的豪迈气魄。

战争是残酷的，是无情之物；而酒为欢伯，其性刚烈，能助征战，是有情之物。所以只有在战场上出生入死、以马革裹尸的将士们，才能真正感受到酒的内蕴与滋味。

◆ 王昌龄《出塞》

《出塞》，是乐府旧题，郭茂倩《乐府诗集》列入卷二十一《横吹曲辞》之中。唐人乐府诗还有《前出塞》、《后出塞》、《塞上曲》、《塞下曲》等，都是由此曲调演化而来的。王昌龄此曲，原有两首，这是其一。此诗有感于唐玄宗时代实行扩边政策，穷兵黩武，边境不能安宁。希望汉代的飞将军李广如能健在，则可以与北方少数民族政权相安无事、息边安民了。

秦时明月汉时关，万里长征人未还。

但使龙城飞将在，不教胡马度阴山。

秦时明月汉时关：这句诗采用互文见义的修辞手法，秦与汉，明月与关隘，错举见义，是说秦汉时的明月映照着秦汉时的边塞关隘。但使：但愿。龙城：一作"卢城"。飞将：指汉代功勋卓著的李广将军。汉武帝时，李广充任右北平

太守，驻守龙城，英勇善战，威震四方，被匈奴称之为"汉之飞将军"。胡马：泛指侵扰阴山地区的匈奴骑兵。

北方的边关，自古困扰着汉、唐王朝。日本学者有句名言："一部中国历史，乃是汉民族与其他少数民族争夺生存空间的历史。"这首诗以出塞描写北方少数民族政权与中原汉族政权争夺生存空间的历史事实。全诗精辟警策，前两句写秦汉时期的戍边战争之苦，以历史反衬现实；后两句写现实中的边关战争，以缅怀汉代飞将军李广，寄托自己的安边之愿。

◆从军行

从军行，如同从军走，而后演变为乐府古题。所以从军行，是从军行动，也是军乐歌词，是乐府歌曲。

古往今来的《从军行》，寄托着文人的功名利禄与人生追求，也浸透了中国军旅文化的殷切情思。这种歌曲，是中国历代边塞诗的典型代表，是边塞诗派的主旋律，情调激越而感伤，风格豪迈而悲壮，如同法国的《马赛曲》，久久地回荡在中国的边防要塞。

李唐王朝，国威赫赫，但边塞战争频发。除科举进士之外，文人从军，立功边塞，成为一种时尚，一种求取功名利禄的必由之路。

军队，以武力著称，以威武名世。但是，文武之道，却应张弛相济，不可或阙。对于军队来说，文人从军，给军队带来难得的新气象：一则文人从军，给军队注入了文化的活力，活跃了军旅生活，使古代军旅文化充满了勃勃生机；二则文人从军，跟着军队走向边塞，开阔了文人的视野，充实了文人的生活，陶冶了文人的思想情操。一批边塞诗及其边塞诗派的崛起，使中国军旅文化有了新的文化载体与传播媒介。

王昌龄是盛唐边塞诗派的优秀代表之一，他的边塞诗，如《从军行》、《出塞》等，从不同角度描写边塞军旅生活，既表现其杀敌静边的报国之心，又反映戍边将士思念家乡的征戍相思之愁，质与量、情与景、文与境，都是历代边塞诗的上乘之作，富有"诗家天子"的美誉。

王昌龄的《从军行》，原有七首，是七言绝句组诗，描写自己从军边塞的所见所闻所感，诗笔生动凝练，境界真切动人，是军旅生活的生动记录。

其一

烽火城西百尺楼，黄昏独坐海风秋。

更吹羌笛关山月，无那金闺万里愁。

其二

琵琶起舞换新声，总是关山旧别情。

撩乱边愁听不尽，高高秋月照长城。

其四

青海长云暗雪山，孤城遥望玉门关。

黄沙百战穿金甲，不破楼兰终不还。

其五

大漠风尘日色昏，红旗半卷出辕门。

前军夜战洮河北，已报生擒吐谷浑。

这是唐朝军旅文化的杰作。其一首写烽火城西黄昏羌笛之声，表达边塞将士的万里乡愁；其二写军中琵琶声，抒写边塞将士的离愁别绪；其四写玉门关前的黄沙百战，表述边塞将士誓死击破楼兰的钢铁决心；其五写夜战洮河之北的辉煌胜利，报道前线将士活捉吐谷浑首领的喜悦之情。

◆ 燕歌行

《燕歌行》，系乐府旧题，多歌咏东北边疆的征戍之事与别离之情，带有较浓郁的地域文化色彩。燕，指燕赵一带边地（今属于河北省北部地区）。宋代郭茂倩《乐府诗集》卷三十二把它归属于乐府《相和歌辞·平调曲》。开元十五年（727），高适曾上蓟门；开元二十年（732），又北上燕京，希望随信安王李祎（án）征讨奚与契丹，未果。

高适此诗，作于开元二十六年（738），因感于开元年间北方的张守珪征戍失利之事而发。前有一序云："开元二十六年，客有从御史大夫张公出塞而还

者，作《燕歌行》以示适；感征戍之事，因而和焉。"张公，是指营州都督、河北节度副大使张守珪。

张守珪是开元间镇守北方边地的名将，但后因居功自矜，用将不当，不惜士卒，屡战屡败。开元二十六年前后的两次失利，高适对唐王朝的边防政策进行了认真的理性思考，认为用人不当，是战事失败的主要原因。此诗借用"和"诗之名，感于征戍而作，是盛唐边塞诗中的"第一大篇"。

汉家烟尘在东北，汉将辞家破残贼。
男儿本自重横行，天子非常赐颜色。
摐金伐鼓下榆关，旌旆逶迤碣石间。
校尉羽书飞瀚海，单于猎火照狼山。
山川萧条极边土，胡骑凭凌杂风雨。
战士军前半死生，美人帐下犹歌舞。
大漠穷秋塞草腓，孤城落日斗兵稀。
身当恩遇常轻敌，力尽关山未解围。
铁衣远戍辛勤久，玉箸应啼别离后。
少妇城南欲断肠，征人蓟北空回首。
边庭飘飖那可度，绝域苍茫无所有。
杀气三时作阵云，寒声一夜传刁斗。
相看白刃血纷纷，死节从来岂顾勋。
君不见沙场征战苦，至今犹忆李将军。

这是描写一场唐代边塞战争的长诗，描写了整个战役的全过程。

全诗28句，以乐府歌行体式，淋漓酣畅地描述了东北边塞战役。基本可分为四个层次：前八句写出征，构成一种临战气氛；次八句写战况，以战士的奋勇拼搏与将军的寻欢作乐形成鲜明对比，突出战争失利的根源；再八句写被困战士的思乡之情，以征人与思妇遥相对照；最后写战役的结局，歌颂战士以身许国的英勇气概，而以李广将军终篇，作为一种热切的呼唤与有力的批判。汉家：唐人多有一个"汉家"情结，凡涉及边塞问题，则常以"汉家"借代李唐王朝。这种情结之所以产生，是"汉唐气象"的产物：一是对大汉帝国赫赫国威的眷恋与向往，一是对李唐王朝安边强国的期盼与希望。烟尘：战争的烽火。辞家：辞别家乡。重：注重，强调。横行：纵横驰骋于沙场。赐颜色：赏脸、礼遇、嘉奖。搥（chuāng）：撞击。金：军中乐器，如铃、钲之类。伐鼓：击鼓。写行军时金鼓齐鸣的热闹场景。榆关：山海关。逶迤：连绵不断的样子。碣石：泛指东北滨海地带。校尉：武官名，泛指将军。羽书：插有羽毛的军事文书。瀚海：指茫茫无边的大沙漠地带。单于（chán yú）：指北方少数民族首领。猎火：本是游牧民族打猎的篝火，此指军事演习时的风烟战火。极：最，穷极。边土：边境。凭凌：利用有利条件威逼、侵犯别人。杂风雨：指敌兵来势之凶猛，好像夹杂着雷霆风雨一样；一解释为在风雨中进攻，似乎不妥。半死生：言死伤者甚多。帐下：将帅的营帐之下。犹歌舞：还在轻歌曼舞。穷秋：深秋。腓（féi）：病，枯萎变黄。恩遇：皇帝的礼遇。与前面"天子非常赐颜色"相照应。解围：解除被围困的境地。铁衣：指将士身穿的铠甲。玉箸：本是玉制的筷子，后用以比喻思妇的眼泪。欲：将要。断肠：形容伤心到了极点。绝域：极其偏僻遥远的地方。杀气：指战场上杀气腾腾，天昏地暗。三时：早中晚，指整天。刁斗：军中的巡更与煮饭用的铜器。死节：为国献身的气节。岂顾勋：难道是为了个人的封勋晋爵。李将军：指汉代的李广将军。借李广体恤士卒，以讥讽唐王朝使用将帅之不当。

唐代边塞诗，是边塞战争与中国军旅文化的产物。具有国威赫赫的大唐帝国，虽有"贞观之治"与"开元盛世"，但是近三百年历史，一刻也没有真正安定过。除八年之久的安史之乱以外，连绵不断的拓边战争与安边行动，无不一一反映在一代唐诗之中，使唐诗的创作题材内容与艺术风格出现了新的面貌，促进了唐代军旅文化与边塞诗的兴盛繁荣。

高适此诗是唐代边塞诗派的典范之作，具有"尚质主理"的特色，意境悲壮苍凉，雄浑深沉，与岑参边塞诗的"尚巧主景"者不同。

◆白雪歌

边塞，是战争的烽火硝烟，是严酷的自然环境。

"忽如一夜春风来，千树万树梨花开。"这是怎样一幅美妙的江南春景啊！然而，这样美丽的诗句，却被唐代著名诗人岑参用以描写白雪飘逸的北国边塞风光之美。

此诗原题为《白雪歌送武判官归京》，系边塞诗人岑参于天宝十四年（755）八月作于轮台。据《吐鲁番出土文书》：天宝十三载八月，武判官在安西，故此诗当作于天宝十四载。武判官，名不详，应属封长清幕府的判官。

> 北风卷地白草折，胡天八月即飞雪。
> 忽如一夜春风来，千树万树梨花开。
> 散入珠帘湿罗幕，狐裘不暖锦衾薄。
> 将军角弓不得控，都护铁衣冷难著。
> 瀚海阑干百尺冰，愁云惨淡万里凝。
> 中军置酒饮归客，胡琴琵琶与羌笛。
> 纷纷暮雪下辕门，风掣红旗冻不翻。
> 轮台东门送君去，去时雪满天山路。
> 山回路转不见君，雪上空留马行处。

白草：西北边地的一种牧草，干熟时呈白色，牛马羊之所嗜者。（参见《汉书·西域传》颜师古注）散入珠帘：指白雪散入珠玉般的窗帘。罗幕：丝绸制作的幕帐。锦衾：绸缎做的被子。角弓：以兽角装饰的硬弓。不得控：不能控制，言弓拉不开。都护：都护府的长官。难著：难以披挂。瀚海阑干：沙漠纵横貌。愁云惨淡：形容大雪弥漫着的环境之恶劣。中军：主帅。此指主帅的营帐。饮归客：钱送归京的武判官。辕门：军营的门。掣（chè）：牵曳着。指红旗被冰冻了，大风吹来也不飘翻。轮台：军府所在地。今属新疆境内。去时：离开时。天山路：从轮台回长安，需要翻越天山山脉。

此诗采用歌行体，是咏雪送人之作。全诗以雪中送别为题材，以白雪为线索，凡十八句。前十句写西域白雪之奇丽，"忽如一夜春风来，千树万树梨花开"，比喻相当奇特；后八句写送别，以雪景衬托送别，又于送别中描写雪景，勾画出一幅壮丽的北国边塞风雪图，充分印证了元代陈绎曾《诗谱》所说"高适诗尚质主理，岑诗尚巧主景"的正确性。

◆ 战城南

《战城南》，原是汉乐府旧题，属《鼓吹曲辞》，为汉《铙歌》十八曲之一，寄托着汉唐文人诗客对待战争的文化心态：

> 战城南，死郭北，野死不葬乌可食。
> 为我谓乌："且为客豪，野死谅不葬，腐肉安能去子逃？"
> 水深激激，蒲苇冥冥。
> 枭骑战斗死，驽马徘徊鸣。
> 梁筑室，何以南梁，何以北？
> 禾黍不获君何食？愿为忠臣安何得？
> 思子良臣，良臣诚可思。
> 朝行出攻，暮不夜归。

这首汉代民谣渲染了城南战斗之残酷，抒发了诗人对战争的厌弃之情。

唐代诗人们继承了汉乐府古辞的写实传统，写作许多反映边塞战争以及人们对战争态度的诗篇，而以《战城南》为题的诗歌，共计有11首，其中李白的《战城南》写得颇有特色：

> 去年战桑干源，今年战葱河道。
> 洗兵条支海上波，放马天山雪中草。
> 万里长征战，三军尽衰老。
> 匈奴以杀戮为耕作，古来唯见白骨黄沙田。
> 秦家筑城避胡处，汉家还有烽火燃。
> 烽火燃不息，征战无已时。
> 野战格斗死，败马号鸣向天悲。
> 乌鸢啄人肠，衔飞上挂枯树枝。

士卒涂草莽，将军空尔为。

乃知兵者是凶器，圣人不得已而用之。

唐玄宗好大喜功，连年征战，百姓遭难，李白这首诗即为此而发。他没有拘泥于乐府古辞的旧有格套，而是以史笔描写了军人连年征战的惨烈景象，写得更形象，更深刻，表现出很高的创造性。全诗凝练精工，富有歌行奔放的气势。战桑干源，战葱河道，洗兵条支海，放马天山草，万里征战，三军尽老。秦汉以来，烽火连天，征战不止，尸骨蔽野，生灵涂炭，这是多么残酷的战争历程，这是血与火熔铸而成的历史。最后李白指出："兵者是凶器，圣人不得已而用之。"看来，李白并不反对一切战争，他认为兵戈是杀人的凶器，圣人不得已而用之。何谓"不得已"？就是反抗！一个民族、一个国家为了维护自身的生存与发展权益，不得已拿起武器，与侵略者、压迫者、剥削者进行武装斗争。

◆兵车行

车辚辚，马萧萧，一个声势浩大的兵车行场景，展现在人们眼前。

这是战争的前奏曲。

历代描写兵车行之诗者，以伟大诗人杜甫的《兵车行》为最。

《兵车行》是大诗人杜甫写的一首著名的战争诗。其写作背景，各说不一，单复《杜少陵集详注》说是为唐明皇出征吐蕃而作，说是"开元十五年，以吐蕃为边害。诏陇右、河西兵集临洮，朔方兵集会州，防秋。至冬初无寇而罢"。《通鉴》："天宝九载十二月，关西游奕使王难得击吐蕃，克五桥，拔树敦城。"而钱谦益《钱注杜诗》却说是为鲜于仲通征讨南诏而作，曰："天宝十载，鲜于仲通讨南诏蛮，士卒死者六万。制大募两京及河南北兵以击南诏，人莫肯应。杨国忠遣御史分道捕人，枷送军所。此诗序南征之苦，设为役夫问答之词。君不闻以下，言征戍之苦，海内驿骚，不独南征一役为然也。"从全诗的整体内容来看，可能单复之说比较适当。但不管是为何而作，都是写唐明皇的拓边战争，描写老百姓如何在战争中受苦受难的情景。其诗云：

中国战争与舌

车辚辚，马萧萧，行人弓箭各在腰。
爷娘妻子走相送，尘埃不见咸阳桥。
牵衣顿足拦道哭，哭声直上干云霄。
道旁过者问行人，行人但云点行频。
或从十五北防河，便至四十西营田。
去时里正与裹头，归来头白还戍边。
边庭流血成海水，武皇开边意未已。
君不闻汉家山东二百州，千村万落生荆杞。
纵有健妇把锄犁，禾生陇亩无东西。
况复秦兵耐苦战，被驱不异犬与鸡。
长者虽有问，役夫敢申恨？
且如今年冬，未休关西卒。
如今纵得休，还为陇西卒。
县官急索租，租税从何出？
信知生男恶，反是生女好。
生女犹得嫁比邻，生男埋没随百草。
君不见青海头，古来白骨无人收。
新鬼烦冤旧鬼哭，天阴雨湿悲啾啾。

前六句为第一层次，描写出征送别的情景。浩大的出征行列，悲凄的送别场面。脚步塌塌，尘埃弥漫；咸阳桥上送别的爷娘妻子，哭声直冲云霄。第二层次从"道旁过者"起二十二句，以问答语追述武皇发动开边战争而征兵伤民的情况：一面描写出征士兵在前线的苦楚，一面又写后方广大农村，农田荒芜、租税繁重。点行频：频繁点兵出征。防河：驻扎在河西走廊以防御。营田：指军队一边屯田，一边防卫。里正：如村长、保长之列。唐制：百户为一里，里置正一人。山东二百州：指唐朝函谷关以东的二百十七州，土地已经荒芜。唐都长安，凡河北诸道，皆为山东。最后八句是第三层次，是诗人以征戍感叹世道，生男不如生女好。全诗贯穿一个"哭"字：以"人哭"开始，以"鬼哭"而终，痛诉唐玄宗穷兵黩武的开边战争对百姓与社会造成的灾难，不啻是盛唐时期民间反对唐玄宗发动开边战争的一曲悲歌。

◆哥舒歌

哥舒，即哥舒翰（？—757），突厥族哥舒部人，是李唐王朝天宝年间的一员大将。

《哥舒歌》，是赞叹，也是期待。哥舒翰出身富豪之家，却轻财任侠，年四十余，尚不为长安尉所礼，慨然发愤，游于河西，事节度使王忠嗣。王忠嗣派遣他率兵攻击吐蕃，所向披靡，从此声名远播于军中，提拔为副陇右节度，为河源军使。是时，吐蕃常在麦熟时节出击青海，抢夺麦黍牛羊，众莫能禁。

天宝六年（747），哥舒翰取代王忠嗣任陇右节度使，后兼河西节度使，采用事先埋伏的策略，乘吐蕃军进入河谷抢夺之机，发起突然攻击，大败吐蕃，收复黄河九曲，设置洮阳郡，从此吐蕃军不敢侵犯青海。因战功，哥舒翰被朝廷敕封为西平郡王，赐音乐田园。

当地流传着一首民歌：

> 北斗七星高，哥舒夜带刀。
> 至今窥牧马，不敢过临洮。

哥舒翰一生战功显赫，民众将哥舒翰比喻为北斗星。正逢安禄山作恶，王忠嗣数上言安禄山将乱，奸相李林甫反而使人阴告王忠嗣，王忠嗣含冤受罪。哥舒翰知恩图报，入朝拜见皇帝，叩头从帝，且诉且泣，愿意以官爵赎王忠嗣之罪，皇帝终于赦免了王忠嗣。

安史之乱时，哥舒翰早已因病疾退居长安，嗜于酒色，阖门不朝请。唐明皇召哥舒翰入见，再次拜为先锋兵马元帅，将兵二十万守卫潼关。

本来安禄山与杨国忠早有过节，即以"诛杨国忠"为名，在渔阳起兵。此时的哥舒翰，年老力衰，但威望还在。有人曾劝哥舒翰借机清君侧，杀杨国忠，以平息安史之乱。哥舒翰虽没同意，但是消息传到京城，引起杨国忠的猜忌。于是杨国忠几次逼迫哥舒翰主动出关迎击，哥舒翰被迫出击，结果大败被俘，解押到洛阳，京师震动，唐明皇西走四川。757 年，郭子仪收复洛阳，安庆绪败走时，哥舒翰被叛军杀害。

◆ 怛逻斯之战

怛逻斯之战，是唐朝与"黑衣大食"之间的战争。

公元 661 年，叙利亚总督穆阿威叶篡夺哈里发的皇位，建立倭马亚王朝（661—750），历史上称为"白衣大食"。穆阿威叶之后，白衣大食总督呼罗珊，率军东扩，与吐蕃联手，使唐朝在西域的威望不断削弱，严重威胁着李唐王朝的宗主地位。

公元 750 年，阿拔斯党首领阿布·阿拔斯推翻白衣大食统治，建立阿拔斯王朝，史称"黑衣大食"。是时，大食与吐蕃共同拥立的拔汗那王与石国国王不和，拔汗那王请求唐朝出兵帮助。于是唐玄宗以为时机已到，立即诏令安西督护高仙芝发兵讨伐石国。石国国王慑于唐朝的军威，请求投降。高仙芝表面上接受，暗地出兵突袭石国，虏其国王，杀其老弱，掳其壮丁，掠其财物，将石国洗劫一空。天宝十载（751），高仙芝亲自将石国国王押送长安，然后处死。石国王子求救于西域各国，各国闻之皆怒，计划联合大食，进攻唐朝的安西四镇。

处于开元盛世后的大唐帝国，为了打通古丝绸之路，维护在西域的宗主地位，加强与中亚西亚和西欧的经济文化交流，发动了一场损失惨重的怛逻斯之战。

怛逻斯，古城名。据《大唐西域记》记载，怛逻斯，"城周八九里"。故址在今哈萨克斯坦东南部的江布尔城。

高仙芝（？—755），高丽人。随父来中国，开元末，因战功升为安西副都护。天宝六载（747），因吐蕃反唐朝，成功出征帕米尔，升至安西节度使，成为李唐王朝最得力的大将之一。

天宝八载（749），高仙芝奉诏回长安朝觐，适逢杜甫困守长安，而作《高都护骢马行》一诗，借描写与赞颂高仙芝的胡青骢马，以寄托诗人自己的身世慨叹。其诗云：

安西都护胡青骢，声价欻然来向东。
此马临阵久无敌，与人一心成大功。
功成惠养随所致，飘飘远自流沙至。
雄姿未受伏枥恩，猛气犹思战场利。
腕促蹄高如踏铁，交河几蹴曾冰裂。
五花散作云满身，万里方看汗流血。
长安壮儿不敢骑，走过掣电倾城知。
青丝络头为君老，何由却出横门道。

欻然：忽然。惠养：犹豢养。杜甫自注：《赭白马赋》："原终惠养。"腕促蹄高，描写千里马的特征。五花：形容马的毛色驳杂。杜甫自注云："翦鬃为辫，或三花，或五花，或云印以三花飞凤之字。"汗流血，即汗血马。横门，即光门，是长安通向西域的第一门。诗人自注云："长安城北出西头第一门曰横门，其外有横桥。"

天宝十载（751）六月，高仙芝率领数万大军，逼进怛逻斯城。黑衣大食总督穆苏里姆以济雅德·布·萨利赫为大将，率领黑衣大食军队，迎击高仙芝。双方展开激烈的拉锯战，连续激战五天，死伤甚众。战斗之间，由于葛逻禄部叛变，与黑衣大食军队夹击唐军，致使高仙芝大败，被黑衣大食军队俘虏者，多达2万余众，仅有数千人马得以撤回安西都督府。

被俘虏者之中，有画工、造纸工匠等等，从此，中国的绘画艺术、编织术、造纸术，传播于穆斯林世界。据杜佑的《通典》记载，其族子杜环被俘虏，滞留大食十余年，著述有《经行记》一书，已佚，《通典》尚保存有若干片段，如画工樊淑、刘泚是京兆人，织络者吕礼是河东人。

怛逻斯之战，是李唐王朝战争史上损失最为惨重的一次对外战争。高仙芝也成为众矢之的，安史之乱时，被监军杀于洛阳前线。

◆安史之乱

物极必反，盛极必衰，这是人类社会发展的必然规律，一种难以回避的历史辩证法。你看，已经进入"开元盛世"的李唐王朝，最终爆发出一场内乱，一场战争之祸。

安史之乱，是一场内乱，一场内部战争，是李唐王朝三百多年历史上最为严重、持续时间达八年之久的社会动乱事件。

唐玄宗天宝十四年（755），安禄山以"诛杨国忠"为名，在范阳起兵南下，攻占洛阳、长安，自称雄武皇帝，国号为"燕"，建元"圣武"。并派史思明攻占河北十三郡地，形成一种席卷中原之势。然而，安禄山入洛阳时，大雪盈尺，兆头不妙。至大历年间，诗人卢言因此而作《上安禄山》一诗云：

> 象日云雷屯，大君理经纶。
>
> 马上取天下，雪中朝海神。

《易·屯》曰："屯，刚柔始交而难生。"预示着安禄山将处于艰难境地。起兵两年后的唐肃宗二年（757），安禄山在洛阳为其子安庆绪所杀，唐将郭子仪收复长安与洛阳。乾元二年（759），史思明杀安庆绪，自称燕帝，再度攻占洛阳。两年后，史思明又被其子史朝义所杀。好一群乱臣逆子！

唐代宗广德元年（763），史朝义被逼自杀，一场为期近八年的大动乱方得以平息。然而，安史之乱毕竟是李唐王朝的一个历史悲剧，终于成为大唐帝国由盛而衰的历史转折点，对唐代社会政治、经济、文化和人民生活所产生的影响是极其深刻的。

安史之乱以后唐王朝出现的藩镇割据，就是这场动乱留下的祸根。这一点连韩愈也曾看到，他有一首《古风》，题下注云："安史之后，方镇相望于内地。大者连州十余，小者不下三四兵；骄则逐帅，帅强则叛上，不廷不贡，往往而是。故托《古风》以寓意。观诗意，当在德宗朝作。"其《古风》诗云：

> 今日曷不乐，幸时不用兵。
> 无日既虋矣，乃尚可以生。
> 彼州之赋，去汝不顾。
> 此州之役，去我奚适。
> 一邑之水，可走而违。
> 天下汤汤，曷其而归。
> 好我衣服，甘我饮食。
> 无念百年，聊乐一日。

安史之乱，是李唐王朝一场人为的大灾难，一个难以愈合的大伤痛。

盛唐诗人刘长卿经历了一场破坏严重的安史之乱，时任海盐令，闻王师先后收复长安与洛阳二京，写诗给李希言，表达自己的喜悦之情。其《至德三年春正月，时谬蒙差摄海盐令，闻王师收二京，因书事寄上浙西节度李侍郎中丞行营五十韵》一首长诗之写"干戈起战争"，描写的就是因安史之乱而引起的战争，其中一句"略地侵中土"，就说明安禄山、史思明发动的安史之乱，是一场非正义的叛乱性战争。其诗云：

> 天上胡星孛，人间反气横。
> 风尘生汗马，河洛纵长鲸。
> 本谓才非据，谁知祸已萌。
> 食参将可待，诛错辄为名。
> 万里兵锋接，三时羽檄惊。
> 负恩殊鸟兽，流毒遍黎甿。
> 朝市成芜没，干戈起战争。
> 人心悬反覆，天道暂虚盈。
> 略地侵中土，传烽到上京。
> 王师陷魑魅，帝座逼欃枪。
> 渭水嘶胡马，秦山泣汉兵。
> 关原驰万骑，烟火乱千甍。

凤驾瞻西幸，龙楼议北征。
自将行破竹，谁学去吹笙。
白日重轮庆，玄穹再造荣。
鬼神潜释愤，夷狄远输诚。
海内戎衣卷，关中贼垒平。
山川随转战，草木困横行。
区宇神功立，讴歌帝业成。
天回万象庆，龙见五云迎。
小苑春犹在，长安日更明。
星辰归正位，雷雨发残生。
文物登前古，箫韶下太清。
未央新柳色，长乐旧钟声。
八使推邦彦，中司案国程。
苍生属伊吕，明主仗韩彭。
凶丑将除蔓，奸豪已负荆。
世危看柱石，时难识忠贞。
薄伐征貔虎，长驱拥旆旌。
吴山依重镇，江月带行营。
金石悬词律，烟云动笔精。
运筹初减灶，调鼎未和羹。

北虏传初解，东人望已倾。
池塘催谢客，花木待春卿。
昔忝登龙首，能伤困骥鸣。
艰难悲伏剑，提握喜悬衡。
巴曲谁堪听，秦台自有情。
遂令辞短褐，仍欲请长缨。
久客田园废，初官印绶轻。

榛芜上国路，苔藓北山楹。
懒慢羞趋府，驱驰忆退耕。
榴花无眼醉，蓬发带愁萦。
地僻方言异，身微俗虑并。
家怜双鲤断，才愧小鳞烹。
沧海今犹滞，青阳岁又更。
洲香生杜若，溪暖戏鹡鸰。
烟水宜春候，褰关值晚晴。
潮声来万井，山色映孤城。
旅梦亲乔木，归心乱早莺。
倘无知己在，今已访蓬瀛。

　　刘长卿这首长诗，写于唐肃宗至德三年（758）春正月，正是安史之乱爆发后的第三年，叛军气焰嚣张，李唐王朝处在风雨飘摇之中。诗人写此长诗，反映出诗人关注社会民生，具有高度的家国意识。全诗内容大致分为三个层次：前24句描写安史之乱期间叛军侵犯中原、攻陷洛阳与长安的情况。根据《旧唐书·张九龄传》记载：安禄山征讨奚、契丹，败绩，被执送京师。张九龄等奏曰："安禄山狼子野心，面有叛逆之相。臣等请求依据他的罪过处死，以绝后患。"唐玄宗却说："爱卿不要以王夷甫知石勒故事，而误害了忠良。"于是赦免了安禄山。天宝十三年，安禄山以讨伐杨国忠为名，在渔阳发动叛乱。中间40句描写李唐王朝在回纥等国出兵帮助下平定安史之乱的全过程，行文中洋溢着王师收复二京的喜悦与对唐玄宗、唐肃宗的赞颂之情。最后36句，书事寄上浙西节度李希言侍郎中丞，表达诗人"遂令辞短褐，仍欲请长缨"的意愿，以写景来寄托自己视李希言为"知己"的深厚情谊。

◆杨贵妃与李唐国难

　　杨贵妃，这个绝代美女，是中国历史上少有的几个影响一个时代历史的风云人物。

141

杨贵妃之美，一是美色，即白居易《长恨歌》所谓"杨家有女初长成，养在深闺人未识。天生丽质难自弃，一朝选在君王侧。回眸一笑百媚生，六宫粉黛无颜色"；二是才艺，她娇媚善舞，亲自为唐玄宗编《霓裳羽衣舞》；三是她富有传奇色彩的美女人生，为唐诗与后世小说戏曲艺术创作提供了极其丰富的历史题材，如《贵妃醉酒》、《长恨歌传》、《长生殿》等；四是她以自己的人生遭遇演绎出一曲惊世与醒世并存的时代悲歌。

　　杨贵妃，是天宝年间李唐王朝的一面镜子，也是一部人生悲剧的史诗。

　　杨贵妃，是唐代社会政治形势发生重大转变的关键人物，是安史之乱的直接导火线，也是安史之乱的直接受害者。因此，杨贵妃的人生悲剧，始终成为一代唐诗关注的焦点，也影响到此后的文学艺术创作。

　　杨贵妃（719—756），即杨玉环，以色得宠，被唐玄宗封为贵妃。杨家的宠幸，导致了李唐王朝一场为期八年的安史之乱；杨家的历史命运，影响了整个开元盛世，也影响了盛唐以后的唐诗创作。

　　美女何罪之有？

　　美女成为男人们争夺的对象，甚至不惜乱了伦理，乱了君臣父子秩序。杨玉环原为唐玄宗的儿媳妇，即寿王李瑁的妃子。被唐玄宗看中后，为掩人耳目，于开元二十八年，勒令杨玉环出宫为女道士，入住太真宫，赐道号为"太真"。六年后的天宝四年，唐玄宗先为寿王娶媳，再册封杨玉环为玄宗贵妃。杨贵妃再度进宫。是年贵妃27岁，玄宗60岁。这段有失体统的皇帝乱伦艳史，时人讳莫如深，直至大约一百年后，晚唐诗人李商隐以《龙池》一诗暗示其事：

　　　　龙池赐宴敞云屏，羯鼓声高众乐停。
　　　　夜半宴归宫漏永，薛王沉醉寿王醒。

薛王，是玄宗侄儿李珏；薛王在宴会上见到杨玉环，彻夜难眠。

　　杨玉环再度进宫，唐玄宗终日与之欢聚宴饮，轻歌曼舞。《霓裳羽衣曲》舞乐，响彻于宫廷。侍女张云容善跳《霓裳羽衣舞》，杨贵妃写诗一首《赠张云容舞》。后，王建有《霓裳词四首》，白居易有《霓裳羽衣歌》七言歌行一首、《胡旋女》一首，等。

据唐人韦叡（ruì）《松窗录》记载，天宝二年（743）暮春，大诗人李白因玉真公主、道士吴筠与太子宾客贺知章的引荐，而供奉翰林。是时宫中牡丹花正开，唐玄宗月下赏花，召杨贵妃侍酒；玄宗以金花笺赐李白，命进新词《清平调》。而李白尚在醉酒之中，遂令"杨国忠磨墨，高力士脱靴"，乃成《清平调》3章，每章28字，平韵，是七言绝句，从其内容而言，乃是对绝代佳人杨贵妃的赞歌。曲成，当即由李龟年手捧檀板歌唱之，伴奏有梨园弟子16人。杨贵妃手持颇梨七宝杯，酌西凉州葡萄酒，笑领歌词，心里非常高兴。唐玄宗则调玉笛以依曲和之，每曲遍将换，则迟其声而取媚于杨贵妃。杨贵妃饮酒后再次拜谢，而唐玄宗回头看了看醉酒赋诗的李翰林，认为他才情横溢，完全不同于其他翰林学士，十分宠爱他。

大诗人李白是诗界天才，他为人傲气，又有才气，以"谪仙人"自许。他一生赞扬过谁？只有一个孟浩然，说"吾爱孟夫子，风流天下闻"。然而在绝代美女杨贵妃的石榴裙下，他却如此不惜笔墨地赞赏不已，崇拜之，称颂之，歌咏之，美化之，极尽形容夸饰之能事地为美人写出《清平调》辞曰：

一

云想衣裳花想容，春风拂栏露华浓。
若非群玉山头见，会向瑶台月下逢。

二

一枝红艳露凝香，云雨巫山枉断肠。
借问汉宫谁得似，可怜飞燕倚新妆。

三

名花倾国两相欢，长得君王带笑看。
解释春风无限意，沉香亭北倚阑干。

这一组《清平调》以牡丹花、仙女、古代美女为喻，极写杨贵妃之美艳动人。其一从空间着眼，以牡丹花比喻贵妃如仙女下凡一样美丽；其二从时间入手，以神女、赵飞燕比较突出贵妃之美；其三从现实的角度，写君王心目中的杨贵妃之美。字字浓艳，句句流香，满纸春风，满眼花光，人与花相映，神与人交汇，古与今交融，情趣盎然，格调高雅，不落俗套，精妙绝伦，美不胜收，是李白生花妙笔的天才之作，也是历代描写中国美女的经典之作。

云想衣裳花想容：以云彩与鲜花比喻贵妃的衣裳与容貌。拂栏：吹拂着雕花的栏杆。露华浓：鲜艳的牡丹花沾满了露珠，暗喻君王的恩泽。若非：假如不是。群玉：神山名，神话中西王母所居的地方。会向：应向。瑶台：西王母的宫殿名。玉山，瑶台，月色，以这些素洁淡雅的字眼映衬花容人面，比喻杨贵妃之美如天仙女下凡。一枝红艳：写牡丹花，比喻杨贵妃之美。露凝香：牡丹花上的露水凝聚着花香。云雨巫山：宋玉《高唐赋》记载：楚怀王游于高唐，曾梦见一神女，自称巫山之女，来与楚王幽会。临去致辞，说："妾在巫山之阳，高丘之岨。旦为行云，暮为行雨，朝朝暮暮，阳台之下。"后楚襄王复游高唐，宋玉为他陈述楚怀王会神女的故事。其夜，楚襄王也梦见神女。枉：徒然。断肠：形容惆怅、伤心过度。巫山，在长江三峡北岸，至今有神女峰。此意是说，楚王与神女，神人交合，而神女如朝云暮雨，飘忽无迹，徒然令楚王惆怅伤怀而已，不及贵妃之美妙动人。飞燕：指汉宫美女赵飞燕。倚新妆：靠着美丽的新衣裳。是说赵飞燕即使倚仗着美丽的新衣裳，也不及贵妃这样美丽娇艳。名花：指牡丹花，李唐王朝奉之为"国花"。倾国：指代美人，即赞美杨贵妃像牡丹花一样有倾国之美。汉代李延年《佳人歌》："一顾倾人城，再顾倾人国。"长：长久，永久。君王：指唐玄宗。"带笑看"与"两相欢"相照应，使牡丹花、杨贵妃与唐玄宗三位一体，突出杨贵妃的现实之美。解释：消除。此句是说面对如花容月貌一样美丽动人的贵妃，唐玄宗纵然有无限的春愁春恨，也可以消除了。沉香亭：宫中亭名，在唐兴庆宫图龙池东面。阑干：栏杆。

李白此诗，诗思灵动，妙笔生花，酣畅淋漓，极写杨贵妃之美艳动人。然而，诗人李白因令"杨国忠磨墨，高力士脱靴"的骄矜，却因此而遭谗言诽谤，三年后被玄宗赐金还山。

据《新唐书·杨贵妃传》记载，杨玉环进宫，进册贵妃，正如白居易《长恨歌》在描述杨贵妃得宠时指出：

杨家有女初长成，养在深闺人未识。

144

天生丽质难自弃，一朝选在君王侧。
回眸一笑百媚生，六宫粉黛无颜色。
春寒赐浴华清池，温泉水滑洗凝脂。
侍儿扶起娇无力，始是新承恩泽时。
云鬓花颜金步摇，芙蓉帐暖度春宵。
春宵苦短日高起，从此君王不早朝。
承欢侍宴无闲暇，春从春游夜专夜。
后宫佳丽三千人，三千宠爱在一身。
金屋妆成娇侍夜，玉楼宴罢醉和春。
姊妹弟兄皆列土，可怜光彩生门户。
遂令天下父母心，不重生男重生女。

经过诗人的润笔，杨贵妃之宠幸，空前而绝后，堪称历代帝王嫔妃之最。杨氏家族——封官晋爵：追赠父亲玄琰为齐国公，擢叔父玄珪为光禄卿，宗兄铦为鸿胪卿、锜为侍御史，尚太华公主。其三个姐妹，玄宗呼之为姨者，大姨封为韩国夫人，三姨封为虢国夫人，八姨封为秦国夫人。三姐妹自由出入宫掖，恩宠声烟震动天下。故张祜作《集灵台》诗云：

虢国夫人承主恩，平明骑马入宫门。
却嫌脂粉污颜色，淡扫蛾眉朝至尊。

虢国夫人不施脂粉，多以素面见玄宗。淡雅，素朴，如出水芙蓉，令唐玄宗刮目相看。远房哥哥杨钊，被玄宗赐名"杨国忠"，天宝十一年十一月被封为右丞相，又身兼数十余职，权倾朝廷。这种特殊的宠幸，也许会酿成李唐王朝空前的一场灾难。为此，杜甫作《丽人行》诗云：

三月三日天气新，长安水边多丽人。
态浓意远淑且真，肌理细腻骨肉匀。
绣罗衣裳照暮春，蹙金孔雀银麒麟。

145

头上何所有？翠为盍叶垂鬓唇。

背后何所见？珠压腰衱稳称身。

就中云幕椒房亲，赐名大国虢与秦。

紫驼之峰出翠釜，水精之盘行素鳞；

犀箸厌饫久未下，弯刀缕切空纷纶。

黄门飞鞚不动尘，御厨络绎送八珍。

箫鼓哀吟感鬼神，宾从杂沓实要津。

后来鞍马何逡巡，当轩下马立锦茵。

杨花雪落覆白苹，青鸟飞去衔红巾。

炙手可热势绝伦，慎莫近前丞相嗔！

据《全唐诗》注云："明皇每年十月幸华清宫，杨国忠姊妹五家扈从。每家为一队，着一色衣。五家合队照映，如百花之焕发灿烂，芳馥于路。而国忠私于虢国，不避雄狐之刺，每入朝，或联镳方驾，不施帷幔，同入禁中。""炙手可热势绝伦，慎莫近前丞相嗔！"诗人以艳笔写美人游宴与杨家得宠后的富贵奢靡生活，语多讥刺杨氏家族之擅权乱国。

杨氏家族乐极生悲，走向了自己的反面。天宝十四年十一月，安禄山以"诛杨国忠"为旗号起兵叛乱，历时八年的安史之乱爆发。唐玄宗等出逃至马嵬坡，禁军将军陈玄礼发动兵谏，杀杨国忠，逼唐玄宗赐死杨贵妃。

38岁的杨贵妃之死，成为李唐王朝的牺牲品。这是美女的悲剧，也是时代的悲剧。

◆《闻官军收复河南河北》

唐代宗广德元年（763）正月，史朝义兵败自杀，部将田承嗣、李怀仙相继投降，河南河北先后被唐朝官军收复，延续了八年之久的安史之乱彻底平息。当时诗人杜甫正携着妻子流落在四川梓州，听到这一胜利喜讯，不禁大喜若狂，在极度兴奋中，一改过去沉郁顿挫、含蓄蕴藉的诗风，以轻快活泼、爽朗奔放的语言，写下了一首脍炙人口的七律名作。诗云：

剑外忽传收蓟北，初闻涕泪满衣裳。
却看妻子愁何在，漫卷诗书喜欲狂。
白日放歌须纵酒，青春作伴好还乡。
即从巴峡穿巫峡，便下襄阳向洛阳。

这首诗以"剑外忽传收蓟北"起笔，叙写了诗人在听到故土收复的消息后那喜极而狂的情态，堪称杜甫"生平第一快诗"。剑外：唐朝的都城长安在剑阁（即四川剑门关，在剑阁县北面）的东北，所以称剑阁以南之地为剑外，这里指四川梓州一带。蓟北在今河北省北部和北京市一带，曾是安史叛军的老巢。收复蓟北，就标志安史叛军的崩溃，以及破碎的山河重新统一。

　　一场旷日持久的战乱就要平息了，这是身经战乱的人们共同的期盼啊！杜甫也是这样。诗人眼含惊喜的热泪，回过头去看共经患难的老妻少子，昔日的愁云早已驱散，一家人沉浸在极度欢乐之中。

　　"喜欲狂"三字承上启下，既是上文初闻喜讯的结果，又渲染了下文的放歌纵酒，为诗人交代春光作伴、乘舟返乡的规划作了铺垫。全诗淋漓尽致地表现了诗人因失地收复而归心似箭的悲喜心情。

　　然而，穷困潦倒的伟大诗人啊，你携带着家眷，告别了湖南的诗友，一只破船行走在风雨交加的千里湘江之上，贫困与疾病纠缠着你的躯体，你却客死他乡，你的诗魂最终游荡在潇湘大地，没有实现"青春作伴好还乡"的宿愿。

　　这是潇湘诗坛的大幸，却是诗人杜甫的大不幸！

◆ 戴叔伦《塞上曲》

戴叔伦（732—789），字幼公，润州金坛（今属江苏）人。唐代著名诗人。

　　《塞上曲》，本为琵琶套曲，由几首小曲组成；此诗以其写边塞军旅之事，因而借用点题。

汉家旌旗满阴山，不遣胡儿匹马还。

愿得此身长报国，何须生入玉门关。

汉家：汉朝，指代李唐王朝。旌旗：旗帜，此指战旗。阴山：山脉名，在今内蒙古境内，当时是汉唐人防御北部匈奴入侵中原的重要屏障。不遣：不使，不让。胡儿：指匈奴骑兵。匹马还：一匹马逃回去。长：永远。何须：哪有必要。生入玉门关：活着进入玉门关。《后汉书·班超传》记载：西域都护班超，年老思归，上书皇帝陈辞云："臣不敢望到酒泉郡，但愿生入玉门关。"其妹班昭也上书求情，"书奏，帝感其言，乃征（班）超还"。

军人舍小家为大家，以国家利益为重，在战场上一往无前，表现出一种大无畏的自我牺牲精神。这是中国军人的本色。

这首边塞军旅诗，一反唐人边塞诗的思乡主题与汉将班超"但愿生入玉门关"之意，以表现戍边将士的拳拳报国之心。可钦可佩！

◆受降城闻笛

李益（748—827），字君虞，甘肃武威县人，大历四年（769）进士。他是唐代诗人中从军时间最长的一个。他的青春，他的才华，他的诗歌创作，几乎全部贡献给了边塞与军旅，给了将士与战争。

受降城，记载着几多历史的辉煌，谱写着多少战争的凯歌！

然而，边塞诗人李益的《夜上受降城闻笛》一诗，本是唐代边塞诗中的杰作之一，因夜上受降城闻笛有感而作，抒写唐朝戍边将士与诗人自己从军日久的缕缕思乡之情。

回乐烽前沙似雪，受降城下月如霜。
不知何处吹芦管，一夜征人尽望乡。

受降城：唐代的受降城有三座，为唐高宗时代的张仁愿在今内蒙古境内所筑（见《旧唐书·张仁愿传》）：中城在今包头市以西，东城在今托克托县以南，西城在今杭锦后旗的乌加河北岸。本诗所写的受降城是西城。回乐烽：指回乐

148

县（今宁夏灵武县西南）的一座烽火台。芦管：胡笳。所谓"笳"，系胡人卷芦叶吹之以作乐，故谓之"胡笳"。一作"芦笛"。征人：出征的将士。尽：都，全部。

雪一般的沙漠，霜一样的明月，在这受降城特定的时空中传扬着芦管与羌笛的乐声。

这无边的芦管声，这深夜的羌笛声，是思乡的乐曲，是厌战的心声。诗人耳闻之，心动之，情系之，魂惬之，"一夜征人尽望乡"的感慨油然而生。

◆ 边塞夜战

时至中唐时代，北方匈奴边患依然激烈，李唐王朝的边塞战争仍在继续展开着。

夜战，是袭击敌军最有效的战术之一。夜幕之下，将士们全凭勇敢无畏、火眼金睛与灵活机动的战略战术，奇袭敌营，夺取胜利。

诗人李益在边塞，在军中，适逢边塞夜战，亲临其境，感同身受，于是而写《夜发军中》一诗云：

> 边马栎上惊，雄剑匣中鸣。
> 半夜军书至，匈奴寇六城。
> 中坚分暗阵，太乙起神兵。
> 出没风云合，苍黄豺虎争。
> 今日边庭战，缘赏不缘名。

诗人李益在边塞，听到战马在栎槽边惊叫，雄剑在匣中长鸣。果然半夜传来军书，匈奴兵攻击我六城。于是中军分别布置伏兵，天子军队随即出发，展开了一场生死搏斗。战士们出没在风云合和之际，阵容变化莫测地与豺狼虎豹争战不休。今日边庭的战争，将士们如此英勇顽强地厮杀，目的是为了博得封赏，而不是为了争取名位。

149

◈平蔡州

安史之乱平定以后，藩镇割据酿成的内乱，又成了长期困扰大唐帝国的一大社会问题。

蔡州，今属河南上蔡。中唐时期，自建中三年（782）至元和十二年（817），藩镇李希烈、吴少诚、吴少阳、吴元济先后割据于此，于是发生了一场李唐王朝官军平定蔡州叛乱的局部战争。

据司马光《资治通鉴》卷240记载，元和十年（815），淮西节度使吴元济公开反唐。唐宪宗发十六道兵，下诏叛蔡州。十二年十月，唐将李愬听从降将李祐之计，采取雪夜奇袭的方法。李愬以李祐、李忠义率领敢死之士（即"突将"）三千为先锋，亲自率领中军三千，又命李进诚率三千人马殿后，乘雪夜，攻取蔡州城，生擒吴元济，淮西平定。

唐王朝历时两年之久的平定蔡州军事行动，以彻底胜利宣告结束。诗人柳宗元特作《奉平淮夷雅表》凡22章每章八句以记之；刘禹锡又作《平蔡州三首》，其中第一、第二首诗云：

> 蔡州城中众心死，妖星夜落照壕水。
> 汉家飞将下天来，马箠一挥门洞开。
> 贼徒崩腾望旗拜，有若群蛰惊春雷。
> 狂童面缚登槛车，太白天矫垂捷书。
> 相公从容来镇抚，常侍郊迎负文弩。
> 四人归业闾里间，小儿跳浪健儿舞。

> 汝南晨鸡喔喔鸣，城头鼓角音和平。
> 路旁老人忆旧事，相与感激皆涕零。
> 老人收泪前致辞，官军入城人不知。
> 忽惊元和十二载，喜见天宝承平时。

前者叙述蔡州平定的全过程，突出"汉家飞将"以迅雷不及掩耳之势，雪夜奇袭蔡州城，生擒贼首吴元济的赫赫战功，也称赞裴度的督师之力。后者叙述蔡州老百姓欢庆蔡州解放的喜悦之情。

蔡州平定，举国上下，皆大欢喜，唐宪宗诏刑部侍郎韩愈撰写《平淮西碑》。韩愈在碑辞中多叙统帅裴度之事，引起李愬的严重不满。本来入蔡州擒拿吴元济，李愬功在第一。但裴度作为统帅，韩愈以此着笔，是无可非议的。李愬之妻为唐安公主之女，因而出入于宫中，诉说碑辞不实。皇帝又诏令磨去韩愈之文，命翰林学士段文昌重新撰文勒石。李商隐特作《韩碑》一首，以诗述其事，为韩愈鸣不平。

◆ 大阅兵

阅兵，就是检阅军队。

大阅兵，是国家军威盛大的标志仪式，体现了最高统帅与军事长官对军队的关怀与激励，是威武豪壮之师的展示，是鼓舞将士士气的力量源泉，是军队出征前的誓师，是凯旋而归的胜利欢呼！

一个国家，每当战事发生，或重大庆典，都要举行盛大的阅兵仪式，以显示其军威、国威，显示其国家意志与民族尊严。

这种阅兵仪式，早在春秋时期就出现了。《春秋·桓公六年》记载："秋八月，壬午，大阅。"《谷梁传·桓公六年》解释说："大阅者何？阅兵车也。"即齐桓公检阅军队与战车。

汉朝于立秋日，郊礼完毕，皇帝执弩射杀牲兽，武官肆习战阵，称之"貙刘"。貙（chū）刘：祭祀名，即貙膢，是汉朝军队武官带领士兵演习孙吴兵法，练习战阵的一种军队礼仪。所谓"沙场秋点兵"是也。

据《后汉书·礼仪志》记载。立秋日，皇帝郊礼完毕，检阅军队官兵演习孙吴兵法。回宫后，派遣使臣束帛，以赏赐武官。

魏晋时期，于立秋后，择吉日，皇帝大检阅车骑，叫做"阅兵"。这是正规的阅兵仪式，见《晋书·礼志》。尽管阅兵仪式，历朝历代屡见不鲜，但是以诗赋之者，却寥寥无几。《全唐诗》只出现两次：一是张籍《塞下曲》，二是薛存诚《观南郊回仗》。其中张籍《塞下曲》云：

> 边州八月修城堡，候骑先烧碛中草。
> 胡风吹沙度陇飞，陇头林木无北枝。
> 将军阅兵青塞下，鸣鼓逢逢促猎围。
> 天寒山路石断裂，白日不销帐上雪。
> 乌孙国乱多降胡，诏使名王持汉节。
> 年年征战不得闲，边人杀尽唯空山。

这是乐府旧题，描写频繁发生的边塞战争：先写边塞战争的恶劣环境和准备工作，修城堡，候骑侦察敌情；再写将军阅兵与战斗情景；最后写战争结果惨不忍睹："年年征战不得闲，边人杀尽唯空山。"张籍此诗提及的边塞"阅兵"，属于军事行为，在于鼓舞战斗士气；而非礼仪式的国家级别阅兵，但能在诗中最早印证古代出现的"阅兵"一词，已经是《全唐诗》的幸运了。而薛存诚的《观南郊回仗》，反映的乃是唐宪宗元和年间皇帝真正意义上的阅兵式。其诗云：

> 传警千门寂，南郊彩仗回。
> 但惊龙再见，谁识日双开。
> 德泽施云雨，恩光变烬灰。
> 阅兵貔武振，听乐凤凰来。
> 候刻移宸辇，遵时集观台。
> 多惭远臣贱，不得礼容陪。

前六句描写皇帝去南郊祭祀而归的空前盛况：警卫开道，千门万户一片静寂，皇帝的仪仗队从南郊返回，人们惊见的是真龙再现，是双日并开，是德泽云雨，是恩光改变了节气。后四句描写阅兵时激动人心、令人奋发的情景，军乐声声引来吉祥的凤凰。貔武：貔虎，比喻勇猛的战士。末句写自己没有陪同皇帝出席阅兵仪式而感到失礼、惭愧。远臣：诗人自称。

◆ 吊国殇

国殇，是指为国家社稷而献身的将士。

广大将士，保家卫国，敢于牺牲，这种自我献身的英雄主义精神，历来为文人骚客所赞颂。伟大诗人屈原，就因感于将士们的献身家国，而写作了一首赞颂死难将士的诗歌《国殇》。

唐代诗人对待国殇者，思想情感比较复杂，赞颂者歌颂之，同情者吊唁之，反战者贬斥之。中唐诗人孟郊对在战争中死难的国殇者，出于同情而作《吊国殇》一诗云：

> 徒言人最灵，白骨乱纵横。
> 如何当春死，不及群草生。
> 尧舜宰乾坤，器农不器兵。
> 秦汉盗山岳，铸杀不铸耕。
> 天地莫生金，生金人竞争。

孟郊此诗，是站在以人为本的立场上来反对战争之祸的。

《书·泰誓》："惟人万物之灵。"人为万物之灵。然而，战争使人变得连草木不如。诗人遥想尧舜主宰乾坤的时代，制造农耕之具，而不铸造兵器。秦汉时期，为了窃据山河，拓展疆土，往往铸造杀人武器，而不制造农具。诗人目睹李唐王朝的战争现实，痛心疾首地呼喊着：天地啊，你不要生产金属。生产金属，往往铸成人世间的相互争斗，爆发无休止的战争，使白骨乱纵横。

与孟郊一样，唐朝诗人大多反对朝廷穷兵黩武。贞元年间进士陈羽《旅次沔阳，闻克复，而用师者穷兵黩武，因书简之》诗云：

> 江上烟消汉水清，王师大破绿林兵。
> 干戈用尽人成血，韩信空传壮士名。

晚唐时期，社会动乱，战争频发，生灵涂炭，民不聊生。诗人司空图也同样饱经战乱，写有大量的丧乱诗，如《有感》诗云：

国事皆须救未然，汉家高阁漫凌烟。
功臣尽遣词人赞，不省沧州画鲁连。

《乱后三首》之一诗云：

丧乱家难保，艰虞病懒医。
空将忧国泪，犹拟洒丹墀。

又《感时上卢相》诗云：

兵待皇威振，人随国步安。
万方休望幸，封岳始鸣銮。

诗人有感于"国事"，寄托"人随国步安"的美好意愿，却空洒"忧国"之泪。这是晚唐诗人忧时伤乱最富有代表性的文人心态，说明晚唐诗坛并没有沉沦在风花雪月、纸醉金迷的梦幻之中。

◆胡曾草檄南诏

胡曾，号秋田，湖南邵阳县秋田乡人。晚唐咸通年间，举进士而不第，路岩镇蜀，辟为汉南（今四川）从事。著《安定集》十卷，《咏史诗》三卷，《全唐诗》今合编诗一卷。

清代文献学家邓显鹤在《宝庆府志》本传中说："胡曾，邵阳人。所居在秋田，故自称秋田。少负才誉，文藻煜然。举进士不弟，咸通十二年，路岩为剑南西川节度使，辟（胡）曾掌书记，有草檄谕西山八国来朝事。岩败，高骈慕其名，辟入幕府。"

　　檄文，是讨伐之文，征伐之书。

　　南诏，古国名。是唐代以乌蛮、白蛮等少数民族建立起来的小国，全盛时期管辖有云南以及四川南部、贵州西部。历传十三王，其中十王受唐朝册封。唐昭宗天复二年（902），为贵族郑买嗣所灭。

　　唐懿宗咸通年间，南诏国常常侵犯晚唐西南边境，扬言要"饮马锦江"。胡曾正在成都路岩幕府，奉命草檄南诏，檄文中说："夫物居中者尊也，处处者卑也，是以众星拱北辰，百谷趋东海。天地尚不能违，而况人乎？我国家居天之心，宅地之腹，四方八表，莫不辐辏，亦犹北辰与东海也。"他将中国比喻为众星相拱的"北斗"，四方八表，归附中国，如同百川之趋汇"东海"一样。檄文义正词严，气势磅礴，具有强烈的民族自豪感，使南诏王骠信震慑不已，随即"送质子入朝，约不敢寇蜀"。从此，西南边境安定，汉族和西南少数民族和平相处，相安无事。

　　胡曾是一个具有强烈民族自尊心的人，曾为安定西南边境作出过一定贡献。《全唐诗》还载有胡曾撰写这篇檄文时所赋的一首题为《草檄答南诏有咏》的七律，充分表现了诗人安边立功的志向和强烈的爱国激情。其诗云：

<blockquote>
辞天出塞阵云空，雾卷霞开万里通。
亲受虎符安宇宙，誓将龙剑定英雄。
残霜敢冒高悬日，秋叶争禁大段风？
为报南蛮须屏迹，不同蜀将武侯功。
</blockquote>

　　这首七律实际上是以剑南西川节度使路岩将军的口气所写，是檄文的诗化。前两联写将军辞别天子出征的情景：辞别天子，走出边塞，阵地上空，雾霭消散了，云霞消失了，万里晴空，万里征途。想起出征前，天子亲自授予我虎符，为的是安定天地，我们将手持龙泉宝剑，誓当安定边疆的战斗英雄。虎符：古代帝王授予臣属兵权、可以调动军队的信物，以铜铸造而成虎形，背面有铭文，分为两半，右半留存，左半分发出征将军。调动军队之前，中央派遣使臣持符验合，合者即可生效。后二联先写蔑视敌人的气势，再告诫南诏犯边者不要轻举妄动。诗人以"残霜"与"秋叶"比喻来犯者力量之渺小，以高高悬挂在中

155

天的太阳与大段风暴比喻李唐王朝威严之赫赫，警告南蛮必须收敛自己的侵略行径，因为他们面对的是如同当年诸葛亮亲自率领的军队。争禁：怎么禁止。大段风：犹言大风。大段：重要，主要。屏迹：收敛，藏住尾巴，不要太嚣张。

◆唐末农民战争

唐末的农民战争，一是裘甫的浙东农民起义，二是庞勋的徐泗地区农民起义，三是王仙芝、黄巢的农民大起义。

黄巢是山东菏泽人，盐贩出身。乾符二年（875），率众参与王仙芝起义军，王仙芝死后，继掌军权，称"冲天大将军"，以"王霸"为年号。而后率领起义军南下，经江西、浙江、福建，进入广东，攻克广州。而后以百万大军北伐，进入湖南，沿湘江北上，入鄂州，渡长江淮河，进军淮北，自号"率土大将军"，改"天补大将军"，西进攻克洛阳与长安，登基为皇，国号"大齐"，年号"金统"。金统四年（883），被迫撤出长安，次年在山东泰山狼虎谷自杀。

黄巢起义，声势浩大，席转万里，为期近十年之久，转战大半个中国，最终宣告失败。这是一段何等悲壮的农民战争历史啊！

在这场战争之中，不仅李唐王朝的肌体倍遭摧残，处于风雨飘摇之中，连一批晚唐诗人，也因黄巢起义而遭难。

刘邺，字汉藩，少依李德裕，历中书舍人。李以朋党抱诬而死，邺为之申冤，为世人所称道。后死于黄巢之难。有《甘棠集》三卷。

周朴，字太朴，吴兴人。避地福州，寄食于乌石山僧寺。因不从黄巢起义军而被杀害。有诗一卷。

王铎，字昭范，从唐僖宗入蜀，为诸道行营都统，力拒黄巢起义军。宦官田令孜欲夺其功，于是罗织罪名，陷害之而罢官。在赴义昌节度使任上，为魏博节度使乐从训所害。存诗三首，其《罢都统守镇滑州作》一诗云：

> 用军何事敢迁延，恩重才轻分使然。
> 黜诏已闻来阙下，檄书犹未遍军前。
> 腰间尽解苏秦印，波上虚迎范蠡船。

正会星辰扶北极，却驱戈甲镇南燕。

三尘上相逢明主，九合诸侯愧昔贤。

看却中兴扶大业，杀身无路好归田。

这首诗吐露真心，其罢官之事，其报效之心，其无奈之情，其退隐之志，尽在字里行间。

皮日休，字袭美，隐于鹿门山，与陆龟蒙友善，并称为"皮陆"。黄巢起义军攻陷长安，受以翰林学士，而后株连及祸。存诗九卷。

杜荀鹤，因黄巢入长安，辟为翰林学士，而后株连亡命。

中国战争史上，农民起义军领袖以诗抒情言志者，并不多见，唯有黄巢的《题菊花》、《不第后赋菊》等诗，写得最佳。其诗云：

飒飒西风满院栽，蕊寒香冷蝶难来。

他年我若为青帝，报与桃花一处开。

待到秋来九月八，我花开后百花杀。

冲天香阵透长安，满城尽带黄金甲。

这两首诗，皆写菊花，是古代菊花诗的佳作。其主要审美特征有二：一是以"我"入诗，利用第一人称，直抒胸臆，以"我"为抒情言志的主体，令人耳目一新；二是超越了历代以菊花为孤芳傲世的高士、隐士形象的诗歌传统，而以秋菊为喻，抒写"他年我若为青帝，报与桃花一处开"与"冲天香阵透长安，满城尽带黄金甲"的壮志豪情。

◆秦妇吟秀才

"秦妇吟秀才"，是后人对晚唐诗人韦庄的美称。

韦庄，字端已，陕西杜陵人。乾宁元年第进士，授校书郎，转补阙。李询为两川宣谕和协使，辟为判官。以中原多兵之故，投奔蜀王王建，辟为掌书记，不久召为起居舍人，官至平章事（宰相）。有《浣花集》二十卷，《全唐诗》编诗五卷，补遗一卷。

韦庄的《秦妇吟》，为现存唐诗中最长的叙事诗巨制。系唐僖宗中和三年（883）作于洛阳。此诗曾流传一时，诗人因此获"秦妇吟秀才"之称。晚年出于某种忌讳不愿后人提及，故其《浣花集》、《全唐诗》均不收录，以致长期失传。后人从敦煌石窟写本中发现，现收入《全唐诗外编》。

韦庄的《秦妇吟》，是晚唐时代唯一一首反映黄巢起义军进驻长安的长篇叙事诗，虽然诗人韦庄当时是站在起义军的对立面而创作的，但其历史价值与叙事艺术价值却无法否定。其诗云：

> 中和癸卯春三月，洛阳城外花如雪。
> 东西南北路人绝，绿杨悄悄香尘灭。
> 路旁忽见如花人，独向绿杨阴下歇。
> 风侧鸾敧鬓脚斜，红攒翠敛眉心折。
> 借问女郎何处来，含嚬欲语声先咽。
> 回头敛袂谢行人："丧乱漂沦何堪说。
> 三年陷贼留秦地，依稀记得秦中事。
> 君能为妾解征鞍，妾亦与君停玉趾。"

> 前年庚子腊月五，正闭金笼教鹦鹉。
> 斜开鸾镜懒梳头，闲凭雕栏慵不语。
> 忽看门外起红尘，已中街中擂金鼓。
> 居人走出半仓皇，朝士归来尚疑误。
> 是时西面官军入，拟向潼关为警急。
> 皆言博野自相持，尽道贼军来未及。
> 须臾主父乘奔至，下马入门痴似醉。
> 适逢紫盖去蒙尘，已见白旗来匝地。

> 扶羸携幼竞相呼，上屋缘墙不知次。

南邻走入北邻藏，东邻走向西邻避。
北邻诸妇咸相凑，户外崩腾如走兽。
轰轰崑崑乾坤动，万马雷声从地涌。
火迸金星上九天，十二官街烟烘炯。
日轮两下寒光白，上帝无言空脉脉。
阴云晕气若重围，宦者流星如血色。
紫气渐随帝座移，妖光暗射台星拆。

家家流血如泉沸，处处冤声声动地。
舞妓歌姬尽暗捐，婴儿稚女皆生弃。
东邻有女眉新画，倾国倾城不知价。
长戈拥得上戎车，回首香闺泪盈把。
旋抽金线学缝旗，才上雕鞍教走马。
有时马上见良人，不敢回眸空泪下。
西邻有女真仙子，一寸横波剪秋水。
妆成只对镜中看，年幼不知门外事。
一夫跳跃上金阶，斜袒半肩欲相耻。
牵衣不肯出朱门，红粉香脂刀下死。
南邻有女不记姓，昨日良媒新纳聘。
琉璃阶上不闻行，翡翠帘间空见影。
忽看庭际刀刃鸣，身首支离在俄顷。
仰天掩面哭一声，女弟女兄同入井。
北邻少妇行相促，旋解云鬟拭眉绿。
已闻击托坏高门，不觉攀缘上重屋。
须臾四面火光来，欲下迴梯梯又催。
烟中大叫犹求救，梁上悬尸已作灰。
妾身幸得全刀锯，不敢踟蹰久回顾。
旋梳蝉鬓逐军行，强展蛾眉出门去。
旧里从兹不得归，六亲自此无寻处。

一从陷贼经三载，终日惊忧心胆碎。
夜卧千重剑戟围，朝餐一味人肝脍。
鸳帏纵入岂成欢，宝货虽多非所爱。
蓬头垢面眉犹赤，几转横波看不得。
衣裳颠倒语言异，面上夸功雕作字。
柏台多半是狐精，兰省诸郎皆鬼魅。
还将短发戴华簪，不脱朝衣缠绣被。
翻持象笏作三公，倒佩金鱼为两史。
朝闻奏对入朝堂，暮见喧呼来酒市。

一朝五鼓人惊起，叫啸喧争如窃议。
夜来探马入皇城，昨日官军收赤水。
赤水去城一百里，朝若来分暮应至。
凶徒马上暗吞声，女伴闺中潜色喜。
皆言冤愤此时销，必谓妖徒今日死。
逡巡走马传声急，又道官军全阵入。
大彭小彭相顾忧，二郎四郎抱鞍泣。
泛泛数日无消息，必谓军前已衔璧。
籁旗掉剑却来归，又道官军悉败绩。

四面从兹多厄束，一斗黄金一斗粟。
尚让厨中食木皮，黄巢机上刲人肉。
东南断绝无粮道，沟壑渐平人渐少。
六军门外倚僵尸，七架营中填饿殍。
长安寂寂今何有，废市荒街麦苗秀。
采樵砍尽杏园花，修寨诛残御沟柳。
华轩绣毂皆销散，甲第朱门无一半。
含元殿上狐兔行，花萼楼前荆棘满。

昔时繁盛皆埋没，举目凄凉无故物。
内库烧为锦绣灰，天街踏尽公卿骨。

来时晓出城东陌，城外风烟如塞色。
路旁时见游奕军，坡下寂无迎送客。
霸陵东望人烟绝，树锁骊山金翠灭。
大道俱成棘子林，行人夜宿墙匡月。

明朝晓至三峰路，百万人家无一户。
破落田园但有蒿，摧残竹树皆无主。
路旁试问金天神，金天无语愁于人。
庙前古柏有残枒，殿上金炉生暗尘。
一从狂寇陷中国，天地晦冥风雨黑。
案前神水咒不成，壁上阴兵驱不得。
间日徒歆奠飨思，危时不助神通力。
我今愧恋拙为神，且向山中深避匿。
寰中箫管不曾闻，筵上牺牲无处觅。
旋教魔鬼傍乡村，诛剥生灵过朝夕。
妾闻此语愁更愁，天遣时灾非自由。
神在山中犹避难，何须责望东诸侯。

前年又出扬震关，举头云际见荆山。
如从地府到人间，顿觉时清天地闲。
陕州主帅忠且贞，不动干戈惟守城。
蒲津主帅能戢兵，千里晏然无戈声。
朝携宝货无人问，暮插金钗惟独行。

明朝又过新安东，路上乞浆逢一翁。
苍苍面带苔藓色，隐隐身藏蓬荻中。

问翁本是何乡曲，底事寒天霜露宿。
老翁暂起欲陈词，却坐支颐仰天哭。
乡园本贯东畿县，岁岁耕桑临近甸。
岁种良田二百廛，年输户税三千万。
小姑惯织褐绸袍，中妇能炊红黍饭。
千间仓兮万斯箱，黄巢过后犹残半。
自从洛下屯师旅，日夜巡兵入村坞。
匣中秋水拔青蛇，旗下高风吹白虎。
入门下马若旋风，罄室倾囊如卷土。
家财既尽骨肉离，今日垂年一身苦。
一身苦兮何足嗟，山中更有千万家。
朝饥山上寻蓬子，夜宿霜中卧荻花。

妾闻此老伤心语，竟日阑干泪如雨。
出门惟见乱枭鸣，更欲东奔何处所。
仍闻汴路舟车绝，又道彭门自相杀。
野色徒销战士魂，河津半是冤人血。
适闻有客金陵至，见说江南风景异。
自从大寇犯中原，戎马不曾生四鄙。
诛锄窃盗若神功，惠爱生灵如赤子。
城壕固护教金汤，赋税如云送军垒。
奈何四海尽滔滔，湛然一境平如砥。
避难徒为阙下人，怀安却美江南鬼。
愿君举棹东复东，咏此长歌献相公。

这是古代文人笔下第一长篇叙事诗，也是唯一一首描写农民战争的长诗，堪称
《孔雀东南飞》之后中国叙事诗艺术的杰作。

此诗凡238句，1666字，以七言歌行体式，描写诗人于晚唐中和三年
（883）三月，在洛阳城外遇见一位逃难的长安妇人，通过妇人之口，叙述她在

黄巢起义军攻入长安后的亲身遭遇和所见所闻。全诗思想内容复杂，客观上反映了官军腐败残暴的情况，但绝大部分篇幅是铺叙黄巢起义军攻进长安后烧杀淫掳的"暴行"，带有某种反战的倾向性与片面性。但其结构宏伟，布局谨严，全为倒叙，倒叙中又有若干插叙和倒叙，脉络分明。选择典型的场面和情节，波澜壮阔，大笔点染全景，工笔描绘局部，铺叙跌宕，层次感强。时间跨度大，所叙时间自公元880年到883年，有3年之久。洋洋洒洒，细腻而不繁琐，流畅舒展，标志着中国诗歌叙事艺术的蓬勃发展。

《秦妇吟》流行当时，"声振士林，远播边陲"，许多人家都将诗句刺在幛子上，又称韦庄为"秦妇吟秀才"。后人还把《秦妇吟》与汉代的《孔雀东南飞》、北朝的《木兰诗》并称为"乐府三绝"。

宋金元战争诗话

◆陈桥兵变

封建王朝的改朝换代，有时并不需要使用战争流血的手段，而采用和平演变或兵变的形式。比如五代后期赵匡胤采用陈桥兵变方式而建立宋朝，就是一个典型模式。

根据《宋史》与李贽《藏书》本传记载：后周柴世宗（柴荣）时，赵匡胤被任命为殿前都虞侯，从征淮南，捉拿南唐骁将皇甫晖、姚凤等，班师回朝，立即升迁为殿前都指挥使，掌握了兵权。而后随世宗沿淮河东下，攻克楚州，屡建战功。柴世宗崩驾，仅七岁的太子柴宗训即位。正遇到契丹入侵，赵匡胤率领禁军抵御。大兵出发汴京时，善观天文的苗训，看见太阳下还有一个太阳，黑光激扬，气势雄壮，久久没有消去，就指示楚昭辅说："这是天命啊。"

当晚，军队驻扎在陈桥驿站，高怀德、赵彦徽等相与谋划着，说："主上幼弱，我辈出死力破敌，谁则知晓？不如先册检点为天子，然后向北出征。"于是他们将这种想法报告赵匡义及掌书记赵普，共以事理说服其他诸位将领。赵匡义是赵匡胤的弟弟。

黎明时分，带着诸将士直逼赵匡胤的住处，说："诸位将领无主，愿册太尉您为皇帝！"赵匡胤不知如何回答，就被大家扶出，到达厅里，黄袍已经加身。诸位将领立即罗列拜伏，高呼万岁，并且挟持着赵匡胤上马，拥逼着返回汴京。

赵匡胤于是揽住马缰，对诸位将领说："你们自己贪图富贵，立我为天子。能够听从我的命令则可，不然，我不能为你们的主子。"诸位将领一听，都立即下马，齐声回答说："愿意接受命令！"

赵匡胤又说："太后和主上，是我最尊崇的人，不得惊扰侵犯；公卿都是我的比肩幕僚，不得侵凌。朝市府库，不得侵犯掠夺。"诸位将领都一一应诺，而后整肃军容，编队而行，返回汴京去。

进入京城，正赶上早朝。范质听说兵变，拉着王溥的手说："仓促遣将，这是我们的罪过啊！"王溥战战兢兢，不知如何对答。

赵匡胤进入明德门，命令军队各自回归军营，而自己退居殿前都指挥使公署。将士们拥簇着范质等朝政大臣来到公署，侍奉赵匡胤到崇元殿，行禅代之礼，改国号为宋，是为宋太祖年号建隆元年（960）。赵宋王朝从此宣告成立，五代十国的分裂局面基本结束。

陈桥兵变，是历史演绎出的一场改朝换代的喜剧。

晚唐哀帝四年（907），朱温反唐而自立为帝开始，到赵匡胤发动陈桥兵变建立宋朝，五代十国的半个多世纪里，国家分裂，军阀割据，生灵涂炭，一个个弱小诸侯如同走马灯一样，成为历史舞台上的匆匆过客。

陈桥兵变，看似赵匡胤利用手中的兵权发动军事政变，但是改变了五代十国的分裂局面，使中国再次走上了基本统一的道路。从这个意义上来说，不能不承认陈桥兵变的积极意义。

当赵宋王朝崛起于长河大江之间，宋太祖赵匡胤写了一首《日诗》，表达他有志于振兴中国的强烈愿望。诗云：

> 欲出未出光辣达，千山万山如火发。
> 须臾走向天上来，逐却残星赶却月。

人类崇拜太阳，来源于人类对光明的向往，阳光能滋育万物。

西方有太阳神，即希腊神话中的阿波罗（Apollon），是主神宙斯的儿子，主管着人类的光明、青春、生命等。

中国先民对太阳神的崇拜，可以追溯到远古神话。中国神话传说中的太阳神，是朝暾、东君，是羲和。羲和捧日，夸父追日，后羿射日，都是太阳神的传说。朝暾者，初升之太阳也。屈原《九歌》专门为祭祀太阳神而写作有《东君》歌词一首，其中云：

> 暾将出兮东方，照吾栏兮扶桑。
> 抚余马兮安驱，夜皎皎兮既明。

这太阳，是朝暾，是东君，是青帝，是光明的使者，是青春的召唤，是生命原动力的表征。清晨，每当朝阳从东方升起，阳光普照着山川田园，阳光滋润着树木花草，阳光沐浴着勤劳耕作的大地之子。这是太阳之神的惠泽，是阳光的

赐予，是光明的象征。

羲和，是帝俊之妻，相传她是中国神话中的日神，是太阳的母亲。屈原《离骚》云："吾令羲和弭节兮，望崦嵫而勿迫。路曼曼其修远兮，吾将上下而求索。"王逸《楚辞章句》注："羲和，日御也。"洪兴祖补注："日，乘车驾以六龙，羲和御之。"羲和，是以六龙驾御太阳行走的女神，就是太阳女神。弭节：停止鞭策驾御太阳车的六龙，让太阳慢慢行走。崦嵫：太阳落入的神山。《山海经·大荒南经》又说羲和是太阳之母，云："东海之外，甘水之间，有羲和之国。有女子曰羲和，方日浴于甘渊。羲和者，帝俊之妻，生十日。"羲和生育十个太阳，是太阳之母。这十个太阳，普照大地，大地干旱，庄稼枯萎，民不聊生，于是就有后羿射日之说。这是中国神话传说得以发展的逻辑起点，也是中国神话的生命力之所在。

太阳的魅力是光明，是力量，是强盛，也是权势与威严的象征。

当中华民族崛起于神州大地之际，中国先民在《尚书大传·虞夏传》中就追慕着日神，发出"日月光华，旦复旦兮"的赞叹；当英格兰人在大不列颠岛崛起，蓝色海洋的诱惑，千古海盗的行径，加之产业革命，到十九世纪末叶而成为世界最大的殖民帝国，终于实现了"日不落"大英帝国的梦想。

宇宙无边，太阳永恒。无边的宇宙，是人类赖以生存和发展的空间；永恒的太阳，是"正大光明"的志士仁人的理想完美人格的共同追求。

夸父追日，渴死于道，弃其杖而化为邓林，为人类生存缔造出一片绿阴；尧使羿射日，去其九而留其一，为人类生活蓄足了一线光明。万物需要阳光，阳光缔造了伟大的生命。

太阳的魅力是光明，是力量，是强盛，也是权势与威严的象征。

在《尚书大传·虞夏传》中就追慕着日神，发出"日月光华，旦复旦兮"的赞叹；而后世诗人描写太阳者并不多见，唯有宋太祖赵匡胤的这首日诗，以通俗平易的语言，写尽了人世间的蒸蒸日上与朝阳"未离海底千山黑，才到天中万国明"的光芒万丈。

◆杯酒释兵权

宋太祖赵匡胤，是古代中国政治军事舞台上一个出色的"喜剧导演艺术家"。杯酒失兵权，乃是赵匡胤导演出的又一个传奇性喜剧故事。

兵权，是将军的命脉，也是国家的命脉。

鉴于唐末藩镇割据与五代十国军阀混战的历史教训，北宋建国之初，宋太祖赵匡胤为了加强中央集权，就想如何剥夺诸位开国将领的兵权。是像汉高祖刘邦那样杀戮战功显赫的将领，还是采取和平方式解除他们的兵权？

根据《宋史》与李贽《藏书》赵普传记载：国家统一局势基本稳定之后，宋太祖询问赵普说："天下自唐季以来，数十年间，帝王凡易十姓，兵革不息，其何故也？"赵普以半部《论语》治天下，回答说："其故非他。节镇太重，君弱臣强而已。"又问："今所以治之？"赵普说："无他奇巧，惟稍夺其权，制其钱谷，收其精兵，则天下自安矣！"赵普的话还未说完，宋太祖就说："爱卿不要再说，我已经知道怎么办了。"

不久，他与谋臣赵普经过充分酝酿策划，决定设立酒宴，宴请故人石守信、王审琦等禁军将领。

宴饮举杯畅饮之间，宋太祖要左右退下，对石守信、王审琦等禁军将领说："我非尔曹之力，不得至此。念汝之德，无有穷已。然为天子，亦大艰难，殊不若为节度使之乐。吾今终夕未尝安枕而卧也！"

饮酒正酣的石守信、王审琦等都问："什么缘故？"

宋太祖解释道："这是不难知道的，高居此天子之位，谁不想去夺取呢？"

石守信、王审琦等都惶恐不安地顿首作揖说："陛下何出此言？"

宋太祖说："不然，你们虽然无此心，难道能够保证你们部将中那些想追求富贵的人吗？一旦黄袍加在你身上，即使想不当天子也不可能呵！"

石守信、王审琦等，赶紧顿首流涕地说："臣等虽然愚笨，还不至于这个地步。唯愿陛下哀怜我们，给我们指示一条可以求生之路。"

宋太祖继续说："人生如白驹过隙。那些想追求富贵者不过是想多积累金钱，能够有宽裕的资金供给自己娱乐，使子孙无贫穷匮乏而已。你们何不放下

兵权，选择便利的良田好宅，做些生意买卖，为子孙建立永久性的基业？多置歌儿舞女，每天饮酒，互相欢乐，以终其天年。君臣之间，两无猜忌嫌疑，不亦善乎？"

石守信、王审琪等一听，都一再拜谢，说："陛下这样关爱臣子到这个地步，可以说是生死之交与骨肉情义呵！"

第二天，石守信、王审琪等禁军将领，全都称病，请求解除军权。

宋太祖一一准许他们辞呈，让他们以闲散官职就第。

开宝二年（969），赵昌胤又以同样的手段，罢免了王彦超等节度使，解除了藩镇兵权，中央集权得到了前所未有的巩固与加强，防止了军阀分裂割据历史的重演。

这就是历史上"杯酒释兵权"的故事。

宋太祖以金钱利禄为诱饵，轻松地解除了各位禁军将领的兵权。

这个故事带有浓厚的戏剧色彩，那些跟着赵匡胤发动"陈桥兵变"的将军们，在隆重的酒宴上，在举杯畅饮之间，在醉醺醺之中，怎么也没有想到自己手中的兵权瞬息之间就从酒樽边上滑落了，而黄袍加身的宋太祖给他们丰厚的金钱，要他们"享乐去"。

是喜还是悲？是福还是祸？只有历史知晓。

◆杨家将

杨家将，属于宋朝战争的历史传奇，脍炙人口，流传千古。

杨家将的历史原型，是北宋初期的名将杨业。

杨业（？—986），又名杨继业，初名重贵。杨家世代尚武，是陕西麟州（今陕西神木）的地方武装首领。青年杨继业，来到山西太原，成为后汉河东节度使刘崇的部将，遂为太原人。他跟着刘崇割据自立，后成为北汉部将，出生入死，被刘崇赐姓而为"刘继业"，担任北汉建雄军（今山西代县）节度使，守卫北方，号称"无敌"。河东归宋以后，复姓杨氏，取名"杨业"，任知代州兼三交驻泊兵马部署，在雁门关大破契丹兵，从此声名大振。宋太宗雍熙三年（986），宋军大举北伐，他率领大军收复山西北部的云、应、寰、朔四州，屡建奇功。不久，宋东路军战败于河北，他奉命撤退。由于主帅潘美和监军王侁的错误指挥，他在陈家谷口被陷于重围，孤军奋战，重伤被俘，绝食而死。年约六十左右。

杨业的事迹，当时就被人传诵。明人将其编辑而成讲史小说，名为《杨家府演义》，全称《杨家府世代忠义通俗演义》，八卷五十八则，描写杨家将抗击辽夏的故事，以杨文广之子杨怀玉因听信宋帝谗言，愤而率领全家出走太行山而告终。又有小说《杨家将》，由《北宋志传》改编而成。其中"穆桂英挂帅"的故事，是杨门女将中的主帅，最为后世传诵。穆桂英，山东穆柯寨人，擅长骑射，智勇双全，是女中豪杰。因招收杨宗保为女婿，而归于宋营。在抗击辽兵侵扰之际，披甲跃马，大破天门阵，战功显赫。后杨宗保战死于抗击西夏的战斗之中，佘太君百岁挂帅，率领杨家将门的十二个寡妇，组成杨门女将，出征西夏。穆桂英年已半百，仍然亲自挂帅，身先士卒，深入险境，力战敌军，取得胜利，成为大众喜爱的古代女英雄形象。

◆庆州败

赵宋王朝的军队，养尊处优，战斗力极差，几乎不堪一击。建国之初，在西部庆州与西夏一战，就以失败告终，举国上下为之震惊。

北宋仁宗景祐元年（1034）秋，西夏元昊进犯庆州（今甘肃庆阳），宋军仓促迎战于龙马岭，大败而退。宋军后援又于途中遭敌伏击，士卒被俘无数，主将齐宗矩被活捉。

苏舜钦（1008—1048），字子美，号沧浪翁，原籍梓州铜山（今属四川），后居开封（今河南开封）。以范仲淹荐举，召为大理评事、集贤校理、监进奏院。后历任苏州、湖州长史。他自幼喜读书，慷慨有大志，反对时文，提倡古文，是北宋诗文革新运动的中坚人物，与梅尧臣齐名，并称为"苏梅"。有《苏学士集》名世。

庆州，治所在今甘肃庆阳县。庆州败，是指宋仁宗景祐元年（1034），缘边都巡检杨遵等，以七百兵与西夏赵元昊军队战于庆州龙马岭。宋军出师不利，首战败绩，援军次节溢峰，遭遇埋伏，环庆路都监齐宗矩被俘。消息传来，开

中国戈争舌

封为之大惊。诗人苏舜钦闻知此事，愤然作《庆州败》，诗云：

> 无战王者师，有备军之志。
> 天下承平数十年，此语虽存人所弃。
> 今岁西戎背世盟，直随秋风寇边城。
> 屠杀熟户烧障堡，十万驰骋山岳倾。
> 国家防塞今有谁？官为承制乳臭儿。
> 酣觞大嚼乃事业，何尝识会兵之机？
> 符移火急搜卒乘，意谓就戮如缚尸。
> 未成一军已出战，驱逐急使缘崄巇。
> 马肥甲重士饱喘，虽有弓箭何所施。
> 连颠自欲坠深谷，虏骑笑指声嘻嘻。
> 一麾发伏雁行出，山下掩截成重围。
> 我军免胄乞死所，承制面缚交涕洟。
> 逡巡下令艺者全，争献小技歌且吹。
> 其余劓馘放之去，东走矢液皆淋漓。
> 道无耳准若怪兽，不自愧耻犹生归！
> 守者沮气陷者苦，尽由主将之所为。
> 地机不见欲侥胜，羞辱中国堪伤悲。

他的这首著名长诗，叙写了宋军对西夏作战而败于庆州的情形。诗人指斥武官齐宗矩为"乳臭儿"，致使宋军兵败被俘，狼狈不堪。这种败将不自羞愧，还有脸活着回来？"地机不见"，看不出地形的险要。《吴子·论将第四》指出用兵有四机："凡兵有四机：一曰气机，二曰地机，三曰事机，四曰力机。"何谓"地机"？吴子接着解释说："路狭道险，名山大塞，十夫所守，千夫不过，是谓地机。"

　　庆州败，揭开了赵宋王朝战争屈辱历史的序幕。诗人以辛辣之笔对毫无斗志的宋兵大加嘲讽，更将批判的矛头直指忽视边防的北宋朝廷和那些骄惰无能的宋军将领，对主将的怯懦无能和执政者的用人不当作了尖锐的指斥。全诗内

173

卷
五

宋金元战争诗话

容充实，情调激昂，刻画生动，很大程度上代表了苏诗的主导风格。

◆靖康之变

靖康，这是血与火喷发的时代。

靖康之变，是北方少数民族政权与北宋王朝争夺生存与发展空间的一场政治军事事件。

《宋史纪事本末》卷五十七记载：靖康元年（1126）冬，经过诸多鏖战之苦，金兵破汴京。十一月辛酉，钦宗亲至青城金营，何㮚、陈过庭、孙傅等从，奉表请降。金人索金1 000 万锭、银2 000 万锭、帛1 000 万匹；又索京城御马7 000匹，少女1 500人归之。次年四月，金人大肆搜括金银财宝，共获金37.8万两、银740万两、衣缎104万匹等。然后掳徽、钦二帝及太妃、太子、宗戚3 000人北去，"凡法驾、卤簿，皇后以下车辂、卤簿、冠服、礼器、法物、大乐、教坊乐器、祭器、八宝、九鼎、圭璧、浑天仪、铜人、刻漏、古器，景灵宫供器，太清楼、秘阁、三馆书，天下府、州、县图及官吏、内人、内侍、伎艺、工匠、倡优，府库畜积，为之一空"。

北宋王朝被金朝一举灭亡的惨状，在中国历史上是空前绝后的。据史载，"帝自离青城，顶青毡笠，乘马，后有监军随之。自郑门而北，每过一城，辄掩面号泣"，行至大都，"金人以太上皇及帝以索见阿骨打庙，遂见金主于乾元殿。金主封太上皇为'昏德公'，帝为'重昏侯'。未几，徙之韩州。令下之后，尽空其城，命晋康郡王孝骞等九百余人至韩州同处，给田十五顷，令种莳以自给"（同上）。后死于五国城（今黑龙江依兰）。

靖康之变后，在东京与南京先后出现了两个政权：一是金人扶植的傀儡政权，国号"大楚"，立张邦昌为帝。后尊元祐皇后为宋太后，又迎康王于济州。在位33天。高宗即位后，宗泽力主严惩不贷，遂放逐于潭州（今长沙）处死。二是高宗赵构于建炎元年丁（1127）五月于南京应天府即位，尊元祐皇后为元祐太后，以吕好问为尚书右丞。后南迁扬州，继而渡江。定都于临安，是为南宋。

靖康之变，是赵宋王朝历史的转折点。

是时，民族矛盾、阶级矛盾、统治集团内部的权力之争，日趋尖锐化。反思历史，金源贵族入主中原，就整个中华民族而言，自然有其合理的一面，如果能够像半个多世纪以后的满清贵族进入山海关那样，承认与保护中华文明，继承发扬中华民族传统文化，广泛吸收中原先进的科学技术，金朝贵族就不会这样激化民族矛盾。但是，靖康之变终究成为中原亘古文明的历史黑幕。金源贵族骑兵的铁蹄践踏着千里中原大地，洗劫了一个繁华美丽的东方大都市——汴京，废弃中原先进的农耕文化，而把沃野千里的中原大地改变成为牧场。历史倒退的车轮在滚动，汉民族屈辱的冤魂在哭泣，山河变色，大地垂泪。

中国的志士仁人，都是血性男儿。每当国家社稷安危、民族危亡之际，总有人挺身而出，为家国分忧，为民族牺牲。

陈东（1086—1127），字少阳，丹阳（今江苏镇江）人。宋徽宗时入太学。宣和七年（1125）面对北宋王朝的种种政治危机，上书请诛蔡京等六贼，以谢天下百姓；次年金兵迫近汴京，又屡次上书对策。钦宗听信谗言，罢免抗金将相李纲，对金求和。太学生陈东与布衣欧阳澈，伏阙上书，同伏者有太学生与京城居民 10 万余人之众，乞留李纲而罢黄潜善、汪伯彦，力主抗战。高宗即位后，被召往南京（今河南商丘），又三次上书，斥责主和派黄、汪误国，请求重用李纲。陈东视死如归，矢志不移，笑曰："我，陈东也，畏死即不敢言，已言肯逃死乎?"顷之，陈东具冠带出，别同邸，乃与欧阳澈同斩于市。（见《宋史》卷四五五本传）

陈东、欧阳澈初未识李纲，特以国故为之死，为国捐躯，贡献出年轻的生命，可歌可泣。陈东有《少阳集》，存词仅四首；欧阳澈有《飘然先生集》，存词仅七首。陈东有《西江月·七夕》词云：

> 我笑牛郎织女，一年一度相逢。欢情尽逐晓云空，愁损舞鸾歌凤。
> 牛女而今笑我，七年独卧风我。西风还解过江东，为报佳期入梦。

此词以牛郎织女作比较，抒发自己"七年独卧西风"而不能过江东的思乡之情。据史载，陈东被斩于市后，四明人李猷赎其尸埋之。陈东为国捐躯于异乡，再也不能过江东了。这是历史的遗憾，是南宋投降派欠下的一笔血债！

陈东、欧阳澈之死，激起了爱国志士普遍的抗金热情。宋室南渡前后，宋代词坛文苑，队伍迅速分化，形成两大阵营：一是以张邦昌、宋高宗赵构、秦桧为代表的主和派，追随者有宋齐愈、莫将、颜博文、董德元、康与之等人。二是以李纲、张孝祥、张元干、岳飞、胡铨为代表的主战派，其他尚有赵鼎、朱敦儒、张纲、张浚、洪皓、郑刚中、李弥逊、朱翌、邓肃、张泰、冯时行、陈康伯、曹勋、胡寅、吴芾等，都是"靖康之变"前后在全民抗战的时代呼声中崛起的一批爱国志士和爱国词人。他们以满腔的爱国热情和民族责任感，一面投身抗金救国的伟大战斗行列，一面写诗填词，抒写广大军民抗金救国的爱国精神，表达自己报国雪耻的豪情壮志，揭露投降派卖国求和的卑鄙行径。如李纲、岳飞、胡铨等主战派大臣和三军将领，都不以词名，然而他们尽忠报国、以收复失地为己任的坚强意志和爱国精神，极大地鼓舞着当时人民群众的抗金爱国热情与必胜信心，从而成为全国军民团结抗金的一面光辉旗帜。大学生陈东，与李纲素不相识，以国故而为之死。

　　靖康之变，祸及面广，乃是空前绝后的。从朝廷命官到平民百姓，乃至最高帝王，无一幸免。北宋亡国之君徽、钦二帝也行走在被掳北去的行列之中。宋徽宗随金兵北上，见杏花而赋〔燕山亭〕一首。词云：

　　　　裁剪冰绡，轻叠数重，淡着燕脂匀注。新样靓妆，艳溢香融，羞杀蕊珠宫女。易得凋零，更多少、无情风雨。愁苦，闲院落凄凉，几番春暮。

　　　　凭寄离恨重重，这双燕，何曾会人言语？天遥地远，万水千山，知他故宫何处？怎不思量，除梦里、有时曾去。无据，和梦也，新来不做。

此词因"北行见杏花"而作，情调凄婉哀怨，哽咽有声。王国维《人间词话》称之为"以血书者"。上片咏杏花，以顽艳之笔写杏花之风雨凋零，春暮凄凉，寓个人身世之感；下片写离恨以"双燕"与"梦"寄托自己的故国黍离麦秀之思。吞咽绵邈，回肠荡气，不减李后主"帘外雨潺潺"诸作。

　　靖康之变以后，赵宋王朝的政治经济军事形势急转直下。面对着国破家亡

的严峻现实，朝廷上下的爱国之士，一个个挺身而出，抗金救国的浪潮，席卷神州大地。这是中国历史上第一次自发而起的全民抗战运动。一大批词人身经丧乱之苦，心怀家国之痛，抒写重大题材，感叹身世遭遇，前所未有的抗金爱国词章应运而生。其中张元干尤为突出。

张元干（1091—1170?），字仲宗，号芦川居士，永福（今福建永泰）人。靖康元年，曾从李纲抗金。南下后任将作少监，后辞官退居三仙（今福州）。曾作词为胡铨饯行，触怒秦桧，追赴大理寺，被削官除名。有《芦川词》一卷，存词180多首。蔡戡《芦川居士词序》云："元干喜作长短句，其忧国爱君之心，愤世嫉邪之气，间寓于歌咏。"毛晋《芦种词跋》说其词"长于悲愤"，《四库总目》称"其词慷慨悲凉，数百年后，尚想其抑塞磊落之气"。其作表作有《贺新郎·寄李伯纪丞相》、《贺新郎·送胡邦衡待制赴新州》。绍兴八年（1138），秦桧再度为相，宋、金和议已成定局。李纲时知洪州，上疏言非。张元干亦退居福州，为支持李纲，特作《贺新郎·寄李伯纪丞相》，词云：

> 曳杖危楼去，斗垂天、沧波万顷，月流烟渚。扫尽浮云风不定，未放扁舟夜渡。宿雁落、寒芦深处。怅望关河空吊影，正人间、鼻息鸣鼍鼓。谁伴我，醉中舞？
>
> 十年一梦扬州路。倚高寒，愁生故国，气吞骄虏。要斩楼兰三尺剑，遗恨琵琶旧语。谩暗涩、铜华尘土。唤取谪仙平章看，过苕溪、尚许垂纶否？风浩荡，欲飞举。

此词通过对两人十年前并肩抗金的历史回忆，表达作者"气吞骄虏，要斩楼兰三尺剑"的雄心壮志。

与张元干共同开创南宋爱国词章的词人，还有朱敦儒、向子諲、张孝祥、辛弃疾、李清照等。在这批词人中，张孝祥（1132—1169），因力主张浚北伐而罢职。其词以反映社会现实、表现抗金爱国思想为基调，是继张元干之后成就较高的一位，代表作是作于建康留守席上的［六州歌头］：

> 长淮望断，关塞莽然平。征尘暗，霜风劲，悄边声。黯销凝！追

想当年事，殆天数，非人力。洙泗上，弦歌地，亦膻腥。隔水毡乡，落日牛羊下，区脱纵横。看名王宵猎、骑火一川明，笳鼓悲鸣，遣人惊。

念腰间箭，匣中剑，空埃蠹，竟何成！时易失，心徒壮，岁将零。渺神京！干羽方怀远，静烽燧，且休兵。冠盖使，纷驰骛，若为情？闻道中原遗老，常南望、翠葆霓旌。使行人到此，忠愤气填膺，有泪如倾。

此词此"忠愤气填膺"而著称于世，且为词中之眼，读之有英雄呜咽之声。上片写景，描写金人统治者在中原地区骄纵横行，使神州大地残破不堪的情景，表达了作者对金人破坏华夏传统文化的愤慨之情；下片抒情，抒发爱国志士请缨无路、报国无门的愤懑之意，揭露投降派卑躬屈膝求和的丑恶面目，表达了作者对中原沦陷区广大百姓的深切同情之心。全词从一个"望"字着笔，写望中之所见、所闻、所思、所感，情景交融，一气贯注，又多转折变化，既有现实的描写，又有历史的追溯；既写敌方，又写我方；写我方，又有志士的悲愤、遗民的期待，与投降派相互映衬。民族意识之强烈，意境之开阔，感慨之深广，在宋词中均属上乘之作。据《说郛》本《朝野遗记》载：此词张浚读之，以其反对议和态度之明朗，情调之悲凉慷慨，而使张浚为之罢席。

◆岳家军

岳飞（1103—1142），字鹏举，河南汤阴人，为南宋抗金名将。南宋高宗初，因抗战有功，朝廷要为他营造府第，岳飞辞谢着说："敌未灭，何以家为！"有人问："天下何时太平？"岳飞说："文臣不爱钱，武臣不惜死，天下太平矣。"

岳飞治军，以"智、仁、信、勇、严"五个字为本。岳家军叱咤于河南、湖北、江苏等抗金战场，使金兵闻风丧胆，为之曰："撼山易，撼岳家军难。"然而南宋朝廷，一心与金朝议和，为扫清障碍，绍兴十一年岁暮（1142年1月27日），投降派权臣秦桧以"莫须有"之罪，将岳飞及其养子岳云、部将张宪，

同时杀害。

岳飞之死，山河同悲。就是这位民族英雄，于戎马征战之中，仍留下充满爱国激情的壮丽诗篇，其中最为后世千古传诵者是其［满江红］：

怒发冲冠，凭栏处，潇潇雨歇。抬望眼，仰天长啸，壮怀激烈。三十功名尘与土，八千里路云和月。莫等闲，白了少年头，空悲切。

靖康耻，犹未雪；臣子恨，何时灭？驾长车踏破，贺兰山缺。壮士饥餐胡虏肉，笑谈渴饮匈奴血。待从头，收拾旧山河，朝天阙。

这首词饱含一腔忠愤、一股爱国激情，尤为千古绝唱。音调激越慷慨，风格豪迈悲壮，如战斗的号角、进军的鼓点，是一首中华民族的天地正气之歌。千百年来，每当中华民族处于生死危难关头，它就以慷慨激昂、奋发进取、大气磅礴、黄钟大吕般的音调旋律，鼓舞着千百万仁人志士为国家民族而英勇奋斗、壮烈献身。

而今，尽管有人作过一些考证，认为它并非岳飞所作，却并不损害其字里行间所闪烁的爱国主义光辉和历史价值。其气壮山河，光昭日月，仍然象征着中华民族的英雄性格、大义凛然的豪壮气概与民族文化精神。故陈延焯《白雨斋词话》说："千载下读之，凛凛有生气焉。"这就是历史，这就是那个灾难深重的时代赋予［满江红］之类爱国词章的民族精神与审美价值。

刘过（1154—1206），终身布衣，为人豪爽有气节，宋子虚称之为"平生以义气撼当世"的"天下奇男子"（毛晋《龙洲词跋》）。据《昆山县志》载：刘过"尚气节，喜饮酒，高视一世，恒以功名自期，长于谈兵"；"陈亮、陆游、辛弃疾，皆折节与友。尝抗疏请光宗过宫，屡与时宰陈恢复方略，谓中原可一战而取"。殷奎《复刘改之先生墓事状》指出：刘过"少有志节，以功业自许。博学经史、百氏之书，通知古今治乱之略"。刘过自己《与许从道书》说："某本非放纵旷达之士，垂老而无所成立，故一切取穷达贫贱死生之变，寄之杯酒，浩歌痛饮，旁视无人，意将有所逃者。于是礼法之徒，始以狂名扫之，某以受而不辞。"刘过有《龙洲词》二卷，补遗一卷。

刘过词多豪壮之语，狂逸之中，自饶俊致，与辛弃疾并称。代表作为《六州歌头·吊武穆鄂王忠烈庙》，词云：

中兴诸将，谁是万人英？身草莽，人虽死，气填膺，尚如生。年少起河朔，弓两石，剑三尺，定襄汉，开虢洛，洗洞庭。北望帝京，狡兔依然在，良犬先烹。过旧时营垒，荆鄂有遗民，忆故将军，泪如倾。

说当年事，知恨苦。不奉诏，伪耶真？臣有罪，陛下圣，可鉴临，一片心。万古分茅土，终不到，旧奸臣。人世夜，白日照，忽开明。衮佩冕圭百拜，九泉下、荣感君恩。看年年三月，满地野花香，卤簿迎神。

此词又题为"题岳鄂王庙"。据《宋史》本传载，岳飞被杀后，孝宗时下诏修复岳飞宫，以礼改葬，建庙于鄂州。宁宗嘉泰四年（1204），追封岳飞为鄂王。刘过此词，首开歌颂岳飞之先。上片介绍岳飞生平业绩，肯定岳飞是南宋中兴名将、民族英雄、国家精英；下片回顾岳飞冤狱，说明岳飞忠心可鉴，始终受到人民的爱戴与怀念。全词感情激越，节奏急促，旋律多变，语言明快，慷慨激昂，字字千钧，读之使人神往。

时代的巨变，民族的灾难，促使宋词由传统的女性题材向以抗战救国的爱国主义主题转化，词以抒情言志、反映社会现实的社会功能，得到了史无前例的发扬光大。一大批激昂慷慨、愤世嫉俗的抗金爱国词章，如满天星斗闪烁着爱国主义思想光辉，点缀着宋词的艺术屏幕，成为历史的不朽，开创了中国古典文学以爱国主义为主旋律的历史新纪元。

◆立马吴山第一峰

金，是中国北方女真族建立的一个政权，创建于北宋徽宗政和五年（1115）。天会三年（1125）灭亡辽，迁都中都（今北京）；次年灭亡北宋，迁都汴京（今河南开封市），统治了秦岭、淮河以北的广大地区，与南宋形成中国历史上第二个南北朝对峙与分裂的局面。

柳永是北宋著名词人，其［望海潮］一词是描写钱塘即杭州的名作。宋人罗大经《鹤林玉露》卷一云："孙何帅钱塘，柳耆卿作［望海潮］词赠之（词略）。此词流播，金主（完颜）亮闻歌，欣然有慕于'三秋桂子，十里荷花'，遂起投鞭渡江之志。"金主完颜亮有七绝一首，述其志云：

> 万里车书尽混同，江南岂有别疆封？
> 提兵百万西湖上，立马吴山第一峰。

前两句以秦始皇统一文字与车辆、度量衡，写其统一中华的壮志雄心，他不允许江南有另外一个小天地的存在。后两句表达自己要提兵百万，占领南宋王朝京城临安，立马吴山第一峰的决心。

◆黄天荡之战

黄天荡之战，是南宋初年抗金的著名战役之一。

宋高宗建炎三年（1129）冬天，金将兀术率领金兵渡江作战，连破临安与越州（今浙江绍兴市），南宋王朝避难于东海。

次年（1130）上元节，秀州张灯结彩之际，宋将韩世忠忽然亲自率领水师八千，乘海舰从海口（今上海）进入长江，进驻镇江，以截击金兵退路。等到金兵到达时，宋军已经事先驻扎在焦山寺了。兀术遣使通问，约日大战。两军大战于长江，战将十合，韩夫人梁红玉亲自击鼓助威，宋军将士为之鼓舞，奋勇作战，使金兵不得渡江。

宋金两军相持于黄天荡（今南京附近），长达四十八天之久。金人请求归还所掠以借道，韩世忠不听；请求以名马奉献，也不听。此时，太一字军驻扎在江北，而兀术军在江南。韩世忠水军以海舰进泊金山下，分海舟为两道，出其背，以铁绠贯穿大钩，将金兵小船全部钩沉。金兀术请求与韩世忠见面，韩世忠说："还我两宫，复我疆土，则可以相全。"兀术无可奈何，招募人献破船之策，闽人王某者，教其舟载土，以平板铺之，穴船板以为船桨，风息则出海，有风则止。又有人提议开凿大渠，连接长江。于是，金兀术乃组织兵力，开凿水渠三十里，由水渠出长江，反处上游，并以方士祭天，次日风止，乃以火箭焚烧宋军船舰，矢如雨下，宋将孙世询、严允战死，兀术才得以脱身，渡江而逃。

（梁红玉击鼓战金山）

　　韩世忠（1089—1151），延安人，是宋朝与岳飞齐名的将领，晚年自号清凉居士。其妻梁红玉，原为京口歌妓，当韩世忠落魄之时，梁红玉识之，知之，爱之，与之成婚。韩世忠后发达，升迁为将军、元帅，率兵出征，与金兵作战，梁红玉跟随着，击鼓助战。黄天荡之战后，韩世忠屯兵楚州，梁红玉与将士同劳役，亲自织帘为屋，感动了全军将士。岳飞被害后，韩世忠的军权被剥夺，夫妻隐居西湖。《说岳全传》第五回，载有韩世忠［满江红］"万里长江"一首词，《全宋词》收录于其存目词下：

　　　万里长江，淘不尽、壮怀秋色。漫说道，秦宫汉帐，瑶台银阙。
　　长剑倚氛雾外，宝弓挂日烟尘侧。向星辰，拍袖整乾坤，难消歇。
　　龙虎啸，风云泣。千古恨，凭谁说？对山河耿耿，泪沾襟血。汴

水夜吹羌管笛，銮舆步老辽阳月。把唾壶敲碎，问蟾蜍，圆何缺？

这首词写得很好，颇有岳飞［满江红］的英雄气概。上片抒写自己面对万里长江的氛雾烟尘而无用武之地的激愤心情；下片写金兵南侵，北宋二帝被掳，山河垂泪滴血的严酷现实。结尾一句问话，词人哀叹山河分裂、明月残缺。

民国时期湘人吕光锡《桃花源诗话》，记载有刘开邁《长江战绩图·黄天荡》一诗，回想南宋当年黄天荡之战的情景，诗云：

> 越中蹦遍又吴中，谁扼乌珠十万雄？
> 鸣鼓满朝羞阿妇，请缨从古几重童。
> 八千人战黄天荡，第一勋高韩世忠。
> 何事闽来王姓者，偏教穷寇火船篷。

这首七言律诗之写黄天荡之战，是赞颂还是鞭笞？是反思还是疾首？很难判断清楚，但其字里行间，对韩世忠及其击鼓助战的夫人梁红玉表示赞扬，而对向金兵贡献破船之策的闽人王某表现出无比的愤慨。

◆南宋主战派与主和派之争

南宋王朝面对金兵南侵，形成主战派与主和派两大政治阵营，展开了一场激烈的政治斗争。

本来南宋王朝有兵力，有将领，特别是岳飞、李纲、辛弃疾那样的高级将领，完全可以坚持抗战。但是，宋高宗出于维护既得皇位的考虑，并不希望徽钦二帝返回南宋朝廷，始终倒向主和派一边，坚持"主和"政策。这就决定了主战派的失败，也导致了南宋王朝的必然灭亡。不是吗？

日本原直温夫（1729—1783）《诗学新论》卷上，彻底揭露了程朱理学误国与南宋皇帝害怕徽钦二帝返回南宋朝廷的阴暗心理，指出：

> 濂洛二翁，流毒吟咏，乃至南渡，鸿儒磨练禅偈穷矣。大雅之

害，无此为酷。夫帝酷北去，白甲靡烂，太祖便以杯酒解权为谋，则开国蹙本，威灵顿损；道君之初，吾不必归咎花石纲，回霸虽狡，弗耀威武，燕云祸烈，开门揖盗，犹剧童贯，哀哉！明皇之时，安史猖狱，两京虽陷，焉得问鼎轻重？时屯而亨，运蒙而正，是皆由国初解兵与否故也尔。设解兵，以诒厥孙谋，辟诸以羊犊之弱，而扞虎狼之敌，乃不束手就擒者，未之有也。乃汴京不守，神州尽没于金，宋氏遂南，惩羹吹荠，权舆一种理学。南人脱套，嗟乎！二帝北狩，赵氏不绝如带。《说郭》载徽宗一绝云："彻夜西风撼破扉，萧条孤馆一灯微。家山回首三千里，目断天南无雁飞。"此盖北狩时作也，意殊可悲。又钦宗："纥干山头冻死雀，何不飞去生处乐。"当时父子情况如此，岂止令人酸鼻哉？当此之时，宋人不哀，玩岁愒（qì）月，举一世安于君父之仇，不复悊伤，只拱手高谈性命，其习弥漫朝署，衣冠皆以此为悦者也。且如游酢，程门高弟，上疏谏贼桧，贼桧秉政固执和议，乃诛岳武穆父子。岳武穆父子诛，不惟宋祚不修，乃失二帝染指之望，竟使二帝为重昏侯，金主赐服也。噫！是不之痛，孰复可痛？虽有道学先生，何裨之有？尔后崖山流离，犹至读《大学》章句，张陆握龉不晓事务。故国家土崩，其咎不必系贾似道，拙谋之至，甚于刻舟也。淳熙中，周必大荐朱熹。熹将入奏事，或要于路曰："正心正意。"上所厌闻。熹曰："吾平生学问，只在此焉，岂可隐默欺君乎？"吴与弼两召不起，曰："宦官、释氏不除，而欲天下治难矣。必除，吾可入。"人笑其迂。此二事虽有差异，而至其愚愎清狂则同。夫穷理之学兴，而人才差池；正心之说隆，而气象抑厌。若夫韩范诸贤，虽不有闻正心之说，而皆以穆行能著经纶之绩。中世道学，与金并兴，无不猥大焉。是以大雅既亡，宋祚随之矣。道学诸公，多是缩朒（nǜ）不任事，未曾有一人企及韩范诸公者，亦可怪哉！意者天厌宋德尔乎？不然，盖是正心之说害之也。

（引自蔡镇楚《域外诗话珍本》丛书第 2 册 523 页）

道学，又称"理学"，是宋代崛起的以性命之学为中心的新儒学。它一改

汉儒章句之学的治学传统，而注重于宇宙人生之"义理"，以儒家伦理思想为基本核心，广泛吸收道教、佛教思想融合而成一种新的儒学思想文化体系。其代表人物有周敦颐、邵雍、张载、二程、朱熹、陆氏兄弟等，而朱熹乃是理学的集大成者。道学，其思想体系也有许多弊端，甚至束缚着中国人的思想行为，成为维护封建秩序的理论工具，但它却是中国学术文化史上最辉煌的篇章，应该予以充分肯定。身处 18 世纪日本封建幕府时代的原直温夫，在对宋代理学进行历史反思时，全然不从学术上思考问题，专以君主与国家社稷为评判基准，指斥"正心之说"害了宋祚，认为"能学经济谓之通儒，如八元八恺、及伊尹傅说等是也；而如老庄仙佛、阴阳九流之类，无益于人民社稷者，谓之杂学；理学亦此类耳"。这是对理学的挑战，表现出日本诗话反封建传统的勇气。然而，平心而论，北宋二帝的悲剧命运，南宋王朝的衰败景象，如果完全归咎于理学之兴，也未必符合历史事实与朝代更替规律。日本学者有一句名言，认为"一部中国历史，乃是汉民族与少数民族争夺生存空间的历史"。金朝入主中原，元蒙贵族统一中国，就是这种历史的演义结果。本来，北宋二帝北狩，南宋王朝有能力收复中原，古代朝鲜诗话也有当时高丽本欲从金朝后方帮助南宋朝廷援救二帝的历史记载，但是由于南宋王朝内部的皇位之争，这个意愿被宋高宗赵构拒绝了。原直论诗关注社稷民生，是无可非议的，却一味指斥学术文化之过，未免过于偏激。是否可以这样说，宋代理学的崛起，本来是中国学术文化发展演变的一种历史必然，而其中一个重要的动因正在于对赵宋王朝向金主和的国策与积贫积弱的国势的一种反驳、一种理性思考。诚如原直所言，道学先生没有一个企及韩范诸公以穆行能著经纶之绩者，但是却很少有主和卖国者，其人格之尊正是其"正心诚意"之学的象征，而不像赵构那样大义不道，为一己皇位而弃"君父之仇"于不顾。

历史事实证明，绍兴元年（1131），宋高宗起用秦桧为相，正式推行对金主和政策，以求偏安东南一隅。从此，朝廷内部主战场与主和派的斗争日趋尖锐化。由于主和派大权在握，主战派举步维艰，南宋抗金救国形势每况愈下。

南宋王朝与金朝签订的和约，大凡有三次：一是绍兴和约：绍兴十一年（1142），宋金以淮河、大散关为界，宋朝向金朝称臣，每年交纳贡银、绢匹各25 万。二是隆兴和约：隆兴二年（1163），金朝与南宋为叔侄之国，改岁贡为

"岁币"，银绢比绍兴和约各减少五万，即银绢每年各纳贡 20 万。三是嘉定和约：嘉定元年（1206），韩侂胄北伐失败，宋金签订嘉定和约，金宋改称伯侄之国，岁币增至银绢各三十万，犒劳金军钱三百万贯，函韩侂胄人头于金，金兵退至原占领区。

抗战流血者有罪，投降屈膝者有功。这是黑白颠倒、是非莫辨的时代，这是黄种毁弃、瓦釜雷鸣的岁月。

面对如此屈辱的和约，南宋主战派军民义愤填膺。绍兴乙卯（1135），向子湮大雪中行鄱阳道上，有感于徽、钦二帝被北掳九年而赋〔阮郎归〕词："天可老，海能翻，消除此恨难。频闻遣使问平安，几时鸾辂还？"作者不忘家国之恨，不满朝廷屈膝求和，国耻未雪之情，跃然纸上。

秦桧等投降派，以势压众，凡忤秦桧者，都备受打击迫害。如李纲、胡舜陟、赵鼎、李弥逊、张元干、胡铨、张焘、谢明远、陈康伯、冯时行、朱翌、郑刚中、曹勋、吴芾、高登、黄公度、刘一止等，尤以岳飞被杀，为推行卖国求和政策扫清了道路。绍兴十一年，高宗、秦桧终于与金议和：宋金间以淮河、大散关为分界，宋向金人称臣，每年纳贡银、绢各 25 万。十二年春，金册立赵构为宋帝。投降派的屈膝求和，激起广大抗金爱国志士的义愤，朝廷上下主和与主战两派之争愈演愈烈，许多朝廷官员纷纷上书不可和。枢密院编修胡铨鼎力抗疏，声言义不与秦桧等共戴天，愤然上书请斩秦桧、王伦、孙近三人头，"竿之藁街"，反被秦桧除名，押送新州编管。此时，退居福州的张元干，义愤填膺，不顾个人安危，作〔贺新郎〕词为胡铨送行：

> 梦绕神州路。怅秋风，连营画角，故宫离黍。底事昆仑倾砥柱，九地黄流乱注，聚万落千村狐兔。天意从来高难问，况人情、老易悲如许。更南浦，送君去。
>
> 凉生岸柳催残暑。耿斜河，疏星淡月，断云微度。万里江山知何处？回首对床夜语。雁不到，书成难与。目尽青天怀今古，肯儿曹恩怨相尔汝！举大白，听《金缕》。

这首词题为"送胡邦衡待制赴新州"，慷慨激越，熔忧国忧民之思、指斥投降

误国之怒、仗义送别之情、时局抑郁之怀于一炉。上片述时事，描写"靖康之变"及统治者投降卖国政策对中原地区所造成的深重灾难，突出中原沦丧、"故宫离黍"、"九地黄流乱注，聚万落千村狐兔"的残败景象，谴责朝廷求和政策；下片写别情，以道义相激励，突出爱国志士的博大胸怀、凛然正气和蔑视群丑的英雄性格，表现出作者高度的历史责任感。

绍兴十年（1140）夏，金兀术分路攻宋，入关中，陷长安，形势危急。时身任川陕宣抚副使的胡世将（1085—1142）等率众抵抗；刘琦、岳飞、韩世忠等中原诸将亦重创金兵，形势大有好转。然而朝廷任用秦桧，力主和议。胡世将痛感和议误国，朝政失策，于秋夕在兴元使院用东坡赤壁韵作〔酹江月〕以抒愤懑之情。词云：

> 神州沉陆，问谁是，一范一韩人物。北望长安应不见，抛却关西半壁。塞马晨嘶，胡笳夕引，赢得头如雪。三秦往事，只数汉家三杰。
>
> 试看百二山河，奈君门万里，六师不发。阃外何人，回首处，铁骑千群都灭富平之败。拜将台欹，怀贤阁杳，空指冲冠发。阑干拍遍，独对中天明月。

此词反对"朝议主和"的政治倾向性十分明朗而坚定，表达了南宋初年抗金爱国将士的共同心声。上片咏古，以历史人物范仲淹、韩琦与汉家三杰张良、萧何、韩信的英雄功业反衬朝廷"抛却关西半壁"河山之过。下片写实，极言"朝议主和"之弊：一则空守"百二山河"要塞而朝廷"六师不发"；二则无人过问"富平之败"，一味主和；三则朝廷糟蹋人才，英雄无用武之地，对以秦桧为代表的投降派的罪恶行径，表示极大的愤慨，富有强烈的政治色彩。

◆洪皓父子

宋人多以民族气节为重，不媚金，不辱使命，刚直不阿，正义凛然。洪皓于建炎三年（1129）以礼部尚书的头衔出使金国，金人逼其仕刘豫，不从，遂流放于冷山，复徙燕京，扣留于金15年之久。返临安后，又忤秦桧，南谪岭表九年。这一"北"一"南"两度见留贬谪生活，长达 24 年之久，使洪皓备尝去国怀乡之苦。其《鄱阳词》一卷，存词仅 17 首，几乎都是咏梅怀旧之作。梅花，既是洪皓不辱使命崇高人格的象征，又是作者心系故国的一缕独特的情感纽带。其代表作为〔江梅引〕一组四首，前有一序，述创作缘由："岁在壬戌，甫临长至，张总侍御邀饮。众宾皆退，独留少款。侍婢歌《江梅引》，有'念此情、家万里'之句，仆曰：'此词殆为我作也。'又闻本朝使命将至，感慨久之。既归，不寝，追和四章。多用古人诗赋，各有一'笑'字，聊以自宽。"这四首咏梅组词，创作于被金人扣留 15 年的异国他乡，其文化内蕴则更为深刻。作者以梅花自比，以一"笑"字自宽，乃是其伟大人格和崇高的民族气节的表现。据说，洪皓之子洪迈，于高宗末年使金，初要求以对等国礼晋见金主，不愿自称"陪臣"。金人把他囚禁于室，"自旦至暮，水浆不进"。洪迈屈于威逼，而俯首称臣。对此，宋人多以为耻，纷纷予以唾弃。绍兴太学生曾作〔南乡子〕云：

> 洪迈被拘留，稽首垂哀告敌仇。一日忍饥犹不耐，堪羞！苏武争禁十九秋？
> 厥父既无谋，厥子安能解国忧？万里归来夸舌辩，村牛！好摆头时便摆头。

这首词以幽默诙谐之笔，勾勒投降卖国之徒的丑恶嘴脸。上片以苏武对比洪迈，写其"稽首垂哀告敌仇"的丑态；下片以厥父与厥子对比，抓住洪迈"素有风疾，头常微摆"的生理特点，写其归国后洋洋自得、摆头晃脑、夸夸其谈的丑态。作者极尽冷嘲热讽、调笑挖苦之能，以"堪羞"、"村牛"口头俗语出之，嬉笑怒骂，痛快淋漓地宣泄老百姓对南宋投降求和、奴颜婢膝之徒的无比愤慨。

◆采石矶大捷

绍兴三十一年（1161），金主完颜亮率众大举攻宋，直逼长江。临江筑台祭天，准备渡江。当时，虞允文前往芜湖犒师，至采石矶，召集诸将议事，勉励

各位将领以忠义报国，迎击金兵南下，大败完颜亮。

虞允文（1110—1174），字彬甫，隆州仁寿（今属四川）人。绍兴年间第进士。绍兴三十年（1160）奉命出使金朝，在汴京见金朝大举运粮造船，回到南宋即请加强防御，积极备战。次年，金主完颜亮率军大举南下，朝廷任命他以中书舍人参谋军事，去前线采石矶犒劳宋军将士。适逢主将王权罢官，三军无帅，他责无旁贷地指挥战斗。他到达前沿阵地，见江北已筑高台，对植绛旗锈旗，中建黄屋。金主完颜亮踞坐其下。当时，敌我兵力悬殊，金兵号称百万，实际也就四十万；马匹倍之。宋军仅仅一万八千。虞允文乃令诸军不动，分戈船为五。其二并东西岸行，一驻扎中流，暗藏精兵等待战斗。另外两支隐藏在小港湾里，以备不测。刚刚部署完毕，敌军已在大呼小叫，完颜亮操动小红旗，指挥数百艘船只绝江而来，瞬息之间有七十艘抵达南岸，直接逼近宋军。宋军稍作退却，虞允文入阵，抚摩着时俊的背说："你胆略闻四方，立阵后则儿女子尔？"时俊立即挥舞着双刀出阵，战士们拼死奋战。中流官军也以海船冲击敌人舟船，使敌船平沉。敌军半死半战，日暮而未退却。适逢溃兵自光州来，虞允文授予其军旗战鼓，从山后转出；敌军以为宋军增援部队来到，立即撤退。宋军以强劲的弓箭，尾击追杀，大败金兵。夜晚，虞允文犒劳全军将士，对将士们说："敌人今败，明必复来。"夜半，部分诸将，分海船系以绳子放在上流，另遣兵拦截杨林口。次日，南宋水师群情激昂，主动出击杨林河口，击退敌骑，焚烧敌船三百，金兵开始逃逸而去。金主完颜亮东至瓜州，于混乱之中，被金兵部将完颜元直等所杀。这就是著名的"采石矶大捷"。

虞允文凯旋而归，南宋著名抗金大将刘锜拉着虞允文的手，激动地说："朝廷养兵三十年，今日大功乃出儒者！"高宗皇帝召之入对，慰藉嘉叹，曾对陈俊卿说："虞允文，朕之裴度也。"

采石矶大捷，金主完颜亮之死瓜州，完全打破了金兵难以制胜的神话，极大地鼓舞了南宋军民的士气。捷报传来，张孝祥乐不可支，作《水调歌头·闻采石战胜》：

> 雪洗虏尘静，风约楚云留。何人为写悲壮，吹角古城楼？湖海平生豪气，关塞如今风景，剪烛看吴钩。剩喜然犀处，骇浪与天浮。

卷
五

宋金元战争诗话

忆当年，周与谢，富春秋。小乔初嫁，香囊未解，勋业故优游。赤壁矶头落照，肥水桥边衰草，渺渺唤人愁。我欲乘风去，击楫誓中流。

此词毛氏汲古阁刊本题为"闻采石战胜"，当切合历史事实。上片写实，抒发闻采石矶大捷后的喜悦之情；下片咏古，以周瑜火烧赤壁大破曹军与谢玄淝水之战大破苻坚军的历史典故，比拟采石矶大捷，表达自己"击楫誓中流"的报国意愿。其词声律豪迈，气节振发，淋漓痛快，笔饱墨酣，读之令人起舞，直开辛弃疾之先河。

湘人吕光锡《桃花源诗话》记载有刘开遴《长江战绩图·采石》一诗，缅怀南宋时期的采石矶大捷，诗云：

> 功奇采石说书生，一洒南朝理学名。
> 遇坏能支真胆略，见危不避独忠贞。
> 踢靴谁令强梁慑，纤策偏教上将惊。
> 天幸每叹淝水捷，徒夸鹤唳与风声。

此诗写采石矶大捷，赞颂的乃是一介书生虞允文，认为他一洗南宋理学的声名，在国家与军队为难紧急关头，能够临危不惧，挺身而出，指挥军队战胜强敌于采石矶，又一次创造了淝水之战以少胜多、以弱胜强的历史神话，使身经百战的抗金大将刘锜也为之震惊。

◆范成大《州桥》

南宋孝宗乾道六年（1170），范成大出使金国，经过中原地区，以所见所闻写诗一卷72首绝句。此首写于汴京，写州桥所见所闻。原诗题下小引云："南望朱雀门，北望宣德楼，皆旧御路也。"御路，即御街。州桥，即天汉桥，在汴京宣德门与朱雀门之间，横跨在汴河上面。

州桥南北是天街，父老年年等驾回。

忍泪失声询使者：几时真有六军来。

天街：京城内皇帝御驾通行的街道。驾：此指南宋皇帝乘坐的马车。六军：指南宋北伐的官军。按照古制，一军为一万二千五百人；天子统帅六军。

旧京重游，睹物怀旧，已经勾起故国黍离之痛；中原父老的失声询问，更加使人顿生无限的感伤，全词字里行间饱含着中原父老国破家亡后的痛苦与期盼收复的泪水。

◆辛弃疾与南宋恢复大业

绍兴三十二年（1162）六月，高宗以太上皇退居德寿官，太子赵眘（shèn）即位，是为孝宗。七月，孝宗召见主战派张浚。张浚见帝英武，力陈和议之非，劝帝坚意以图恢复大业。

隆兴元年春，张浚任枢密使，发动抗金北伐之战，败于符离。主和派趁机东山再起，当时恰逢金国写信给南宋的三省、枢密院，"求海、泗、唐、邓四州地，及岁币，称臣，还中原归正人"等条件，即休兵北还，否则，当等农闲时再战。经过秦桧余党阴谋活动，南宋于隆兴二年（1164）与金重订和议，议定宋金为叔侄之国，改"岁贡"为"岁币"，银绢比绍兴和议和各减少五万，即银绢每年各贡纳20万。次年，和议正式生效，史称"隆兴和议"。

绍兴三十二年，北方抗金义军首领耿京命部属掌书记辛弃疾奉表归南宋。

辛弃疾（1140—1207），字幼安，号稼轩，历城（今山东济南）人。二十一岁参加抗金义军，颇有功绩。其时高宗劳师建康，接见并嘉奖辛弃疾，授承务郎、天平节度掌书记，并以节使之印告召耿京。辛还至海洲，得知耿京被叛徒张安国、邵进所杀，则约统制王世隆及忠义人马全福等夜袭金营，活捉张安国，押至临安，斩首示众。

辛弃疾这一义举，震动了南宋朝廷，"壮声英概，懦士为之兴起，圣天子一见三叹息"。然而，正是这样一位叱咤风云的抗金英雄，南归以后的仕宦生活，一开始就碰上屈辱求和的"隆兴和议"，预示着年仅二十三四的壮士，将走上一条坎坷不平的人生之路。其〔鹧鸪天〕词追念少年时事云：

　　　　壮岁旌旗拥万夫，锦襜突骑渡江初。燕兵夜娖银胡䩮，汉箭朝飞
　　金仆姑。
　　　　追往事，叹今吾，春风不染白髭须。却将万字平戎策，换得东家
　　种树书。

此词上片述南渡义举，确有气吞万里如虎之势。其《美芹十论序》云："粤辛巳岁，逆亮南寇，中原之民，屯聚蜂起。臣尝鸠众二千，隶耿京，为掌书记，与图恢复，共籍兵二十五万，纳款于朝。"这是青年辛弃疾的一段辉煌的历史壮举。然而，南归以后，投降派当道，他要力图恢复，实在太难了。

孝宗即位，本欲恢复。据《宋史纪事本末》卷七十八载，孝宗朝廷议，先后召朱熹、吕祖谦、陆九渊等入对，皆言"讲和之说之误"，而"论复仇之义，上遂默然"。隆兴元年（1163）十二月，布衣陈亮上《中兴论》，极言恢复中原之策，然而第二年，照样签订"隆兴和议"。乾道六年（1170），孝宗召对延和殿，辛弃疾作《九议》并《应问》三篇、《美芹十论》呈献于孝宗与丞相虞允文，言顺逆之理，消长之势，技之长短，地之要害，虽为完备，持论劲直，却不为迎合。淳熙五年（1178）春正月丁巳，陈亮又诣阙上书曰："臣惟中国，天地之正气也，天命所钟也，人心所会也，衣冠礼乐所萃也，万代帝王所相承也。"洋洋万言，纵论古今，大义凛然。孝宗赫然震动，欲榜朝堂以励群臣，然大臣尤恶其直言不讳，而交相抵之。陈亮再次上书，帝欲以为官。陈亮笑着说："吾欲为社稷开数百年之基，宁用以博一官乎！"至十五年（1188）四月，陈亮第二次上疏，欲以社稷大计激发孝宗力图恢复大业，帝将内禅，遂不报。陈亮在朝廷交怒，遂以陈亮为"狂怪"。

辛弃疾、陈亮这批上书言恢复大计的血性汉子、爱国志士，一个个气宇轩昂，义正辞严，大义凛然，然而他们哪里能够改变南宋小朝廷屈膝求和、偏安一角的"国策"呢？这就注定了主战派的人生悲剧与苟且偷安的南宋王朝必然覆灭的社会悲剧。

淳熙八年（1181），辛弃疾被弹劾罢官，退隐上饶带湖，闲居十年之久。光

宗绍熙二年（1191），朝廷任命他为福建提刑，迁大理少卿，知福州兼福建安抚使。台臣王蔺劾其"用钱如泥沙，杀人如草芥，旦夕望端坐'闽王殿'"。故于绍熙五年（1194）再度被黜，退居瓢泉。八年后，即宁宗嘉泰三年（1203），外戚韩侂胄专权，欲兴师北伐。64岁的辛弃疾以"主战派元老"再度起用，知绍兴府兼浙东安抚使，后转迁知镇江府。这是抗金前沿，辛在此备战而不遗余力，参与北伐事宜。韩侂胄急功近利，北伐失败，被枭首两淮送金师。辛弃疾亦几起几落，于韩北伐失败第二年（1207），这位中原义士、抗金名将、爱国志士，"大呼'杀贼'数声"之后，含恨辞世。

辛弃疾的人生悲剧，是南宋多灾多难时代悲剧的产物。他集"英雄之才，忠义之心，刚大之气"于一身，面对主和派擅政的南宋小朝廷及其偏安求和政策，他无法施展才能去实现抗金救国的政治抱负；面对自己再三被黜的社会现实，他又无法把志向和雄心泯灭在优游物外的隐居岁月之中，思想深处始终处于理想与现实的矛盾之中。辛弃疾的一生是在怀才不遇之中度过的。半个世纪的仕宦生活，他不断地将自己的苦闷、愤慨、探索和追求付之于词，留给人世的是一部闪烁着爱国主义光辉的《稼轩长短句》12卷。在辛弃疾的直接影响之下，一批近似于辛词之主题、情调、风格的爱国词人先后崛起于南宋词坛，将一代宋词推上了光辉的顶峰，为宋词的繁荣发展作出了卓越的贡献。

辛弃疾及辛派词人都继承和发扬了爱国主义传统。辛弃疾自幼丧父，祖父辛赞具有民族意识，虽被迫在金朝为官，常引孙儿登高望远，指点山河，思投衅而起，以纾君父所不共戴天之愤，并引导辛弃疾走上一条抗金复国之路。南渡以后，辛弃疾力主抗战，为恢复中原而奔走呼号。在《九议》中他说："且恢复之事，为祖宗、为社稷、为生民而已，此亦明主所与天下智勇之士所共也，顾岂吾君吾相之私哉？"在《美芹十论》中又说："自古天下离合之势，常系乎民心。"辛弃疾的一生，始终与国家、民族、抗金救国的家国大业紧紧联系在一起。抗金爱国，乃是辛弃疾与辛派词人创作的基本主题。其门生范开《稼轩词序》云："公一世之豪，以气节自负，以功业自许，方将敛藏其用以事清旷，果何意于歌词哉？直陶写之具耳。"辛弃疾以词抒爱国之情，写抗金报国、收复中原之志，感时伤世，情辞慷慨，不只是词人之词，而且是爱国志士、民族英雄发自内心的战斗呼唤！最突出的代表作是《破阵子·为陈同甫赋壮词以寄之》：

> 醉里挑灯看剑，梦回吹角连营。八百里分麾下炙，王十弦翻塞外声。沙场秋点兵。
>
> 马作的卢飞快，弓如霹雳弦惊。了却君王天下事，赢得生前身后名。可怜白发生。

这是一首豪壮之词，英雄之词，爱国之词。从看剑、犒军、阅兵、练武等一系列军事活动中，展现压倒一切敌人的军容军威，表达抗金救国的壮志雄心，确乎是一首前无古人的"壮词"。

南宋时代，爱国主义的特定内涵就在于抗金救国，反对妥协求和。

是主张抗金北伐，还是主张妥协求和，这是当时区别于爱国者还是投降派的试金石。辛弃疾及辛派词人评议时局，议论世事，关心国家前途和中原人民的命运，不满于偏安东南一隅与妥协求和的政策，积极主张恢复大业，敢于同投降派进行坚决的斗争。他们是词人，但首先是爱国者。当国家民族危亡之际，陈亮以一介布衣多次上书，纵论中兴之策，力主抗战斥和，不求名，不求官，不求利，冒死以谏，表现出一个爱国者博大的胸怀与高洁的情操。他自负有经济之怀，以词抒发爱国之情与政治见解。代表作有与辛弃疾鹅湖之会后相互唱和的三首［贺新郎］以及下面这首脍炙人口的《水调歌头·送章德茂大卿使虏》：

> 不见南师久，谩说北群空。当场只手，毕竟还我万夫雄。自笑堂堂汉使，得似洋洋河水，依旧只流东。且复穹庐拜，会向藁街逢。
>
> 尧之都，舜之壤，禹之封。于中应有、一个半个耻臣戎。万里腥膻如许，千古英灵安在，磅礴几时通？胡运何须问，赫日自当中。

淳熙十二年（1185），友人章森奉命使金，以贺金主完颜生辰（万春节）。陈亮有感于满朝文武苟偷安，不思恢复之志，而作此词，赠别壮行，寓恢复之意。上片壮行，举国家之奇耻大辱以激之，张民族之磅礴正气以励之，希望章森以

"万夫雄"之态使金，维护民族尊严；下片述志，旨在呼唤千古不灭的民族英魂，以强烈的民族自豪感，抒发自己的民族自尊心与必胜信念。特别是"尧之都，舜之壤，禹之封，于中应有、一个半个耻臣戎"，精警奇肆，慷慨激越，吐气如虹，豪气逼人，可作中兴檄文读之，为一代宋词所罕见。陈亮《上孝宗皇帝第一书》云："南师之不出，于今向年矣。河洛腥膻，而天地之正气郁而不得泄，岂以堂堂中国而五十年间无一豪杰之能自奋战？其势必有时而发泄矣。"此词若与其书并读，更可见其中充溢着中华民族的浩然正气，使人投袂而起，奋然而行。

以辛弃疾、陈亮、刘过为代表的爱国词人，大多具有鲜明的时代意识与个体特征。这就是：

（1）个性坚毅刚强，具有刚义之气，有男子汉的四方之志；

（2）政治意识强烈，具有高度的事业心，勇于承担社会责任；

（3）历经时代风云，备受统治者排斥打击，百折不挠，一生不得志；

（4）学力功底深厚，通古今之变，负经济之怀，才气逼人。

他们是时代的精英，民族的脊梁，国家的希望之所在。爱国主义，是千百年来积淀巩固起来的对自己国家和民族的一种最深厚、最纯洁的感情。这种对自己祖国和人民的无限忠诚与热爱，是一种伟大而崇高的感情。像辛弃疾及辛派词人这类扼腕拊膺、至大至刚之作，是爱国主义的光辉词意，熔铸着中华民族的伟大气骨和千古英魂，闪烁着中华民族优秀传统文化的万丈光辉，是民族文化的瑰宝。南宋辛派爱国词人的崛起，是乾坤之变、政治之变、社会生活之变的必然结果。

南宋高宗、孝宗、光宗、宁宗四朝，整个社会生活有三大主要特点：一是朝廷柔弱无能，以对金主和为基本国策，以求偏安一隅，苟且偷生；二是整个社会生活动荡不安，危机四伏，特别是主战与主和两派之争此起彼落，一刻也未停止过；三是以淮河、大散关为界，南宋与金南北对峙，形成了中国历史上第二个南北朝时期。基于这一历史的考察，我们便可以清楚地看到：辛弃疾与辛派词人的崛起，确是时代之必然；他们创作的大批爱国诗词也是当时社会现实生活的反映，是广大军民的抗金热潮与朝野上下反对对金妥协求和的伟大斗争的产物。

南宋统治者奉行"守内虚外"政策，如辛弃疾《美芹十论·自治第四》所云，"待敌则恃欢好于金帛之间，立国则借形势于湖山之险"。辛弃疾以及辛派词人出于义愤，于词中进行无情的揭露批判，嘲笑他们是"江左沉酣求名者"（[贺新郎]）"水底鸣蛙""枝上蝉噪"（[江神子]），是一伙投机钻营而在国难当头时龟缩不前的民族败类；或借古讽今，歌颂"金戈铁马，气吞万里如虎"的历史英雄人物，批判东晋苟安江左的"王谢诸郎"（[鹧鸪天]）。然而面对着投降派操纵在手的国家机器，身处特殊的政治环境之中，他们把满腹的刚直正义之气倾注于词的时候，又不得不摧刚为柔，所谓"百炼都成绕指"（[水调歌头]），把满腔激愤之情化为缠绵悲郁的哀怨之音，借助比兴寄托等传统手法，曲折地表现自己的抑郁悲愤和百折不回、吞吐八荒的气概，豪气折入柔情，刚柔相济，豪婉交融，寓雄心高调、壮志豪情于传统词风的温柔婉媚之中。这既是这批爱国志士在政治上备受投降派打击、孤危一身的政治逆境所造成的，同时也正是这类爱国词章崇高的思想境界与完善的艺术形式高度统一的成功之处。淳熙六年（1179），辛弃疾从湖北转运副使移任湖南，朝廷排斥迹象已昭然若揭，在与同官王正之饯别之际，赋［摸鱼儿］一词：

> 更能消、几番风雨，匆匆春又归去。惜春长怕花开早，何况落红
> 无数。春且住，见说道、天涯芳草无归路。怨春不语。算只有殷勤，
> 画檐蛛网，尽日惹飞絮。
>
> 长门事，准拟佳期又误。千金纵买相如赋，脉脉此情谁诉？君莫
> 舞，君不见、玉环飞燕皆尘土！闲愁最苦。休去倚危栏，斜阳正在，
> 烟柳断肠处。

此词一题名"暮春"，借美女失宠写英雄失志之苦。上片写景，以惜春、留春、怨春、伤春而写自己的身世之叹；下片抒情，以古代美女失宠的典故，表达自己于君、于国的一片忠爱之心。结句景中寓情，借以说明自己最大的忧愁不是个人的浮沉得失，而是国家的前途与民族的存亡。

梁启超《艺蘅馆词选》称颂此词"回肠荡气，至于此极；前无古人，后无来者"，可谓推崇备至了。

◆辛弃疾登京口北固亭

京口北固亭，在今江苏镇江市长江南岸的北固山上，又名"北固楼"与"北顾亭"。辛弃疾登楼，遥望北方，缅怀历史，感慨万千。

辛弃疾一生坚决主张抗击金兵，收复失地。南归后，其光复故国的大志雄才得不到施展，一腔忠愤化为词，由此造就了南宋词坛一代大家，著有《稼轩长短句》12卷。其词热情洋溢，慷慨悲壮，笔力雄厚，艺术风格多样，而以豪放为主。与苏轼齐名，并号为"苏辛"。

《宋史》本传称："弃疾豪爽尚气节，识拔英俊，所交多海内知名士。"南宋朱熹《答稼轩启》赞云："经纶事业，股肱王室之心；游戏文章，脍炙士林之口。"清代徐钪《词苑丛谈》引黄梨庄语："辛稼轩当弱宋末造，负管、乐之才，不能尽其用，一腔忠愤无处发泄。观其与陈同父抵掌谈论，是何等人物！"刘克庄《后村大全集》卷九十八说："以孝皇之神武，及公壮盛之时，行其说而尽其才，纵未封狼居胥，岂遂置中原于度外哉？"然而，南宋最高统治者并未重用他，投降派却变本加厉地排斥他、打击他，使他深有怀才不遇、英雄失志之感。

开禧元年（1205），韩侂胄为北伐之宜，重新起用辛弃疾知镇江府。辛支持北伐，但亦觉察韩胄北伐动机不纯，又无恢复之才，朝廷上下掣肘北伐者亦多，难以获胜。故作《永遇乐·京口北固亭怀古》云：

> 千古江山，英雄无觅、孙仲谋处。舞榭歌台，风流总被、雨打风吹去。斜阳草树，寻常巷陌，人道寄奴曾住。想当年，金戈铁马，气吞万里如虎。
>
> 元嘉草草，封狼居胥，赢得仓皇北顾。四十三年，望中犹记，烽火扬州路。可堪回首，佛狸祠下，一片神鸦社鼓。凭谁问，廉颇老矣，尚能饭否。

"英雄无觅"句：此句是"无觅英雄孙仲谋处"之倒文。孙仲谋，即孙权，三国吴主，曾在京口建都。赤壁之战，打败曹操水军，奠定魏、蜀、吴三足鼎立的局面。风流：指英雄事业。寄奴：即南朝宋武帝刘裕，小名寄奴。祖籍彭城（今徐州），后寓居京口。金戈铁马：指出征将士威武赫赫的战斗雄姿。金戈：金属制作的戈矛之类武器；铁马：配有铁甲的战马。气吞万里：形容军队气势磅礴，壮阔勇猛，可以横扫千军。据史载，刘裕曾于晋安帝义熙五年（409）、十二年（416）两次统帅晋军从京口北伐，先后灭掉南燕、后秦，收复中原洛阳、长安等地。元嘉：南朝刘裕之子宋文帝刘义隆的年号（424—453）。草草：指宋文帝未能继承父业，好大喜功，妄想封狼居胥，草率北伐，以至于失败而终。借此典故讽刺南宋韩侂（tuō）胄当国，匆促北伐之事。狼居胥：山名，在今内蒙古西北部。据《史记·卫将军骠骑列传》记载，霍去病追击匈奴单于至狼居胥，封山立碑而返。四十三年：辛弃疾青年时代在山东参与耿京起兵抗金，于南宋高宗绍兴三十二年（1162）南归南宋王朝，至此正好四十三年。佛狸祠：佛狸，北魏太武帝拓跋焘的小名。据《南史·宋文帝纪》记载，其大将王玄谟于元嘉二十七年（450）北伐失败，同年十二月庚午，魏太武帝（拓跋焘）率领大军南下，直追至长江北岸的瓜步山，并在山上建立行宫，后世称为"佛狸祠"。神鸦社鼓，指其庙宇中香火正旺，祭神的锣鼓，吃祭品的乌鸦。廉颇：战国时赵国的名将。《史记·廉颇蔺相如列传》记载，廉颇老年，一心想为赵国再立新功。"赵使者既见廉颇，廉颇为之一饭斗米，肉十斤，被甲上马，以示尚可用。赵使者还报曰：'廉将军虽老，尚善饭；然与臣坐，顷之三遗矢矣。'赵王以为老，遂不召。"此时，辛弃疾已经65岁，故以廉颇自比。

　　此词因登京口北固亭怀古而作。以京口为审视历史的窗口，通篇用典故。上片怀古，写在京口建都的孙权与在京口起兵北伐的刘裕所建立的赫赫功业；下片叙事，以廉颇自比，既抒发怀才不遇、英雄无用武之地的一腔忠愤，又高度概括了辛弃疾作为"一世之豪"的人生悲剧。一年后，辛弃疾愤然辞世。苏辛是"词中豪杰"，辛弃疾此词与苏轼《赤壁词》十分相似：一则同是怀古之作，二则词风同是豪放风格，三则境界都很阔大；但比较而言又同中有异：一是创作手法之异。苏轼是"以诗为词"，将词的内容诗化、词的表现手法诗化；而辛弃疾是"以文为词"，将表现手法散文化、语言句式散文化。二是表现手段之异。苏轼多即景抒情，以"英雄＋美人"衬托出之；辛弃疾是大量用典，

以赋比兴出之。三是艺术风格同中有异。苏轼是豪放至之中显旷达，辛弃疾是豪放之中含悲壮沉郁。

◆辛弃疾《破阵子》

《破阵子》，唐代教坊曲名，一名《十拍子》，出自于大唐开国时创制的大型武舞曲《秦王破阵乐》，后宋人用作词牌名。陈旸《乐书》云："唐《破阵乐》属龟兹部，秦王（李世民）所制，舞用二千人，皆画衣甲，执旗旆。外藩镇春衣犒军设乐，亦舞此曲，兼马军引入场，尤壮观也。"《词谱》卷十四引引此作按语云："唐《破阵乐》，乃七言绝句。此盖因旧曲名，另度新声。"此调为小令，是截取《破阵乐》舞曲的一段而成，双调，不换头，62个字，上下片各自三个平韵。《历代诗余》卷一一八引《古今词话》谓此词为"陈亮过稼轩，纵谈天下事"别后所作。时为作者失意闲居信州时期，题下有"为陈同甫赋壮词以寄之"语。陈同甫，即陈亮，是辛弃疾的挚友。

> 醉里挑灯看剑，梦回吹角连营。八百里分麾下炙，五十弦翻塞外声，沙场秋点兵。
> 马作的卢飞快，弓如霹雳弦惊。了却君王天下事，赢得生前身后名。可怜白发生！

此词本为唱和之作，因"为陈同甫赋壮词以寄之"。上片写梦，叙写当年沙场点兵的盛况，表达作者念念不忘少年时期抗金的战斗生活；下片写实，反映词人恢复祖国河山、建立功名的壮志。

这是英雄之词，豪壮之词，从看剑、犒军、阅兵、练武等军事活动中，展现压倒一切敌人的军容军威，确乎是一首前无古人的"壮词"；但结句笔锋陡转，抒发自己壮志难酬的悲愤心情。全部功劳苦恨，整个人生历程，词人皆以醉乡梦境写之。如醉如梦，似实景亦似实情，实景如梦，梦如实情；一句"可怜白发生"，道出悲壮人生的结局。

这是怎样一种英雄末路之悲！吹角连营：军中的号角声接连不断。指战场上的苍凉、肃杀、紧张气氛。八百里：指牛。《世说新语·汰侈》："王君夫（恺）有牛，名八百里䮧（bó），常莹其蹄角。"后人即用八百里指代牛。麾（huī）下：部下。炙（zhì）：烧烤牛肉。此句指当年词人参加山东耿京义军沙场点兵的豪壮场景。五十弦：指各种乐器。《史记·封禅书》云："太帝使素女鼓五十弦瑟，悲，帝禁不止。"翻：演奏成。塞外声：以边塞为题材的雄壮悲凉的军乐。沙场句：古代点兵用武多在秋季。点兵：检阅军队。的卢：一种烈性的快马。据《三国志·先主传》记载，刘备在荆州遇难，他骑的卢马"一跃三丈"，而使刘备脱离险境。霹雳：雷霆，比喻猛烈的弓箭声。了却：完结。天下事：指收复中原的统一大业。

◆辛弃疾登建康赏心亭

建康赏心亭，在今南京秦淮河边，尽观览之胜，系宋初丁谓所建，用以观览赏心，故名。然而，南宋名将辛弃疾登临此亭，无赏心悦目之景，却生报国无门的英雄末路之叹。

《水龙吟》，词牌名，一名《龙吟曲》、《庄椿岁》、《小楼连苑》。此调为慢词，格式繁多，多以苏、辛二家之作为准，双调，换头，102个字，上下片各自四个仄韵，其中第九句首字为领格，宜用去声；结句宜以上一下三句法，较二、二句式收束得更有力。此词写作时间，一说宋孝宗乾道五年（1169）辛弃疾任建康府通判，一说作于淳熙元年（1174），词人在建康任江东安抚司参议官时。词云：

楚天千里清秋，水随天去秋无际。遥岑远目，献愁供恨，玉簪螺髻。落日楼头，断鸿声里，江南游子，把吴钩看了，栏干拍遍，无人会、登临意。

休说鲈鱼堪脍，尽西风、季鹰归未？求田问舍，怕应羞见，刘郎才气。可惜流年，忧愁风雨，树犹如此。倩何人，唤取红巾翠袖，揾英雄泪。

这个"把吴钩看了，栏干拍遍"的江南游子，就是平生以气节自负、以功业自许的辛弃疾；这个"唤取红巾翠袖，揾英雄泪"的白发将军，就是一生力主抗战、恢复故国的辛弃疾！词人借登临建康赏心亭之机，抒写自己报国无门、功业未成的抑郁之情。上片写景，写登建康赏心亭之所见，以"献愁供恨"笼盖全词，将北方的远山拟人化，以山态之美衬托人的愁恨之苦；又以"看"吴钩、"拍"栏杆两个动作突出词人英雄无用武之地的义愤。下片论事，借用刘翰、刘备、桓温三个典故，直抒自己报国无门的怨愤之情。收尾三句以"红巾翠袖"写自己痛无知己，与上片结句照应，其豪气浓情，赤胆忠心，一时并集，如闻垓下之歌。词调慷慨悲壮，风格深婉含蓄，意境凄楚动人，充分体现了辛词于豪放之中见沉郁悲壮的审美特征，与苏轼词于豪放中见旷达者略异其趣。

遥岑：遥远的山岭。远目：向远处了望。献愁供恨：想给人们贡献愁恨一样恼人。玉簪螺髻：像美人头上的碧玉簪、青色的螺型发髻。断鸿：失群的孤雁。吴钩：吴国出产的一种弯形战刀。休说：不要说。堪脍：能吃。脍（kuài）：把鱼肉切成碎片吃。季鹰归未：张翰回家了吗？据《晋书·张翰传》记载，张翰，字季鹰，吴郡人。有清才，善属文，仕齐王囧为东曹掾，时号"江东步兵"。因秋风起，而思念家乡吴中菰菜、蓴羹、鲈脍等美味佳肴，说："人生贵得适志，何能羁宦数千里以要名爵乎？"于是辞官回家。求田问舍：表示自己不愿求制田产家业而做一个富翁。据《三国志·魏志·陈登传》记载，许汜与刘备一起在刘表座上议论天下人士，许汜称赞陈登是"湖海之士，豪气不除"；刘备反问其"言豪"有何意，许汜说陈登"无客主之意，久不相与语，自上大床卧，使客卧下床"。刘备非常气愤地说："君有国士之名，今天下大乱，帝主失所，望君忧国忘家，有救主之意，而君求田问舍，言无可采，是元龙（陈登）所讳也，何缘当与君语！如小人（刘备自称）欲卧百尺楼上，卧君于地，何但上下床之间耶？"流年：流逝的年华。树犹如此：用桓温北伐经过金城，看到自己亲手栽种的柳树已有十围，感慨地说："木犹如此，人何以堪！"（《世说新语·言语》）倩：请，央求。红巾翠袖：少女的装束，此指美女。揾（wèn）：擦拭。

◆崖山之覆

南宋王朝，如大厦之倾覆，冰山之融化。

公元 1276 年，蒙古大军以气吞万里之势，攻占南宋都城临安，俘虏年仅 5 岁的南宋小皇帝宋恭宗赵㬎（xiǎn）。

其后，年仅 7 岁的卫王赵昺（bǐng）在睢山继皇帝位，以陆秀夫为左丞相，文天祥为右丞相，张世杰为太傅，年号祥兴。

祥兴二年（1279）2 月，元朝命令宋朝叛将张弘范（张世杰叔父张柔之子）为大将，李恒为副将，大举南下进攻赵昺小朝廷。

南宋残军与元军在广东新会崖门海域（今属江门市）展开了一场历时 20 多天的大海战。双方投入兵力 50 余万，动用战船 2000 余艘，最终文天祥兵败被俘，张世杰战船沉没。陆秀夫见大势已去，对幼帝赵昺说："国事至此，陛下当为国死，不可受辱。"说着便含泪背起年仅 8 岁的小皇帝跳海而死。后宫及群臣也纷纷投海殉国，海面浮尸 10 余万。至此，宋元四十多年的抗衡，最终以南宋的灭亡而宣告完结。

南宋末年，诗人方凤有感于陆秀夫背负幼帝赵昺毅然投海自尽的悲壮之举，而作《哭陆秀夫》一诗，云：

> 祚微方拥幼，势极尚扶巅。
> 鳌背舟中国，龙湖水底天。
> 巩存周已晚，蜀尽汉无年。
> 独有丹心皎，长依海日悬。

陆秀夫背负幼帝赵昺毅然投海自尽的壮举，感动了中国，感动了上苍。根据《宋史·忠义传》记载：张世杰腹背受敌，败走幼帝舟中，然后断缆夺港而去。陆"秀夫度不可脱，乃杖剑妻子入海，即负王赴海死。年四十四"。

陆秀夫背负着的不仅仅是一个幼帝赵昺，而是已经变成"舟中之国"的南宋王朝，是南宋君臣父子报效江山社稷的那颗可以与海日同辉的丹心。

崖山之覆，显得十分悲壮惨烈。600 年以后，近代著名诗人龚自珍还在其《己亥杂诗》之二十五诗中，追述了崖山之覆这一悲壮的历史。诗云：

男执干戈女甲裳，八千子弟走勤王。
崖山舟覆沙虫尽，重带天来再破荒。

诗人自注云："梅州之土人，今惟存杨、古、卜三族。当南宋时，户口极盛，其后显、昺播迁，文（天祥）、陆（秀山）号召，土人争从军勤王。崖山之覆，州人士死者十盖八九，井邑皆空，故客人从他邑来。今丰顺、大埔，妇人皆带银髻，称孺人，相传为帝昺口敕。此亦足补史传之缺也。"据史籍和当地众多族谱记载，元军攻陷临安后，民族英雄文天祥等毁家纾难，曾在赣南、闽西和粤东一带募兵勤王。梅州（时为嘉应州）蔡蒙吉率当地客家子弟起兵响应，特别是卓姓一族，共有 800 人义无反顾追随文天祥抗御元军，而崖山海战后仅存一人返乡。梅州因而惨遭大屠杀，"地为之虚"。

为了救亡图存，中华民族前赴后继，抛头卢、洒热血，谱写了许多足以惊天地、泣鬼神的历史篇章，显示出少数民族政权与汉族政权在争夺中华大帝国中央政权过程中的历史悲壮。可以毫不夸张地说，中华民族的历史悲壮与辉煌，是汉民族与少数民族用血肉之躯共同书写的。

◆ 文天祥殉难

文天祥（1236—1283），字履善，号文山，南宋庐陵（今江西吉安）人。南宋德祐元年（公元 1275 年），元蒙大军渡江南下，文天祥奉诏起兵勤王，后任右丞相。出使元军时，被拘留。脱险后至福建招募兵勇，收复江西许多州县。但因寡不敌众，文天祥先兵败于广东潮阳，后于公元 1278 年 10 月 26 日，在陆丰县的五坡岭为元军所俘，旋即被解押往元大都（北京）。"天祥不食八日，不死，即复食"（《崖山志》）。元主数次劝文天祥投降，文天祥曰："天祥受宋恩为宰相，安事二姓？原赐一死足矣。"他一身正气，大义凛然，最后从容就义，年四十七。

文天祥是民族斗争中的英雄，也是历代官宦之楷模。他留下的《正气歌》与其他优秀诗篇，一直成为后世效法研读的范本。公元1279年正月，元将张弘范一再胁迫文天祥去招降张世杰等人，文天祥严辞拒绝，说："吾不能救父母，反教人叛父母乎？"挥笔作《过零丁洋》，自述四年来的战斗经历，表达以死报国的决心。诗曰：

> 辛苦遭逢起一经，干戈寥落四周星。
> 山河破碎风飘絮，身世凄凉雨打萍。
> 惶恐滩上说惶恐，零丁洋里叹零丁。
> 人生自古谁无死？留取丹心照汗青。

这是吟诵千古的诗篇，是中国文人武士共同追求的人生境界。甚至敌将张弘范读罢，都"但称好人好诗，竟不能逼"（《文天祥全集》）。作者先叙述自己坎坷不平的艰难历程与江西起兵勤王的战斗经过，感叹人生际遇难以预料；而后以"人生自古谁无死？留取丹心照汗青"议论结句，表达自己奉儒为官的人生理念是不可改变的。一经：儒家经典。寥落：稀疏。四周星：指起兵勤王的四年时间。惶恐滩：赣江十八滩之一，在江西万安县，文天祥曾在此兵败。零丁洋：伶仃洋，在广东珠江口。汗青：竹简，即竹简刻写的历史文献。

◆成吉思汗远征

成吉思汗，是中国历史上一个极富传奇色彩的英雄人物。

公元1162年，在斡南河畔的一个蒙古贵族家庭里，一个叱咤风云的历史人物诞生了。父亲为了纪念击败塔塔尔部族主帅铁木真的胜利，便取名为"铁木真"。相传小铁木真出生时，右手掌心有一块红宝石一般闪闪发亮的血块，萨蛮教神主当时就预言："这个孩子将来会成为一个大将军。"

也许是历史的赐予，也许是命运的安排，铁木真的童年与少年时代，是在动乱和苦难之中度过的。部族内部的残杀，使他年幼丧父，备受欺凌，流亡他乡，朝不保夕，也铸造了他豪爽的性格、英勇的气魄、不屈的灵魂和统一蒙古

中国戈争寺舌

的宏大志向。公元1206年，蒙古各部首领会聚于斡南河畔，44岁的铁木真被拥戴为蒙古大汗。从此，历史的风云正在翻腾，草原的时空出现了神奇，一个辉煌的尊号"成吉思汗"响彻云霄，一个威震欧亚大陆的元蒙大帝国正在草原上崛起。

他戎马一生，凭着勇敢与胆识，凭着弓箭与铁骑，远征欧亚大陆，平金源，攻西夏，征西域，战印度河，出兵中亚西亚，直指伊朗与东欧。有如破竹之势，无敌于天下。

公元1227年8月18日，65岁的成吉思汗病逝于甘肃六盘山清水行宫。一个英雄的心脏停止跳动了，一个伟大的生命从此消失了。然而，他赫赫的战功，他辉煌的事业，却长存于历史的时空之中。

在13世纪的世界历史上，在中华民族繁衍发展的历史长河之中，"成吉思汗"，乃是一个所向披靡、赫赫军威的代称，一个至高无上、一代天骄的象征，一个历史辉煌、英雄无敌的传奇故事。

一部战火飞扬的中国历史，实际上是各兄弟民族之间争夺生存与发展空间的历史。

公元1211年，成吉思汗统率三千精锐骑兵南下，攻打金朝，大败胡少虎的三十万金兵。越明年，蒙古骑兵再次攻占居庸关，围攻金朝中京（今之北京）。金主卫绍王完颜永济被杀，新接位的金宣宗向成吉思汗求和，以金帛与女婚为约，将公主许配于成吉思汗。

蒙古骑兵的城下之围，促成了一段美好的民族姻缘。公元1755年，法国著名作家伏尔泰（1694—1778）把元杂剧《赵氏孤儿》改写而为《中国孤儿》，故事情节直接引述到了成吉思汗时代：成吉思汗早年流落燕京，与一个美丽的汉族少女叶瑞美相识相知。性格开朗的这位蒙古族青年，立即去向叶门求婚提亲，被叶氏父母拒绝了，并且很快就把叶瑞美嫁给了大臣尚德为妻。五年之后，成吉思汗的铁骑席卷中原，赵宋王朝处在风雨飘摇之中。在大逃亡之前，宋朝皇帝处于无奈，把自己的一个婴儿托付给尚德抚养。此事败露以后，成吉思汗立即向尚德逼索赵氏孤儿。尚德为了保全宋朝皇室遗孤，决定以自己的儿子替换之，不料却遭到了妻子叶瑞美的拒绝。叶瑞美认为，天下应该人人平等，宋室皇子与百姓之子的生命价值应该是一样的。为什么要以一个平民婴儿的死去换取另一个皇室婴儿的生呢？为什么中国历来所倡导的"忠义精神"竟包含着如此残酷的现实内容呢？于是，她决定去会见成吉思汗，同他评一评个中道理。在威严的军营里，叶瑞美见到了成吉思汗。看到昔日的心上人，惊喜交集的成吉思汗，一再宣称：可以免两个婴儿一死，只要叶瑞美答应嫁给他。尚德以忠义为本，劝妻子答应成吉思汗这个条件。但是叶瑞美仍然不同意，反而要求尚德与自己一起自杀，好让成吉思汗亲眼看一看尚氏夫妇紧紧拥抱在一起死去的悲壮情景。果然，尚德夫妇死了，为忠义而死，为正义而死。

这是生与死的诀别，这是血与泪的抗争，这是人格与正义的呐喊，这是对皇权与威严的挑战！

成吉思汗目睹这一壮烈的场面，羞愧不已，痛惜不已，感慨不已。他终于醒悟了，终于停止了暴虐行为，成为叱咤风云、威震欧亚大陆的一代天骄，一代贤明君主，可与俄国的亚历山大大帝媲美。

成吉思汗的历史功绩，除赫赫武功之外，还在于对道教文化的弘扬。道教真人、全真教首领丘处机抵达成吉思汗在今阿富汗东北的大本营，成吉思汗先后两次召见丘处机一行。

丘处机（1148—1227），字通密，号长春子，山东登州栖霞人。公元1219年12月，成吉思汗派遣侍臣刘仲禄，悬虎头金牌，千里跋涉，来到山东掖县，征请全真道教主丘处机西行见驾。为弘扬教义，开化蒙人，拯救生灵，公元1220年春节前后，丘处机在蒙古卫兵护送下，带领十八大弟子，从山东莱州起程西行，过草原，走戈壁，爬雪山，越荒漠，经过近两年的长途跋涉，历尽千辛万苦，于公元1222年秋天，终于到达阿富汗行都库什山北麓，在成吉思汗行宫觐见了成吉思汗。

成吉思汗召见丘处机，本意在于寻求长生不老之药。然而丘处机三次与他雪山论道，陈述修身养性之方和治国保民之术。其基本内容有四：

(1) 论述全真道内修原理；

(2) 规劝成吉思汗外修阴德，内固精神；

(3) 减免山东、河北等地赋役，使百姓安居乐业；

(4) 戒杀，以孝治国。

觐见成吉思汗尊颜，目睹成吉思汗军营景象，回首千里西行的所见所闻，

面对中亚西亚的茫茫雪山，丘处机无限感慨地吟诵了一阕《水龙吟·警世》词：

> 算来浮世忙忙，竞争嗜欲闲烦恼。六朝五霸，三分七国，东征西讨。武略今何在？空凄怆、野花芳草。叹深谋远虑，雄心壮气，无光彩，尽灰槁。
>
> 历遍长安古道。问郊墟、百年遗老。唐朝汉市，秦宫周苑，明明见告。故址留连，故人消散，莫通音耗。念朝生暮死，天长地久，是谁能保？

此词堪称惊世之作。上片怀古，写霸主纷争亦皆化为历史的灰尘；下片伤今，抒发人生无常而天地悠长之叹。字里行间，充满了一种深沉的历史反思和对浮世忙忙的叹息。

丘处机雪山论道，备受成吉思汗的赏识与敬重，下令"自今以往，可呼'神仙'"。临别之时，成吉思汗执意要馈赠牛马珍宝，丘处机坚持不收，只要一道圣旨。公元1223年3月，丘处机东归燕京，成吉思汗特赐一道金虎符牌，上面刻着八个金字："真人到处，如朕亲临。"丘处机西行见驾，是中国道教史上一件值得大书特书的重大事件。正因为如此，成吉思汗使中国道教发展到了一个崭新的历史阶段。

◆忽必烈征伐日本

在中国古代史上，中国封建王朝发动对日本的战争，除了因日本侵略新罗，李唐王朝为援助新罗而出兵在新罗白江口与日军作战的"白江口之战"之外，公开以征伐日本为目标的战争，是元蒙帝国忽必烈两次对日本发动的"文永之役"与"弘安之役"。

元蒙大帝国的赫赫军威，助长了元蒙统治者的扩张野心。中统元年（1260），忽必烈即位，为诏谕日本，八年之间，七次派使臣前往日本，希望日本归附元朝。日本天皇曾命朝臣草拟答元朝国书，但镰仓幕府态度强硬，执意不予回谍，引起元朝政府严重不满。忽必烈为征服日本，在高丽设置"征东行中书省"。1274 年，元军自高丽渡日本海峡进攻日本，遇到日军顽强抵抗，又逢飓风，元军战舰大多触礁摧毁，伤亡惨重，被迫撤军。这是日本龟山天皇文永十一年，故史称"文永之役"。（参见张维华《中国古代对外关系史》）

次年，忽必烈再次派遣使者赴日，镰仓幕府杀死元朝使者，公开制定本实施"征伐异国"的军事计划，不断骚扰元朝与高丽海域。忽必烈"以日本杀使臣为由，结集南宋新附军 10 万人组成一支大军远征日本。兵分两路，洪茶丘、忻都率蒙古、高丽、汉军 4 万，从高丽渡海；阿塔海、范文虎、李庭率新附军乘海船 900 艘，从庆元、定海启航"。高丽国王为元朝"提供了 1 万军队，1500 名水手，900 只船和大批粮食"。

六年后，公元 1281 年六月，元军兵分两路，再次进攻日本：一路为东路军，以兵力 14 万，战舰 4400 艘，从高丽渡海；一路为江南军，以 20 万兵力、战舰 7000 艘，从庆元（今宁波）渡海。元军两路大军，本约定在日本壹岐岛会师，不意两路大军均不约而同地遇到大风暴。东路军先期抵达屯鹰岛，江南军尚未到达，未经大战，则遇飓风，元军"缚舰为城"，连结一起，"震撼击撞，舟坏且尽，军士号呼，溺死海中如麻"。而将帅弃十万士卒于岛上，欲择好船逃遁而去。日军乘机出击，尽杀蒙古、高丽人与北方汉人军士，而掳南宋降服士卒为奴。江南军下海后一个月才抵达白骨山，筑土城驻兵，与日军对垒。晦日，风雨大作，冰雹大如拳，舰船被大风浪掀翻沉坏。元军大半没于海，舰船仅回四百余只，二十万人在白骨山无船渡归，被日军全部剿灭。是为"弘安之役"。

忽必烈两次渡海出征日本，皆遇飓风，惨遭失败。原因何在？日本广泛流传着传奇故事："神风"曾两度施威，摧毁蒙古入侵者的船舰，将日本从危难之中解救出来。此后数百年来，日本人一直对"神风"顶礼膜拜，兴起大规模拜神活动。然而，最新的科学发现却否定了这个传奇故事。近期发表在英国《新科学家》周刊的一项考古新发现，已解历史之谜，指出：拙劣的造船工艺和船体设计是导致蒙古舰队葬身鱼腹的主要原因。

中国人重仁义，讲道德，认为主要原因是元蒙帝国"失德"，是忽必烈丧失了道德准则，欲"私一己之谋，图集事功"。

南宋末年的郑思肖（1241—1318），字忆翁，号所南，福建连江人。宋末太

学生，入元，改名字，意思是不忘宋室之意。他有两首《元贼谋取日本二绝》诗，反对元朝出征日本，云：

> 涉险应难得命还，倭中风土素蛮顽。
> 纵饶航海数百万，不直龙王一怒间。
>
> 海外东夷数万程，无仇于鞑亦生嗔。
> 此番去者皆衔怨，试看他时秦灭秦。

前一首写日本风俗蛮顽，元军冒险出征，尽管有百万航海大军，也难以抵挡龙王一怒。第二首写日本远在海外，离中国数万路程，与元蒙帝国无仇无怨，而你鞑靼人却要瞑目以待，这次出征日本的军人都满含着怨愤，日本人本来是秦人的后裔，到时候看到的还是秦人灭亡秦国。

郑思肖还有一首《元鞑攻日本败北歌》，直接描写公元1281年6月，元军兵分两路进攻日本的情景，其中有诗句描写元军遭遇残败的悲剧命运，云："驱兵驾海气吞空，势力虽强天弗与。鬼吹黑潮播海翻，雹大于拳密于雨。七千巨舰百万兵，老龙怒取归水府。"而其序言详细记录了元军于公元1281年6月，兵分两路，再次进攻日本而残败的具体情况。其序言云：

> 日本即古倭也，地在海东。先朝尝入贡，许通商旅。彼近知大宋失国，举国茹素。元贼闻其富庶，怒倭主不来臣，竭此土民力，办舟舰往攻焉，欲空其国所有而归。辛巳六月半，元贼由四明下海，大船七千只。至七月半，抵倭口白骨山，筑土城驻兵对垒。晦日，大风雨作，雹大如拳，船为大浪掀翻沉坏。鞑军半没于海，船仅回四百余只，二十万人在白骨山无船渡归，为倭人尽剿。山上素无人居，唯多巨蛇。相传唐东征军士咸殒命此山，故曰白骨山，又名骷髅山。元贼又一道自高丽往攻倭，败尤甚，虏酋败归，几遭虏主所杀，并罚赔金银钞物，咸窘且怒。虏主又谋复举攻之。耽罗国方八百里，倭航甚近。鞑已夺据其国，运粮调兵于彼为饷，众窥倭之地。倭有五十六州，倭兵悉聚

太宰府，倭图载甚详。倭人狠不惧死，十人遇百人亦战，不胜俱死。不战死，归亦为倭主所杀。倭妇甚烈不可犯，幼岁取犀角刟小珠种额上，善水不溺。倭刀极利，地高险难入，以一当百，剿鞑难算，意欲攻出未能。年号昌泰，未知拥谁为主。元贼力攻，漳不可得。又鞑攻倭，倭攻鞑，卒未已。火德一脉终如何？诸处仗义出者咸有之。然恐借大宋之名鼓舞人心，实私一己之谋，图集事功，此微臣朝夕不已于怀者也。我朝列圣无失德，大宋有道之长，当粲然复兴矣。

这是一则重要的历史资料，是元蒙帝国忽必烈指挥元军进攻日本的真实记录。郑思肖对这次元朝忽必烈出征日本的战争记录，反映出南宋遗民反对元蒙帝国攻击日本的基本立场，完全是站在作为南宋王朝友好邻邦的日本一边说话的。刟（wán）：削，雕琢。火德：古代阴阳家有所谓"五德"之说，认为古代帝王受之于天命正值五行中的火运，故称其为"火德"。相传炎帝神农氏始以火德王，唐尧亦为火德，秦始皇以为周朝得火德，则推终始五德之传。

郑思肖此言"火德"者，是指赵宋王朝的承传命脉而言，认为大宋王朝的列祖列宗没有失去"火德"之传，是元蒙王朝的忽必烈指挥元军进攻日本，丧失了大宋王朝的"火德"传统，因而必然以失败而告终。

◆ 元末烽烟

张士诚（1321—1367），小名九四，元末泰州白驹场（今江苏省大丰县）人，运盐工出身。由于不堪元蒙盐官的压迫，至正十三年（1353）与弟张士义、张士德、张士信与盐贩李伯升等十八人起兵反元，不久便攻下泰州、兴化、高邮等江北重镇。公元1354年建国号大周，自称诚王，以天祐为年号。公元1356年，张士诚定都平江（今苏州），次年便投降元蒙，受封为太尉。曾与方国珍从海路运粮食美酒，接济元朝大都（今北京）。

元末著名诗人杨维桢有一首《席上作》，记载了张士诚泰州起兵这一重大社会事件：

江南处处烽烟起，海上年年御酒来。
如此烽烟如此酒，老夫怀抱几时开？

此诗虽是杨维桢在酒席上的即兴之作，却真实地反映了元末义军风起的社会现实。

杨维桢（1296—1370），浙江诸暨人。字廉夫，号铁崖。泰定四年（1327）进士。为人个性倔强，不逐时流。工乐府，时号"铁崖体"。

张士诚投降元蒙后，曾开设弘文馆，邀请杨维桢参加，还时常将元惠宗所送御酒原封不动地转送给他。至正十九年（1359）九月，元惠宗遣兵部尚书伯颜帖木儿、户部尚书曹履亨，以御酒龙衣赐张士诚，欲征海运粮。张士诚设宴招待元使者，也邀请了杨维桢。在御酒席上，杨维桢即席赋作此诗。前两句写御酒的来历，后两句则自我表白，抒发难以排遣的苦恼与无奈。烽烟：元末战争的烽火狼烟。老夫：诗人自称；怀抱：心胸。据史料记载，当时张士城听到这首诗后，感到十分羞愧。

中国战争诗话 卷六

明清战争诗话

◆土木之变

土木之变，是明朝英宗皇帝被瓦剌军俘虏的历史事件。

土木，即土木堡，在今北京怀来东。瓦剌，即卫拉特，是西部蒙古各部的总称，明人翻译为"瓦剌"。

也先，瓦剌丞相脱懽之子，称太师淮王。明英宗时代，也先为瓦剌首领，曾短期统一蒙古各部。

英宗正统十四年（1449），瓦剌首领也先率军南下，进攻明朝。宦官王振挟持着年幼的明英宗，率领明军五十万人亲征瓦剌。行至大同，闻前方小败而惊慌失措，立即撤退。王振原来侍奉东宫，英宗称其为先生。撤退途中，王振想让英宗临幸其家乡蔚州，让他光宗耀祖，衣锦还乡，于是几次改变行军路线。到达土木堡，瓦剌军已经尾追而至。将士们忍着饥渴，仓促应战，死伤过半。英宗被俘虏，王振为乱军所杀。

次年，英宗被瓦剌释放回京。失去皇位七年后的景泰八年（1457），英宗发动夺门之变，复辟登位，改年号为天顺，任用宦官曹吉祥与石亨将军，以"谋逆罪"，诬杀抗击瓦剌军有功之臣于谦。

于谦（1398—1457），字廷益，浙江钱塘（今杭州）人。明英宗正统十四年（1449），由巡抚升任兵部侍郎，瓦剌侵犯北京，"土木之变"中，英宗被俘而去；于谦拥立景帝为王，反对南迁，固守北京，击退瓦剌，升为兵部尚书。景泰八年（1457），英宗复辟，以"谋逆罪"杀于谦。于谦为人为事，清白廉洁，有《石灰吟》一诗，是于谦的自我表白。

> 千锤百凿出深山，烈火焚烧若等闲。
> 粉身碎骨浑不怕，要留清白在人间。

这是一首著名的咏物诗。作者以石灰自比，倾诉自己为人为国的一片赤胆忠心。前两句写石灰石，后两句写石灰。"粉身碎骨浑不怕，要留清白在人间。"这是古往今来一切志士仁人的心灵、理想与意志的真实写照。千锤百凿：形容开采石灰石的情景。浑：全，都。

◆石将军战场歌

石将军，即明朝石亨将军，陕西渭南人。善于骑射，挥舞大刀，每战必胜，屡立战功。

明朝英宗正统十四年（1449）七月，也先率领瓦剌军大举进攻大同，英宗在宦官王振怂恿下，贸然亲征。八月，明军兵败于土木堡，英宗被瓦剌军俘虏而去。九月，于谦等朝廷大臣不得已拥立景帝即位。瓦剌军首领也先挟持着英宗继续进攻明朝，攻陷紫荆关，直逼京城。时为兵部尚书的于谦，命令石亨将军等分别守卫九门。石亨指挥军队在德胜门外埋伏诱敌，杀伤敌军甚众，也先指挥瓦剌军撤退。石亨乘机追击，在清风店打败敌军。而后班师回朝，论功行赏，被封武清侯。石亨后来迎立英宗复辟，被封忠国公。却与宦官曹吉祥合谋，诬杀忠臣于谦。石亨后因谋刺罪下狱，死于狱中。《明史》有《石亨传》。

李梦阳，是明代文坛前七子的领袖人物之一，力主"文必秦汉，诗必盛唐"。常言道："千军易得，一将难求。"他有感于明朝缺少石亨与杨洪那样有作为的将领，六十年后经过清风店石亨古战场时，而作《石将军战场歌》：

清风店南逢父老，告我己巳年间事。
店北犹存古战场，遗镞尚带勤王字。

忆昔蒙尘实惨怛，反覆势如风雨至。
紫荆关头昼吹角，杀气军声满幽朔。
胡儿饮马彰义门，烽火夜照燕山云。
内有于尚书，外有石将军。
石家官军若雷电，天清野旷来酣战。
朝廷既失紫荆关，吾民岂保清风店。
牵爷负子无处逃，哭声震天风怒号。
儿女床头伏鼓角，野人屋上看旌旄。

216

将军此时挺戈出，杀敌不异草与蒿。

追北归来血洗刀，白日不动苍天高。

万里烟尘一剑扫，父子英雄古来少。

天生李晟为社稷，周之方叔今元老。

单于痛哭倒马关，羯奴半死飞狐道。

处处欢声噪鼓旗，家家牛酒犒王师。

应迫汉室嫖姚将，还忆唐家郭子仪。

沈吟此事六十春，此地经过泪满巾。

黄云落日古骨白，沙砾惨淡愁行人。

行人来折战场柳，下马坐望居庸口。

却忆千官迎驾初，千乘万骑下皇都。

乾坤得见中兴主，杀伐重闻载造图。

姓名应勒云台上，如此战功天下无。

呜呼战功今已无，安得再生此辈西备胡！

这首长歌，四十八句，三百三十四个字，以歌行体形式，比较自由流畅地讴歌石亨将军清风店战败也先瓦剌军的功绩。前四句为引子，写自己在清风店遇见当地父老，参观六十年前古战场，引起对石将军的回忆与赞美。中间三十句，集中描述当年石亨将军在清风店激战，最终打败也先瓦剌军的具体战斗经过，以周宣王时率领兵车三千乘征伐荆蛮的方叔、汉朝抗击匈奴的霍去病骠骑将军、唐朝平定安史之乱的郭子仪将军与平定藩镇割据的李晟将军相比较，高度赞美石将军父子的赫赫战功。父子英雄：指石亨及其从子石彪。石亨率石彪等精锐数十骑，奋击大呼，直插敌军阵营，刀斧齐下，斩杀数百人。敌军得知石亨在前，大败而逃，石亨父子率众追击，大胜于清风店。《新唐书·郭子仪传》：郭子仪大破安庆绪，收复东都洛阳，唐肃宗慰劳其军说："国家再造，卿力也。"最后十四句，抒发今人沉吟清风店大捷往事的种种感受，怀念石亨与杨洪将军，希望中兴明主再造雄图。迎驾：迎接英宗回京。

景泰元年（1450）八月，朝廷派遣侍读商辂迎接英宗于居庸关。还京时，景宗迎于东安门，入居南宫，景帝帅文武百官朝谒。后英宗复辟，故此处称其为中兴主。云台：东汉明帝所造，上画三十二名中兴功臣（《后汉书·二十八将传论》）。杨洪：与石亨齐名的明朝将军，为宣府总兵，治军严肃，纪律严明，威镇边关。《明史·石亨传》："是时，边将智勇者推杨洪，其次则亨。"末句表明诗人讴歌石将军的目的之所在。

◆明军怯战

常言道："养兵千日，用兵一时。"和平时期的国家军队，必须枕戈待旦，常备不懈，绝对不可养尊处优。

明朝军队，长期养尊处优，官兵厌战、怯战，一遇边事与海事，往往采取消极固守之策，不敢应战，更不敢主动出击，经常处于被动挨打的境地。这是百万明军的最大毛病。

据《明史·世宗纪》记载：明朝嘉靖二十三年（1554）春正月，"官军围倭于南沙，五阅月不克。倭溃围出，转掠苏、松。二月庚辰，官军败绩于松江。乙丑，倭犯通、泰，余众入青、徐界"。夏四月，"乙亥，倭犯嘉兴，都司周应桢等战死。乙酉，倭陷崇明，知县唐一岑死之。五月壬寅，倭掠苏州。丁巳，南京兵部尚书张经总督军务，讨倭"，"秋八月癸未，倭犯嘉定，官军败之。庚寅复战，败绩"。你看，倭寇屡屡侵犯掠夺，而明朝官军却屡屡败绩。这是豆腐渣军队，如此不堪一击，其战斗力何在？

嘉靖十九年（1540）举人归有光，以《甲寅十月纪事》二首与《海上纪事》十四首，比较详尽地记叙了明朝官军在抗击倭寇入侵东南沿海时怯战与屡屡败绩的情景。其《甲寅十月纪事》之一云：

> 经过兵燹后，焦土遍江村。
> 满道豺狼迹，谁家鸡犬存？
> 寒风吹白日，鬼火乱黄昏。
> 何事征科吏，犹然复到门？

兵燹，此指倭寇入侵东南沿海的战争。倭寇骚扰，遍地焦土，豺狼当道，鸡犬

不宁，寒风吹日，鬼火黄昏。如此民不聊生，如此凄惨的社会现实，专门敲诈勒索老百姓的地方官吏，依然上门催交苛捐杂税。

然而，面对东南沿海倭寇的侵犯与掠夺，明朝的官军在哪里？在城里花天酒地，养尊处优！归有光《海上纪事》之一诗云：

> 二百年来只养兵，不教一骑出围城。
> 民兵杀尽州官走，又下民间点壮丁。

前两句写明朝官军，自明太祖朱元璋开国到嘉靖末年，两百年来，朝廷只是养兵，并不用兵，不教一兵一骑出城应战，致使军队官兵滋生一种危险的怯战心理。后两句写地方官吏与民兵的情况，民兵被敌人杀尽，而州官出逃，而后朝廷为补充兵员，又下乡去抓壮丁。这样的明朝官军，怎么会有战斗力？

◆庚戌之变

庚戌之变，是明朝世宗时代鞑靼军进攻北京的重大军事事件。因其发生在庚戌年（1550），故名。

明世宗嘉靖二十九年（1550）秋十月，北方的蒙古族鞑靼军在其首领俺答的率领下进入古北口（在今北京密云县东北，为长城口），掠怀柔、顺义，逼通州，突破明军防线，直逼北京城下，朝廷一片恐慌。宰相严嵩当政，唯恐战败无法掩饰其过，采取不抵抗政策，不准诸将帅率军抗击鞑靼军，欲等鞑靼军肆意掠夺财物之后，自行退却。事后，嘉靖皇帝怪罪，严嵩包庇其党羽大总兵仇鸾，而出卖执行其不抵抗命令的兵部尚书丁汝夔，以此灭口塞责。

仇鸾，出镇大同，与俺答义子脱脱私通，相约不侵犯大同，允许通市。俺答转而侵犯京师，仇鸾派兵增援京师，鞑靼军退却。仇鸾冒功而为太子太保，后被提升为总督京营戎政。庚戌之变，他与宰相严嵩勾结，奉行严嵩密令，答应俺答开放大同宣府马市。而兵部尚书丁汝夔奉严嵩之旨，不敢主战。鞑靼军退却后，被严嵩以"守备不设"罪斩于市。

嘉靖四十一年贡选江都训导欧大任，为此而作《十月虏警书事》，直接描写庚戌之变。其诗云：

朔风初飞万树霜，惊传胡马过渔阳。
从军岂乏三河少？度漠曾招六郡良。
鸣镝月寒窥雁塞，射雕云暗散龙荒。
皇威赤羽劳诸将，不似周王拥白狼。

首联描写鞑靼军侵犯北京的时间与情况，一个"惊"字突出形势的严峻与京城朝廷的心态。颔联以三河少年与六郡良家子弟的典故，写明军将士应对此次庚戌之变的态度，一个"岂"字疑问反诘句式，正好显露出诗人对军队缺乏汉朝三河少年与六郡良家子弟的遗憾。颈联描写胡马窥京的气势。尾联是赞美还是讥讽，任凭读者理解。皇威浩荡，彩旗招展，亲自去慰劳诸位将帅的嘉靖帝，可不像当年周穆王亲征那样，得到的只是四匹白狼、四只白鹿而归啊！

◆王忬之死

王忬，字民应，王世贞之父，江苏太仓人。明朝嘉靖年间，他以右副都御史兵部侍郎身份，接替杨博为蓟辽总督，进而提升为右都御史，故人称王中丞。

嘉靖三十八年（1559）二月，王忬误失军机，致使北方匈奴把都儿辛爱的骑兵，乘间由潘家口入侵明朝边境，渡滦河而西，大肆抢掠遵化、迁安、蓟州、玉田等地，京师为之大震。

事后，御史王渐、方辂上奏，弹劾王忬，刑部判王忬防守边境。时任宰相的严嵩素与王忬不合，王世贞也因口语得罪严嵩之子严世蕃。杨继盛曾任南京兵部右侍郎，嫉恨严嵩用事，弹劾严嵩十大罪状，反被奸相严嵩构害下狱，坐系三载，被斩于西市。王世贞出于公愤，为杨继盛夫妻料理丧事，惹怒严家父子，于是对其父王忬追加构害。王世贞与其弟弟王世懋每天匍匐在严嵩大门口，涕泣求宽贷。父亲下狱后，兄弟俩每天穿着囚服跪在道旁，拦截达官贵人的车舆，乞求援助，而贵人们畏惧严嵩，都不敢说话。王忬最后被权相严嵩改判而为死刑，死于西市。

王忬罪不至死，而严嵩父子挟私报复，将其处死。世人大多明白其中关节，于是河南按察使李攀龙作《挽王中丞》诗二首，哀悼死者冤魂，其二云：

> 幕府高临碣石开，蓟门丹旐重徘徊。
> 沙场入夜多风雨，人见亲提铁骑来。

前两句写王忬之死，有碣石边的蓟门幕府中的招魂旗子，在停放着的灵柩前徘徊为证。丹旐（zhào）：灵柩前的招魂旗子。后两句展开想象，写王忬的灵魂不死，仍然在沙场上徘徊着，在风雨之夜，有人看见王忬亲自率领滚滚铁骑来到沙场上。

◆戚家军

历史上的戚继光，是公认的民族英雄。

戚继光（1528—1587），字元敬，号南塘，明朝登州（今属山东）蓬莱人。明代著名的抗倭民族英雄，先后担任浙江参讲、福建副总兵官，与俞大遒平定广东倭寇，解除东南海患，"戚家军"声名远播，威震东南。隆化初年，总理蓟州、昌平、保定三镇练兵事宜，有《练兵纪实》。不久，担任蓟镇总兵官，升左都督，加太子太保。著有《止止堂集》。其中《马上作》一诗，写自己一生戎马倥偬的军旅生活。

> 南北驱驰报主情，江花边月笑平生。
> 一年三百六十日，多是横戈马上行。

前两句概述自己一生戎马的战斗生涯，为的是报效君主。南北驱驰：戚继光初任登州卫指挥金事，后调任浙江参将升总兵官，后镇守蓟州、昌平、保定凡十六年。江花：指江南；边月：指塞北边境。横戈：手持兵器。后两句具体描写自己一年三百六十日，大多是在战马横戈之中度过的。

戚继光的人生，是战斗的人生，是辉煌的人生。此诗记载的就是他自己一生戎马、南北转战的人生历程，至今传诵不衰，读之令人振奋。特别是抗击倭寇（日本兵）的胜利，大快人心，极大地振奋了中华民族抵御外来侵略者的坚定信心。当时著名画家徐渭就写了两首诗歌表示祝贺，题为《凯歌二首赠参将戚公》，其中一首诗云：

> 战罢亲看海日晞，大酋流血湿龙衣。
> 军中杀气横千丈，并作秋风一道归。

前两句描写戚家军抗击倭寇入侵的胜利情景。晞（xī），拂晓。大酋，指倭寇。龙衣，指明军的战袍。后两句描写戚家军在抗击倭寇战场上的威风，杀气冲天，横扫千军，如同秋风扫落叶一样。

◆陈子龙《渡易水》

陈子龙（1608—1647），字卧子，号大樽，江苏松江（今属上海）人。明末文学社团"几社"首领之一。清兵南下，他在松江起兵抗清，后事败被捕，投水自杀。易水，在河北省境内，是当年燕太子丹送荆轲刺秦王的地方。此诗为陈子龙早年入京渡易水时有感于荆轲之事而作。

> 并刀昨夜匣中鸣，燕赵悲歌最不平。
> 易水潺湲云草碧，可怜无处送荆卿！

世事沧桑，家国危难，诗人心怀忧虑，渡易水而生情，感叹明末难求像荆轲那样的壮士仁人，忧国伤时之虑，溢于言表，实际是对时代英雄与敢于为国家献身的豪壮勇士的一种热烈呼唤。并刀：古代出产于并州（今太原）的一种宝刀。匣中鸣：指将士的刀剑在匣子里发出声音，犹如跃跃欲试一样。形容古代将士杀敌复仇的急切心情。燕赵悲歌：战国时代的燕国与赵国，立国于今之河北、山西一带，民风刚毅剽悍，自古多慷慨悲歌之士。潺（chán）湲（yuán）：河水缓缓流动的样子。可怜：可惜。荆卿：荆轲。据《史记·刺客列

传》，荆轲，战国时代卫国人，因知遇于燕太子丹，决计西去咸阳刺杀秦始皇。燕太子丹在易水为他送别，他悲歌一曲："风萧萧兮易水寒，壮士一去兮不复还！"最后"图穷匕首见"，事败而死。

◆ 满清征明

满族是女金后裔，崛起于中国东北的白山黑水之间。

明朝万历四十四年（1616）正月，努尔哈赤建国称帝，国号"大金"，史称"后金"，年号天命元年。天聪十年（1636）四月，皇太极即位，改国号为"清"，建都沈阳，更名为"天眷盛京"。

满族的祖先，可以上溯到周朝的肃慎。《国语·鲁语下》称："昔武王克商，通道于九夷百蛮，使各以其方贿来贡，使无忘职业。于是肃慎氏贡楛矢石砮，其长尺有咫。"

道光十五年（1835）进士、翰林院编修朱琦作《新铙歌四十首》，分别叙述满清崛起于白山黑水之间到统一中国的全部历史过程，有《战图伦》、《战嘉鄂》、《战乌拉》、《战界藩》、《平哈达》、《七旗战》、《山海关》、《平逆藩》、《平台湾》、《平青海》、《靖川楚》等编目，不啻是一部满清王朝战争诗史。其中《天祐兵》一首云：

> 天祐兵，
> 纷来降。
> 鸭绿江以西争率从，
> 天聪圣人多大功。
> 于时群部喤喤，
> 韬甲兴文。
> 诸王贝勒再拜献万寿，
> 恭上皇帝尊号曰仁圣宽温。
> 建国号大清，
> 以崇德纪元。

追王四世以上，

隆礼备乐，

懋建懿亲。

天命三年（1618）三月，赫图阿拉城，北国一片冰雪世界。

满清贵族为了与朱明王朝争夺在中国的生存与发展空间，努尔哈赤正式宣告进兵明朝。

清兵出师之际，努尔哈赤书写"七大恨"以告天，其辞曰：

我之祖、父未尝损明边一草寸土也，明无端起衅边陲，害我祖、父，恨一也；明虽起衅，我尚修好，设碑勒誓，凡满汉人等，毋逾疆土，敢有越者，见即诛之，见而故纵，殃及纵者。讵明复渝誓言，遣兵越界，卫助叶赫，恨二也；明人于清河以南，江岸以北，每岁窃逾疆场，肆其攘夺，我遵誓行诛，明负前盟，责我擅杀，拘我广宁使臣纲古里、方吉纳，挟取十人，杀之边境，恨三也；明越境以助叶赫，俾我已聘之女改适蒙古，恨四也；柴河、山岔、抚安三路，我累世分守疆土之众，耕田艺谷，明不容刈获，遣兵驱逐，恨五也；边外叶赫获罪于天，明乃偏信其言，特遣使臣，遗书诟詈，肆行凌侮，恨六也；昔哈达助叶赫二次来侵，我自报之，天既授我哈达之人矣，而明又党之，挟我以还其国。已而哈达之人数被叶赫侵掠。夫列国之相征伐也，顺天心者胜而存，逆天意者败而亡，何能使死于兵者更生，得其人者更还乎？天建大国之君，即为天下共主，何独怨于我国也？初扈伦诸国合兵侵我，故天厌扈伦启衅，惟我是眷。今明助天谴之叶赫，抗天意，倒置是非，妄为剖断，恨七也。因此七大恨，是以征之！

这是满清贵族统治者征伐朱明王朝的檄文与宣战书。

努尔哈赤一身戎装，骑在白马上，正式宣告："出师明朝！我师必胜！"

"出师明朝！""我师必胜！"口号声，欢呼声，在白山黑水之间回荡着。

从此，到清军入关，定都燕京，凡三十年之久的明清两朝争夺战，终于拉

开了历史的序幕。

后金的千军万马，横扫松辽平原。

天聪十年（1636）四月，皇太极改国号为"清"，建都沈阳，改名"盛京"。清军长驱直入，占领辽东，攻入长城，到达保定，威胁明朝首都燕京。

清崇德六年（1641）八月，松山大战。清军攻入松山城，活捉明朝总督洪承畴及其以下官员百余人，士兵三千多人。明朝讹传洪承畴已死，朝廷准予祭十六坛，建祠于都城外，崇祯皇帝亲临祭奠。后闻洪已降清，祭祀乃止。

吴三桂、王朴、唐通、马科、白广恩等率部循海道引退，被清兵追杀，死者不可胜计。松山之战，明军十三万兵将死于血泊之中，震惊朝野。

明末清初，著名诗人吴伟业闻讯，作《松山哀》长诗，其中曰：

> 拔剑倚柱悲无端，为君慷慨歌松山；
>
> 十三万兵同日死，浑河流血增奔湍。

清崇德七年（1642）二月十八日。

盛京沈阳，崇政殿里。

洪承畴跪伏于门外，诚惶诚恐地禀奏清朝皇上皇太极说："臣将兵由松山援锦州，曾经数战，冒犯军威。圣驾一至，众兵败灭。臣坐困松山，糗粮罄绝，人皆相食。城破被擒，自分应死，蒙皇上矜怜不杀而恩养之。今令朝见，臣自知罪重，不敢入。"

皇太极为网罗汉族人才，却说："彼时与我军交战，各为其主，朕岂介意？朕之击败十三万兵，得松锦诸城，皆天也。天道好生，善养人者；斯合天道，朕故恩沾及尔。尔但念朕抚育之恩，尽心图报可耳。"

洪承畴五体投地，再三朝拜，投降清朝，成为清朝入主中原的关键幕僚。皇太极命其隶属镶黄旗汉军。清兵进驻燕京，调任弘文院大学士、国史院大学士，后任太子太保、兵部尚书。

五月，崇祯皇帝指派兵部员外郎马绍愉等官员前来求和。

盛京，春意荡漾。皇太极宫殿。马绍愉、吴三桂等觐见皇太极。

马绍愉、吴三桂以明使臣身份行叩礼，皇太极傲慢不受，要求以臣子身份行礼，说："尔等必须行一跪三叩头之礼。"

马绍愉、吴三桂等被逼于无奈，不得已行一跪三叩头之礼。

马绍愉说："我等奉大明皇帝之旨，愿与大清国议和。"

马绍愉呈上崇祯皇帝敕谕，不予目阅。皇太极说："予嗣位以来，自东北海滨迄西北海滨，额鲁特部以至斡难河源，蒙古及朝鲜，悉入版图，乃受号称尊，国号大清，改元崇德。虽我军每战辄胜，仍愿和好。若两国诚心和好，自此以后，宿怨尽释，尊卑之别，何必较哉？"

此次议和，皇太极确定："明朝每岁馈送大清黄金万两、白金百万两；大清馈送人参千斤、貂皮千张。明朝以宁远双树堡中间土岭为界，大清以塔山为界，连山适中之地，两国于此互市。"

然而，清军凭借强悍的骑兵，连续攻占锦州、塔山、杏山等城，并一一夷为平地。

锦州之战，明辽东总兵吴襄坐失战机，被系之下狱。明总兵王朴首先临阵逃遁，而后唐通、吴三桂等率部逃遁，明军崩溃。

皇太极在锦州扬言道："取明燕京，如伐大树，须先从两旁砍之，则大树自仆。今不取关外四城，岂能即克山海关乎？今明精兵已尽，我四围纵略，彼日衰而我日盛，从此燕京可得矣。"

◆ 崇祯之死

崇祯，本来属于明朝历史上励精图治的皇帝。

崇祯十七年（1644）二月，李自成农民军攻占山西太原。

消息传来，崇祯皇帝召对于德政殿，下达《罪己诏书》，略云："朕嗣守鸿绪，十有七年，深念上天陟降之威，祖宗付托之重，宵旦兢惕，罔敢怠荒。乃者灾害频仍，流氛日炽，赦之益骄，抚而乱叛，甚有受其煽惑，顿忘敌忾者。朕为民父母，不得卵翼之；民为朕赤子，不得怀保之。罪非朕躬，谁任其责！……至于用大臣而不法，用小臣而不廉，言官植党而清议不闻，武将骄懦而军功不奏，皆由朕抚驭失道，诚感未孚。中夜此心，踽踽无地。"

左都御史李邦华密疏南迁，请皇上"固守京师，仿永乐朝故事，太子监国

南京"。又请"以定、永二王分封太平、宁国二府,拱护两京"。皇上得疏,心意为之一动,绕着宫殿行走,且读且叹,准备实施。

中允李明睿上疏南迁,皇上说:"国君死社稷,正也。朕志已定,无须再议。"

为筹集军饷,崇祯皇帝诏曰:"朕尚请嘉定伯倡勋戚捐款,可否?"

周奎假装穷困,说:"臣有负圣意,罪该万死。家藏无几,捐金何来?"

诸位大臣听之愕然。崇祯皇帝面对国丈大人的举动,激愤地说:"国之不保,何有家为?皇亲贵戚,不论多寡,人须捐款。"

各位大臣纷纷捐款。周奎不得已,当众表态说:"臣愿意捐款万金,尚乞皇后襄助。"及李自成军掠其家,得金数万计,人们于是嘲笑周奎之愚蠢。

三月十一日,李自成军抵达宣府,明军人心涣散,将士们不愿意与大顺军对抗,更将炮孔堵塞。

巡抚朱之冯召集将吏于城楼,歃血为誓死守,悬赏格励将士。

监视中官杜勋,与城下大顺军暗通,朱之冯大骂道:"杜勋!你为皇上所信赖,特意派遣你监视,以封疆为属。你却通贼,何面目见皇上?"杜勋不答,冷笑而去。

朱之冯见大炮,命令左右将士说:"为我发炮!"却无应答者。朱亲自点火,炮孔竟被堵塞了,还有人从后面用长矛刺他的手肘。朱之冯抚膺叹息道:"真没想到,人心至此!"于是坐在大炮旁,仰天大哭。

李自成军至,明朝总兵姜瓖与监视宣府太监杜勋率城内守军,开门迎接,投降李自成大顺军。

左右欲拥簇着朱之冯出走,朱之冯斥叱着,乃南向叩头,草拟表奏,奉劝皇上收人心,厉士节,在府邸自缢而死。

三月十八日,李自成设帐坐镇彰义门外,投诚太监杜勋,以箭射书入城,称"大盛军势强盛,锐不可当,务请明帝,审时度势,自以为计"。

杜勋的飞箭羽书,很快递送到京营提督吴襄手中。吴襄立刻找周奎、田弘遇等商议,是否呈奏皇帝。吴襄说:"此等势利小人,其言无足挂齿。"周奎坚持奏报,于是送交中官王承恩,王承恩立即呈上。

崇祯一听是太监杜勋的信,气愤地扔到地上,说:"死贼难逃!"

崇祯即日下诏亲征。又召驸马巩永固:"时势已危在旦夕,朕令尔等,以家丁护送太子南行。"巩永固叩头，说："秦臣不藏甲，臣安敢有家丁?"相向哭泣而已。

黄昏时分，李自成攻破京都外城，正以飞梯进攻西直门、平则门与德胜门。明太监作内应，太监曹化淳打开彰义门，李自成军蜂拥而入。

申佳胤，字孔嘉，崇祯进士，吏部主事，历太仆丞。李自成军破居庸关，有人劝他不要进京，他说："固知秦师不支，如天子孤立何?"于是疾马飞驰入京，一一拜见大臣，谋划战守之策，却无人应对。城破，自投井死。

刘文炳，字淇筠，进武安侯，与太学生申湛然友善。李自成军破城，合家自尽，文炳投井而死。申湛然把他的老母藏在自己家，李自成军严刑拷问申，申一言不发，身体糜烂而死。

崇祯皇帝出后宫，登石景山，望见整个京城，烽火彻天，徘徊叹息。

周皇后，苏州人，嘉定伯周奎之女，性格严谨。崇祯即位，立为皇后。

崇祯皇帝回到宫廷，首先来到周皇后寝宫，哭泣着，对皇后说："大势去矣。"周皇后顿首说道："臣妾事奉陛下十八年，陛下始终不听臣妾一语，至有今日。"

皇帝抚摸着太子与永、定二王恸哭，而后手敕令成国公朱纯臣："东宫托于成国公，百官俱赴东宫行在，成国公总督诸军辅佐太子。"

中官王承恩即刻赴成国公官邸，宣布皇帝手敕。

宫官遣送太子出宫。永、定二王分别被送往周奎、田弘遇官邸。

一场史无前例的历史悲剧，正在明朝皇宫上演。

皇后寝宫内，崇祯命周皇后自尽。长平公主、昭仁公主抱着皇母的遗体，撕心裂肺地呼喊着："皇母! 皇母!"崇祯皇帝与公主的泪水，和着皇后的鲜血在地板上流淌。

王承恩呼唤左右进酒，崇祯痛饮十数金卮。

长平、昭仁两位公主躲进崇祯的黄袍里，哭泣着。黄袍已经保护不了金枝玉叶般的两位公主，这是帝王家史上最惨痛的历史悲剧。

崇祯伸手抚摸着两位公主的发丝，悲痛地说："你们何故要生在帝王家!"随即惨死在皇父的刀剑之下。崇祯又杀了袁妃等诸位嫔妃。血流遍地，惨不忍睹。这是中国历代帝王家最悲戚惨烈的一幕。这一幕唯有中官王承恩亲眼看到。

王承恩与左右侍者掩泣着，不敢正视眼前的一切。

宫外，李自成大顺军的炮声隆隆，杀声震天。

王承恩陪着崇祯皇帝，步履蹒跚，回到帝王寝宫。红烛垂泪，暗淡无光。一个孤独的帝王，面对着一个孤独的臣子，相对无言，唯有泪千行。他们两个君臣已经无颜面对祖宗社稷，无颜面对大明江山。

半夜，李自成大顺军攻克内城。宫女们，皆踉跄夜出。有宫人魏氏，站在御河边上大声呼喊："有志者，当自为计！"随即投河自尽。顷刻之间，从死者一二百人。御河里，女尸一片狼藉，水面漂散着紫禁城宫女们的胭脂之色。

三月十九日黎明，崇祯皇帝命王承恩，说："朕作最后一次早朝。"

王承恩命主管鸣钟，召集文武百官来皇极殿早朝。崇祯黄袍加身，端坐金銮殿上，旁边站立着王承恩，等了许久，竟无一人到朝。冷清的皇宫与沸腾的宫外，形成强烈反差。这是崇祯皇帝的失落，也是朱明王朝的失落。

崇祯起身，迈出皇极殿。王承恩跟随着，崇祯皇帝在宫廷里徘徊流连，抚今思昔，一种亡国之痛涌上心头。

崇祯询问王承恩："爱卿，你还记得李煜的词吗？"

王承恩问："哪一曲？"

崇祯："［虞美人］嘛。"

王承恩："记得，记得。"

两人一边毫无目的地信步行走，一边情不自禁地吟诵着南唐李后主的词［虞美人］：

> 春花秋月何时了？往事知多少！小楼昨夜又东风，故国不堪回首月明中。
>
> 雕栏玉砌应犹在，只是朱颜改。问君能有几多愁？恰是一江春水向东流。

崇祯皇帝与李后主心灵相通，这不是一般的愁绪，而是亡国之恨！失去了亲人，失去了文武百官，失去了江山社稷，他变成了真正的"孤家寡人"。

王承恩跟随着崇祯，骑马出了后宫大门。崇祯与中官王承恩弃马，相互搀扶着，登景山，上寿皇亭。这里古木参天，视野开阔，俯瞰紫禁城，起义军人头攒动，沸反盈天。崇祯皇帝叹息道："苦我民耳！"

崇祯久久地徘徊流连着，正走完朱明王朝末代帝王的最后一段人生里程。

王承恩问："皇上尊意若何？"

崇祯说："爱卿跟随朕十余年，深知朕处事为政。"

王承恩说："帝承神宗、熹宗之后，慨然奋进。执掌国柄，并无一日懈怠，不迩声色，忧勤惕（tì）励，殚心治理，想望天下治平。惜其积重难返，宦官专权，门户纷争，流寇蔓延，内外交困，遂至溃烂而莫可救药，可谓大势已倾，回天乏力也。"

崇祯叹息着说："为政，朕不可谓不勤；为民，朕不可谓不衷；为人，朕不可谓不严。然而，上天不助，祖宗不佑，朕命已在劫难逃矣。"

此时此刻，崇祯皇帝御绛黄袍，跣左足，书衣襟为遗诏，曰：

> 朕凉德藐躬，上干天咎，致逆贼直逼京师，皆诸臣误朕。朕死，无面目见祖宗，自去冠冕，以发覆面，任贼分裂，无伤百姓一人。

书写罢，崇祯又命王承恩复宣读一次，以示诏告天下。

崇祯说："国君死社稷，在所不惜。"

王承恩说："臣子随君，死而无憾。"

崇祯皇帝以帛自缢于燕京煤山寿皇亭边的树下，总监王承恩也同时自缢于其侧。时在崇祯十七年（1644），农历为甲申岁。

明末清初，遗民诗人万寿祺《甲申》诗，描写甲申之变与崇祯皇帝自缢身亡殉国，云：

> 甲申三月十九日，地坼天崩日月昏。
> 皇帝大行殉社稷，枢臣从逆启城门。
> 梓宫夜泣东华省，庙主朝迁西寝园。
> 身是我君双栖士，北临蹦踊丧精魂。

万寿祺，字年少，崇祯三年举人，以豪杰自命。晚年遁入空门，易名沙门慧寿。郭沫若《甲申三百年祭》，以文吊农民军领袖李自成，而万寿祺以诗悼念崇祯皇帝。此诗充溢着对崇祯皇帝的怀念，诗情哀伤而悲愤。

明朝崇祯皇帝自缢而死，标志着朱明王朝的灭亡，自朱元璋洪武元年在南京创建大明王朝，历任16个皇帝，到此时此刻，已经走完了276年的历史进程。

中国历史上的末代皇帝，自秦二世、西汉哀帝、东汉献帝、蜀汉阿斗、南朝陈后主、李唐昭宗、南唐李后主、北宋徽宗与钦宗、南宋小皇帝赵昺，到清朝宣统皇帝，他们都是末代皇帝，却从来没有一个像明末崇祯皇帝那样死得悲烈凄惨，竟以帝王全家自杀的方式，来宣告国破家亡者。这样一幕历史悲剧，简直是空前绝后。

◆吴三桂冲冠一怒为红颜

明末清初，一场满清贵族与李自成大顺朝争夺生存与发展空间的生死决战，正席卷着古老的中华大地。

这场生死争夺战的直接导火线，就是一个绝代佳人陈圆圆。后人感慨万千地说："有明一朝兴废，实系圆圆一人。"

明末崇祯年间，吴三桂出任辽东总兵，镇守山海关。因美女陈圆圆被李自成所掳，"冲冠一怒为红颜"，引清兵入关，合击李自成军，才改变了中国历史的发展进程。从此，清军入关，定都北京。而规模浩大的李自成起义，经过几年的生死较量，却被入主中原的满清王朝残酷镇压下去。

一个才艺双全的苏州美女，却改变了明末清初中国历史的发展走向，也改变风云人物吴三桂将军的人生命运。

陈圆圆，足以与古希腊美女海伦媲美，实际上是中国古代的海伦。海伦引发一场特洛伊战争，陈圆圆导致吴三桂"冲冠一怒为红颜"，引清兵入关，抢夺了李自成农民起义军的社稷江山。

陈维崧《妇人集》记载："姑苏女子圆圆，字畹芬，良家女子也。色艺擅于一时。如皋冒先生常言：妇人以姿质为主，色次之，碌碌双鬟，难其选也；

蕙心兰质，澹秀天然，生平所观，则独有圆圆耳。"

明崇祯年间，陈圆圆初为武安侯田畹所劫，后延陵将军吴三桂（按：延陵是吴季扎封邑）以千金为聘，纳之为妾。吴以辽东总兵镇守山海关，李自成攻克北京，建立"大顺"政权。陈圆圆被李自成部帅刘宗敏所俘，献给闯王，闯王则以陈圆圆侍太子。闯王挟制三桂之父吴襄，以通侯之赏相许，并以银四万两犒劳三桂军，要家人潜至三桂帐前劝降。

本来吴三桂答应只要把太子与陈圆圆送还，就投降大顺朝。据《清史稿》记载：吴三桂"闻其妾陈为自成将刘宗敏掠去，怒，还击破自成所遣守关将，遣副将杨坤、游击郭云龙上书睿亲王乞师"。此时，吴三桂拔剑冲冠一怒，说："嗟呼！大丈夫不能自保其室，何以生为？"于是吴三桂引清兵入关，缟素发丧，直取燕京。

已经登基为帝的李自成，怒杀吴襄全家30口，弃燕京而西去。

吴三桂追至山西，将渡黄河。此时部将传书，已于京城获得陈圆圆。吴三桂喜出望外，于玉帐结五彩楼，列旌旗箫鼓30里，亲自以香车迎接陈圆圆。自此，由秦入蜀，直至云南，陈圆圆跟随着吴三桂。三桂于滇南，为陈圆圆建苏台、营郿坞，经常请圆圆唱歌。而圆圆每歌汉高祖《大风》之歌以献媚，三桂亦闻歌拔剑起舞，作发扬蹈厉之容；圆圆则持觞敬酒，以为知音。顺治年间，吴三桂被封为藩王，圆圆将为正妃。圆圆晓以大义，固辞不从。而后康熙朝议论撤藩，吴三桂于云南起兵，反叛清廷，自称"天下都招讨兵马大元帅"。陈圆圆请为女道士入观。吴三桂军事之暇，常至道观清谈，至暮而归。后吴三桂在衡山称周帝，不久病死于衡阳，陈圆圆不知所终。

陈圆圆的身世遭遇，涉及明末清初三个皇帝与四大政治军事集团的生死搏斗。三个皇帝是：明朝的崇祯皇帝、清朝的顺治皇帝与大顺朝的顺天皇帝；四大集团是：满清贵族集团、李自成农民军集团、南明王朝集团、吴三桂反清集团。陈圆圆以无穷的魅力，不自觉地转入历史的漩涡，不由自主地成为这场斗争的中心人物。

陈圆圆之美，一则"其声，甲天下之声；其色，甲天下之色"，具有"蕙心兰质，澹秀天然"之美；二则这个绝代佳人引发出了一场血与火的生死战争，一场改变中国历史走向的民族斗争。在这一场血与火的社会大动乱中，陈圆圆

的命运主宰着整个事态的发展，她的机智与大义，改变了李自成与吴三桂生死较量的历史进程。在古今歌姬佳丽之中，这是比较少见的。她的命运遭际，是男人们为争夺"红颜"而引发出来的一场巨大的社会变故。

清初著名诗人吴伟业（1609—1672），字骏公，号梅村，江苏太仓人。是复社成员，清初宗唐诗派的代表人物。著有《梅村诗话》，诗歌创作多长篇歌行体，如霞如烟，如江如海，如锦如花，人称"梅村体"。其《圆圆曲》，是一部史诗，一部千古传唱的民族史诗，也是一部美人艳史，一部娇艳歌妓陈圆圆身世遭遇的悲剧历史。《圆圆曲》云：

> 鼎湖当日弃人间，破敌收京下玉关。
> 恸哭六军俱缟素，冲冠一怒为红颜。
> 红颜流落非吾恋，逆贼天亡是荒宴。
> 电扫黄巾定黑山，哭罢君亲再相见。
>
> 相见初经田窦家，侯门歌舞出如花。
> 许将戚里箜篌伎，等取将军油壁车。
> 家本姑苏浣花里，圆圆小字娇罗绮。
> 梦向夫差苑里游，宫娥拥入君王起。
> 前身合是采莲人，门前一片横塘水。
> 横塘双桨去如飞，何处豪家强载归。
> 此际岂知非薄命，此时只有泪沾衣。
> 熏天意气连宫掖，明眸皓齿无人惜。
> 夺归永巷闭良家，教就新声倾坐客。
> 坐客飞觞红日暮，一曲哀弦向谁诉？
> 白皙通侯最少年，拣取花枝屡回顾。
> 早携娇鸟出樊笼，待得银河几时渡？
> 恨杀军书抵死催，苦留后约将人误。
> 相约恩深相见难，一朝蚁贼满长安。
> 可怜思妇楼头柳，认作天边粉絮看。

遍索绿珠围内第，强呼绛树出雕栏。
若非壮士全师胜，怎得蛾眉匹马还？
蛾眉马上传呼进，云鬟不整惊魂定。
蜡炬迎来在战场，啼妆满面残红印。
专征箫鼓向秦川，金牛道上车千乘。
斜谷云深起画楼，散关月落开妆镜。
传来消息满江乡，乌桕红经十度霜。
教曲妓师怜尚在，浣纱女伴忆同行。
旧巢共是衔泥燕，飞上枝头变凤凰。
长向尊前悲老大，有人夫婿擅侯王。
当时只受声名累，贵戚名豪竞延致。
一斛明珠万斛愁，关山漂泊腰枝细。
错怨狂风扬落花，无边春色来天地。
尝闻倾国与倾城，翻使周郎受重名。
妻子岂应关大计，英雄无奈是多情。
全家白骨成灰土，一代红妆照汗青。

君不见馆娃初起鸳鸯宿，越女如花看不足。
香径尘生乌自啼，屧廊人去苔空绿。
换羽移宫万里愁，珠歌翠舞古梁州。
为君别唱吴宫曲，汉水东南日夜流。

鼎湖：在湖北荆山下，古代传说黄帝修道乘龙升天之地。此指崇祯皇帝在景山自缢而死。玉关：本指玉门关，出借指山海关。荒宴：沉湎于享受与欢乐。专征：皇帝授权将军任意征伐的权力。江乡：指陈圆圆故里苏州。屧（xiè）：木制鞋底。屧廊：用吴王夫差为美女西施建造馆娃宫的故事。古梁州：指云南。《明史·地理志》："云南，《禹贡》梁州徼外地。"徼（jiào）：边界。

　　这首歌行体长诗，属于史诗一般的长篇，其社会意义与美学价值，可与白居易《长恨歌》、《琵琶行》媲美，凡78句，549个字，述写陈圆圆的身世遭遇

与吴三桂引发出来的时代悲剧。

全诗大致分为三个层次：前八句为总起，称吴三桂"恸哭六军俱缟素，冲冠一怒为红颜"之举，终于改变了明末清初中国历史的正统走向，继元蒙贵族之后，满清贵族入主中原，实现了前金尚未实现的统一中国的梦想。不难设想，如果没有吴三桂为美人陈圆圆的"冲冠一怒"而引清兵入关，明朝末年的华夏江山就是李自成农民起义军的江山。这就是美女陈圆圆的无限魅力之所在。而62句，集中描写陈圆圆的身世遭际与整个明末清初社会动荡的复杂关系。最末八句，作者以姑苏美女陈圆圆的一生联系春秋时代吴宫越女的"换羽移宫"与"珠歌翠舞"，而抒发"为君别唱吴宫曲"的无限感慨之意。

清人杨际昌《国朝诗话》指出："世称杜少陵为诗史，学杜者不须袭其貌，正须识此意耳。吴梅村歌行，大抵发于感怆，可歌可泣。余尤膺服《圆圆曲》前幅云：'恸哭六军俱缟素，冲冠一怒为红颜。'后幅云：'全家白骨成灰土，一代红妆照汗青。'使吴逆无地自容。体则元、白，可为史则已如杜也。"

◆一片石之战

一片石，在山海关附近，这个在中国字典与中国地图上找不着的小地名，却成为李自成农民军失败而吴三桂引清兵入关，奠定满清贵族入主中原、统一中国的一块里程碑。

李自成，明朝末年农民起义军首领，陕西米脂人。崇祯二年（1629）起义，高迎祥牺牲后，继任为闯王。崇祯十六年（1643），攻克西安，建立大顺政权，年号永昌。随后进驻燕京，推翻朱明王朝，而得天下。

然而，为了一个美女陈圆圆，身为明朝辽东总兵的吴三桂，竟然"冲冠一怒为红颜"而引清兵入关。于是，在明末清初的中国历史舞台上，李自成农民军与吴三桂军、清兵，三股政治军事势力之间，展开了一场血与火的生死搏斗。

顺治元年（1644）四月，大顺军、吴三桂军、清军三军两方对垒于一片石。

李自成亲征山海关，而他并不知晓清军为吴三桂军后盾，以20万军队，阵于山海关关内，自北山横亘于海岸，长达百里。

吴军布阵，未能横及山海关海岸，乃令军士鳞次布列，对着李自成军阵尾，伺机奋击，且告诫士兵不要越警戒线。

李自成诏令兵政尚书王则尧："以唐通军为先锋，攻击吴三桂。"

唐通于前线喊话："吴三桂，我奉大王之命，来取你头颅。尔父吴襄在此，有种者来攻战啊！"

吴三桂得知父亲被挟持至此，家仇国恨，一齐涌上心头。他率先发令："出击！"

四月二十五日，大顺军与吴三桂军大战于一片石。

唐通军迎击，两军厮杀着。吴三桂居其军右翼之末，先悉其众兵与唐军搏战，围开复合，双方伤亡惨重。战斗良久，大清军突然从吴三桂军阵地右侧杀出，冲击大顺军中坚。

此时此刻，万马奔腾，飞矢如雨。天空刮起大风，飞沙走石，杀声震天，刘宗敏受伤，唐通骑马逃走。大顺军大败，李自成退居山海关。

四月二十六日，李自成誓书于吴三桂："大明朝义兴皇帝使监国大学士平南王吴三桂、尚义伯唐通，大顺朝永昌皇帝使兵政尚书王则尧、张若祺，于甲申四月二十四日，立誓于山海关，自誓之后，各守本有疆土，不相侵越。大顺朝已得燕京，准于五月初一交还大明朝世守，财货归大顺，人民各从其便。如北兵侵掠，合力攻击，休戚相共。有渝此盟，天地殛之。"而吴三桂却以夺妾之辱、杀父之仇，与清军合力追击大顺军。李自成率领大顺军，东征失利，吴三桂与清军步步紧逼，李自成被迫退出燕京，满清贵族则定鼎中原。经过几载厮杀，规模浩大的李自成起义军终于失败。

道光朝翰林院编修朱琦作《新铙歌四十首》，其中有《山海关》一曲，其中有诗句，描写山海关一片石之战者，云：

世祖皇帝初纪元，命睿亲王略中原。
是时逆闯巳陷燕，三桂请救山海关。
我师整队次连山，贼众百万亘海壖。
前驱搏战冲中坚，立马而观纛旟旟。
沉沙中起颠坤乾，我军大呼风为旋。
铁骑直贯其阵穿，天清尘开耀戈铤。

贼睹辫发豹两鞭，惊曰满兵剧溃奔。
兼程追之入沁源，羽檄夜飞奏于闿。

这首诗的作者站在满清政府一边，既歌颂清兵的威力无穷，又贬斥李自成起义军，对历史来说，自然是"成者为王，败者为寇"。然而，你又如何来评价吴三桂的历史作用呢？

郭沫若于1944年写《甲申三百年祭》，总结李自成起义军失败的历史教训，认为李自成的失败，在于进驻燕京之后的腐败生活。这一点固然是对的，但这仅仅是其表面现象而已。真正意义上的农民战争，有几个胜利了？所以，毛泽东尖锐地指出："农民问题，是中国革命的根本问题。"一部中国战争史，农民起义军付出了多么壮烈的牺牲，可歌可泣！问题的关键，还在于中国历代农民起义的大小战争，总有数十上百次之多，而其历史命运，不是被封建统治者残酷镇压下去，就是变成封建王朝改朝换代的工具。秦末的陈胜农民起义，为项羽刘邦所利用；西汉末年的绿林军起义，成为刘秀复汉的工具；东汉末年的黄巾起义，也被残酷镇压；隋末农民起义，被李渊、李世民父子所利用而建立大唐帝国；唐朝末年的黄巢起义，席卷整个中国，最终黄巢自杀于泰山狼牙谷，农民军被镇压；元朝末年农民起义，使朱元璋登上皇帝宝座；明朝末年的李自成起义，也逃不掉这同样的悲剧命运。他们满脑子的封建帝王思想，农民军起义一旦成功，就策划如何登基、称王、做天子，唯我独尊，忽略民众，忽略政权建设，也忽略敌人与野心家们。李自成进京，小农意识局限着他的头脑，缺乏远大理想与深谋远虑，决策失误，领导无方，既不安抚民心，更不安抚明朝旧臣，不善于招徕人才，部将刘宗敏抓获一个美女陈圆圆，赶紧送给大王李自成。

天下美女何止万千！一个陈圆圆，抵得上血染的大好江山？就是这个陈圆圆，引发出了吴三桂与李自成起义军之间的一场惊天大战。

李自成农民起义军经过浴血奋战才得以打下的万里江山，为了一个绝代佳人，最后却得而复失，可泣可悲，多么令人叹惋与痛惜啊！

中国占争诗话

◆郑成功收复台湾

历史不会忘记，民族英雄郑成功一举收复台湾，维护了中国的领土完整与国家主权。

郑成功（1624—1662），初名森，字大木，福建南安人。南明王朝永历皇帝封赐他为延平郡王。公元1646年，反对父亲郑芝龙降清，起兵南澳，以厦门、金门为据点，从事南明抗清斗争。公元1659年与张煌言合兵，围攻南京，战败而撤退至福建。

明朝万历三十二年（1604）与天启二年（1622），荷兰军舰两次侵占澎湖列岛。天启四年（1624），荷兰殖民统治者侵占了台湾南部，大力修建城堡，屯兵防卫，开办学校，设立医院，建立教堂，开始殖民统治，并向北部扩张，赶走西班牙人，据台湾为己有，不断侵扰东南沿海。

为配合台湾军民反抗荷兰殖民统治者的爱国斗争，郑成功于1661率将士数万人，收复台湾。他们自厦门出发，经澎湖列岛，于台南禾寮港登陆，焚烧荷兰船舰夹板，围攻荷兰总督府所在地赤坎城。经过八个月的艰苦战斗，终于于公元1662年2月1日，逼迫荷兰总督揆一投降，中国收复台湾主权。

郑成功从荷兰殖民者手中收复台湾，是中国历史上的惊天壮举。

按照历史常规，郑成功应该属于真正意义上的民族英雄。然而，因为郑成功长期从事反清活动，收复台湾后不到五个月即病死。其子郑经嗣位，依然坚持与满清王朝分庭抗礼，吴三桂起兵云南反清时，郑经曾积极参与三藩抗清活动。因而，满清王朝一直没有为郑成功正名，冷落了这位民族英雄的在天之灵。

然而，在民间，在百姓心目之中，郑成功的赫赫战功与民族英雄的历史地位是不可动摇的。

清朝康熙年间，翰林院编修，安徽著名学者、诗人戴名世《古史诗铖》一百一十首里有《郑氏抗节》诗云：

> 大木独撑天一方，朱明岁月赖延长。
> 郑家气节汉家宝，岛国孤忠耿未忘。

此诗歌咏郑成功收复台湾的历史功勋。但是诗人歌颂郑成功的气节与孤忠，站的立场却是朱明王朝，而非清朝，显示其"汉家"情结。

而后，清朝诸生、广东番禺诗人潘飞声的《读郑成功传》二诗又云：

> 海隅崛起战群龙，汉将谁能歌大风？
> 我是闽人称后学，黄金惟铸郑成功。

> 今古中原两火战，鹳军冲突鹅鹅场。
> 荷兰一炬无余板，十倍周郎赤壁强。

前者是赞扬郑成功收复台湾的赫赫战功，以刘邦歌《大风歌》为喻，突出郑成功的辉煌战绩。后者具体描写郑成功收复台湾时使用周瑜火烧赤壁之策而击败荷兰船舰的战斗事迹，以补充《郑成功传》的缺陷。

潘飞声《在山泉诗话》记载其写作动机时说："有自署亚庐者，撰《郑成功传》，称述颇多特笔，惟于焚荷兰夹板事，阙然不载。余因以诗补之。"鹳鹅场：战场。鹳鹅：都是古代军阵、战阵名，或为鹳阵，或为鹅阵。《左传·昭公二十一年》："与华氏战于赭丘。郑翩愿为鹳，其御愿为鹅。"

◆吴三桂擒杀南明桂王

顺治十八年（1661）正月。云南总督吴三桂派遣土司至缅甸，告示出师日期，令于猛卯迎接清师。

副都统何进忠、总兵沈应时、马宁等率领清兵由腾越出境，到达猛卯。

五月，李定国、白文选会师缅甸阿瓦，派遣使者求见缅甸酋长送出南明桂王。缅人不许，以大象兵与李定国激战，被南明军大败，仍然不肯送还桂王。

李定国、白文选议以舟师攻击缅军，遂于上游造船。缅人发觉，以火焚烧清军所有船只。李定国兵败撤军，退驻到景线；白文选亦撤军，驻扎于锡箔。

九月，吴三桂、爱星阿与前锋统领白尔赫图、都统果尔钦、逊塔等，亲自率军出腾越，取道南缅甸陇川、猛卯，与何进忠、沈应时、马宁等部会师于木邦。

白文选军烧毁锡箔江大桥，逃走茶山。

清军急速行军三百余里，濒江结筏渡河。吴三桂命马宁等率领偏师追击白文选军，而自己与爱星阿直驱缅城。离缅城六十里，缅甸使臣迎接吴三桂军。

吴三桂在缅城营帐会见缅甸使臣，说："南明桂王朱由榔逃逸于贵邦，南明残匪李定国侵扰于贵邦，祸及贵国，殃及平民。本王率师征伐，为民除害。希望贵邦给予合作。"

缅甸使臣说："我奉大王之命，恭请总督大人遣兵进驻兰鸠江滨捍卫。"

吴三桂："可以！但有一个条件。"

缅甸使臣："何也？"

吴三桂："请贵邦交出匪首朱由榔。"

缅甸使臣："可以！"

缅甸使臣退下。

"报告，一位自称桂王部属者求见。"

吴三桂："带进来。"

侍卫带一蒙面人入帐，自称是南明桂王侍卫官，呈送桂王致平西王一书。吴三桂拆信，看信上写道：

平西王将军阁下：

将军乃新朝之勋臣，旧朝之重镇也。世膺爵秩，藩封外疆，烈皇帝之于将军，可谓甚厚。讵意国遭不造，闯贼肆恶，突入我京城，珍（tiǎn）灭我社稷，逼死我先帝，杀戮我人民。将军志兴楚国，饮泣秦廷，缟素誓师，提兵问罪，当日之本衷，原未泯也。奈何凭借大国，狐假虎威，外施复仇之虚名，阴作新朝之佐命。逆贼授首之后，而南方一带土宇，非复先朝有也。南方诸臣不忍宗社之颠覆，迎立南阳。何图枕席未安，干戈猝至。弘光殄祀，隆武就诛，仆于此时，几不欲生，犹暇为宗社计乎？诸臣强之再三，谬承先绪。自是以来，一战而楚地失，再战而东粤亡，流离惊窜，不可胜数。幸李定国迎仆于贵州，接仆于南安，自谓与人无患，与世无争矣。而将军忘君父之大德，图

开创之丰功，督师入滇，覆我巢穴。仆由是渡沙漠，聊借缅人以固吾圉（yǔ）。山遥水远，言笑谁欢，只益悲矣。既失世守之河山，苟全微命于蛮服，亦自幸矣！乃将军不避艰险，请命远来，提数十万之众，穷追逆旅之身，何视天下之不广哉？岂天覆地载之中，独不容仆一人乎？抑封王锡爵之后，犹欲歼仆以邀功乎？第思高皇帝栉风沐雨之天下，犹不能贻留片地，以为将军建功之所，将军既毁我家，又欲取我子，读《鸱（chī）鸮（xiāo）》之章，能不惨然必恻乎？将军犹是世禄之裔，即不为仆怜，独不念先帝乎？即不念先帝，独不念列祖列宗乎？即不念列祖列宗，独不念己之祖若父乎？不知大清何恩何德于将军，仆又何仇何怨于将军也。将军自以为智而实成其愚，自以为厚而反觉其薄。奕世而后，史有传，书有载，当以将军为何如人？仆今者，兵衰力弱，茕茕孑立，区区之命，悬于将军之手矣！如必欲仆首领，则虽粉身碎骨，血溅草莱，所不敢辞。若其转祸为福，或以遐方寸土，仍存三恪，更非敢望。倘得与太平草木同沾雨露于圣朝，仆纵有亿万之众，亦付于将军，惟将军是命。将军臣事大清，亦可谓不忘故主之血食，不负先帝之大德也。惟冀裁之。

南明桂王朱由榔书永历十五年冬日

南明桂王这封信，情真意切，却如同针芒点中吴三桂的血凼。

吴三桂草草地看完桂王手书，百感交集。因为爱星阿等在眼前，他将书信摔在案桌上，不得不佯装镇静地说："事到如今，还如此嚣张。该死！"

爱星阿拿起书信看看，气愤地说："百足之虫，死而不僵！"

十二月初三，吴三桂逼迫缅甸酋长急速送还桂王，缅人欲献，却不愿意称臣，预谋将困于江头城的桂王等尽杀之。

此时正逢上巳节，缅酋邀请南明桂王去饮咒水。桂王希望与缅酋结欢，则命从臣都去赴会。

黔国公沐天波知道此中有变，极力阻止。桂王不听，沐天波哭泣着，对桂王说："吾皇一定要赴约，则请允许微臣带人先去探视。"

桂王不得已答应："那好，快去快回。"

沐天波在衣袖里怀揣着两个铜锥，带着一批人而往。

果然缅酋发难，经过一场厮杀，沐天波椎杀了数十缅人，而南明诸臣全部遇难。随即缅甸酋长派遣数十人包围南明桂王住所，将朱由榔及其家眷等，扭送到吴三桂在阿瓦城外的营帐。

桂王朱由榔进入吴三桂营帐。桂王南面坐，吴三桂所属下官入见，依然以君臣之礼跪拜。而后吴三桂入见，亦不知不觉地屈膝行礼。桂王一个劲地责骂他"出卖祖宗，忘恩负义"，吴三桂一声不吭。良久，桂王叹息道："今亦已矣！朕本北方人，想回去见见十二陵，而后死。你能让朕实现这个意愿吗？"

吴三桂答应说："能！"

桂王挥手："你下去吧！"

吴三桂伏地不能起，左右扶着他走出去，面如死灰，汗流浃背，从此再没有与桂王朱由榔相见。

马宁军追击白文选军于猛养，白文选率众数千投降。

李定国死于缅甸，其遗众千余人投降吴三桂。南明桂王朱由榔及其太子等被吴三桂部将遣送回到云南，囚禁于昆明城西篦子坡。

顺治十八年十二月，吴三桂、爱星阿率入缅清军凯旋而归。皇帝特册封吴三桂将军为亲王。云南昆明，满城张灯结彩，都统伊尔德卓罗、巡抚林天擎、云南布政使彭而述等军政首领前去迎接。彭而述《初到滇池》一首七律诗，云：

> 剑南风物值初秋，万里炎荒据上游。
> 水下澜沧同大夏，山连葱岭接姚州。
> 汉威远播姑缯塞，王爵新分峋町侯①。
> 况是白狼新作颂，铜标应过海西头。

吴三桂以平定西南功高盖主而自负，在昆明市内修建功德庙，泥塑四大金刚镀金神像。功德庙建成，云南按察使李兴元闻讯而来，参观庙宇时，面对四

---

① 峋町王：西戎君长号，借指云南各族土司酋长。

大金刚神像，随口说出四句《金刚吟》的打油诗，用以讥刺吴三桂：

> 金刚本是一团泥，张牙舞爪把人欺。
> 人说你是硬汉子，你敢同我洗澡去？

云南按察使李兴元预言：吴三桂只是一尊泥塑的金刚而已，虽然张牙舞爪，却见不得洗澡水。

吴三桂于云南起兵反清前，将南明桂王朱由榔及其年幼的太子，缢死于昆明篦子坡，时年三十八岁。

◆吴三桂云南起兵反清

康熙初年，朝廷议论撤藩，引发一场"三藩之乱"。

三藩，就是清朝敕封的异姓藩王，即云南平西王吴三桂、广东平南王尚可喜、福建靖南王耿继茂。

康熙十二年（1673），十一月二十三日。吴三桂自称"天下都招讨兵马大元帅"，在云南起兵反清，全军蓄发易衣，旗帜色白，步骑以白毡为帽，以云南巡抚朱国治头颅祭旗，宣布《招讨清逆檄文》：

> 满清妖逆，定鼎燕京，入主中原，强占我土地，虐待我同胞，毁坏我文明，是为中华民族之败类也。今者，吴三桂大元帅顺应天意，斟合民心，举义旗，招雄杰，起兵云南，以"天下都招讨兵马大元帅"号召天下，凡中华豪杰，神州英俊，祈同揭竿而起，讨伐清逆，驱逐靼虏，为民除害，为国尽忠，求中原之安宁，谋民众之福祉。万众一心，还我河山。且看今日之中国，竟是谁家之天下？我们！反清报国之勇士们！

吴三桂传檄四方，致书平南王、靖南王以及贵州、四川、湖南、两广、陕西诸位将帅，各地群起响应。

十二月初一，吴三桂亲自率领大军东征贵州。贵州官吏非降即逃，如入无人之境，直指湖南，陷沅州之辰州（今湖南芷江县）。

湖南辰州前线，吴三桂站在一幅军事地图前说："当前战况甚佳，清军望风而逃。各省响应，南方烽火已成燎原之势。下一目标，是进军长沙，直指汉口、九江。再就是，派遣祝治国、刘定先去粤闽两省，约定平南王尚可喜、靖南王耿精忠反叛清廷，以期与我军会师。而后，二位使者渡海去台湾，约台湾与福建联手，共同反击清逆。"

康熙十三年（1674）正月，吴三桂以此年此月为"大周元年"。吴三桂在常德军营，给台湾郑成功之子郑经写信：

> 郑将军殿下敬禀者：
>
> 令祖举全闽投诚，大有勋劳，横遭俎醢，百世必报之仇也。及令先王存心大义，至死靡他，诚大丈夫特立独行。每言及此，未尝不叹为伟人也。殿下少承家训，练兵养威，审时观衅。今天下大举，正千载一遇。乞速整貔貅①，大扬舟师，经取金陵，或抵天津，扼其门户，绝其粮道。此以奇兵乘虚，万全之策也。复累世之大仇，泄天人之共愤，何快如之？区区寸笺，难表此意。
>
> 天下都招讨兵马大元帅吴三桂顿首（大印）××年××月××日

信使渡海到台湾，郑经答应合作反清。三月，靖南王耿精忠也接到吴三桂手书，据福建而反清。

康熙十五年三月，长沙会战打响。

吴三桂坐镇浏阳门城楼，以十万主力军驻扎河西，连营岳麓山，亘数十里，又以数百只战船云集长沙湘江水面。

清兵安亲王岳乐大将军率十万大军屯驻长沙以东官山，发兵十九路，自城北铁佛寺后布阵至城西南，长达数十里。清军又调拨船只、修造战舰，从洞庭湖沿湘江集结长沙。吴三桂也发兵十九路以对应之。为了万无一失，朝廷又调

---

① 貔貅：比喻勇猛的将士。

集江西、湖北、四川等地清军与物资，源源不绝地运往长沙，从陆路、水路对吴三桂主力军形成三重包围之势。

长沙会战，从康熙十五年三月到康熙十六年四月，历经一年多时间，是清朝平叛南方叛乱最为关键的一次决战，也是吴三桂云南起兵反清由盛转衰以至覆灭的转折点。

岳乐大将军令部将王绪先陷阵，清军合围之数重，旌旗尽偃，金鼓无声，城上人尽失色，以为此军全灭。突然，刀枪声、杀喊声大作，急鼓齐鸣，王绪率部冲前，所向披靡，获胜而返。

吴三桂的侄子吴应贵在搏战之中，被箭射伤坠马，夏相国力战，奋起救之而归。清军追击，直逼长沙城下。

吴三桂命令埋伏在近城山冈之间的大象群，向追击而来的清军冲击，清军披靡而逃。

清军与吴军交锋数路，呼声震天，血战不止，双方死伤相当。天忽下大雨，枪不能发，各路军而退。

夏相国命士卒抬着吴应贵回来，复值大雨，吴三桂看着受伤的侄儿，悲伤地流泪，说："天意不测！"

吴三桂下令入城死守，吴应贵伤势过重，未几死去，吴三桂为之夺气。

十一月，康熙传谕荆州、岳州的大将军尚善、勒尔锦与征南将军穆占等部进军长沙，接应安亲王岳乐大军，并且对吴三桂造成兵临城下之威。

贝勒尚善为安远靖寇大将军，昔与吴三桂交往甚笃，来到长沙，就移书吴三桂。书信以飞箭形式射向长沙东门城楼。

吴三桂一看，原来是贝勒尚善的手书。曰：

平西王吴三桂将军殿下：

王以亡国余生，乞师殄（tiǎn）寇，蒙恩眷顾，列爵分藩，迄今三十年矣。富贵宠荣之盛，近代人臣罕比，而末路晚节，顿效童昏，自取颠覆，仆窃为王不解也。何者？王藉言复兴明室，则曩者大兵入关，奚不闻王请立明裔？且天下大定，犹为我计除后患，翦灭明宗，安在其为故主效忠哉？将为子孙谋创大业，则公主额驸，曾偕至滇，其时何不遽萌反侧，至遣子入侍，乃复背叛，以陷子于刑戮，可谓慈乎？王之投诚也，祖考皆膺封锡。今则坟茔毁弃，骸骨委于道路，可谓孝乎？为人臣仆，迭事两国而未尝全忠于一主，可谓义乎？不忠不孝，不义不慈之罪，躬自蹈之，而欲逞志角力，收服人心，犹厝薪于火而云安，结巢于幕而云固也。何乃至是，殆由所属将弁，煽激生变耳。如即幡诚悔罪，圣朝宽大，应许自新。毋蹈公孙述、彭宠故辙，赤族湛身①，为世大僇（lù）矣！

安远靖寇大将军尚善拜奉××年××月××日

吴三桂看完信，面有羞色。不时地走动，站立，坐下，心中忐忑不安。此时此刻，尚善"不忠不孝，不义不慈之罪，躬自蹈之，而欲逞志角力，收服人心，犹厝薪于火而云安，结巢于幕而云固也"的话语，陈圆圆"天下既定，黎民百姓已经安居乐业；将军此举起兵，烽烟再起，干戈横生，又将黎民百姓推进火坑，于情不合，于心不忍！将军您想过吗"的劝告，在他耳边萦绕着。他知道，陈圆圆爱他，是爱妾的心扉；贝勒尚善是朋友的规劝，是出于好意。他想起爱妾陈圆圆的规劝，与尚善的信如出一辙，言辞凿凿，诲语谆谆，字字在理，都是实话，当初如果稍有一点良知，就不会如此逞志角力。而现在的吴三桂，骑虎难下，走得太远了，不可能再回头了。因此，他没有公开这封信笺，而是将它烧了。

康熙十六年二月二十九日，清军二十枚新制红衣大炮运抵南昌。江西总督董卫国亲自率领清兵护送，日夜兼程，运抵袁州（今萍乡）。长沙驻军穆占又亲自率兵前往袁州接应，而后直抵长沙。

三月二十三日，长沙城外阿弥岭。清军与前来增援的吴三桂部将高得捷军激战。阿弥岭红衣大炮向长沙城池发炮，火焰冲天，硝烟弥漫。

长沙段湘江战舰大战。

岳乐等率领各路清军从水陆分头攻击长沙城。

---

① 赤族湛身：使自身与宗族遭杀身之祸。湛：《说文》云："没也。"僇（lù）：辱也。《荀子·非相篇》："为天下大僇。"

　　吴三桂为摆脱长沙之困，立即下令："突围！"夏相国立即率领主力军突围。

　　岳乐、穆占等几路清军从东北两面突袭长沙，两军激战，杀声震天。

　　清道光朝翰林院编修朱琦作《新铙歌四十首》，其中有《平逆藩》一曲，其中有诗句描写长沙会战，诗句云：

> 图海将军在泾师，洞鄂以下皆制之。
> 一战大破贼平凉，断其左臂三辅安。
> 大兵专力于湖南，荆襄鄂岳兵急进。
> 闽粤告捷江西定，将军穆占提陕兵。
> 会拔永兴湘东十二城，诏简亲王过茶陵。

经过吴军将士们半天的厮杀，吴三桂及其高级幕僚，一一突围而出，经湘潭，与先期到达的马宝部接头汇合，以水陆两路进军衡州。

　　吴三桂派遣幕僚去拜访著名学者王夫之，希望王夫之能够写一篇奉劝吴三桂称帝衡阳的《劝进表》。王夫之是湖湘北斗，是文化智者，当然不愿意写，说："王某不才，《劝进表》难书，唯有《祓禊赋》相予。"其《祓禊赋》云：

> 谓今日兮今辰，翔芳皋兮蓝津。羌有事兮江干，畴凭兹兮不欢。
> 思芳春兮迢遥，谁与娱兮今朝。意不属兮情不生，予踌躇兮，倚空山
> 而萧清。阒山中兮无人，蹇谁将兮望春。

祓禊：古代民间习俗，于阴历三月三日，集结水边嬉游，以消除不祥之气。羌：发语词，无意义。蹇（jiǎn）：本作语助词，经常出现在《楚辞》中，这里借王夫之之口有意解释而为卦象，在于讥刺吴三桂衡阳称帝。阒（qù）：寂静。王夫之《祓禊赋》译文如下：人人都说今日啊是个美好的日子，鸟儿飞翔在芳草萋萋的水边与蓝舟进发的渡口。有不祥之事要发生在江岸了，恋人们在这水边是不会欢乐的。想想那芳香的春草啊在那遥远的地方，谁又与我欢娱在今朝？既然你的心意不属于我啊，你的感情并不为我而生，我犹豫不决，徘徊不前啊，

背倚着空山寂谷，心地无限萧疏冷清。寂静的山中啊，没有一个人，谁将陪同我一起欣赏春色。

与此同时，在昆明西山道观，陈圆圆不希望吴三桂起兵造反，希望社稷安定，但亦惦念着久违的吴三桂，突然诗兴涌动，借人诗吟，云：

> 美人西山幽居中，烟云漂泊叹途穷。
> 将军万里收戈日，衡岳犹存挂剑风。

湖南风雨交加。吴三桂一意孤行，于农历三月初一，在衡州称帝。国号"周"，建元"昭武"，以衡州为"定天府"，号所居屋舍为"勤政殿"。屋瓦来不及易黄，而以黄色油漆涂抹之，购置万间庐舍为朝宫。

南岳衡山，乌云翻滚，电闪雷鸣，风雨大作，祝融峰掩映在朦朦胧胧的雨帘之中。

风雨中，吴三桂在衡山登基祭天草草成礼。吴三桂身受风寒，不久病死于衡阳，时年六十七岁。清朝咸丰年间进士吴仰贤，有《陈圆圆于吴逆死衡阳后，即遁迹为尼。闻滇城外仓庄尼庵尚存身前小影二幅：一少年靓妆，一比丘尼装。经兵燹，俱归羽化矣》一诗云：

> 读罢梅村曲，吴宫草不春。
> 画图已零落，何况画中人！

美人逝去，香尘犹在。而吴三桂之功罪几何，后人自有评说。广东顺德举人吴炳南有《咏吴三桂》长诗，吟咏吴三桂的传奇故事，最后四句诗云：

> 事去包胥空痛哭，时清栾布又纵横。
> 千秋祭酒圆圆曲，偏写风流绝代情。

吴炳南《咏吴三桂》长诗的结句，是对吴梅村《圆圆曲》的反驳，也许像吴炳南所言，吴梅村美化了吴三桂与陈圆圆的风流佳话，但是我们所关注的是

吴三桂的"冲冠一怒为红颜"与吴三桂的云南起兵。

吴三桂称帝衡阳，王夫之却不以为然，对其幕僚说："王朝更替，乃历史之必然。当今之世，江山易主，国事已不可为，老夫自然不胜《黍离》《麦秀》之感。然而天下始定，中华一统，有利社稷黎民，有益天下苍生休养生息；反清复明，既不可行，又要南方称帝，分疆而治，再起烽烟，既置天下黎民于水火之中，又分裂我神州中华。依老夫之拙见，此举不可取也，不可取也。"我们赞同王夫之之见，认为报家国之恨者，三十五年前则可成立。而今时过境迁，偃旗息鼓，谈何容易！吴三桂也是一代风云人物。建都衡州，偏安一隅，难成大器。

吴三桂之过，不在于"冲冠一怒为红颜"而引清兵入关，而在于云南起兵反清，联手台湾，推行南方独立，以图南北朝对峙之势，分裂我一统中华。人之所为，未可一厢情愿，更不可逆历史潮流而动。闹独立，搞分裂，不可能得到民众支持；识大体，顾大局，力挽狂澜，救国家社稷于危难，济天下百姓于水火，方是英雄本色。

◆ 施琅平台

吴三桂失败后，郑经退居台湾，于康熙二十年（1681）病死后，其子郑克塽，年仅十二岁，受冯锡范等拥立，嗣位为延平王，拥明反清，继续与清朝中央政府抗衡。

为此，康熙皇帝下诏，施琅将军率军征台，一举平定台湾，恢复了清朝中央政府对澎湖、台湾地区行使主权。

施琅（1621—1696），字尊候，号琢公，福建晋江龙湖镇衙口人，祖籍河南省固始县方集镇。清初著名将领，先后担任副将、总兵、水师提督。康熙二十二年（1683），施琅率军平台，后上《陈台湾弃留利害疏》，详述台湾与东南海防的重要关系，坚决主张留守台湾。

据《清史稿·施琅传》记载：康熙二十二年六月，在福建总督姚启圣等的全力支持下，施琅率军出征台湾。清军自桐山攻克花屿、猫屿、草屿，乘南风进泊八罩。刘国轩盘踞澎湖列岛，沿岸修筑矮墙，配置腰铳，环绕二十余里为壁垒。施琅派遣游击蓝理以乌船进攻，敌舟乘湖四合。施琅乘楼船秃入敌阵，被流矢伤目，鲜血溢于手帕，依然督战不止。总兵吴英相继督战，斩级三千，攻克虎井、桶盘两个岛屿。随即以百艘船只分列东西，派遣总兵陈蟒、魏明、董义、康玉率病东指鸡笼峪、四角山，西指牛心湾，分割敌军阵势。施琅自己督促六十五船，分为八队，以八十船继后，扬帆直进。敌军悉众拒战，总兵林贤、朱天贵先入阵，天贵战死。战士奋勇冲击，自凌晨至申时，焚烧敌军船舰百余艘，溺死无数，于是攻取澎湖列岛，刘国轩逃往台湾。

台湾郑克塽大惊，投书乞降，施琅上报批准之。施琅统帅清兵进入鹿儿门，到达台湾。郑克塽率领部属，迎接于水次，缴出延平王大印，宣布台湾回归清王朝。

施琅将军，是满清王朝的功臣，也是中华民族的历史功臣。

台湾平定后，施琅自海道向朝廷报捷。据杨钟羲《雪桥诗话》记载，施琅平定台湾的捷报到达京城，正值中秋佳节，康熙皇帝欣喜不已，特地解御衣驰赐，以嘉奖施琅平定台湾之功，后又授予靖海将军，封靖海侯，赐花翎锦带，并赐五言律诗《赐施琅诗》一首：

> 岛屿全军入，沧溟一战收。
> 降帆来蜃市，露布彻龙楼。
> 上将能宣力，奇功本伐谋。
> 伏波名共美，南纪尽安流。

露布：捷报。封演《封氏闻见记·露布》称："露布，捷书之别名也。诸军破贼，则以帛书建诸竿上，兵部谓之露布。盖自汉以来，有其名，所以名露布者，谓不封检而宣布，欲四方速知。"（卷四）

康熙皇帝以东汉伏波将军马援，比喻施琅大将军平定台湾的赫赫战功。由此可见，施琅收复台湾的重要战略意义，在于维护清朝中央政府对于台湾的主权，在于反对分裂，完成中华大统一。

◆攻克澎湖

如果说，台湾宝岛如同祖国大陆飘散在东南海面上的一片绿叶，那么澎湖列岛，就好像中华民族先祖撒落在台湾海峡碧波上的无数闪亮的珍珠。

然而二十世纪九十年代中期，笔者乘坐香港的民航飞机经过台湾海峡时，俯瞰澎湖列岛，看到的却是如同飘散在蓝色海面上的许多破碎的布片。是海浪冲破的绿色船帆，还是东海女神丢弃在台湾海峡的百衲衣裳？

澎湖列岛，属于台湾海峡南端的一群岛屿，是连接大陆与台湾岛的交通要道，具有相当重要的战略地位。鸦片战争荷兰殖民主义者占领台湾，首先是以占领澎湖列岛为跳板的。

澎湖何貌？地理位置何在？风土人情如何？

据清人徐祚永《闽游诗话》介绍："澎湖，一名蠡湖，在厦门东，屹立巨浸中。环岛五十有五，如排衙。向传三十六岛，亦祗言其概耳。（景）考祥诗云：'渺矣澎湖屿，海中天一涯。岛开环四面，民聚约千家。风剥山无树，潮侵石有花。捕鱼生计足，不解植桑麻。'可当一则风土纪。"

荷兰殖民者侵占我国澎湖列岛，前后有两次：

第一次是明朝万历三十二年（1604）八月，荷兰军舰驶抵澎湖列岛，如入无人之境。经过明朝福建地方多次交涉，率军往谕，荷兰军又缺乏供给，五个月以后不得不撤离。

第二次是明朝天启二年（1622）开始，荷兰人率领军舰再次占领澎湖列岛，向中左所发起猛烈进攻明朝福建总兵徐一名冒死督战，荷兰人败退，撤回澎湖列岛。然后掳掠我沿海居民一千多人，为其运石筑城，建立军事据点。之后，明朝将领曾几次展开争夺战，但是荷兰人凭借侵占台湾以后的优势，一直利用澎湖列岛，不断骚扰我国沿海地区。

公元1662年2月1日，郑成功出兵澎湖与台湾，逼迫荷兰总督揆一投降，中国终于收复澎湖与台湾主权。

但是，时代变迁，江山易主。清朝统一中国以后，郑成功的子孙们，依据地理优势，割据台澎地区，继续与清朝中央政府对抗。

据连横《台湾诗乘》记载，清朝康熙二十二年（1683），施琅将军率军平台，其次子施世纶从军，参与了攻克澎湖列岛与平定台湾的军事行动。施世纶，字文贤，号浔江，一号静斋，汉军镶黄旗人。他曾在军中作《克澎湖》诗一首，以记叙收复澎湖列岛的军情活动，诗云：

独承恩遇出征东，仰藉天威远建功。
带甲横波摧窟宅，悬兵渡海列艨艟。
烟消烽火千帆月，浪卷旌旗万里风。
生夺湖山三十六，将军仍是旧英雄。

这首诗，是攻克澎湖列岛的真实写照。首联写施家父子蒙恩出征澎湖列岛，借助皇帝的威严远建战功；颔联描写率军渡海出征，战舰披风斩浪的赫赫军威；颈联写收复澎湖列岛的战斗情景；尾联写收复澎湖三十六岛的战斗胜利与将军的英雄功绩。艨艟，大战舰。湖山，江山。此指澎湖列岛。

◆中俄雅克萨之战

白山黑水，土地肥美，森林茂盛，物产丰富。广袤无垠的黑龙江地区，是东北亚的一块大肥肉，令沙俄帝国垂涎三尺。

清朝顺治年间，沙皇俄国以哥萨克为主力，不断侵入中国黑龙江地区，杀人放火，霸占土地，掠夺财物，不断与驻防清军发生武装冲突，战争的烽烟在白山黑水之间熊熊燃烧着。

清朝政府在平定三藩之乱与收回台湾以后，康熙皇帝就作出在黑龙江地区清剿沙俄侵略军的战略决策，选择以黑龙江中游居水陆要冲的俄军侵略据点雅克萨作为用兵目标。

康熙二十一年（1682），康熙借在盛京沈阳谒陵之机，亲自到抚顺、兴京、吉林、松花江等地视察，并派郎谈等人以捕鹿为名，前往雅克萨附近侦察地形与水陆交通。最后确定出兵路线：从宁古塔出发，经瑷珲或额苏里，溯流而上，直扑雅克萨。

经过充分的战前准备，康熙于1685年6月，命令东北驻军上万人，从水陆两路出击，全面包围雅克萨。经过三天三夜激战，清军获得大胜，收复雅克萨。战争结束之后，清军释放俄军俘虏700余人，焚烧了俄国人的木城，没有设立防卫，则班师回朝。

清军撤退后半个多月，俄军卷土重来，再次占领雅克萨。半年后，清廷得知此讯，立即调派军队，于1686年7月重新包围雅克萨。俄军准备充分，清军久攻不下，与俄军僵持在雅克萨。

俄国使臣来到燕京，要求解除雅克萨之围，进行边界谈判。于是，清军于1686年10月主动撤出，为谈判作准备。

从1686年元月到1688年9月，中俄边界谈判，为时两年多，先后进行几次正式会谈，关键点在于分界线是尼布楚，还是雅克萨？双方展开激烈的争论。后经传教士斡旋，清朝让步，答应放弃尼布楚。1688年9月7日，中俄通过平等对话，正式签订《尼布楚条约》，确定两国在黑龙江地区，以额尔必齐河、外兴安岭和额尔古纳河为分界线。

俄罗斯，属于老牌帝国，领土跨越西伯利亚的欧亚大陆。康熙中期工部主事方登峄，是安徽桐城人，有《述本堂诗集》七卷，其中有一首《老枪来》的诗歌，诗人自序说："俄罗斯国，即古大食，善用火枪，故又以其技名之。相传元世祖得其地，立弟为可汗镇之。至今国主，犹元裔也。边界泥朴处（今译为"尼布楚"）城，与艾浑（今译为"瑷珲"）接。岁一至卜魁互市。人性好斗，至则弁兵监之。"原来"老枪"，就是俄罗斯人的别称。弁兵，即边防士兵。俄罗斯人好斗，所以出动边防士兵来监督。沈德潜《国朝诗别裁集》指出说："言外有防其扰乱意。"其诗云：

老枪来，
江边滚滚飞尘埃。
七月维秋，鬻彼马牛。
马牛泽泽，易我布帛。
大车是将，爰集于疆。
来莫入城，俟天子命以行。

253

天子日都，远人适馆气以稍。

高颧瞖目卷髭鬓，

狐冠草履游中衢。

观者鼓掌相轩渠，

岁以为期今日月徂。

归去归去，

豢尔牛马驹。

这首古诗，描写诗人在尼布楚边界城镇，目睹俄罗斯人与中国边民互市的情景、他们的容貌、生活方式与性格特征，突出俄罗斯人的好斗性。所以，虽然没有直接书写雅克萨之战与尼布楚条约，但是依然可以印证清朝时代中俄两国的经济、政治与军事关系。

◆乾隆阅武

阅武，就是检阅军队的武装演习。

魏晋时期，盛行"阅武"这一军事活动。《晋书·虞溥传》记载：虞溥，字允源，昌邑（今属南昌）人。从小专心坟典古籍，后从父之官，为鄱阳内史，大修学校，招收门徒，勉力于学。曾注《春秋》经传，撰写《江表传》等。"时，疆场阅武，人争视之，（虞）溥未尝寓目"。

有些人将阅武与阅兵混为一谈，其实二者还是不太相同的。

阅兵属于礼仪，注重礼仪的规范性与庄严性，军队行列要求整齐严肃，各种车骑武器呈现在检阅者的面前，全是礼仪式的，不会进行实战演习；而阅武，则是实战式的，将士与各种军事设备，不是用以观赏与展示，而是用来进行实战演习，真枪实弹，刀光剑影，显示的不是军队的礼仪性，而是气吞万里如虎的战斗力与指挥实战的战术能力。

现代军队的阅兵往往与阅武结合在一起，先是阅兵，而后是阅武。阅兵讲究军队礼仪的规范化，而后的阅武，是实弹演习，强调军队的实际战斗力。

清朝也承继这种阅武传统，五年一阅武。乾隆皇帝有《阅武》与《庚戌首

中国戈矛口舌

夏阅武》等诗，记载其巡视八旗子弟练武的情景，而非正式的阅兵仪式。其中
《庚戌首夏阅武》诗云：

> 城内移来火器营，聚居训练艺图精。
> 纷华习令远诸市，赁僦费仍省众兵。
> 子弟八旗厪教养，本根百世示权衡。
> 五年一阅原非数，技熟因之命尝行。

纷华：豪华富艳，奢侈生活。赁僦（jiù）：租赁。此诗并非直接描写阅武，而
着重写朝廷对军队的管理措施与对八旗子弟的希望。八旗子弟火器营之迁出城
里，而搬至城外，目的在于避免军队沾染纷华之习，也有利于节约军费开支。
乾隆此举，乃是明智之策。

郭则沄《十朝诗乘》记载："京师火器营，隶籍者皆八旗子弟。练三单之
虎士，建百世之鸿基，期于致效大、齐诚至计也。初，置营城内，乾隆时虑兵
士习染纷华，且节其赁僦之费，乃移营西郊河岸。其制特简，满洲大员统之。
每五年大阅一次，车骑亲莅，校其勤惰优绌，而施以赏罚。后来之精锐营，即
由此中挑选。凡校阅，率以首夏中旬。乾隆壬寅（1782），既举大阅，次年癸
卯，因满大臣贵山述职入觐，复率同往观，盖出特典。"

◆ 清军之弊

军队，维系着国家政权的命脉。一个国家政权的固若金汤，关键在于军队
的性质与基本素质。

清朝的军队，以八旗子弟为核心，以满蒙骑兵为主力，驰骋于千里疆场，
骁勇善战。但是八旗子弟，养尊处优；满蒙骑兵，长于流动作战，而缺乏守卫
江山社稷的文化素质与军事素质。

清军的这两大致命的缺陷，在镇压太平天国起义与鸦片战争的关键时刻，
显露得尤为突出。

清朝魏秀仁，字子安，一字子敦，号眠鹤山人，福建侯官人。道光二十六

年（1846）举人。其《陇南山馆诗话》记载："我朝京师之兵，满洲、蒙古、汉军、绿营四项，共十万有寄，余丁不与焉。直省绿营、马兵、守兵、战兵，以及水师屯兵共五项，共六十六万一千六百五十六，驻防不与焉。多矣！而畿辅有事，畿辅无一兵也；直省有事，直省无一兵也。籍之空也，械之窳也'饷之克扣于将弁者几何？米之吞蚀于官吏者几何？一旦有警，责以效命，能乎？人情固有所不平，盖亦反其本而已矣。"窳（yǔ）：器物粗劣。《荀子·议兵》指出："械用兵革，窳楛不便利者，弱。"

　　江开，字龙门，安徽庐江人。道光十五年（1835）中举人，曾官陕西紫阳、咸阳、富平等县知县。有《浩然堂诗集》七卷。魏秀仁在其《陇南山馆诗话》中引用江开的《荷戈》一诗云：

> 荷戈不出塞，乃在大江滨。
> 江空山月老，平沙万幕屯。
> 杯斝气成雾，笙箫声入云。
> 帐前旧时伴，苦乐已不均。
> 卑湿作瘰疮，樵采无完禈。
> 与其死沟壑，何如死功勋。
> 不战复不归，家中知谁存？
> 便有归家日，已非梦中人。

杯斝（jiǎ）：酒器，酒杯。完禈（huì）：完整的祭祀。如此养尊处优的军队，如此贪生怕死的军队，如此设防布局的军队指挥系统，能够培养出一支训练有素、纪律严明、能征善战的军队吗？这一点，早在清朝有识之士已经看到其危害与结果了。

256

近代战争诗话

◆太平天国起义

太平天国，是一个充满着智慧与理想的国号。

祈祷于上帝，建造太平天国；期待着太平，安康民生。这就是洪秀全力主太平天国的宗旨。

洪秀全（1814—1864），原名仁坤，广东花县人。私塾教师出身。在中国农民战争史上，他是唯一一个有明确志向、富有政治主张的农民领袖。且看他于道光十七年（1837）落第后抒写的《吟剑》诗：

> 手持三尺定山河，四海为家共饮和。
> 擒尽妖邪归地网，收残奸宄落天罗。
> 东南西北敦皇极，日月星辰奏凯歌。
> 虎啸龙吟光世界，太平一统乐如何。

他的诗歌，富有理想，气势磅礴，具有号召力。他希望政治清明，一统天下，东南西北共同享受太平之乐。

道光二十三年（1843），洪秀全与冯云山等，模拟基督教形式，在广东花县创立拜上帝会，后又制订《十款天条》，秘密从事反清活动。经过七年的组织筹备，道光三十年（1851）12月10日，洪秀全、石达开、杨秀清等在广西金田村起义，建号太平天国，旋称"天王"。

而后的太平军日益强盛，东征北伐，席卷大江南北。公元1853年3月攻克南京，且定都南京，改为"天京"。太平天国颁布《天朝田亩制度》，第一次实施"耕者有其田"的政策，建立乡官制度，主张独立自主，反对外国侵略。

太平天国，是中国历史上第一个有明确主张、有纲领、有政策的农民政权，发行货币——太平天国圣宝，因而更加遭到内外反动派的百般仇视与残酷镇压。太平军东征西进北伐，曾与清军殊死拼杀，获得浦口、三河大捷，攻破清军江南大营；在上海与宁波，先后与英、法、美侵略军英勇战斗，沉重打击侵略者的疯狂气焰。

259

太平天国起义，历时十四年之久，是中国历史上规模最大的农民起义之一。与秦朝末年农民起义、唐朝末年农民起义、明朝末年李自成起义比较，洪秀全起义的突出特点有四个方面：

一是太平天国起义面对的是清朝腐朽政府与外国侵略者两股反动势力，但是在内外敌人的夹击面前，太平军将士们并不屈服。

二是超越了历代农民起义领袖们的农民意识，融中国传统文化与西方基督教文化为一体，在农民战争中提出了超乎前人的充满自由平等思想的政策纲领，正式颁布《天朝田亩制度》。

三是比较注重宣传舆论，洪秀全撰写《原道救世歌》、《原道醒世训》与《原道觉世训》，有益于发动民众，组织民众。

四是太平天国定都天京后，面对着先烈们用鲜血换来的胜利成果，太平军内部发生内讧，如杨秀清与韦昌辉事件、石达开被逼分军西走，严重地削弱了起义军的有生力量。这是农民起义历史的悲哀！故石达开写有《我朝伤内祸》一诗，说："我朝伤内祸，嗟哉中心悲。"

同治三年（1864）6月，曾国荃率湘军围攻天京，洪秀全一味信天，不听"让城别走"之策，结果是城破自杀。太平天国翼王石达开虽然已经出走，然而闻此噩耗，曾有《哭天王被难》一诗，痛哭洪秀全之死，颂扬他创立太平天国图救民于水火的历史功绩，诗云：

> 檠檠管乐才，当世岂易睹？
> 天生洪夫子，救民出水火。
> 仗剑从军行，顾盼自雄武。
> 海内皆兄弟，相将一臂助。
> 正盼王师来，宿耻尽洗吐。
> 何图天不禄，投身喂豺虎。
> 雏兮忽不逝，中原白日暮。
> 血肉何狼藉，白骨披道路。
> 所恐长城坏，何人挽天步。

予怀塞不解，青山惨无语。

华夏正多难，临风涕如注。

石达开以哭号来怀念洪秀全之死，赞其才华，比之如管仲、乐毅；论其悲剧，即如霸王别姬。

有人说：湘军与太平军的斗争，是以曾国藩为首的湘军维护中国传统文化、反对西方基督教文化的斗争。我们则不以为然。太平天国信奉的"上帝"，叫做"皇上帝"，与基督教信奉的"上帝"是不同的。其组织形式模拟基督教，创立拜上帝会，只是一种发动组织民众的形式而已，并非完全信奉西方基督教；而且，即使是基督教（新教）信奉的"上帝"一词，也是借用于中国。《书·立政》："吁俊尊上帝。"《诗·大雅·大明》："上帝临女（汝）。"至于洪秀全在其所撰的"三原"（即《原道救世歌》、《原道醒世训》、《原道觉世训》，是洪秀全撰写的拜上帝教早期文献的简称）中号召天下百姓信奉皇上帝，击灭"阎罗妖"，倡导的"天下一家，共享太平"，更是中国古代圣贤所理想的社会形态；还有太平天国所提倡的"自由平等"，提倡妇女解放，放奴婢，禁止续妾买娼缠足，固然吸收了西方基督教文化，但也是与中国儒家文化相融通的。

◆ 曾国藩与湘军

曾国藩因湘军而成就功业，湘军因曾国藩而声名远扬。

湘军之威，因镇压太平天国起义而声震四海。

"湘军"之名，最早出自于王闿运的《湘军志》。

湘军，就是湖南籍军人组建的民团，因湖南为"湘"而得名。

清朝咸丰三年（1853），为镇压太平天国起义军，曾国藩奉命以吏部侍郎身份，在湖南以营官招募方式组建民团，因后扩充而为湘军。这支地方武装，以五百人为营，营辖四哨，哨辖八队。全军有水师五千人，陆军六千五百人，外加工匠、役夫，总计一万七千人。湘军先在湖南与太平军战，曾国藩兵败靖港，自投于水，被部将救起。而后出省作战，继续与太平军为敌，又败于三河。湘军鉴于步卒失利，而练骑兵，以河南籍马德顺为将军。

公元1864年，乘太平天国内讧之机，曾国荃率湘军攻陷南京，成为战胜太平军的一支劲旅。湘军首领曾国藩、曾国荃、左宗棠、刘长佑、刘坤一、江忠源等，以军功显赫，而先后晋升总督，封侯晋爵。

反映湘军与太平天国起义军战斗的诗篇，主要有曾入曾国藩幕府的湘潭人王闿运（1833—1916）的五言长篇叙事诗《独行谣三十章赠示邓辅纶》，诗句下又有诗人自注其诗本事，比较详细地记叙了湘军的军事始末。其十章诗云：

余怀越甲耻，杖策献军谋。
谬蒙忘年分，抵掌借前筹。
群凶敢相距，上下屯兵钞。
陈彭各有主，谋退踞上游。
塔齐援宁乡，东筛改军符。
疾走趣湘潭，意欲凭橹楼。
旌旗道相摩，仓卒会马坡。
我愕彼不意，短兵接巷衢。
从来贵拙速，骤胜鸣千枪。
自兹习大勇，突陈飞蛇矛。
兵兴五稔来，搏战始自由。
虽有靖港败，失势两不留。
明明我显皇，坐照臣藩忧。
诏夺提督兵，超次用塔侯。
壬塔始愧屈，蒲伏毡氍毹。
曾军长气势，后用戡魁首。
每怀御将略，涕泪横衿袍。
何必身受知，甘死报圣朝。
史臣岂知此，愿以诒千秋。

此章诗人以亲身经历，描述曾国藩败于靖港前后的情况。越甲：指起兵两广的太平天国起义军。杖策：手持马鞭，出谋划策。自注："四年春，寇大上。洞庭环长沙上下百里，皆寇屯。"抵掌：击掌为盟。诗人比曾国藩小 21 岁。诗人自注："是时，曾侍郎年四十四，余年二十三。初入学，上谒论事，辄自专。"陈彭：指陈士杰与彭嘉玉。诗人自注："桂阳陈士杰议救湘潭，彭嘉玉欲攻靖港。""余以救湘潭败，可退衡、桂，故赞陈议。"塔齐：诗人自注："副将塔齐布初援宁乡，三日行十余里（按：此处可能有误）。及议救湘潭，檄之回军，塔不知湘潭已破，喜而疾行也。"五稔（rěn）：五年。谷物一年一熟，故以一稔为一年。靖港：地名，在长沙望城县湘江边。诗人自注："余初议全军攻湘潭，已定，暂还城省母。其夜三更，靖港民士来乞师，曾公分四营自帅往，交绥即退。植帅旗，令散退过旗者斩。军士皆从旗旁过，遂溃。曾愤怒，自投水，以救免。闻湘潭大捷，寇亦遁走。"氍毹：毛织地毯。诒：通"贻"，遗留、送给。诗人自注："曾军败还，湖南藩司徐有壬、臬司陶恩培详请夺其军治罪。及奏湘潭捷，犹未敢论提督沮挠状。而朱论切责鲍起豹，以塔齐布代之。靖港之败，诏有温慰词，且云：汝此时心摇摇如悬旌，平日自命者安在？又令奏调司道大员，随军支应。徐、陶来见曾，皆自顿首，称死罪。"

曾国藩与湘军，历来是两个争议的人物与事件。站的立场与角度不同，评价也不同。同情农民军者，予以贬斥，视曾国藩等为镇压农民起义的"刽子手"；站在维护中国正统立场者，以为曾国藩等是斩杀贼寇的历史功臣，于是就出现前此所谓维护中国传统文化而反对西方基督教文化入侵的斗争之论；而今，我们站在历史的高度来审视太平天国起义，则只能注重历史，正视历史，不能简单地只用阶级分析方法来评判曾国藩与湘军。

湘军威名远扬，也并非无往而不胜者，曾国藩败于靖港、三河，湘军将领罗泽南等被太平军所杀，就是明证。但作为历史上的一支地方军队，能够赢得"无湘不成军"的美誉，是值得后人借鉴的。

湘军作为一支训练有素的乡勇，比较历史上其他的地方武装，我们认为大致有三个长处：

一是湖南人"霸蛮"的个性特征，成就了湘军的骁勇善战与不怕苦、不怕死的战斗勇气。

二是湖南人足智多谋与灵活多思，使湘军作战过程中采用灵活机动的战略战术，如三河败绩后而练骑兵。

三是湘军将领大多是智勇双全的儒将，很少作匹夫之勇者，诸如曾国藩、罗泽南、曾国荃、左宗棠、刘长佑、刘坤一、江忠源、郭嵩焘、彭玉麟等，文化修养与军事素质兼长，既善于运筹帷幄，又敢于率先士卒。此所谓"千军易得，一将难求"。

◆石达开之死

石达开（1832—1863），是个有争议的历史人物。其功可鉴，其死可叹。

咸丰六年（1856）9月，韦昌辉督师江西，得天王洪秀全密旨，带三千兵回天京，借机杀害杨秀清及其部将、家属两万余众，开太平天国内讧先河。而后又乘石达开西征之机，杀害与杨秀清交好的石达开家属，天京为之惊震，引起天京将士公愤。正在安徽、湖北与曾国藩湘军作战的石达开闻讯，被迫起兵安庆，讨伐韦昌辉。洪秀全不得已，处死韦昌辉。11月，石达开回天京辅佐天王。但因洪秀全的猜忌，石达开没有能够以大局为重，再次从天京撤出，率领十万精兵西去，与洪秀全分道扬镳，采取错误的流寇战术，转战于江西、浙江、福建、湖南、广西、贵州、云南、四川，耗尽了有生力量。同治二年（1863）5月，在四川大渡河的安顺场，被清军歼灭。一个月后，石达开被逼投诚后被杀，时年仅32岁。

太平天国的历史教训，就是天京内讧。

太平天国的覆灭，是其内讧的结果；石达开之死，是其分裂的结果。

这种内讧之残酷与血腥，并不亚于正面战场上的厮杀。据石达开日记《全家被戮》记载："晚戌刻，予方倾酿浇愁，倚醉欲卧，忽亲随通告，言帐外传言，有一奇异之人，为逻者所疑，缚致门下。奴适过其前，彼呼奴名，视之，舅爷卢大人也，亟报王爷，如何发落。予乃立命解缚，送之入，果卢某，予之长妾胞弟。问其所历，泪流满面。嗟呼！予妻妾子女十余人，无辜受屠割，固

已可惨。孰知予母以风烛残年，竟罹此厄哉！予大恸几晕，恨不能立时反戈，手戮仇雠，以抒怨愤。否则亦当自诛，见老母于重泉。左右均来劝慰。予思苟得庐州、安庆、九江，席卷武汉，再与彼等一决雌雄耳。计既定，啮指自誓。哭稍止，乃作诗二首，自写云云。吟毕，天已向明，遂亦不睡。"这一节平常日记，真实地记载了太平天国内讧时，石达开家眷因杨韦事件被残杀的情景。其《感怀两首》之一诗云：

> 行行才过古昭关，千古同嗟奸与顽。
> 泪洒九泉收不得，白云谁望太行山？

古昭关，在今安徽省含山县北的小岘山。春秋时期，是吴楚两国交界处。楚国的伍子胥过此关而投奔吴国。诗人斥责韦昌辉等为千古奸雄，与清顽一样，令人痛恨嗟叹不已，而以太行山比喻天京，决计与天京决裂。

石达开，一个驰骋疆场、叱咤风云的青年将军，却成为了太平天国历史上有争议的起义军领袖人物。他有军事政治才华，20岁就担任太平军左军主将，而后被尊为翼王、五千岁，地位仅仅次于天王洪秀全。他率领主力与清军、湘军作战，先后在长沙靖港与三河大败湘军，收复武昌，攻破清军江南大本营，建立赫赫战功。他的家眷在韦昌辉杀害杨秀清的事件中被害，悲伤心情可以理解，他明知太平天国伤于内讧，写有《我朝伤内祸》一诗，称"洞洞血中路，宫禁失光辉"，但是他却认为是"天意诇易测，人事真难知"。石达开的历史悲剧，在于他没有顾全大局，也没有那种敢于力挽狂澜的英雄本色，而是抱着"去去将安归"的人生心态，被逼与天京决裂，走上闹独立、搞分裂之路。曾国藩有意招降他，他写《致曾国藩五首》诗而回绝之。率军出走后，他在军事上走的又是英雄末路，采取消极悲观的流动转战之术，如同率领十万精兵浪迹天涯，最后将这支精锐部队消耗殆尽，败于大渡河。

大渡河的地理凶险，大渡河的滚滚波涛，见证了石达开的人生悲剧，也见证了太平天国的历史悲剧。

太平天国的失败，根源在于天京内讧，在于内外敌人的疯狂夹击，而直接原因一般历史学家归罪于石达开的分裂。是耶？非耶？让历史去评说。

◆第一次鸦片战争

进入 18 世纪后，大清王朝开始从自己的巅峰跌落下来，日益走向衰败。18 世纪中叶，以侵略和掠夺为能的西方资本主义国家，特别是英国为了开拓世界市场，扩大殖民利益，一直试图用商品打开中国市场，甚至不惜采取战争和暴力的野蛮行径，企望把古老的中华帝国纳入其殖民体系。

中国传统的自然经济对西方商品经济具有顽强的抵抗性。长期以来，中国人民以自己发明、培育、制造的醇醇郁香的茶叶，光彩绚丽的丝绸，细腻精美的瓷器，坚固耐磨的土布及其他商品而享誉国际市场。当时英法等国的王牌产品，如机制棉布、毛织呢绒等，因为售价过高，始终敌不过中国本地的产品，中国在中西贸易中一直处于出超地位，这与资本主义经济扩展的需要产生了尖锐的对立，引起了英法等国的普遍不满。

以茶叶为例，明清时期，中国茶叶远销欧洲，特别是湖南红茶（湖红）与祁门红茶（祁红），加上砂糖，变成上等饮料，曾引起英伦皇室的轰动。英国人的饮食结构与饮食习性，促使其对中国茶叶的依赖性越来越大，中国茶叶对英国的出口逐年增加。根据文献记载，公元 1700 年英国的合法茶叶进口量约两万磅，到一百年以后的公元 1800 年，数量高达两千万磅。而中国对英国的纺织品、玛瑙首饰、陶器等不感兴趣，乾隆皇帝说是"可有可无的奢侈品"，因而坚持以黄金、白银来支付茶叶交易。中国茶叶的出口贸易，使英中两国的贸易逆差越来越大。从 18 世纪初到 19 世纪 20 年代一百余年，欧洲商人输入中国的白银多达五亿元，其中英国支付的钱最多。

为了改变中英贸易间的逆差，也为打开偌大的中国市场，英国人最终选定了罪恶的鸦片贸易，并挑起了一场从此改变中国命运的不义战争。他们一方面收买中国云南茶农，在印度北部喜马拉雅山南麓，大量移植中国茶树，利用中国比较先进的茶叶生产制作技术，于中国茶叶市场展开激烈竞争；另一方面又在孟加拉国非法制造鸦片，将这种"特殊的商品"大量倾销到中国。中国人的黄金、白银，又重新倒流进了英国人的腰包。

据林昌彝《射鹰楼诗话》记载，公元 1833 年至 1838 年的六年间，孟加拉生产的七万九千四百四十六箱鸦片，输入中国者就有六万七千多箱。具体数目如下表所述：

孟加拉鸦片输入时间	鸦片输入中国箱数	鸦片输入其他各国箱数
道光十三年（1833）	7 598	1 810
道光十四年（1834）	10 206	1 790
道光十五年（1835）	9 485	1 510
道光十六年（1836）	13 094	1 757
道光十七年（1837）	10 393	2 213
道光十八年（1838）	16 297	3 303

　　鸦片危害中国，毒害了中国人，使一个有着上下五千年文明史的优秀民族沦为任人宰割的"东亚病夫"。

　　鸦片为何物？这是一种以罂粟果实的汁液提炼而成、有强烈毒性的麻醉品，俗称大烟，原产于南欧及小亚细亚，自唐代始传入中国。

　　艳丽的罂粟花，又称乌香、阿芙蓉，是相思中的妙龄女郎，是魅力无限的女妖，是勾人灵魂出窍的毒品，因而成为一种可以致命的"特殊商品"。

　　法国诗人J·科克托是这样描写鸦片的："罂粟很有耐性，鸦片懂得等待。"耐性与等待，是鸦片的特性，也是鸦片的无穷魅力之所在。

　　曾经流传着这样一个故事：印度人栽种罂粟时，把一对相思相爱的青年男女捆绑一起，当两人的性冲动达到高潮时，就用利刃刺穿他们的心脏，让鲜血来浇灌罂粟。鸦片如同甜蜜的爱情与魂牵梦绕的相思，难舍难分，所以人们把罂粟花称为"相思草"。清代诗人王尚辰的《相思曲》诗云：

相思兮相思，
朝暮已无时。
但愿不识相思味，
待到相思悔已迟。
吁嗟矣！
世间多少奇男子，
一生甘为相思死。

吸鸦片烟，如同男女恋爱一样，情之所至，无所顾忌，弃生死而肆爱欲。

因为鸦片具有镇静、止泻、止痛的作用，自明代以来，一直被当作药材征税少量进口。17世纪吸食鸦片的方法由南洋传入中国，此法较吞服更易上瘾，对人体造成很大危害。1729年（清雍正七年），中国政府明令禁止吸食鸦片。1796年（嘉庆元年），更下诏停止鸦片征税，严禁鸦片输入，鸦片贸易已成为非法。但英国坚持进行可耻的鸦片贸易。他们利用鸦片贸易所获得的超额利润，换取中国的茶叶、生丝，又利用印度农民种植鸦片的收入，使英国工业品在印度市场上增加了销路。在英（棉纺织品）、印（鸦片）、中（茶、丝）的三角贸易中，鸦片贸易是最为重要的一个环节。只要这一环节维持不断，英国资产阶级腰包中的利润就会越来越多。

鸦片的泛滥，在中国造成了灾难性的后果。当时多少志士仁人，看到中华民族的空前危机，纷纷呼吁禁烟。邵阳人魏源在其《海国图志》中明确指出："鸦烟流毒，为中国三千年未有之祸。"福建举人曾世霖《洋烟毒中国》诗云：

> 黠哉英吉利，变幻似狐鼠。
> 洋烟毒中国，生灵付一炬。

黠（xiá）：狡猾。前两句写英国人像狐鼠一样狡猾多变，后两句感叹鸦片流毒中国所造成的严重危害。

清朝道光十八年（1838）5月22日，英国东印度舰队总司令马他仑少将率领军舰威力士里号与阿吉林号抵达广州。

道光皇帝派遣林则徐为钦差大臣，前往广州等地查禁鸦片，拟订禁烟六条，又从6月3日到25日，在广州虎门太平镇集中烧毁21 306箱鸦片，并多次打败英军的武装挑衅。

时人李光汉，字契可，湖南岳阳人，其《燕台杂咏》有《战广东》诗一首，写鸦片战争时战广东情景。诗云：

> 粤海大洋东，波阳英法美。
> 印度亚边陲，种烟入售毁。

伟哉林文忠，勇义三元里。
其奈虺法臣，不知国大计。

林文忠：林则徐。虺（wěi）法：枉法。战广东，是为鸦片而战，是中国人与英法美等帝国主义殖民统治者而战。

中国人的禁烟运动触犯了帝国主义的利益，于是一场史无前例的鸦片战争爆发了。道光二十年（1840）至二十二年（1842），英帝国主义在美法两国的支持下，公开对华发动侵略战争。

面对英帝国主义军队的悍然入侵，腐败无能的清朝政府还是采取妥协求和政策，将林则徐、邓廷桢革职，最后签订中国历史上第一个丧权辱国的不平等条约《南京条约》，中国割让香港给英国，赔偿英军两千一百万两银圆。从此，外国列强纷至沓来，参与瓜分中国的行列，中华大帝国被沦为半封建半殖民地。

第一次鸦片战争，历时两载，其中大小战例与事件，不可胜数，缘事为诗文者，亦充栋如汗牛。然而，真正堪称鸦片战争史诗之作者，唯有贝青乔的七言绝句组诗《咄咄吟》。

贝青乔，字子木，江苏吴县人。清末诸生，曾在清朝扬威将军奕经幕府任职，跟随奕经转战于东南沿海，随军撰写《咄咄吟》二卷，一百二十首七言绝句，以组诗加自注形式，以咄咄怪事的讽刺口气，真实地记载清朝军队与各地民众抗击英国侵略军的英勇牺牲，揭露满清政府官吏的昏庸无耻，字字如血泪，如同北宋末年刘子翚的《汴京纪事》与南宋末年汪元量的《湖州歌》，不啻是鸦片战争时期的诗史之作。今选择其中几首录评如下：

相公推毂重朝班，一意长驱破蔡还。
满望凌烟今代阁，威名褒鄂定堪攀。

此首介绍扬威将军奕经的身世与受命浙江抗击英军的背景。诗人自注云："将军奕经，高宗纯皇帝曾孙，成亲王永瑆孙也。少以侍卫从军喀什葛尔，积功仕致协办大学士。上颇倚重之，故有是命。初，琦善以直隶总督，误信汉奸之言，奏参林则徐办粤东鸦片烟不足服英夷心，上乃革林职，而以琦善代之。琦善至粤，撤防主款，迭为英夷渎请，并割香港与之。夷心未厌，攻陷大角、虎门等处。琦善仍勒兵不战，致提督关天培、副将陈连升及其子陈鹏举等援绝阵亡。上闻之，大怒，下琦善刑部狱。及将军奉命出征，大学士穆彰阿奏请带琦善赴浙，将军谓琦善可与议抚，不可与议战，特严却之，而挺身南下云。"破蔡：以中唐时期李愬将军雪夜破蔡州之事，比喻奕经将军从军喀什葛尔之功。

曹娥庙里夜传呼，牛饮淋漓犒百觚。
祭罢蝥弧天似墨，一齐卷甲渡梁湖。

　　此诗描写道光二十一年（1841）宁波之战。前两句描写在曹娥庙以酒犒劳将士的情景，后两句描写祭旗后全军夜渡梁湖的情景。曹娥庙，祭祀东汉孝女曹娥之庙宇，在浙江宁波曹娥江畔。牛饮：大碗喝酒。觚：古代酒器。蝥（máo）弧：矛弧，泛指旗帜兵器。诗人自注主要写战备情况，云："将军谓张应云设伏周密，乃自绍兴移营东关。正月二十四日，在曹娥庙祭旗发兵。凡攻宁波西门即望京门者三队，金川土副将阿木穰帅屯兵四百人为头敌，游击梁有才、守备王国英等帅四川提标五百人为前锋策应，提督段永福帅贵州提标八百人为总翼长。攻南门即长春门者三队，游击黄泰、守备魏启明等帅甘肃提标五百人为头敌，总兵李廷扬帅江西水师六百人为前锋策应，提督余步云帅湖北提标八百人为总翼长。攻镇海城者三队：游击刘天保等帅湖南乡勇五百人为头敌，参将凌长星帅陕西提标五百人为前锋策应，副将朱贵帅固原提标五百人为总翼长。攻宝山、威远城者二队：金川瓦寺土守备哈克里帅屯兵三百人为头敌，都司聂廷楷帅山东、河南勇六百人为前锋策应。宁、镇之间，濒江有村曰梅墟，参将李倬举、都司谢天贵帅山东北勇七百人屯其地，以截英夷中路。张应云等帅四川督标及山东北勇一千两百人，屯骆驼桥为后应；文参赞帅总兵恒裕、副将德亮，带陕、甘兵两千人，屯长溪岭为总应。将军自帅提督陈阶平、总兵尤渤等，带四川、河南兵两千人，屯东关天花寺。"如此众多的兵力，如此详尽的兵力部署，副将朱贵部英勇作战，阵亡者436人，而英军伤亡竟达五六百人，却最终未能抵挡住英国侵略军的步伐。而后，英军攻陷杭州、上海、扬州、镇江、江宁，清朝政府被迫与英国侵略军签订《南京条约》。诗人详细地记载了

这个条约形成的全部过程：

> 白旗飞影出城楼，惨惨金陵日亦愁。
> 曾是秋闱文战地，椎牛酾酒宴兵头。

此首写英军兵临金陵城下。秋闱：秋季科举考试院。诗人自注云："七月初三日，英夷由龙江关犯江宁，投书署布政使黄恩彤，立索犒银三百万两，始免开战。恩彤罔知所措，惟于城楼上悬挂白旗。夷人以红旗进兵，以白旗收兵，悬之以示将欲议和也。恩彤又请驻防将军德珠布登城守御，而德珠布有鉴于乍浦、镇江汉奸多杂在民间，夷人又专与旗人为难，遂言：'吾只知为旗人守内城，不知为汉人守外城。'内城者，前明禁城，国初改为满洲营者也。旗兵知主将与恩彤议不协，鼓噪而起，欲毁城厢房屋，以为坚守内城之地。恩彤惧，出藩库饷银六千两犒之，旗兵始安帖。而城外英夷延至初六日搬运枪炮登岸，虚作攻城状，恩彤益无措。适耆英、伊里布、牛鉴得信驰至省，立遣长随张禧，副以恩彤及芜湖道咸龄、署常州知府徐家槐往谕，暂息兵戈，以商和约，而英夷犹不肯退。往返数四，至矫称已有密旨，令耆、伊二人讲和，英人始敛兵归船。十五日，耆英、伊里布往拜夷酋璞鼎查于船。十七、十九日，宴之于静海寺，二十一日，又宴于上江考棚。"上江考棚：即上江科举考试院。

耆英、伊里布前来议和，这是中英《南京条约》的前奏。诗人继续写道：

> 宸翰红题券一章，东南五路约通商。
> 群公更有安边策，尽括军储补寇粮。

此首写道光二十二年（1842）8月结束鸦片战争的《南京条约》构成。宸翰：皇帝信函、诏书之类。诗人自注云："英夷要求八事，其中最重者有三：一欲于和券之上钤以国玺；一欲于广东香港，福建福州、厦门，浙江宁波，江苏上海五处设立马头，以为通商之地；一欲赔偿前任两广总督林则徐所烧鸦片烟价银六百万元（元，洋钱也，每一元合银七钱），及其犯顺以来所费兵饷银一千两百万元，并广东历年商欠银三百万元。耆英、伊里布婉转集议，英夷终以直犯天津相胁。相恳久之，始许不用国玺，改为御笔朱批‘依议’二字，又减去银一百万元，期于均须如约。"

鸦片战争，像英国侵略者的一把利剑，狠狠地插进中华古老帝国的心脏。从茶叶贸易到鸦片输入，中国人民饱尝了外国列强入侵的痛苦。所以我们说，鸦片战争，是中华民族任人宰割、蒙受屈辱的战争史。

贝青乔的《咄咄吟》，以亲身经历，详尽描述的鸦片战争期间的种种军事现实。读着这些饱含着血泪的诗句与诗人自己的注释，我们不禁为鸦片战争时期满清政府、满清军队与官吏们的恶劣表现，感到悲愤。面对如此无能的政府，如此腐败的官吏，如此软弱的军队，如此无知的乡民，古老中国在鸦片战争中不被外国列强欺凌、宰割，岂非咄咄怪事？

可悲兮！可恨兮！

◆三元里平英团

道光二十一年（1841），三元里103乡的数千民众组织"平英团"，自觉投入抗英战斗，曾经让英国侵略军尝到过中国人的拳头。

道光二年进士、广东番禺人张维屏，目睹三元里人民的抗英斗争，特地写作《三元里》一首长诗，高度赞扬了三元里民众的抗英战斗情况，诗云：

> 三元里前声如雷，千众万众同时来。
> 因义生愤愤生勇，乡民合力强徒摧。
> 家家田庐须保卫，不待鼓声群作气。
> 妇女齐心亦健儿，犁锄在手皆兵器。
> 乡分远近旗斑斓，什队百队沿溪山。
> 众夷相视忽变色，黑旗死仗难生还。
> 夷兵所恃惟枪炮，人心合处天心到。
> 晴空骤雨忽倾盆，凶夷无所施其暴。
> 岂特火器无所施，夷足不惯行滑泥。
> 下者田塍苦蹒躇，高者冈阜愁颠挤。

中有夷酋貌尤丑，象皮作甲裹身厚。

一戈已捲长狄喉，十日犹悬郅支首。

纷然欲遁无双翅，歼厥渠魁真易事。

不解何由巨开网，枯鱼竟得攸然逝。

魏绛和戎且解忧，风人慷慨赋同仇。

如何全盛金瓯日，却赖金缯岁币谋？

此诗四句一换韵，凡三十二句，前二十六句，全面叙写三元里民众愤然而起，合力抗击英国侵略者的英勇事迹，使敌人闻风丧胆；后六句是诗人的感叹议论之辞，"如何全盛金瓯日，却赖金缯岁币谋？"字里行间，充满着诗人对清朝政府屈膝求和政策的无比义愤。诗人原注云："夷打死仗则用黑旗，适有执神庙七星旗者，夷惊曰：打死仗者至矣！"田塍（chéng）：田间小泥路。踯（zhí）躅（zhú）：徘徊不前。

这是近代史上民众自发奋起反抗外国列强入侵的真实记录，这是中国近代诗史最壮丽的光辉诗篇。

屈向邦《粤东诗话》："清道光辛丑，英兵扰至会城西北诸村落，三元里九十余乡民率先齐出拒堵。老弱馈食，丁壮赴战，一时义愤同集者数万人。敌兵气慑，不敢动。卒以当道劝令，以为事已议款，不可更为戎首以败盟，乡民遂不为已甚，任令遁去。呜呼！孰谓枪炮之威，能及民众之力耶？张南山有诗纪之云云。乡民神勇，活现纸上。其如政府之阘茸误国何？诚历代诗史中最光荣、最热烈、最悲壮之作。"阘（tà）茸：旧指地位低下的平民。

◆关天培将军之死

将军死节殉国，乃是可歌可泣的英雄壮举！

关天培，这个因鸦片战争抗击英国侵略者而死难的将军，应该与天地共存，与中华民族不屈服于强敌的英雄主义精神同贯宇宙。

关天培（1780—1841），字仲因，号滋圃，江苏山阳（今淮安）人。他行伍出身，道光十四年（1834），担任广东水师提督，鸦片战争前，因支持林则徐等禁烟运动，而积极训练水军，修筑炮台，参与抗击英军入侵的准备工作。1841年2月，英军进攻虎门。他率领军队在靖远炮台奋起抗击，因孤军奋战，最后战死于前线。

根据《清史稿·关天培传》记载：道光十四年（1834），关天培担任广东水师提督。其时，英吉利通商，渐萌跋扈，军舰驶入内河，挑衅不止。前水师提督李增阶，因疏于防备被罢黜，任命关天培代之。关天培受命于危难之中，到任后立即亲临海疆要塞，增修虎门、南山、横档等炮台，铸造六千斤大炮四十座，筹集水师训练经费。禁烟运动开始，他与总督邓廷桢侦缉最力。

道光十九年（1839），林则徐莅临广东，命令关天培将缴获来的鸦片烟两万余箱，在虎门焚烧。此后，关天培严守海防，在横档山前比较狭窄的海面上，铸造巨大铁链横系之二重，以阻挡英军战舰不能径直通过，命令水兵坚守炮台，伺机敌军进犯。林则徐依靠着关天培如左右手，常驻沙角，督促本标及阳江、碣石两镇师船排日操练。七月，英军突袭九龙山口，被参将赖恩爵击退；九月，英军以两艘军舰进犯穿鼻洋，阻止商船进口，不断挑战。关天培站立桅前，拔刀督阵，后退者立斩；有击中敌船一炮者，立即给予重赏。水师向英舰发炮，敌军纷纷落海，而后被逼撤退。敌舰久泊尖沙咀，踞为巢穴。十月，英军以大舰船正面攻击，以小舟侧面袭击清军驻守的北山，被关天培军歼灭于山冈。关天培乃调集水陆兵死守山梁，参将陈连升、赖恩爵、张斌、游击伍通标、德连等分为五路，形成合同进攻阵势。英军乘夜来犯，五路大炮齐发，英舰在海上自相撞击，灯火皆灭。凌晨了望，逃者过半，仅存十余舟远泊。次日，又有二敌舰潜进，随者十数，复诸路合击，捣毁其头船，其余船只纷纷逃窜，散泊于外洋。捷报传至京城，道光皇帝肇令嘉奖，赐号法福灵阿巴图鲁。

道光二十年（1840）十二月，英舰猛攻虎门外沙角炮台，副将陈连升战死，大角炮台随即被破，虎门危在旦夕。关天培与总兵李廷钰分别坚守靖远和威远两大炮台，战斗正酣，请求援助，而琦善仅仅遣兵二百前来增援。

道光二十一年（1841）正月，英军继续进攻虎门炮台，守台炮兵仅数百人，再次派遣将领痛哭着请求增师，毫无音信。此时，关天培忖度着，敌我双方，力量悬殊，寡不敌众，决计死守。他出私钱财，奖赏将士，率领游击麦廷章昼夜督战。敌军进入三门口，冲断了海面上设置的铁链，清朝守军奋战不止。此

时，南风大作，敌人舰船大队包围横档、永安两个炮台，遂被攻陷。继而进攻虎门，两军厮杀一天，死伤相当，而炮门透水不得发。敌军自炮台后面突袭，关天培身被数十创。紧急关头，他将将军大印投仆孙长庆，令其速去。孙长庆行走未远，回顾关天培，将军已经倒在地上，游击麦廷章亦同死，炮台失守。孙长庆垂崖而逃，交印于总督，复往寻将军尸首，半体烧焦，背负而出。

关天培将军壮烈牺牲，感动天地。朝廷授予关天培骑都尉兼一云骑尉世职，谥忠节，入祀昭忠祠，建立专祠，以资纪念。举国上下，为之追悼。时任翰林院编修的朱琦，广西临桂人，特作《关将军挽歌》长诗一首，云：

飓风昼卷阴云昏，巨舶如山驱火轮。
番儿船头擂大鼓，碧眼鬼奴出杀人。
粤关守吏走相告，防海夜遣关将军。
将军料敌有胆略，楼橹万艘屯虎门。
虎门粤咽喉，险要无比伦。
峭壁束两峡，下临不测渊。
涛泷阻绝八万里，彼虏深入孤无援。
鹿角相掎断归路，漏网欲脱洲鲸鲲。
惜哉！
大府畏懦坐失策，犬羊自古终难驯。
海波沸涌黯落日，群鬼叫啸气益振。
我军虽众无斗志，荷戈却立不敢前。
赣兵昔时号骁勇，今胡望风同溃奔？
将军徒手犹搏战，自言力竭孤国恩。
可怜裹尸无马革，巨炮一震成烟尘。
臣有老母年九十，眼下一孙未成立，
诏书哀痛为雨泣。
吾闻父子死贼更有陈连升，炳炳大节同峻嶒。
猿鹤幻化那忍论，我为剪纸招忠魂！

275

朱琦此诗，以古风出之，为关天培将军死节而作。先写虎门一战的危急形势，再写战争双方的力量对比悬殊，最后写关天培等将士的殉国，末尾抒写诗人对死难将士的哀悼，如同鸦片战争的招魂曲，一声声呼喊，充满着正义之士对入侵敌军的痛恨，对军队缺乏斗志与悲惨时世的激愤，对死难将士的无比崇敬。

◆国人十哀

关天培殉国，虎门失守，林则徐被充军，满清政府一味与英国侵略者议和。然而，英国侵略者的胃口大得很，一心妄图吞并中国这块让洋人垂涎的肥美土地，以实现他们"日不落帝国"的梦想。

于是，英舰沿着东海海岸北上，马不停蹄地进攻厦门、舟山群岛、蛟门、宁波、乍浦、吴淞、上海，再溯长江而上，直抵南京，逼迫满清政府于道光二十二年（1842）签订丧权辱国的《南京条约》。

风雨如晦，中国处在亡国的紧要关头，举国为之哀号。

赵函，字元止，号艮甫，江苏震泽人。他耳闻目睹了英帝国主义的枪炮如何肆虐中国的土地，屠杀中国的军民，而满清政府却一味屈膝求和。严峻的社会现实，使他奋笔疾书，写作《十哀诗》：哀虎门，哀厦门，哀舟山，哀蛟门，哀甬东，哀乍浦，哀吴淞，哀沪渎，哀京口，哀金陵。

这十哀，是国人的十哀，是鸦片战争的诗史记录，也是英国侵略者践踏中国领土和国家主权的历史罪证。

其一《哀虎门》，是吊唁广东诸将，诗云：

沙角已毁大角摧，陈安父子同飞灰。
红夷大炮破浪来，师子洋外声如雷。
虎门将军壮缪裔，报国丹心指天誓。
兵单乞援援不至，南八男儿空洒涕。
贼来蠔镜窥虎门，海水腾沸焚飚轮。
挥刀赴敌惟亲军，一死无地招忠魂。
贼势鸱张楚兵哭，乌涌东西等破竹。

吁嗟乎！

督师议和和不成，召寇亲至莲花城。

在虎门抗击英军而死难的广东诸将，有将军关天培、副将陈连升、其子陈鹏举、总兵祥福、游击沈占鳌、麦廷章、守备洪连科等。师子洋：狮子洋。鸥张：嚣张，凶暴，像鸥鸟张开翅膀一样。楚兵：指总兵祥福率领楚兵守乌涌。莲花城，即广州。诗人自注："是年正月，督部约夷目义律至莲花城议和，不至。"

其二《哀厦门》，是吊唁福建诸将，诗云：

夷人拥兵作商贾，饥则飞来饱扬去。

五月甫退零丁洋，七月复来鼓浪屿。

泉南要隘首厦门，屹然雄镇清海氛。

一朝楼船不设备，遭此豕突兼狼奔。

炮台拒贼江继芸，落水甘被蛟龙吞。

王都司偕凌协镇，大炮一震身同焚。

吁嗟乎！

裨将材官气何劲，披发叫天同授命。

高牙大纛何所之？传令内渡先班师。

泉南：指泉州以南。鼓浪屿：海岛，与金门相望，厦门要隘。江继芸：时为福建总兵。王都司：指淮口都司王世俊。凌协镇：指护延平副将凌志署。高牙大纛：指福建总督。何所之：到哪里去。诗人自序云："辛丑四月，粤省和议成，夷船退出虎门。各海口方议撤兵，夷人复易领事头目，再扰广州。七月，犯福建泉州之鼓浪屿，直攻厦门、金门。总兵江继芸，以救护炮台，落水死。护延平副将凌志署、淮口都司王世俊、水师把总纪国庆、杨肇基、季启明，皆战死。厦门陷，总督率道将以下，退保同安。"

其三《哀舟山》，哀悼定海三镇三忠之死。诗人自序云："夷陷厦门后，再犯定海。寿春总兵王锡朋、处州总兵郭国鸿、定海总兵葛云飞同守定海，贼至拒战。自八月十二日至十六日，我军屡捷。十七日，贼由陆路攻晓峰岭，王镇炮伤一足，犹挥军进。贼愤，夺其尸去；转攻竹山门，郑镇中炮死；复攻东岳宫，葛镇势孤，亦战死。是役也，三镇苦战六昼夜，杀贼甚多。卒以海外无援，同时授命。"其诗云：

> 舟山孤悬东海东，兵燹之后人烟空。
> 逆夷再至称报复，舍舟登陆环来攻。
> 三镇屯军作犄角，屡出奇兵贼已慸。
> 贼分三路转战来，抬枪火箭如崩雷。
> 百战威名寿春镇，浴血满身还斫阵。
> 晓峰岭头挫贼锋，六日相持气弥振。
> 我军下压贼仰登，势与雕鹗同飞腾。
> 一炮山前将星坠，夺尸竟去谁能争？
> 竹山门，东岳宫，贼所到处烟烟红。
> 郑葛二镇同战死，天教鼎足成三忠。
> 吁嗟乎！
> 舟山之战止此三镇成三忠，
> 从而死者寿春一旅悲沙虫。

这是舟山之战的正气歌，一曲抗击英国侵略者的英雄之歌。舟山之战，以三镇总兵王锡朋、郭国鸿、葛云飞同时战死，因孤军无援，而宣告失败。但是他们死得光荣，死得其所。

其十《哀金陵》，哀悼金陵居民与沿江村落被英军蹂躏，诗云：

> 夷船入江来，先截瓜州渡。
> 真州城外生烟雾，一炬盐艘不知数。
> 天堑飞过蛟龙惊，扬帆直抵金陵城。
> 金陵城中军势涣，大府主和不主战。
> 伊相国来操胜算，欲以慈悲弥宿怨。
> 夷情贪狠惟爱钱，红旗白旗持两端。

忽然异炮钟山顶，俯瞰石城如瞰井。
阖城恸哭潜出城，一半流亡入鱼艇。
秋风戒寒和议成，庙谟柔远思休兵。
华夷抗礼静海寺，俨然白犬丹鸡盟。
吁嗟乎！
城中歌舞庆太平，城外盗贼仍纵横。
夷人中流鼓掌去，三月长江断行旅。

诗人以史家之笔来写英军围困金陵城，逼迫清朝政府求和的全过程。英军荼毒城外村落的罪行，也都一一呈现出来。这是叹息，也是控诉。

从虎门到金陵，英军长驱直入。厦门官兵曾英勇抵抗，护延平副将凌志署、淮口都司王世俊、水师把总纪国庆、杨肇基、季启明，皆战死；舟山三总兵王锡朋、郭国鸿、葛云飞同时战死；两江总督裕谦、狼山总兵谢朝恩战死于镇海；镇江青州兵亦奋起抵抗，中国军队抗击侵略者所表现出的勇气与牺牲，应该彪炳于史册。然而，英军进入长江之后，清军弃城丢盔，纷纷逃逸，使侵略者如入无人之境，遭殃的是当地老百姓。

吴淞口失陷后，道光皇帝特令耆英、伊利布与两江总督牛鉴驰赴上海，相机筹办和议事宜。道光二十二年（1842）七月初，耆英一行抵达南京，而英军早已逼近下关，兵临城下。七月初七，英方向伊利布提出和谈条件。十四日，耆英全部接受英国侵略军的条件，奏请批准。二十四日上午十一时许，耆英、伊利布、牛鉴登上英军舰皋华丽号，共同协商签约事宜。

英国侵略军发动的第一次鸦片战争，以清朝政府妥协投降，于1842年8月29日，指派耆英、伊利布为钦差大臣，与英国全权代表璞鼎查在南京签订《中英南京条约》，而宣告结束。

《南京条约》，又称《江宁条约》，是中国历史上第一个不平等条约。这个条约共计十三款，主要内容有：

（1）清朝政府向英国赔款二千一百万银元；
（2）割让香港给英国；
（3）开放广州、厦门、福州、宁波、上海为通商口岸；

（4）中国抽收进出口货物的税率，必须由中英两国共同商议确定，中国不得随意变更。

这是史无前例的丧权辱国事件。此时此刻，中国人的悲哀岂止"十哀"，真正是哀鸿遍野了。

道光，属于倒霉的皇帝；道光朝，属于中国历史最最丧权辱国的王朝。

清军将士们的鲜血和生命，最终换来的是腐败无能的清朝政府向外国侵略者投降卖国的一个个不平等条约。

可哀！可悲！可叹！

《中英南京条约》正式公布以后，美国、法国等西方列强相继效尤。道光二十四年（1844）五月，与美国签订《中美望厦条约》；九月，签订《中法黄埔条约》；二十五年（1845）六月，与比利时签订和约，给予与英、美、法同等特权；二十七年（1847）二月，签订《中瑞挪条约》；二十九年（1849）七月，葡萄牙强占了中国澳门。

从此，中华大帝国的历史大厦，已经轰然倒塌。中国成为西方列强共同宰割的羔羊，中国失去了国家的主权与领土完整，由封建大帝国演变成为半封建半殖民地的社会结构形态。

亲爱的读者，一百五十五年后的 1997 年 7 月 1 日，当你看到五星红旗在香港冉冉升起的时候，回首鸦片战争的这段屈辱历史，你又作何等感想？

◆青皮军

青皮军，是鸦片战争期间青皮党人在浙江乍浦组建的一支兵勇。

青皮，即"无赖"，是清朝官吏对青皮军轻蔑的称呼。青皮军，招募粮船水手而成，责任是查禁鸦片贩卖，抗击英军入侵。

乍浦，是浙江的海防重镇。然而，清军在此却未能认真布防，仅招募数百名粮船水手，即所谓青皮党人，组建而成乡勇，即青皮军，负责把守。

福建兵勇勾结鸦片贩子往乍浦偷运鸦片，屡次被青皮党人截获，因而对青皮党人怀恨在心。道光二十一年（1841），英军进攻浙江乍浦时，唆使鸦片贩子潜入城内，与敌军里应外合，夹攻青皮军乡勇，致使乍浦失守，吴淞危机。

时人陆嵩曾官镇江府训导，闻讯而写《夷船入乍浦，烟贩闽奸杀青皮军以应》一诗，记录此事，诗云：

> 日日江头说防堵，又报夷船入乍浦。
> 乍浦近与吴淞连，江南特此作门户。
> 闾阎闻信那弗惊，纷然捆载谋逃生。
> 城门乍出便遭劫，兵虽未被已哭声。
> 我思大兵久云集，重镇何由贼竟入。
> 昨有逃人来贼中，绝诉令我生呜唈。
> 御敌但用青皮军，倒戈忽出乌烟谍。
> 驻防营中烈火焚，光焰直逼吴淞滨。
> 督师参赞驻何所，
> 谁能使贼不犯江南寸土安我江南民？
> 呜呼！
> 谁能使贼不杀江南民，我方筮《易》恐震民。

此诗前十六句，描写英军进犯乍浦，福建兵勇与鸦片贩子相互勾结，配合英军内外夹攻乍浦青皮军，致使乍浦失守的经过。最后几句，诗人以呼喊、祈祷方式，哀叹世上无能使贼不犯江南寸土安我江南民的英雄。乍浦：镇名，濒临杭州湾。筮《易》：按照《周易》，用蓍草占卜。

赵函《十哀诗》中有《哀乍浦》一首，描写福建兵勇与鸦片贩子相互勾结，配合英军内外夹攻乍浦青皮军，致使乍浦失守的情景，诗人自序云："浙军募乡勇，有粮船水手青皮党李姓者，率众数百人应募。给六品顶戴，统其众守乍浦。逆夷昔时至浦卖烟土，有闽省乡勇为之交关。李率其党劫掠闽人，闽人诉于贼。壬寅四月，夷逆至浦，举炮焚满洲营，李党争先出战。闽勇倒戈相向，贼乘间陷乍浦。"

鸦片战争时期的民众心态，由此可见一斑。福建兵勇与青皮党集怨如仇，各自心怀鬼胎，不惜出卖民族利益，与英敌勾结，乍浦之战，岂能不败？

◆青州兵

青州兵，是鸦片战争期间在镇江奋起抗击英军的一支军队。以其皆为山东青州子弟，故名"青州兵"。

道光二十二年（1842），英军攻陷吴淞之后，继续沿长江而上，十五日侵犯镇江。

官兵呢？官兵在何处抗击英军？

赵函《十哀诗》中有《哀京口》一首，描写镇江驻守官兵弃城逃窜，英军屠杀百姓的悲惨情景。诗人自序云："六月十三日，夷船入圌山门，官兵遁，副都统闭城不敢出。参赞提督防镇江者，亦退守新丰。十四之夕，贼以大炮攻北门，用皮梯登城。民人相挈逃窜，而城锁不得出。贼开门纵之。旋至驻防旗营，大肆屠戮。都统匿避不知所终，守土官无一拒贼死事者。贼据城两月余，居民死者枕藉。"

与官兵相反，二十一日敌军兵临城下，以大炮轰城，炸开北门，蜂拥入城。面对着蜂拥而来的侵略军，独有二千青州兵奋力死战，与敌人展开肉搏战。有的咬住敌人耳朵，紧紧抱住敌人，滚下城墙，同归于尽者；有用长矛猛刺敌人，刺死一个，又刺一个，直至流血牺牲者，死状异常壮烈。

一年之后，镇江人没有忘记青州兵，特地为青州兵建碑立庙，以纪念青州兵的英勇牺牲精神。

时任镇江府训导的陆嵩，目睹了青州兵这一壮烈的战斗场景，特地写作《青州兵叹》一诗，云：

> 青州驻防兵，
> 尔胡不防青州城，来此乃隶京口营？
> 京口驻防二千甲，自谓骁劲无与衡。
> 朝从都护耀戈戟，暮从都护鸣鼓钲。
> 胡然贼众逾城入，奋勇独尔锋争婴？
> 大呼杀贼贼几却，痛无继者悲填膺。
> 洞胸穿臆尚不已，须臾白骨堆纵横。

呜呼青州驻防兵，尔何不驻青州城？

尔岂独无父母妻子与兄弟，尔独愿死不愿生！

来时四百归几人，乃甘一死隶此京口营。

君不见京口驻防弃城走，贼退家室还重迎。

此诗属于古风，参差不齐的句式，深情敦厚的诘问语气，往往增强了诗歌的情感色彩与描写青州兵死战镇江时的悲壮气息。最后的结句，以其他京口驻防兵的逃逸，反衬青州兵死战镇江的悲壮，再现了中国军人的气质与牺牲精神，不啻是青州兵死战镇江的碑志铭文。

古往今来，中国军人是中华民族的精英，以英勇顽强为本色。

鸦片战争时期的中国军队，也曾经涌现出许多优秀的代表，如关天培等死难的将士，也如黑旗军、青州兵等等，但是总体而言，清朝军队的中国军人本色几乎丧失殆尽。不是清朝军队里缺少像黑旗军、青州兵那样优秀的战士，而是清朝政府的腐败无能与将帅中的庸才，致使清朝军队缺乏必胜的信心与一往无前的战斗力。军队中的爱国主义精神与英雄性格，受到史无前例的压抑，死战——才是中国军人本色唯一的张扬！从这个意义来说，军队的战斗力，还来自于赫赫国威与正确决策的最高统帅部。

◆火烧圆明园

圆明园，始建于清朝康熙四十八年（1709），由环绕福海的圆明园、万春园、长春园三园组成，是中国最宏大的园林建筑。但在1856年10月到1860年11月历时四年多的第二次鸦片战争中，这座融会了中外建筑艺术精华的万园之园却惨遭面对法联军的洗劫和烧毁，其中的珍贵历史文物也被洗劫一空，至今仅存几处残迹，成为侵略者所犯下滔天大罪的历史见证。侵略者也不得不承认，"我们就这样以最野蛮的方式，摧毁了世界上最宝贵的财富……你想象不到这座宫殿有多么华美壮丽，更不能设想法军、英军把这个地方蹂躏成什么样子"。

咸丰、同治年间，湘潭王闿运率先作七言古体《圆明园词》长诗，描写圆明园的兴衰历史，涉及英法联军火烧圆明园，其中有诗云：

上东门外胡雏过，正有王公班道左。

敌兵未燕雍门获，牧童已见骊山火。

应怜蓬岛一孤臣，坚持高洁比灵均。

丞相避兵生取节，徒人拒寇死当门。

即今福海冤如海，谁信神州尚有神。

此诗有兵部徐树钧写于同治十年（1871）的词序，较为详尽地记叙了圆明园的修建与火烧圆明园的原委与具体细节情况，其中指出："先是道光二十年，英吉利夷船至广东香港，求通商不得，又以烧烟起衅执政议和，予海关税银千八百万。英夷请立约，广督耆英与期十年。届期而徐广缙督两广，夷使至广州，拒不许入以受封爵。夷使恨焉，志入广州。咸丰元年，英吉利、佛郎西、米利坚各国，乘粤寇鸱张，中国多故，复以轮船直入大沽口。台王僧格林沁托团练之名，焚其二船，尽击走之。夷人知大皇帝无意于战，特臣民之私愤，乃潜至海岸买马数千，募群盗为军，半年而成，再犯天津，称西洋马队。闻者恐栗。夷马登岸，我未陈，而敌骑长驱矣。十年六月十六日，上方园居，闻夷骑至通州，仓卒率后嫔幸热河。道路初无供帐，途出密云，御食豆乳麦粥而已。十七日，英夷帅叩东便门，或有闭城者，闻炮而开。王公请和，和议将定。十九日，夷人至圆明园宫门，管园大臣文丰当门说止之。夷兵已去，文都统知奸民当起，环问守卫禁兵，一无在者，索马还内，投福海死。奸人乘时纵火，入宫劫掠，夷人从之。各园皆火，三昼夜不熄。"王闿运自序亦云："夷人入京，遂至宫闱，见陈设钜丽，相戒勿入，云恐以失物索偿也。及夷人出，而贵族穷者，倡率奸民，假夷为名，遂先纵火。夷人还，而大掠矣。"黄濬（jùn）《花随人圣庵摭忆》则说："是焚掠圆明之祸首，非英法联军，乃为海淀一带之穷旗人。"

徐树钧、王闿运、黄濬以上三种说法，把火烧圆明园的祸首归结到"奸民"、"穷旗人"，而"非英法联军"。这与历史记载很不一致，缺乏历史的真实性，也许圆明园附近的草民参与其趁火打劫，但是纵火焚烧圆明园者，是英法联军，是他们窃取了陈列在圆明园的中国珍贵文物与金银财宝，至今尚陈列在伦敦与巴黎的博物馆里，流失在世界各地。这是难以篡改的历史事实。

◆黑旗军

黑旗军，是太平天国失败后刘永福组建的一支西南地方军。正是这支地方武装，在中越边境地区生存着，战斗着，有力地阻击法国侵略军入侵我西南边境，打击了法军的侵略野心。

刘永福（1837—1917），字渊亭，广西上思人。先参加天地会起义，太平天国失败后，在广西云南边境组建黑旗军，在越南山西、太原各境山区，耕种自食，练武习兵。法国侵略越南，刘永福率领黑旗军出山，抗击法军入侵，一战而全歼法将安邺军，声名大振。刘永福被越南授命为三宣副都督，屡次率黑旗军与法军战斗，曾击杀法将李威利，越王封为一等义良男。

中法战争时期，黑旗军被清朝政府收编，屡立战功，战后刘永福被任命为广东南澳总兵。光绪二十年（1894）移驻台湾，次年在台湾抗击日寇，因孤军无援，率军退回广东。

刘永福的黑旗军威震西南边境，使法军闻之丧胆。时人许銮的《丛桂山房乐府》，其中有《黑旗团》一诗，描述黑旗军的生存发展以及与入侵法军进行战斗的情景，云：

> 天上星旗光闪掣，越郊平地忽流血。
> 长蛇荐食遍东西，封豕前驱肆咀啮。
> 惊闻草泽起英雄，叱咤一声胆尽裂。
> 法将授首威利诛，鏖战一时无寸铁。
> 先以人和后以计，伟略独操何勇决。
>
> 当年板荡伤中原，义士沦陷随草窃。
> 揭竿转徙弃故都，所至风云生变灭。
> 日南佳气郁西山，扫除兔窟安虎穴。
> 劝耕扩种作良图，羁旅招徕远近悦。
> 与人无害世无争，习俗榛狉古无别。

卷七 近代战争诗话 中国古今诗话

285

风起兴歌陇上云，宵深空望岭南月。
李陵生为异域身，苏武老持汉使节。
回头故国失依归，俯唱大刀还击缺。

弓挽繁弱镝先鸣，剑击昆吾玉可切。
蹉跎岁月久咨嗟，磊落胸怀常皎洁。
忽逢强敌逞鲸吞，既覆曹滕又代薛。
将军奋袂忽大呼，江水不流山云截。
群房骈首受诛夷，肝脑所涂舌并抉。
法人恐怖乞连和，大义责之望以绝。
火攻刀刺力俱穷，三诱五饵术徒设。
出奇制胜汉陈平，秘密兵机风不泄。
崎岖千仞势纵横，激励三军昭义烈。

鸾书新命出中朝，海内群雄相约结。
越京扫荡效前驱，史馆铭勋同论列。
泰西诸国兵传闻，黑旗之团真豪杰。

　　这首长诗，凡五十句，三百五十个字。全诗分为四段：前十句，写黑旗军崛起于西南边境地区，与法国侵略军一战而大胜，杀死法军将军李威利。其次十六句，追叙刘永福身世遭遇与创建黑旗军时的艰难岁月。再次十八句，描写刘永福率领黑旗军在越南与法军奋勇作战而获得胜利的具体情景。最后六句，写战功显赫的刘永福与黑旗军，归回中国，声名远播，名垂青史。板荡：社会动荡不安。榛（zhēn）狉（pī）：远古文明未开发的原始状态。大刀：清朝末年民间秘密反清组织"大刀会"之《大刀歌》。鸾书：皇帝诏书。泰西：西方。

◆谅山大捷

　　谅山大捷，是清朝军队取得的第一次抗击法国侵略军的重大胜利。指挥这

286

次战役的，是光绪朝名将冯子材将军。

冯子材（1818—1903），字南干，号翠亭，广东钦州（今属广西）人。光绪十年（1884），法国在越南的殖民军不断侵犯中国西南边境地区。退役以后的冯子材以广东高、雷、钦、廉四府团练督办身份，参与抗击法军。次年二月，改任广西关外军务帮办。在当地百姓支持下，他率领王孝祺、王德榜、苏元春等部清军，抗击法军于镇南关、谅山一带，取得谅山战役的重大胜利。

根据《清史稿》等史籍记载：起初，法国人为争夺越南，开始向中国进行挑衅。广西巡抚徐延旭调兵防边，败于越南。潘鼎新代之，又挫于谅山。于是将军兼总兵王孝祺来增援，先后抵达龙州，随即出镇南关，而谅山的清军已经溃败。潘鼎新令统十营回驻关外东路，及闻警，再西援。法军已入镇南关，统将杨玉科战死，总兵董履高受重伤，各路清军退却。法军焚烧镇南关而退，广西为之大震。

光绪十一年（1885）正月十二日，冯子材将军亲自率领一营至南关，建议于关内十里之关前隘口，跨越东西两岭之间，督促缩部修筑长墙三里余，外掘深壕沟。为扼守之计，军队在半岭扎营，令王孝祺军为犄角，屯于后半里。当时，苏元春、陈嘉军屯幕府，在关前隘后五里；蒋宗汉、方友升军屯凭祥，在幕府后三十里；潘鼎新军屯海村，在幕府后六十里；魏纲军屯艾瓦，防守艽封，在关西百里；王德榜军屯油隘，防入关旁路，在关东三十里；唯独冯将军一军，当中路前敌。全军蓄锐已久，越南人秘密报告，法军将出扣波，袭击艽封，攻打牧马，绕出南关以北，而且要截断唐景崧、马盛治两军归路。于是，苏元春率军与魏纲军赶到艽封迎击来犯之敌，冯将军派遣五营兵力扼守扣波。二十七日，法军数十骑率教匪至于艽封，早已埋伏在此的清军，突然发起攻击，法军败走，截获其驮载军火的大象一头，擒获匪党一人。二月初二，法军又来争夺扣波，遭遇冯将军军队而逃遁，遂无西犯之意。法军扬言初八九日侵犯镇南关，冯将军预料法军必定先期于初七日到来，则请于潘鼎新，调苏军还中路，以便先发制胜敌人。潘鼎新不允许，其他将军也不欲战。冯将军力争，率领王孝祺军于初五夜出关袭击法军。山上有敌垒三，安装着巨炮。清军已入街心，自五鼓战至初六中午，敌人更加汹涌，王孝祺战马中弹而死，则易骑而战，率领敢死之士由山后攀登悬崖而上，破其二垒，毙敌甚多，敌军败走，清军也撤还。

初七日，法军果然全部动用谅山之众，拼力入关，直扑关前隘长墙。冯将军告诉将士们说："敌再入关，我们有何面目见粤民？必死拒之！"顿时，士气皆激奋不已，发誓要与长墙共存亡。法军以开花炮队循东西两岭互进，向下轰击，又以枪队猛扑中路。法人认为越人皆冯将军的内应，故以法国士兵列前茅，次为非洲黑兵，再次为西贡洋匪。炮声震撼数十里，山谷轰鸣，枪弹积于阵地前厚度有寸许。清军作殊死战斗，王孝祺亲自率领小队从敌后仰攻，申时许，苏元春援兵至，王德榜军自油隘夹击，占据文渊对山，断其辎重，彻夜鏖战。到次日早晨，敌军益众，炮弹益密。冯将军居中，苏元春为后盾，王孝祺将右，陈嘉、蒋宗汉将左，右即东岭，敌人炮击尤烈。冯子材年近七十，身先士卒，短衣草履，手持戈矛，率二子相荣、相华，大呼一声，跃出战壕，与法军肉搏。诸军为之感奋，争相开壁死斗，关外游兵千余，亦闻警助战。冯将军驻扎在扣波的五营，自关外西路，摸到法军背后，猛烈攻击。于是，诸军合力围攻法军，短兵火器杂进，王孝祺率领潘瀛部，皆袒臂樱锋，战斗尤苦。陈嘉争夺东岭三垒，蒋宗汉继而争之，七仆七起。傍晚时分，王孝祺部已打败西路法军，与陈嘉等合击。而王德榜军，亦自关外掩东岭之后，遂破三垒，截断敌军后援。部将张春发、萧德龙，作战最力。敌军外援已绝，辎重亦断，大败而逃。教匪先奔，法兵失道，被歼尤多，尸体填塞着溪谷。清军斩法酋数十，追奔逐北，三十里而后止。而后出击文渊州，敌军望风而逃。十二日，清军兵分三路，攻击谅山，而后相继攻克谷松、观音桥、进贵门关，越南义民纷纷起义响应，河内、海阳、太原等地，皆起来背叛法国。二十五日，冯子材将军率领全军攻打郎甲，并分兵袭击北宁。法国请求议和，朝廷下令休兵，乃止。

谅山大捷，中国重创法军气焰。这是中国近代史上的反侵略战争，第一次取得这样扬眉吐气的重大胜利。王遽常《国耻诗话》云："冯子材谅山之捷，法人自入中国以来，未有如此次之巨创者，亦可以稍雪国耻矣。"

谅山大捷的关键人物，是年近七十的冯子材将军。他的果断指挥与英勇奋战，他的民族责任心与自我牺牲精神，得到历史的赞许。诗人黄遵宪有《冯将军歌》一首50句长诗，全面记载了谅山战役的全过程，极力赞扬冯将军的英勇事迹，其诗云：

冯将军，英名天下闻。

将军少小能杀贼，一出旌旗云变色。

江南十载战功高，黄袿色映色翎飘。

中原荡清更无事，每日摩挲腰下刀。

何物岛夷横割地，更索黄金要岁币。

北门管钥赖将军，虎节重臣亲拜疏。

将军剑光方出匣，将军谤书急盈箧。

将军卤莽不好谋，小敌虽勇大敌怯。

将军气涌高于山，看我长驱出玉关。

平生蓄养敢死士，不斩楼兰今不还。

手执蛇矛长丈八，谈笑欲吸匈奴血。

左右横排断后刀，有进无退退则杀。

奋梃大呼从如云，同拼一死随将军。

将军报国期死君，我辈忍孤将军恩。

将军威严若天神，将军有令敢不遵？

负将军者诛及身！

将军一叱人马惊，从而往者五千人。

五千人马排墙进，绵绵延延相击应。

轰雷巨炮欲发声，既戟交胸刀在颈。

敌军披靡鼓声死，万头窜窜纷如蚁。

十荡十决无当前，一日横驰三百里。

吁嗟乎！

马江一败军心愒，龙州拓地贼氛压。

闪闪龙旗天上翻，道咸以来无此捷。

得如将军十数人，制梃能挞虎狼秦。

能兴灭国柔强邻。呜呼安得如将军！

诗人以饱蘸爱国主义激情的诗笑，热情讴歌了这位七十岁的老英雄在中法战争中所取得的辉煌业绩，栩栩如生地刻画了冯子材忠心赤胆卫国御敌的光辉形象。

其中"将军"一词就出现十六个，如同一声声呼喊，一声声赞叹，这是神州大地在呼唤着冯子材将军的英名，是中华民族的历史在赞叹着冯子材将军的勇武精神。诗末两句则表达了诗人沉重的历史感慨和无限的不平之气。

◆中法马尾之战

光绪十年（1884）七月，法军舰艇闯入我福州马尾军港内停泊，福建会办海疆事务的张佩纶与船政大臣何如璋、总督何璟、巡抚张兆栋等，不作战备，束手无策，反而禁止港内福建水师移动。八月，法军舰艇司令孤拔命令其军舰向福建水师开炮，致使中国旗舰扬武号被击伤，但舰艇上的清朝官兵仍奋勇还击，用尾炮击中法军旗舰，法军多人被毙伤。福建水师运输舰福星号亦冲入敌舰激战，后中弹爆炸，舰艇上官兵全部牺牲。

福建当时就流传着一首民谣，讽刺福建水师的长官们："福州原无福，法人本无法；两何没奈何，两张没主张。"

此次中法马尾水战，福建水师舰船被击沉七艘，官兵伤亡七百余人，马尾造船厂也被法军轰炸而毁。八月二十六日，清朝政府被迫对法国海军宣战。

江苏常熟诸生沈汝瑾闻讯而作《悲马尾》一诗，记述中法两国海军的马尾之战，悲叹清朝海军的失败命运。其诗云：

铁舰桅樯天尺五，十万貔貅挽强弩。
书生高坐玉帐中，手握兵符气如虎。
红旗一举敌炮飞，鬼神号哭鱼龙悲。
尸骸压波海流血，蔽江楼橹成寒灰。
军中大将黯无色，登峰残兵不成列。
房舶逍遥奏凯歌，鼓轮又犯台南北。
将材不生壮士死，战骨千年浸江水。
江头少妇祭亡夫，酒浇麦饭秋风里。

貔貅（pí xiū）：猛兽名。此用以比喻勇猛的战士。前十句描写福建水军与法国

海军马尾水战的情况，揭露福建水师将帅荒于战备，致使福建水师大败于马尾。后六句写马尾水战的悲惨结局。"将材不生壮士死"，是对清朝海军将帅无材的控诉。诗人之"悲"马尾，一是悲哀马尾海军壮士之死，二是悲叹清朝南洋海军中无大将之材。

时人许銮有《马尾江》一诗，自序云："光绪十年秋七月庚辰，法人袭击我军于马尾江，全军尽灭。先是中法以越南开衅，海疆戒严，朝命通政司吴大澂副赴北洋，内阁学士陈宝箴赴南洋，侍读学士张佩纶赴福建，会办军务。张至闽，驻扎马江船厂。时总督何璟、巡抚张兆栋俱书生，无筹策，一意主和，不为备，法轮船入口，不敢击，遂为所乘。我军铁船九艘，红单船二十余艘，悉击沉于水，无一得脱，船厂灰烬。自构衅以来，丧师未有若此之甚者，而南洋战船略尽矣。"这个记载，非常清晰地再现清朝海军官员的无能与缺乏责任心，直接导致了清朝南洋海军的全军覆灭。

可悲矣！清朝海军，好不容易才得以筹建起来。然而其命运可悲可叹。北洋水师在甲午战争中败于日军，几乎全军覆灭；南洋水师在福州马尾败于法军，南洋战船丧失殆尽。

清朝海军何以不堪一击？不是海军无力，而是清朝政府无能，是清朝政府没有得力的海军将帅！

◆ 战澎湖

澎湖列岛，在台湾海峡南端，是大陆与台湾的交通要塞。

马尾水战之后，清朝政府被迫应战，为期一年之久的中法战争在台湾、澎湖列岛与广西镇南关两条战线展开。

广西方向，清军获得谅山大捷；台湾方面，法军于十月乘胜攻占基隆，清军与台湾百姓奋起抗击法军进犯基隆、台北等地，而后在淡水大败法军，打破了法军企图占领台湾地区的阴谋计划。

湖南岳阳人李光汉《燕台杂咏》有《战澎湖》诗一首，描写光绪十年（1884）十月，法国海军占领我澎湖列岛的情况。诗云：

澎湖不毛地，民渔鱼以生。
番戎岂好利？要为城下盟。
倒海难湔恨，将军竟立名！
庞涓何足恤，只是恤编氓！

前四句写法军占领澎湖列岛，不是好利，而是要与清朝政府立城下之盟。后四句写战澎湖，澎湖一战，周协戎将军战死。湔恨：洗刷仇恨。庞涓：战国时魏将，与孙膑同学兵法。事见前注。恤：体恤。编氓：编入户籍的普通百姓。

◆基隆大捷

基隆，是台湾北端淡水出口的一个港口。

法国侵略军于光绪十年（1884）十月攻占台湾基隆，引起驻扎台湾清军与当地居民的顽强抵抗。

岳阳人李光汉《燕台杂咏》有《战基隆》诗一首，描写基隆战役的激烈情景。诗云：

基隆一粟耳，浮在海之角。
貔貅二十万，大帅开帷幄。
蓦夜曳兵行，铁城突确荦。
可怜小吏愚，哭民双目瞀。

基隆战役，清军取得重大胜利。然而这个胜仗来之不易。据诗人自序记载：刘铭传奉命督办台湾，正当曳兵丢弃基隆之时，曹志忠极力阻止，基隆副官梁纯夫伏地哭留，刘铭传不答应，后被艋甲团战士拦截住，刘铭传才没有走。淡水幸亏有孙开华的沪尾一战，获得李彤恩所招募的张李成即张阿虎统帅的五百名士兵，奋勇作战，杀死法酋一员，士卒六百余名，俘虏花目百余名，烧毁法国商船一艘。外洋称中国大胜。

基隆沪尾一战的胜利，是台湾军民用性命与鲜血换取来的，极大地阻止了法国侵略军入侵台湾的步伐。貔貅：猛兽，比喻勇猛的战士。曳（yè）兵：带着士兵而逃。确荦：形容基隆一带地理山势险要。瞀（mào）：眼花目眩。

◆甲午战争

甲午战争，是光绪二十年（1894）清朝与日本发生的一次战争。因当年是农历甲午年，故称"甲午战争"。

中日甲午战争爆发的导火线，是朝鲜东学党起义。

东学党，是李氏朝鲜的一个民间宗教组织，崔济愚于1861年建立，信奉东学，反对西学（基督教），以"广济苍生，人人平等"为宗旨。为反抗李氏朝鲜压迫与外国资本奴役，公元1894年全琫准发动东学党起义。日本借口损害其在朝利益，公开出兵侵略朝鲜。朝鲜当时是清朝的属国，驻扎有军队。日本侵略军于七月对清朝驻朝鲜的海、陆军同时发起突然袭击。8月1日，中日双方正式宣战，甲午战争爆发。

郭则沄《十朝诗乘》记载："甲午之役，忠节军驻朝鲜成欢，以五百卒当日军数千，卒击退之。会高陞运船毁，援断粮绝，乃全军从统帅叶曙卿由牙山退至平壤，其勇略可见。"当时的周馥，闻此消息，特赋《聂功亭总戎朝鲜成欢，御日本，以五百人击退敌数千，高陞运船被毁，我海军无力往援，粮绝路断，聂乃全军随叶曙卿提军由牙山退至平壤。喜闻作此》。诗云：

> 出险二千里，艰危一月中。
> 浑身都是胆，绝口不言功。
> 莫补亡羊计，真成搏虎雄。
> 从来多算胜，谁为策元戎？

诗人的喜悦之情，溢于言表。其实，牙山之役，是叶志超（字曙卿）谎报军情，被升为驻扎平壤各路清军统帅。清朝政府的腐败无能，清军节节败退，日军步步侵入。宣战一个月后，9月，日军分四路猛攻平壤，叶志超企图逃逸，被左宝贵派兵监守。左宝贵阵亡，叶志超欲降，而后又率残军狂奔五百里，退回东北境内（按：叶志超被革职监禁，1900 年释放）。光绪举人陈玉树《甲午冬拟李义山重有感》组诗，其中一首云：

> 花门苗峒赋同袍，五道将军几度辽。
> 急避天骄夸上策，虚传露布诳中朝。
> 纶扉衣钵秦长脚，幕府裙钗楚细腰。
> 卿子冠军差可喜，不随河上共逍遥。

卿子冠军：犹言统帅。《史记·项羽本纪》有云："诸别将皆属宋义，号为卿子冠军。"

清朝陆海军在平壤战役与黄海战役中受到严重挫伤。10 月，日军分陆海两路进攻中国东北，侵占九连城、安东。11 月，日军攻陷大连与旅顺等地。公元 1895 年 2 月，日军攻占威海卫军港，不堪一击的北洋海军舰队，全军覆灭。3 月，日军侵占牛庄、营口、田庄台。

中日甲午战争，清朝军队彻底失败。公元 1895 年 4 月 27 日，清朝政府被迫派遣全权议和代表李鸿章，与日本首相伊藤博文等在日本马关，签订了《马关条约》，以割地赔款告终。

《马关条约》宣布朝鲜自立，并规定：清朝割让台湾、澎湖列岛、辽东半岛给日本，赔偿日本军费二万万两银子，增设通商口岸，任日本商民从事工艺制造，日本暂行驻兵威海。

被日本侵略的清朝，反而要割地赔款。这是什么逻辑？这是侵略者的强盗逻辑！全中国人民义愤填膺。

浙江仁和人、光绪十八年（1892）进士叶尔恺，字伯高，写有《甲午》一诗，描写割让台湾之事，云：

> 珠厓有诏弃岩疆，慷慨城亡与共亡。
> 黔首共和当璧兆，苍头突起义军张。
> 田横岛上成孤注，韩信军前请假王。
> 千里封疆莫一叶，闰朝小劫换沧桑。

清朝应对日本侵略军的甲午战争，付出了惨重的代价。虽然台湾地区的广大军民自发揭竿而起，奋起反抗日本侵略军，也曾以宣告独立来对付清王朝抛弃台湾与日本侵略军占领台湾，但是都无济于事，祖国宝岛台湾成为一叶扁舟，漂流在东海的汹涌海浪之中。

郭则沄《十朝诗乘》："叶伯高《甲午》诗云云，谓台湾割弃议定，而唐薇卿中丞自举总统，以抗日本也。台民闻割地之议，愤朝廷相弃，倡议自主。时，刘渊亭以南澳镇总兵率师驻台，誓勠力共守。日军至，兵力不敌，卒弃台出，走海南，片壤遂沦异籍。其事不济，其志可哀！"

◆大东沟之役

大东沟之役，是清朝海军与日本海军的一次生死较量。

清光绪二十年（1894）7月，中日甲午战争爆发。据王遽常《国耻诗话》引《清史纪事本末》记载：八月十七日，北洋海军提督丁汝昌率领全师抵达大东沟。十八日中午，遥遥看见西南方有烟雾东来，知道日本军舰将至。丁汝昌传令列陈作人字形，镇远、定远两艘主力舰为人字之首，致远、靖远、经远、来远、济远、广甲、超勇、扬威七艘舰艇以及水雷船张人字之两翼。已经解战，平远、广丙两艘舰艇始来会合。敌舰十二艘驶近，列阵作一字形，鱼贯式猛扑过来。俄而改变而为太极阵，裹人字于其中。丁汝昌命令诸舰艇先开炮以示威，炮声未绝，敌舰已经包围过来，将清军舰艇团团围困。经过一场激烈的海战，清朝海军中的经远、扬威、超勇三艘舰艇先后被日军击沉，济远、广甲两舰逃跑，余下镇远、定远、靖远、平远、广丙受到重创，遂不能成军。

著名诗人黄遵宪有《东沟行》一诗，描写中日两国海军黄海海战的全过程，其中诗云：

> 濛濛北来黑烟起，将台传令敌来矣，神龙分行尾衔尾。
> 倭来倭来渐趋前，绵绵翼翼一字连，倏忽旋转成浑圆。
> 我军了敌遽飞炮，一弹轰雷百人扫，一弹星流药不爆。
> 敌军四面来环攻，使船使马旋如风，万弹如锛争凿空；

地炉煮海海波涌，海鸟绝飞伏蛟恐，人声鼓声噤不动。

漫漫昏黑飞劫灰，两军各挟攻船雷，模糊不辨莫敢来。

此船桅折彼釜破，万亿金钱纷雨坠，入水化水火化火。

水光激水水能飞，红日西斜无还时，两军各唱铙歌归。

从此华船匿不出，人言船坚不如疾，有器无人终委敌。

铙（náo）歌：古乐府《鼓吹曲》之一，多为军乐，以激励将士士气。这首诗全面描写两国海军在大东沟开战的情况，透露出清朝海军将士奋战日寇海军之中的另一面：一是海军炮弹质量之差，所谓"一弹轰雷百人扫，一弹星流药不爆"；二是将士战斗素质之差，所谓"万亿金钱纷雨坠，入水化水火化火"。而日寇海军战斗力明显强大："敌军四面来环攻，使船使马旋如风，万弹如铮争凿空；地炉煮海海波涌，海鸟绝飞伏蛟恐，人声鼓声噤不动。"诗人认为，坚固的船舰还不如快速的飞艇，有了先进的武器，如果没有勇敢可靠的战士，最终还是败于敌军之手。所以最后指出："人言船坚不如疾，有器无人终委敌。"

光绪八年举人、内阁中书吕景端，亦有《铁舰行》一诗，描写慈禧太后挪用海军建设经费去修建颐和园，最后指出全诗主旨所在："乃知用器在人不在器"。战争胜负，起决定作用的是人，是军队的战斗力，而不是武器。

"从此华船匿不出"。黄海海战后，一则李鸿章为保存北洋海军实力，二则清朝海军失去了信心，北洋海军舰艇，从此不敢出来。这是多么令人沮丧，令人遗憾的海军啊！

中日黄海大东沟的此次海战，双方各自出动了十二艘战舰，实力相当，各自损失战舰四艘，清朝海军致远号管带邓世昌、经远号管带林永升率领士兵英勇作战，二百五十名官兵全部壮烈牺牲。邓世昌之殉国，功过几何，自有历史评说。然而，王遽常《国耻诗话》却指出："是役论者，谓我陆军之败败于不能战，海军之败败于能战而不尽能战。当时海军之力实倍于倭；惟以将校骄淫，结党而胁其帅。丁汝昌又非习海军，不足统驭，平时训练不力，临战不能调度，竟至一战而熸（jiān，火熄灭）。旅顺、威海皆天险，经营十余年，敌至皆委之以去。其后日、俄之战，殒士卒十余万，攻四阅月，廑乃克之。而是役失旅顺廑数日，威海相继陷，军心先变，汝昌廑以一死免生降之辱，可恨亦复可哀。"

中国战争寺舌

　　王遽常评论得似乎过分了，措辞也相当尖刻，但是他关注的海军素质，"将校骄淫，结党而胁其帅"，以及军心与士气，却是切中肯綮的。《清史稿·丁汝昌传》记载："威海南北岸已失，日舰入东口，军大震，竞相统帅乞生路。道员牛昶炳等相向泣，召集西人计议，马格欲以众挟汝昌，德人瑞乃尔潜告曰：众心已变，不如沉船夷炮台，徒手降。计较得丁汝昌从之，静诸将同时沉船，不应，遂以船降，而自饮药死。于是威海师燔焉。"王遽常《国耻诗话》又披露说："当时，汝昌已决死，令开足汽机赴敌，与船同殉。而洋员司机者（挟）持之，左右亦有欲降者，遂与洋员纠合，私赍（按：送）降书约降。汝昌知为所卖，遂仰阿芙蓉死。疑莫能明也。"

◆哀旅顺

　　旅顺，又名旅顺口，在辽东半岛最南端，属于极其重要的军事港口。

　　据范文澜《中国近代史》与姚锡光《东方兵事纪略·金旅篇第四》记载：从清朝光绪六年（1880）开始，北洋大臣李鸿章开始在此经营旅顺军港，历时十余年，耗资无数，建立北洋水师。甲午战争前，旅顺军港设置海岸炮台、陆路炮台二十二座，安装有大炮七八十尊；旅顺口后路大连湾又设立炮台六座，有新式大炮二十四尊。旅顺驻军，有张光前、徐邦道等六军共三十余营，李鸿章命令龚圣玙统帅之。然而，龚圣玙贪鄙庸劣，部将各不相统；大连驻军，也有赵怀益军六营。

　　光绪二十年（1894）冬，日本侵略军向旅顺口发动进攻。但是面对清朝军队在旅顺、大连的军事布局，日军估计正面攻击十分困难，于是从花园港口登陆，抵达貔子窝，旅顺为之一惊。徐邦道提议出兵迎战，保护后路；张光前等不听；而赵怀益部下将士要求出击，赵怀益不允许，准备弃逃。徐邦道不得已率领部将往守金州城，与日军激战，死伤惨重，请赵怀益支援，赵不予理睬。金州城被日军攻破，徐邦道退回旅顺。日军占领金州城，继续进攻大连湾炮台，守备的赵怀益已经逃回旅顺，兵勇溃散，毫无战斗力可言。日军不损一兵一卒，就占领大连湾。十天后，日军进攻旅顺，龚圣玙早已逃到天津，徐邦道率领残部抵抗，已经无济于事，只好撤退。不久，旅顺军港失陷。

（日德争战中国青岛图）

　　日军占领旅顺，这是为期几个月的甲午战争，中国方面最惨重的失败。著名诗人黄遵宪作《哀旅顺》一诗云：

> 海水一泓烟九点，壮哉此地实天险。
> 炮台屹立如虎阚，红衣大将威望严。
> 下有窪池列巨舰，晴天雷轰夜闪电。
> 最高峰头纵远览，龙旗百丈迎风飐。
> 长城万里此为堑，鲸鹏相摩图一瞰。
> 昂头侧睨何眈眈，伸手欲攫终不敢。
> 谓海可填山易撼，万鬼聚谋无此胆。
> 一朝瓦解成劫灰，闻道敌军蹋背来。

　　这首诗以哀旅顺为题，却无一个"哀"，反而铺写旅顺军港山川形胜之"壮"。全诗十六句，却以十四句来突出旅顺军港之险要与威严，最后两句才写旅顺被

中国戈争兵击

日本侵略军占领的经过。烟九点：指九州。虎阚：猛虎发怒貌。红衣大将：即红衣大炮，被太宗文皇帝敕封为"天祐助威大将军"。故名。窪池：船坞。龙旗：黄龙旗，清朝的国旗。劫灰：劫火余灰。

◆倭寇陷台湾

光绪二十一年（1895）4月27日，马关条约签订之后，清朝政府将台湾割让给日本。此后，日军大规模进驻台湾台湾沦陷，日本开始了半个世纪在台湾的殖民主义统治。闻知清廷割弃台湾，驻扎在台湾的清军与台湾民众"若午夜暴闻轰雷，惊骇无人色，奔走相告，聚哭于市中，夜以继日，哭声达于四野，风云变色，若无天地"（江山渊《徐骧传》）。日军自基隆登岸以后，清军经过浴血奋战，孤立无援，反抗失败，刘永福等被迫率黑旗军退出台湾，回到广东。一介书生丘逢甲（1864—1912）挺身而出，倡议自救，他联合一批爱国志士，组织义军抗击登台日军，给日本侵略者以沉重打击。1895年秋，终因"饷尽弹尽，死伤过重"，丘逢甲只得离台内退。而出于对满清政府的不满，台湾军民还拥立清朝台湾布政使、巡抚唐景崧为总统，宣告自立，脱离满清政府。后唐景崧兵叛，不得已也微服逃归。

江苏常熟诸生沈汝瑾作有《倭寇陷台湾》一诗，感叹刘永福黑旗军在台湾抗击日寇入侵时的表现。诗云：

> 孤军血战少同袍，援绝囊空橐载逃。
> 十万黑云都不见，髑髅台筑海天高。

此诗前两句写驻扎在台湾的清军孤立无援，只好弃台而逃。少同袍：就是孤立无援军。同袍：身穿同样战袍的战士。橐：袋子。后两句写刘永福的十万黑旗军不见了，留下的战士头骨，堆积如台，比海天还高。

曾毁家纾难，与日寇血战的丘逢甲在内渡第二年的3月23日作《春愁》以抒怀：

春愁难遣强看山，往事惊心泪欲潸。
四百万人同一哭，去年今日割台湾。

以台湾情结表现爱国精神并唱出时代之声的，除丘逢甲，世无人堪匹。台湾自古就是中国的神圣领土，满清卖国政府竟轻易将其割让给了日本。这是对台湾人民的无耻出卖，也是中华民族的奇耻大辱。诗人痛定思痛，抒发了对生于斯、长于斯的台湾故土的强烈牵念，其拳拳爱国深情溢于言表。诗句用朴实无华的语言，描绘了一幅催人泪下的情景，真实而强烈地表达了全体中国人民的情感和心声，具有震撼人心的艺术力量。2005 年 2 月 21 日，温家宝总理在十届全国人大二次会议中外记者招待会上说过："世界上只有一个中国，大陆和台湾同属于一个中国，大陆和台湾同胞血脉相连，一条海峡不能把我们的骨肉隔断。"并引用了丘逢甲这首著名的七绝，阐明了两岸同胞的骨肉关系，在海内外产生强烈反响。可见，在今天实现祖国统一、反对"台独"丑恶行径的斗争中，这首诗仍然有着巨大的感染力和说服力。

◆ 义和团

义和团，是以义和拳为主体的民间练拳习武组织，是中国人民自发反抗外国列强侵略中国的必然产物。

光绪二十五年（1899），山东、河南流行练拳习武的义和拳，改名为"义和团"，正式打出"扶清灭洋"的旗号，逐步发展到东北、华北、京津地区，形成声势浩大的反抗外国侵略势力的民众运动。

光绪二十六年（1900），英、法、美、德、俄、日、意大利、奥地利八国联军入侵京津，义和团民众在保卫京津的战斗，与侵略军在廊坊、紫竹林展开殊死搏斗，流血牺牲，再现了鸦片战争时期三元里平英团民众奋起反抗外国侵略军的英姿风采。满清政府对义和团，采取利用与镇压两手策略，义和团最后被八国联军残酷镇压。

时任直隶提督的聂士成，是镇压义和团的老手。黄遵宪《聂将军歌》写聂士成将军之死，从一个侧面反映了义和团运动的情况。其中有诗云：

> 将军令解大小团，公然张拳出相抵。
> 空拳冒刃口喃喃，炮声一到骈头死。
> 忽来总督文，戒汝贪功勋。
> 复传亲王令，责汝何暴横。
> 明晨太后诏，不许无理闹。
> 夕得相公书，问讯事何如？
> 皆言此团忠义民，志灭番鬼扶清人。
> 复言神拳斫不死，自天下降天之神。

黄遵宪这首诗完全站在反义和团的立场来写的，他赞扬直隶提督的聂士成在天津作战的英勇顽强，而贬斥义和团与聂士成之间的生死斗争。

◆八国联军侵华

中国是块大肥肉，令外国帝国主义列强垂涎三尺。一有借口，他们就会以大炮战舰攻打中国。

光绪二十六年（1900），英、法、美、德、俄、日、意大利、奥地利八国联军，为了镇压北方发生的义和团运动，阴谋瓜分中国，以清朝政府"排外"为借口，大举进攻中国。

清朝政府忍无可忍，于庚子五月，慈禧太后下达宣战诏书。直隶诗人蒋兰畲因作《读开战诏旨》诗云：

> 三报前军捷，同仇仗义旗。
> 九天初下诏，六月又行师。
> 门户沦亡日，朝纲紊乱时。
> 张皇轻一决，大局已难支。

六月十七日，八国联军攻占大沽口炮台，七月十四日攻陷天津，八月二日集结二万兵力自天津进发，十四日攻陷北京，肆意烧杀掳掠，无恶不作。

慈禧太后、光绪皇帝与朝廷亲贵大臣逃亡西安，指派奕劻与李鸿章为全权大臣，向八国联军乞求议和。

九月，德国陆军元帅瓦德西被推举为八国联军总司令来华，侵略军陆续增至十万兵力，从京津出兵，侵占山海关、保定、正定与山西张家口，气焰甚为嚣张。与此同时，俄国单独调集十七万步骑兵，分六路出兵我东北，企图独吞我东北三省。十二月，八国联军提出《议和大纲》，清朝政府全部接受其中条款，于1901年9月7日签订丧权辱国的《辛丑条约》。

八国联军入侵北京的1900年，正是农历庚子岁，故这个大事件，又叫做"庚子事变"。

蒙古族诗人延清（字子澄，号铁君）以亲身经历，撰写了《庚子都门纪事诗》六卷，为之评论者，有程掞林、陆钟琦、郭锡铭、李润均、世荣、爱仁、支恒荣等。而后，清朝光绪二十一年进士胡思敬，江西新昌人，任监察御史。庚子之变，为京城警卫军官，避居昌平，尝孤身跨一蹇驴，微服入都，探问兵间消息。返回则缘笔为诗，名曰《驴背集》四卷，如同诗史一样，全面记载了八国联军侵入北京时的军事情况。其中之一诗云：

> 六国连兵问罪来，大沽门户几时开？
> 自裒战骨成京观，白昼犹闻鬼哭哀。

裒（póu）：聚集。京观：京都的景观。诗人自注云："英、德、俄、法、美、日六国，合从兴师问罪。大沽炮台称天险，防守不逾旬，便以输敌。天津既失，官兵退守北仓，无险可扼。敌人修复塘沽铁道，军火转轮不绝。我之饷粮器械，尽为敌有。杨村一带，其始官军剿拳匪，其继拳匪杀教民，迨北仓不守，虏骑长驱直入，前后死者四五万人。天阴雨暮，鬼声啾啾，过者为之酸鼻。"诗人又记载：六国会兵天津时，英军二千，俄军四千，德军三百，美军与法军各一千五百，唯有日将福岛统兵二万五千，军容最盛。

福建侯官人郭则沄，光绪二十九年进士，根据自己在京城的所见所闻，写作了《庚子诗鉴》组诗三百二十首，详细记述庚子年（1900）八国联军进犯北

京的全部过程，以为后世借鉴。光绪十一年优贡、西安知府、内廷支应局督办胡延又创作有《长安宫词》一百首，光绪十一年优贡、内廷支应局委员颜缉祐又作《汴京宫词》一百首，各有诗人自注，详细记录慈禧太后、光绪皇帝等逃难西安、而后由汴京回北京的全部经过。以上三组诗歌，综合起来观看，不啻是八国联军进犯北京时期中国社会的一部史诗。

郭则沄《庚子诗鉴》中描写八国联军进犯天津时，民众家破人亡，遭受空前灾难的情况，诗云：

> 东南劫急避矰飞，万众鬐泥未脱围。
> 莫愁危舟风不度，浮家儿女且相依。

前两句描写天津沦陷时的惨状。矰（zēng）飞：飞驶着的短箭。鬐（ní）泥：犹言肉泥。后两句写天津百姓所遭受的丧家之苦。浮家：犹言丧家，没有了家。诗人自注云："联军陷天津，自东南二门入，居民避难者，争奔西北二门。瓮城迫狭，壅塞不得出，蹴压死者，千余人。雇得舟者，以河道窄，亦节节壅滞。河下船只，舳舻相接，每船皆数十人，南妇老少，杂沓拥挤。西沽一带，战声切近，炮弹横飞，然视无舟可附踉跄前行者，已若仙凡之别。"又一首云：

> 牛酒轮将敢告疲，闭门翻惹海鸥疑。
> 避兵纵仗灵符力，笞凤鞭鸾又一时。

诗人自注云："西兵所至，索牛羊鸡鸭，开门者多不入，闭门者必强启而搜索之。有子女被掠者。"

八国联军无理侵犯京津，杀人放火，奸淫掳掠，已经丧尽天良，还要逼迫清朝政府签订《辛丑条约》，条约中的赔款是中国历史之最，称之为"庚子赔款"。清朝政府赔偿英、法、美、德、俄、日、意大利、奥地利八国海关银四亿五千万两，年息四厘，分三十九年还清，本息合计九亿八千二百二十三万八千一百五十两银子，以海关税、常关税、盐税作抵押。这是何等巨大的经济负担！这个负担是八国联军强加在中国人民头上的。所以，我们说：八国联军才是真正的土匪强盗！

◆军歌嘹亮

军歌，是军人的心声，军队的灵魂，也是战斗的号角，更是中国历代军旅文化的集中体现者。

军歌是军人共同的语言，是军人意志的音乐表达。每当军人高唱自己的军歌，或演练，或出征，或战斗，或凯旋，军歌嘹亮，步调一致，蹈厉奋发，军人的气质、军人的意志、军人的自我牺牲精神，因此而得到了充分的张扬。

这就是军歌，充满力量的军人之歌。

梁启超《饮冰室诗话》记载了古希腊的一个军歌故事：从前，斯巴达人被敌军围困，乞援于雅典。雅典并没有派出军队去援助，只让一个瞎眼跛足的音乐教师去增援，斯巴达人感到迷惑。等到临阵时，这个教师为之作军歌，让斯巴达军队练唱着军歌。军歌让军队团结一致，信心百倍，增强了战斗力。斯巴达军队唱着军歌，勇气百倍地与敌人战斗，获得全胜。这就是军歌的力量。

梁启超又称："吾中国向无军歌，其有一二，若杜工部之前后《出塞》，盖不多见，然于发扬蹈厉之气尤缺。此非徒祖国文学之缺点，抑亦国运升沉所关也。"我们认为，梁启超所论并不完备，其实早在先秦时期，《诗经·秦风》中就记载了一首名为《无衣》的军歌：

> 岂曰无衣，与子同袍。
> 王于兴师，修我戈矛，与子同仇。
> 岂曰无衣，与子同泽。
> 王于兴师，修我戈戟，与子偕作。
> 岂曰无衣，与子同裳。
> 王于兴师，修我甲兵，与子偕行。

这也许是中国古代最早的军歌，起笔奇崛，收笔雄劲，上呼下应，展示了秦国军队面对强敌所表现出来的同仇敌忾之情，在先秦军旅诗歌中别具一格。

近代著名诗人黄遵宪写有《出军歌》、《军中歌》、《旋军歌》各八章，凡二十四首，章末一字，义取相属，以"鼓勇同行，敢战必胜，死战向前，纵横莫抗，旋师定约，张我国权"二十四个关键字垫后。梁启超读到这三支军歌，非常高兴，将全部歌词刊登在《小说报》第一号，并且说："其精神之雄壮、活泼、浑深，远不必论，即文藻亦二千年所未有也，诗界革命之能事至斯而极矣。吾为一言以蔽之曰：读此诗而不起舞者必非男子。"

现录黄遵宪《出军歌》、《军中歌》、《旋军歌》全文如下：

出军歌

四千余岁古国名，是我完全土。二十世纪谁为主？是我神明胄。
君看黄龙万旗舞。鼓鼓鼓！
一轮红日东方涌，约我黄人捧。感生帝降天神种，今有亿万众。
地球蹴踏六种动。勇勇勇！
南蛮北狄复西戎，泱泱大国风。蜿蜿海水环其东，拱护中央中。
称天可汗万国雄。同同同！
绵绵翼翼万里城；中有五岳撑。黄河浩浩流水声，能令海若惊。
东西禹步横庚庚。行行行！
怒搅海翻喜山撼，万鬼同一胆。弱肉磨牙争欲噉，四邻虎眈眈。
今日死生求出险。敢敢敢！
剖我心肝挖我眼，勒我供贡献。计口缗钱四万万，民实何仇怨。
国势衰微人种贱。战战战！
国轨海王权尽失，无地画禹迹。病夫睡汉不成国，却要供奴役。
雪耻报仇在今日。必必必！
一战再战曳兵遁，三战无余烬。八国旗扬笳鼓竞，张拳空冒刃。
打破天荒决人胜。胜胜胜！

这支《出军歌》，以"鼓勇同行，敢战必胜"为基调，是战士出征的战鼓，是催人奋战的号角。第一节写我国家悠久历史，第二节写我黄色人种如东方红日，第三节写我中央大国风范，第四节写我地域辽阔无边，第五节写外国列强对我虎视眈眈，第六节写中华同胞的历史责任，第七节写我们要为中国报仇雪耻，第八节写中国人要打破天荒战胜敌人。

军中歌

堂堂堂堂好男子，最好沙场死。艾炙眉头瓜喷鼻，谁实能逃死？
死只一回毋浪死。死死死！
阿娘牵裾密缝线，语我毋恋恋。我妻拥髻代盘辫，濒行手指面。
败归何颜再相见？战战战！
戟门乍开雷鼓响，杀贼神先王。前敌鸣笳呼斩将，擒王手更痒。
千人万人吾直往。向向向！
探穴直探虎穴先，何物是艰险？攻城直攻金城坚，谁能漫俄延？
马磨马耳人磨肩。前前前！
弹丸激雨刃旋风，血溅征衣红。敌军昨屯千熊黑，今日空营空。
万旗一色盘黄龙。纵纵纵！
层台高筑受降城，诸将咸膝行。降奴脱剑鞠躬迎，单于颈系缨。
四围鼓吹铙歌声。横横横！
秃发万头缠黑索，多少戎奴缚。绯红十字张油幕，处处夷伤药。
军令如山禁残虐。莫莫莫！
不喜封侯虎头相，铸作功臣像。不喜燕然碑百仗，表示某家将。
所喜军威莫敢抗。抗抗抗！

这支《军中歌》，以"死战向前，纵横莫抗"为基调，是出征战士们在沙场上奋勇杀敌的钢铁誓言，是以必死决心的战斗呐喊，是敢于自我牺牲的慷慨与拼杀。第一节写男儿最好死于沙场，第二节写男儿出征时告别父母妻子的情景，第三、四五节写男儿在战场上的奋勇拼杀，第六节写战争的胜利，第七节写红十字旗帜下的军令如山，第八节写战功显赫以后的男儿之喜在于弘扬军威。

军威，是军队的威严，也是一个国家与民族的威严之所在。黄遵宪能够看到这种军威的价值，足以说明他是中国近代史上最伟大的诗人。

旋军歌

金瓯既缺完复完，全收掌管权。胭脂失色还复还，一扫势力圈。
海又东环天右旋。旋旋旋！
辇金如山铜作池，债台高巍巍。青蚨子母今来归，偿我民膏脂。
民膏民脂天鉴兹。师师师！
玺书谢罪载书更，城下盟重订。今日之羊我为政，一切权平等。
白马拜天天作证。定定定！
鸷翼横骞鹰眼恶，变作旌旗落。盖海艨艟炮声作，和我凯旋乐。
更谁敢背和亲约？约约约！
秦肥越瘠同一乡，并作长城长。岛夷索虏同一堂，并作强军强。
全球看我黄种黄。张张张！
五洲大同一统大，于今时未可。黑鬼红番遭白堕，白也忧黄祸。
黄祸者谁亚洲我。我我我！
黑山绿林赤眉赤，乱民不算贼。镌羌破胡复灭狄，虽勇一小敌。
当敌要当诸大国。国国国！
诸王诸帝会涂山，我执牛耳先。何洲何地争触蛮，看余马首旋。
万邦和战奉我权。权权权！

这支《旋军歌》，以"旋师定约，张我国权"为基调，没有凯旋而归的喜悦，唯有军队自身的责任感。歌词中充满着诗人希望实现强国之梦与五洲大同的理想，是全军将士对帝国主义列强侵略中国的同仇敌忾，是对清朝政府屈膝于强敌签订丧权辱国条约的愤怒谴责，也是张扬黄色人种精神的民族宣言。第一节写收复失地、一扫外国列强在中国的势力圈的军人之愿；第二节写清朝政府腐败无能，以致债台高筑的前车之鉴与后日之师；第三、四节写外国侵略者如何侵略中国，逼迫清朝政府与外国列强签订的不平等条约；第五、六节写外国列强所忧郁的所谓"黄祸"；第七节写中国当前的敌人是侵略中国的帝国主义大国，而不是国内那些官逼民反的"小敌"；第八节写强军立国与维护国家主权的极端重要性。

◆娘子军

娘子军，就是由女子为主体的军队。

中国古代的娘子军，最早者当数隋朝末年唐高祖李渊起兵太原后，其女儿平阳公主曾组织青年妇女从军，协助父亲李渊和哥哥李建成、李世民作战。

据《新唐书·诸公主列传》记载：平阳公主组建娘子军，曾据守在山西苇泽关。其后，苇泽关因而改名为"娘子关"。唐朝初年，平阳公主曾率领女子军精兵万人，与秦王李世民会合于渭北。其父李渊、其夫柴绍，与之对置幕府，分定京师，号称"娘子军"。

巾帼不让须眉。从此以后，历代均有娘子军。较有声名者，宋朝有"杨门女将"，明朝末年李自成起义军中，有红娘子率领的"红娘子健妇营"，曾跟随李自成起义军，南征北战，建立赫赫战功。清朝末年，面对清朝政府的腐败无能和外国列强的侵略，中国大地上再次出现娘子军，如苏州陈婉衍组建的女子北伐军。现代革命战争史上，有海南岛出现的"红色娘子军"。

关于苏州陈婉衍组建的女子北伐军，署名菡芬词馆主有《女子军》一诗，给予记载与颂扬。这是中国诗歌史上第一首专门题写娘子军的诗篇。前有诗人自序，提及其写作此诗的缘起："黄帝纪元四千六百九年十月，吴淞苏浙联军既克金陵，以丑虏尚据燕京，汉贼不容两立，乃共谋北伐。苏人陈婉衍女士，编制女子北伐军，于月之十三日，徒步入宁。当仁不让，巾帼何殊丈夫；痛饮黄龙，红颜应分杯酒。余时流寓江南，目睹从军诸女士，毅力热心，备尝艰苦，心窃敬意，因作长句，以纪其事。"诗云：

> 汉亡二百六十年，河山破碎遍腥膻。
> 健儿不甘牛马走，举戈一挥日月旋。
> 胡人拥兵殆十万，铁蹄坚甲据幽燕。
> 匈奴未灭男儿耻，女子亦应拔剑起。
> 人谓女子从军难，我见女子祈战死。
> 苏有女士三十人，愿捐珠玉走风尘。

中国戈争寺舌

自云本来千金子，十九世纪生不辰。
举族久矣为人役，东道主人反为客。
春秋大义重复仇，一身一家何足惜。
绮縠同丽漾秋波，芙蓉紫带系玉珂。
文采敢撄上将冠，紫玉其如宝剑何。
锦囊结束色飞舞，兜鍪巍皇肃白羽。
钲钲伐鼓鱼贯行，棣棣威仪若祈父。
表岭崎岖道路难，斜阳古道雁声寒。
晚风凄峭黄沙起，鹰扬振武厉霜翰。
远村灯火倏明灭，暮鸦归飞啼欲绝。
先锋遥指石头城，模糊应是匈奴血。
夜半月明星欲稀，行营寥落共迟栖。
粉黛何心承色笑，胭脂无力奉冰姿。
青裙敢驾韩侯乘，白马高鸣孟寿祠。
南楼坐啸系天子，北门募士入龟□。
苍茫云海壮士泣，罗兰东土几人及。
南北两军正相持，生死存亡都未必。
长城万里壁垒坚，不斩楼兰誓不还。
天马归来功告庙，我为女将铭燕然。

这是描写苏州陈婉衍女士编制女子北伐军的长篇诗歌，凡 50 句，350 字。先写女子军组建的时代背景，说明苏州陈婉衍女士编制女子北伐军是为了参与北伐恢复中华的伟大战争，而后比较详细地描写女子军参与北伐战争、在推翻满清贵族统治中的英勇壮举与赫赫战功，并与法国女革命家罗兰夫人媲美，指出陈婉衍的女子北伐军，不愧是东方的罗兰夫人。绮縠（hú）囧（jiǒng）丽：丝绸作的衣服光泽明亮美丽。兜鍪（móu）：古代勇士的头盔。钲钲：形容战鼓声声。棣棣：威严而又娴雅的样子。《诗·邶风·柏舟》："威仪棣棣。"祈父：《诗·小雅》篇名。祈父：圻父，古代掌管甲兵的司马官。倏明灭：忽明忽暗。倏（shū）：转眼之间。青裙：此指代青年女子。罗兰：罗兰夫人，法国 18 世纪时期女革命家。燕然：燕然山，在今蒙古国之西部山区。燕然刻碑，意味着战功显赫。

◆东北日俄战争

日俄战争，是日本与沙皇俄国之间发生的一场争夺中国东北的战争。战场主要在中国东北地区。

八国联军入侵北京时，俄国乘机出兵东北，占领大连、旅顺等重要港口。日本心理很不平衡，决计与沙皇俄国争夺中国东北的制控权。

光绪三十年（1904）二月八日，日军对俄国驻扎在中国旅顺的海军舰队发动突然袭击。十日，俄国宣布对日作战，日俄战争爆发。然而，沙皇俄国哪里是日本的敌手，次年元月日军攻陷旅顺口，三月又在沈阳附近击败俄国驻扎在东北的陆军主力。五月，俄国从波罗的海调集来增援舰队，一到对马海峡就被日军海军击溃。

公元1905年9月5日，美国从中斡旋，日俄两国在美国朴次茅斯正式签订《朴次茅斯和约》，日本取得对朝鲜和中国东北的绝对控制权。

面对日俄两国志在争夺中国东北的战争，而且这场争夺战的主要战场竟然放在中国东北，软弱无能的清朝政府却令人气愤地宣布"中立"。郭则沄《十朝诗乘》记载："光绪甲辰，日本、俄罗斯构兵，画我辽、沈为战地。锁钥弛于北门，扉屦疲于东道。而政府方颁布科条，宣言中立。"扉屦：指代脚穿草鞋的平民百姓。扉屦（fèi jù）：草鞋、粗布鞋。

江苏常熟诸生沈汝瑾闻讯，气愤不已，作《有客谈日俄战争事愤书三绝》，为列强践踏中国领土而清朝政府不能维护主权而发。其中二绝诗云：

开门揖盗作嘉宾，百辆粮车马足尘。
鞭挞残黎供役去，自称中立国官人。

发祥遗地绝来龙，长白山寒夕照中。
公法难凭利权失，可怜谁是主人翁？

前首绝句，诗人对满清政府在日俄战争中的"中立"政策表示严重不满，指责清政府开门作揖请强盗作嘉宾，让东西两个大强盗在自己领土上争战，而东北的黎民百姓日夜为侵略军运送粮草，供给他们奴役，被他们鞭挞，而清朝政府还自称自己属于中立国的官员。真是恬不知耻！后首绝句，诗人以讽刺笔调，写满清贵族的发祥地，如今被日俄帝国主义侵略军所践踏奴役，长白山处在寒冷的夕照之中；而满清王朝已经丧权辱国，还要装出一幅维护所谓"国际公法"的公正面孔，不知道究竟谁是东北的主人翁。真是可怜可恶啊！

（俄军受困图）

近代革命女侠秋瑾（1875—1907），在往返于日本与祖国大陆的黄海船上，见到《日俄战争地图》，情不自禁地写出《黄海舟中日人索句并见日俄战争地图》一诗，表现了诗人忧国救时的思想抱负，诗云：

> 万里乘风去复来，只身东海挟春雷。
> 忍看图画移秋色，肯使江山付劫灰。
> 浊酒不销忧国泪，救时应仗出群才。
> 拼将十万头颅血，须把乾坤力挽回。

秋瑾这首诗，完全不同于上面所引沈汝瑾的《有客谈日俄战争事愤书三绝》，沈诗在于揭露与讽刺，而秋瑾在于抒发革命者忧国救时、希望力挽乾坤的思想情怀，气势磅礴，富有力量。

◆武昌起义

武昌起义，是辛亥革命党人为推翻满清王朝而发动的武装斗争，拉开了中国走向共和的历史序幕。时间是清宣统三年（1911，辛亥年）10 月 10 日，故又称之为"辛亥革命"。

中华民国成立以后，国民政府将武昌起义纪念日定为国庆节，又称"双十节"。

1911 年 10 月 10 日，傍晚七时，新军工程营熊秉坤率队占领楚望台军械局，各营奋起进攻总督府。清朝湖广总督瑞澂与第八镇统制张彪等逃跑，起义军占领武昌。革命党人因原领导人孙武、蒋翊武不在，遂推举清协统黎元洪为军政府都督，发表宣言，号召各省起义。湖南、陕西、江西等省立即响应，声势浩大的辛亥革命席卷全国。蒋翊武返回武昌，担任军政府军事顾问，11 月 27 日，汉阳失守，取代黄兴担任战时总司令。

武昌起义，是辛亥革命党人与满清腐败政府争夺中国领导权的一场生死搏斗。故江苏常熟诸生沈汝瑾有《龙战》一诗，纪念辛亥革命时期的武昌起义等在湖北发生的革命战争，云：

> 龙战乘乾运，兴亡一刹那。
> 民军新鼓吹，汉室旧山河。
> 奏凯茱萸酒，销魂敕勒歌。
> 沙虫悲浩劫，日落尚挥戈。

龙战：群雄争夺天下的战争。《易·坤》："龙战于野，其血玄黄。"乾运：犹言天运。自然规律，社会发展的必然规律。茱萸酒：重阳节饮的酒，用以去邪避恶。敕勒歌：歌名，古代北方草原上唱的牧歌。沙虫：被淘汰的虫类，比喻被推翻的满清政府。挥戈：挥舞着干戈，指战斗。此用"刑天舞干戈"的神话故事，说明战斗之艰苦顽强。《山海经·海外西经》：刑天与天帝争夺权力，失败后被砍头，掩埋在常羊山。他不甘屈服，依然以两乳为目，以肚脐为嘴，挥舞着干戈盾牌，继续战斗到日落。

1912 年（民国元年）1 月 1 日，伟大的革命先行者孙中山（1866—1925）在南京就任中华民国临时大总统，宣告中华民国正式成立。北洋将领段祺瑞等四十六人，通电全国，拥护共和，随即中国最后一个封建皇帝即清朝宣统皇帝宣告退位。

（孙中山像）

◆蔡锷与云南护国军

孙中山等革命党人用鲜血和生命取得的中国革命胜利果实，被北洋军阀袁世凯（1859—1916）窃取了。1915 年 12 月，袁世凯宣布改次年为洪宪元年，恢复帝制，准备继任为皇帝。

袁世凯的倒行逆施，激起全国人民的反抗。1915 年 12 月 25 日，蔡锷、唐继尧、李烈钧等在云南组织护国军，发动护国战争，宣布起兵讨伐窃国大盗袁世凯称帝。

次年，护国军兵分两路：第一军总司令蔡锷将军带病进入四川，并且派遣戴戡由黔入川，与北洋军激战于綦江、泸州、宜宾之间；第二军总司令李烈钧由桂攻粤，联合桂军，打败龙济光；都督兼第三军总司令唐继尧坐镇云南，号召各省独立。贵州、湖南、广西、广东、四川、浙江等

（蔡锷将军像）

省纷纷宣告独立。

　　1916年6月6日，袁世凯作了一百天皇帝梦后，因惊恐而突然死去。黎元洪继任中华民国总统，护国军宣告解散。

　　云南护国运动，是蔡锷等革命志士维护共和，反对封建复辟的一场革命斗争。其中的关键人物是蔡锷将军。

　　蔡锷，一个传奇式的历史人物，一个叱咤风云的青年将军。

　　蔡锷（1882—1916），字松坡，湖南邵阳人。公元1898年进入长沙时务学堂，师从著名改革家梁启超。1900年，蔡锷参加自立军起兵，失败后前往日本，留学于士官学校。1904年学成归国，在江西等地训练新军。12月，辞职返回湖南，应湖南巡抚端方之聘请，任湖南教练处帮办兼任武备、兵目两个学堂教官。时值初春，他骑马登岳麓山，吟诗曰：

苍苍云树直参天，万水千山拜眼前。
环顾中原谁是主，从容骑马上峰巅。

前两句写景，后两句言志，表达其立志报国的英雄气概。1911年10月，武昌起义爆发，他在云南起兵响应，成立云南军政府，担任云南都督。1913年被袁世凯调至北京，予以监视软禁；1915年梁启超策划反对袁世凯，蔡锷得到风尘女子小凤仙的帮助，潜逃出京，辗转来到回到云南，起兵反对袁世凯称帝。1916年护国军胜利进军四川后，担任四川省督军兼任省长。蔡锷喉症复发，不能说话，以笔代口，挥毫书写"护国岩"三字，并成《护国岩铭》，命人刻于永宁河峭壁：

护国之要，惟铁与血。
精诚所至，金石为裂。
嗟彼袁逆，炎隆耀赫。
曾几何时，光沉声绝。
天厌凶残，人诛秽德。
叙泸之役，鬼泣神号。

出奇制胜，士勇兵骁。
鏖战匝月，逆锋大挠。
河山永定，凯歌声唱。
勒铭危石，以励同胞。

而后，蔡锷赴日本就医，不久病故，时年仅 36 岁。蔡锷逝世后，遗体归国，举国哀悼。中华民国政府在长沙为蔡锷将军举行盛大国葬，建墓于风景秀丽的岳麓山腰。

相传湘人易宗夔曾经代小凤仙而作一副挽联，非常精到地概括了蔡锷将军与小凤仙之间的传奇关系，曰：

万里南天鹏翼，直上扶摇，哪堪忧患余生，萍水姻缘成一梦；
几年北地燕支，自悲沦落，赢得英雄知己，桃花颜色亦千秋。

上联写蔡锷将军在袁世凯眼皮底下采取韬晦之计，与小凤仙建立萍水姻缘；下联是小凤仙自述身世遭遇，因赢得英雄知己，而使桃花颜色亦千古不衰。

现代战争诗话

◆北伐战争

北伐战争，是1924年至1927年中国人民在中国共产党和中国国民党合作领导下进行的反帝反封建的革命斗争。

北伐战争打击的主要对象，是占据中国广大地区、受帝国主义支持的北洋军阀吴佩孚、孙传芳和张作霖。

1926年，国共两党以广东为革命根据地，以蒋介石为总司令，组织国民革命军北伐。5月20日，叶挺将军独立团率先北伐，出师湖南；7月，国民革命军以八个团的十万大军，兵分三路，以讨伐军阀吴佩孚、孙传芳、张作霖为主要目标，北上进攻湖南、湖北、江西、福建、浙江、江苏等地。其中第一路为第四、第七、第八军，进攻湖南、湖北，叶挺铁军在湖北汀泗桥、贺胜桥战役中击败军阀吴佩孚军主力，10月10日攻克武汉；第二路由第二、第三、第六军进攻江西，11月攻克南昌、九江，歼灭孙传芳军主力；第三路由第一军进攻福建与浙江，占领两省全部地盘。汉口、九江、上海先后发生工人武装起义，反对外国帝国主义。

1926年10月，北伐军击败军阀吴佩孚军主力，逼迫吴佩孚乘坐火车逃走。据说吴佩孚乘坐火车逃走时，曾吟诵着唐代诗人王昌龄"洛阳亲友如相问，一片冰心在玉壶"的著名诗句，以酒自遣。于是当时的谢觉哉曾以《吴佩孚败走》一诗嘲讽之，曰：

> 白日青天尽倒吴，炮声送客火车孤。
> 洛阳亲友如相问，一片雄心在酒壶。

谢老以幽默的口吻，描写吴佩孚兵败之后的孤独寂寞与痛苦，诗句沿袭王昌龄《芙蓉楼送辛渐》稍加改动而成，饶有趣味。吴佩孚逃至四川，依附地方军阀，"九一八"事变后，隐居北平，1939年病死。

孙传芳主力在江西南昌、九江被北伐军打败以后，他投靠奉系军阀张作霖，担任安国军第一军军团长，1927年8月率军渡江反扑，在南京龙碳被国民党军打败。1928 年 6 月 4 日，张作霖率军由北平退居东北，经过沈阳皇姑屯时，被日本人早已埋伏着的炸弹炸死。孙传芳如丧考妣，而后隐居山林，念经修道。1935 年 11 月 13 日，在天津南马路居士林诵经时，被报杀父之仇的施剑翘小姐枪杀。由于于佑任、宋哲元、李烈钧等国民党元老的搭救，施剑翘于 1936 年 10 月被国民政府特赦。

北伐战争时期，革命形势一派大好。但是蒋介石的反动面貌逐步暴露，北伐军政治部主任郭沫若因此发表《请看今日之蒋介石》一文，以揭露蒋介石背叛革命的反动嘴脸。1927 年 4 月 12 日与 7 月 15 日，蒋介石与汪精卫公开背叛革命，分别在上海与汉口发动反革命政变，大量屠杀以中国共产党为代表的革命党人，第一次国共合作最后分裂，如火如荼的北伐战争，被以蒋介石与汪精卫为首的反动派扼杀了，光明的中国顿时处在白色恐怖之中。

◆ 秋收起义

1927 年大革命失败，蒋介石、汪精卫先后叛变革命。中国共产党于同年 8 月 7 日在汉口召开紧急会议。在这次"八七会议"上，毛泽东提出了著名的论断："枪杆子里面出政权。只有革命武装才能战胜反革命武装，工农武装割据是中国革命的必由之路。"中共中央决定发动农民在秋收时节举行武装起义。9 月 9 日，震惊中外的湘赣边界秋收起义爆发，拉开了武装夺取政权的历史序幕。工农革命军分别从修水、安源、铜鼓等地出发，向长沙进击，先后占领醴陵、浏阳县城和平江的龙门厂、浏阳的白沙、东门市等地。由于当时革命形势已处于低潮，敌强我弱，加上群众缺乏作战经验，起义军某些指挥员指挥失当，新收编的第四团在战斗中又临阵叛变，致使起义军受到严重挫折。9 月 14 日，毛泽东在浏阳东乡上坪召开紧急会议，决定改变攻打长沙的计划，命令第一、三团与第二团余部迅速到浏阳文家市集中。19 日晚，在文家市召开了前敌委员会会议，决定起义军撤离湘东地区，进入江西，沿罗霄山脉南移，以保存革命力量。同年 10 月，起义部队到达井冈山地区，建立了中国第一个农村革命根据地，独创性地开辟了以农村包围城市、武装夺取政权的道路。

与南昌起义、广州起义相比，秋收起义有其显著的特点：秋收起义诞生了

我党第一支工农武装——工农革命军，表明我党开始独立地领导武装斗争；而秋收起义打出的第一面以"镰刀斧头"为标志的工农革命军军旗，更表明我党"斧头劈出新世界，镰刀割断旧乾坤"的宏伟理想，为中国革命指明了正确方向。

毛泽东曾作《西江月·秋收起义》一词记其事：

> 军叫工农革命，旗号镰刀斧头。匡庐一带不停留，要向潇湘直进。
>
> 地主重重压迫，农民个个同仇。秋收时节暮云愁，霹雳一声暴动。

毛泽东既是一位伟大的政治家、思想家、军事家，同时又是一位独领风骚的伟大诗人。这首词作于起义军由江西向湖南平江、浏阳挺进之时，尽管只有短短的50个字，却真实地再现了秋收起义的历史，具有很高的诗史价值。词的上阕旗帜鲜明地表达了工农革命军与旧军队的根本区别，以及迅捷的行军速度和勇往直前的豪迈气概。词的下阕通过直言地主与农民之间尖锐的阶级矛盾，追述了秋收起义的原因。其中，"暮云愁"三字形象逼真地写出了地主催租索债给农民带来的万千忧愁，渲染出工农大众"霹雳一声暴动"的必然性和正当性。全词上呼下应，格调劲健，语言质实，准确地道出了在我党领导下，整个湘赣工农运动风起云涌的情势。

◆ 南昌起义

八一南昌起义，是中国革命向国民党反动派打响的第一枪，是中国共产党独立领导人民军队的开端，也是中国人民解放军建军之始。

1927年，蒋介石发动"四一二"反革命叛变，疯狂屠杀中国共产党人与其他革命者。为了反击国民党反动派的血腥镇压，挽救中国革命，8月1日，周恩来、朱德、贺龙、叶挺、刘伯承等领导北伐军三万余众，在江西南昌举行武装起义。起义胜利后，朱德等指挥部队进军广东，9月底到达潮州、汕头，被强敌打散。朱德、陈毅率领残留部队转战于湘南，在湖南宜章发动湘南起义，壮大了革命武装，而后进入井冈山地区。在酃县（今改名为炎陵县）十都万寿宫，朱德与毛泽东第一次会面，实现了具有历史意义的"朱毛会师"，成立了中国工农红军第四军。

1933 年 7 月 11 日，在瑞金的中华苏维埃共和国临时中央政府，正式决定以 8 月 1 日作为中国工农红军成立纪念日。从此，每年 8 月 1 日就成为中国工农红军和后来中国人民解放军的建军节，解放军的军旗上也有"八一"二字为标记。八一南昌起义，打响了武装反抗国民党反动派的第一枪，标志着中国共产党独立创星之火从此在中华大地形成燎原之势，而八一南昌起义，永远地化成了中国革命史的纪念碑。

1957 年南昌起义三十周年之际，董必武写有《庆祝人民解放军建军 30 周年》一首七律：

义旗八一举南昌，争取人民大宪章。
土地要归农所有，工时须使体无伤。
狂澜欲倒同心挽，旭日东升且气扬。
卅载威名常胜号，只缘军属党中央。

董必武（1886—1975），无产阶级革命家、中国共产党的创建人之一、中国共产党和中华人民共和国的领导人之一。原名董贤琮，又名董用威，字洁畬，号壁伍。湖北黄安（今红安）人。这首诗高歌颂扬南昌起义的伟大意义，阐明了"党对军队的绝对领导"的历史功勋。南昌起义，如一声春雷，使中国人民在黑暗中看到了高高举起的火炬，指明了中国革命的方向。中国共产党创立的人民军队，以为绝大多数人民群众求解放、谋利益为最高宗旨，属于人民子弟兵，完全不同于历史上的其他军队，也不同于蒋介石统率的国民党军队。在中国共产党领导的绝对领导下，这支人民军队由小到大，由弱到强，逐步发展壮大成为一支无坚不摧、无往不胜、无敌于天下的钢铁之旅，根本原因有四条：

一是有先进思想武装起来的中国共产党的坚强领导，党对军队的绝对领导是我军永远不变的军魂；

二是作为中国共产党缔造和领导的新型人民军队，我军代表着广大人民群众的根本利益，能够全心全意为人民服务，因此得到了广大人民群众的全力拥

护与衷心支持；

三是确立了不畏强敌、敢打必胜的革命英雄主义传统和灵活机动的战略战术；

四是严格遵守三大纪律八项注意，是一支崇尚荣誉、纪律严明、献身使命的威武之师。

总之，"听党指挥、服务人民、英勇善战"的高度统一，乃是中国共产党领导的人民军队，能够以小米加步枪打败正规化、机械化的国民党军队的根本原因，也是我军从胜利走向新的胜利的根本保证，构成了我军永远立于不败之地的特有的政治优势。

◆ 井冈山

井冈山，一座神奇的山，一座神圣的山。

井冈山，位于江西西南部，在湘赣边界的罗霄山脉中段。

转战神农地，决策定井冈。1927 年 10 月，大革命失败以后，毛泽东率领秋收起义部队进驻酃县（今改为炎陵县），以千年学府之一的洣泉书院为中国工农红军第一军第一师第一团团部。

这是中华民族的人文始祖炎帝神农氏的安寝之地。神农大帝护佑着毛泽东在酃县水口实行战略分兵，在叶家祠亲自为新党员举行入党仪式，第一次将支部建立在连队，最后决策上井冈山，在井冈山及其周边地区建立全国第一个农村革命根据地，开辟了农村包围城市、武装夺取政权的光辉道路。

1928 年 4 月，朱德、陈毅等率领南昌起义保留之部队与湘南起义军，来到井冈山与毛泽东会师，成立了中国工农红军第四军，建立了农民革命政权。同年 6 月，红四军取得龙源口大捷，根据地不断扩大到宁冈、永新、莲花、吉安、遂川、酃县等，并成立湘赣边界工农兵政府。如同星星之火，可以燎原，井冈山成为中国革命的摇篮。

1928 年 11 月 25 日，毛泽东写了《井冈山的斗争》，向中央详细报告井冈山斗争情况与发展前景。环境恶劣，白色恐怖，力量单薄，敌军围剿，井冈山的武装斗争是极其艰苦卓绝的。如同毛泽东《西江月·井冈山》一词所云：

山下旌旗在望，山头鼓角相闻。敌军围困万千重，我自岿然不动。

早已森严壁垒，更加众志成城。黄洋界上炮声隆，报道敌军宵遁。

黄洋界：井冈山关卡之一。此指黄洋界保卫战。1928年8月30日，国民党湘军吴尚与赣军王均两支部队四个团，趁红军主力在湘南未归之际，突袭井冈山根据地。红军守备井冈山者不足一个营兵力，但在群众与赤卫队帮助下，凭借黄洋界天险，众志成城，与敌军激战一个昼夜，终于击溃敌人进攻，井冈山根据地安然无恙。这首词题作"井冈山"，内容却不是描写山景，而是真实再现了井冈山武装斗争那惊心动魄的情景，赞扬了黄洋界保卫战的伟大胜利。词的上阕以大写意的手法，再现了黄洋界战斗中两军对垒、敌众我寡的战斗场景，凸显了红军将士严阵以待、毫不畏惧的昂扬的士气。下阕则描写军民合力，万众一心，粉碎了敌人的围攻，最终取得战争的胜利。全词满怀激情地歌颂了中国工农红军在井冈山武装割据的伟大斗争，表达了作者从容不迫，以不变应万变，运筹帷幄之中、决胜千里之外的天才般的战略战术思想。此外，作者还以辛辣之笔，用对比的方式，对外强中干的国民党"进剿"部队加以无情的讥嘲。此词虽属小令，全篇也只有八句，但在朴素的笔调和精练的语言中，却充分表现了红军将士胜算在握、屹立如山的气概，以及高度的革命自豪感和坚定革命自信心，淋漓尽致地展现了伟大领袖的思想感情以及革命战士的精神风貌，具有极大的感染力量，堪称是一幅生动鲜明的战场速写，是一首雄壮真实的革命史诗。

◆ 蒋桂战争

蒋桂战争，是缘于国民党派系之争的一场军阀混战。

1928年元月，蒋介石与汪精卫合作，重新出任"国民革命军总司令"。而桂系军阀李宗仁与白崇禧并不认可，有意排斥亲蒋的湖南省政府主席鲁涤平，引起蒋介石的愤怒。1929年3月，蒋介石派兵攻打桂系控制的重镇武汉，蒋桂战争爆发。桂系师长张腾辉等被蒋介石收买，公开背叛桂系，桂系被迫于4月

放弃武汉，李宗仁与白崇禧南逃广西。

蒋桂战争爆发，祸害了广大百姓，但也分散了国民党反动派对江西中国工农红军的猖狂进攻，反而有利于江西红军的生存与发展。毛泽东作《清平乐·蒋桂战争》词云：

> 风云突变，军阀重开战。洒向人间都是怨，一枕黄粱再现。
> 红旗跃过汀江，直下龙岩上杭。收拾金瓯一片，分田分地真忙。

上半阕描写蒋桂战争给百姓造成的灾难，以黄粱梦讽刺蒋介石妄图专权窃国的美梦；下半阕以轻快的笔调，描写工农红军抓住蒋桂战争的难得空隙加快发展壮大的胜利情景。1929年春季，留下部分红军巩固井冈山根据地，毛泽东与朱德率领红军主力进军赣南与闽西，开辟新的革命根据地。红旗跃过汀江，直下龙岩、上杭，所到之处，发动群众，打土豪，分田地，一派繁荣兴旺景象。

◆红军第一次反围剿

第一次反围剿，是以赣南为根据地的中央红军反击蒋介石的国民党军第一次围剿的重大战役。

中国工农红军在江西根据地的发展壮大，使蒋介石集团惶惶不可终日。1930年11月，蒋介石调集十万大军，以"并进长追"战略，对中央根据地实行大规模围剿。国民党军主力由南昌西南的上高、高安、万寿宫、樟树镇分路进攻赣南的吉安、吉水、永丰、乐安、宜黄等地。红军第一方面军只有四万人，以毛泽东为首的"前指"依靠广大群众，采取"诱敌深入"的灵活机动战术，在根据地内阻击、消耗、疲惫敌军，借机反击。30日，红军主力向龙冈之敌发起突然猛攻，一举全歼国民党军第十八师，活捉其前敌总指挥张辉瓒，俘虏士官九千人。红军随即乘胜追击，于东韶地区歼灭其第五十师主力，余敌被迫撤退。

龙冈战役胜利的当晚，几名通讯员飞奔黄竹岭指挥所，边跑边喊："活捉了张辉瓒！……"喊声回响山间，弥漫山野。毛泽东听到后心潮澎湃，诗兴勃发，挥笔写下了《渔家傲·反第一次大围剿》这首气势磅礴的热血战歌，词曰：

万木霜天红烂漫，天兵怒气冲霄汉。雾满龙冈千嶂暗，齐声唤：前头捉了张辉瓒。

二十万军重入赣，风烟滚滚来天半。唤起工农千百万，同心干，不周山下红旗乱。

此词为庆贺胜利而作，写得轻快自如，笔力雄健。上片实写战斗场景描写红军第一次反围剿时，在龙冈活捉国民党军前敌总指挥官张辉瓒，取得重大胜利的情景；下片则是对工农革命必然胜利的展望，并借用共工怒触不周山的神话故事来歌颂工农红军的革命精神与英雄性格。毛泽东以共工怒触不周山为喻，将红军比喻为"天兵天将"，并在词的自注中指出神话关于共工的三种说法，认为"诸说不同。我取《淮南子·天文训》，共工是胜利的英雄。"毛泽东又说："他死了没有呢？没有说。看来是没有死，共工是确实胜利了。"全词结构紧凑，浑然一体，上下呼应，寓意深远，揭示了工农红军同仇敌忾的雄壮气势和气贯长虹的坚强意志。

◆红军第二次反围剿

红军第二次反围剿，是以赣南、闽西为根据地的中央红军反击蒋介石的国民党军第二次围剿的重大战役。

蒋介石发动的第一次围剿失败后，并不甘心，于1931年4月1日，以二十万兵力，采用"步步为营"的战术，再次对中央红军发动第二次围剿。此时红一方面军仅三万余人，面对如此悬殊的敌我形势，毛泽东采用机动灵活的战略战术，以少数兵力牵制、消耗、疲惫敌人，而将主力悄悄转移到广昌、瑞金、石城、宁都等地，积蓄人力、物力、财力，蓄机待发。5月16日，乘敌军第二十八师等部撤离富田之机，红军主力突然发起猛攻，经过一昼夜激战，几乎全歼敌军。红军首战告捷，而后乘胜追击，先后在白沙、中村、广昌、建宁等地歼灭敌军大部。至30日的十五天内，红军主力横扫七百里，连续五次大捷，共计歼灭敌军三万余人，缴获枪支两万余支。

中央红军第二次反围剿的巨大胜利，激发了毛泽东的诗情，于是有《渔家

傲·反第二次大围剿》一词：

> 　　白云山头云欲立，白云山下呼声急。枯木朽株齐努力，枪林逼，飞将军自重霄入。
>
> 　　七百里驱十五日，赣水苍茫闽山碧。横扫千军如卷席，有人泣，为营步步嗟何及！

此词采用纪实手法，描述红军反第二次大围剿而获得大胜的情景。上半阕描述敌我形势之险要，将敌军比喻为枯木朽株，而以"飞将军"赞誉红军；下半阕描写红军在 15 天内，长驱 700 里，转战赣水闽山，横扫千军，席卷强敌，获得第二次反围剿胜利。结句以讽刺幽默手法，写有人在哭泣，那是蒋介石在哭泣，感叹"步步为营"战术的彻底破产。词风酣畅，痛快淋漓，如同凯旋而归的庆功酒宴。

◆ "九一八"事变

"九一八"事变，又称沈阳事变（日本称满洲事变，因中国东北旧称满洲），指 1931 年在中国东北爆发的一次军事冲突和政治事件。冲突双方是中国东北军和日本关东军。

1931 年 9 月 18 日，驻中国东北的日本关东军以军事演习为名，悍然炮击中国东北军的北大营，并向沈阳进攻。19 日，日军侵占沈阳，并继续向辽宁、吉林和黑龙江的广大地区进攻。这就是震惊中外的"九一八"事变。

"九一八"事变是日本帝国主义企图以武力征服中国的开端。日寇不但对东北军发动武装进攻，强占营房，抢夺军火弹药库，还烧杀民房，无恶不作。而当时的蒋介石正集中力量在江西革命根据地疯狂围剿工农红军，采取"攘外必先安内"与"抗日必先剿共"的反革命政策，竟然下令"绝对不抵抗"，并命令东北军撤退至山海关以内。张学良被迫将几十万东北军撤出东北。到 1932 年 2 月，短短 4 个多月内，128 万平方公里、相当于日本国土 3.5 倍的中国东北三省全境沦陷敌手，3 000 多万东北父老成了亡国奴。

东北沦陷，罪魁祸首是蒋介石，但作为中国陆海军副司令兼东北军总司令的少帅张学良，正长住北平，他执行蒋介石的不抵抗命令，忘却杀父之仇，放弃东北三省，置千百万父老乡亲的性命财产于不顾，罪责难逃，因此受到东北父老与全国人民的唾骂，骂他是"不抵抗将军"。

（日军占领沈阳城）

据陈浩望《民国诗话》记载：传言"九一八"之夜，张学良在北平正与"电影皇后"胡蝶拥抱在歌舞厅里，如痴如醉地拜倒在美女的石榴裙下。因此，当时担任广西大学校长的马君武（1882—1939），听到这一传闻，非常气愤，特地写了《哀沈阳二首》诗，公开刊登在 11 月 20 日的《时事新报》上，对他予以批评谴责。诗云：

赵四风流朱五狂，翩翩胡蝶最当行。
温柔乡是英雄冢，哪管东师入沈阳。

告急军书夜半来，开场弦管又相催。
沈阳已陷休回顾，更抱佳人舞几回。

马君武先生出于义愤而根据传闻所写的这两首诗，其语言艺术与境界之美，可谓现代七言绝句之杰作。但事实却冤枉了身为"电影皇后"的绝代佳人胡蝶小姐。当时的胡蝶，正在紧张地拍摄《自由之花》、《啼笑因缘》与《落雁孤鹜》三部影片，根本不在北平，直至1964年胡蝶还未曾与张学良见过一次面。

张学良奉命执行蒋介石的不抵抗政策，然而东北人民却从来没有停止过抗日活动。在中国共产党的领导和影响下，东北人民奋起抵抗，开展抗日游击战争，先后出现了东北义勇军和各种抗日武装。1936年2月，东北各抗日部队统一改编为东北抗日联军。1937年"七七"事变后，抗日联军团结广大群众，始终战斗在白山黑水之间，有力地配合了中国共产党领导的全国抗战。英勇牺牲在鬼子枪口之下的杨靖宇将军、赵一曼女士等，较之"不抵抗将军"的张学良少帅，他们是东北人民的优秀儿女，也是中华民族的一代抗日精英。

◆万里长征

万里长征，是中国工农红军创造的历史奇迹，是世界战争史上的空前壮举。

王明"左"倾机会主义路线的错误决策，致使中央红军第五次反围剿彻底失败。从1934年10月至1936年10月间，为了粉碎国民党反动派的围剿，保存自己的实力，也为了北上抗日，挽救民族危亡，中国工农红军红一方面军（中央红军）、红二方面军（由红二军团和红六军团会合后组成）、红四方面军和红二十五军被迫撤离苦心经营多年的南方革命根据地，开始了规模浩大的战略撤退和转移。

万里长征是中国革命历史的新机遇，新起点，新曙光。面对国民革命军全面进攻，中央红军从闽西、赣南等地出发，跋山涉水，一年间历经福建、江西、广东、湖南、广西、贵州、四川、云南、西康、甘肃、陕西等11省，他们战湘江，走黔东，渡乌江，会遵义，四渡赤水，转战云南，抢渡金沙江，强渡大渡河，爬雪山，过草地，突袭腊子口，突破敌人无数次的围追堵截，付出了巨大牺牲，行程二万五千华里以上，终于在1935年10月到达陕北革命根据地。1936年10月22日，红一、二、四方面军在甘肃会宁会师，长征胜利结束，而中国革命的新局面从此拉开了帷幕，正如毛泽东《论反对日本帝国主义的策略》指出："长征是宣言书，长征是宣传队，长征是播种机。"

  1935 年 10 月，红军翻越千里岷山之后，长征即将结束。心境豁然开朗的毛泽东回顾长征一年来红军所战胜的无数艰难险阻，他满怀喜悦的战斗豪情，写下了一首脍炙人口的伟大诗篇——《长征》：

红军不怕远征难，万水千山只等闲。

五岭逶迤腾细浪，乌蒙磅礴走泥丸。

金沙水拍云崖暖，大渡桥横铁索寒。

更喜岷山千里雪，三军过后尽开颜。

  这是一首雄壮豪迈的革命史诗，生动形象地概括了万里长征的千回百折，热情流溢地歌颂了中国工农红军不畏艰险、英勇顽强的革命英雄主义和革命乐观主义精神，显示了中国共产党领导的革命力量无比顽强的生命力、战斗力。首联总写，以"不怕远征"与"只等闲"的强烈对比反衬，奠定了全诗雄浑博大的基调，突出中国红军长征中的宏伟气势与豪壮胸怀。颔联与颈联，紧扣"万水千山"来描写红军万里长征所经历的天险和对困难的战胜，以逶迤之"五岭"与磅礴之"乌蒙"代表"千山"，以"金沙水"与"大渡桥"代表"万水"，又以"腾细浪"、"走泥丸"突出红军长征经历千山时的动态，而以"云崖暖""铁索寒"突出红军长征涉水时的心态。尾联以一个"喜"字贯穿，是全诗的高潮。诗人用喜笑颜开、欢欣鼓舞的笔墨，突出红军抵达陕北时的胜利与喜悦，进一步升华了诗旨，充满着浪漫气息与豪放风格。全诗笔力豪健，形象概括，大气磅礴，气势恢弘，如浩浩长江，如巍巍昆仑。艰苦卓绝的红军长征是人类历史上一次前所未有的英勇壮举，它有着浩大繁多的历史事实和不可胜数的英雄业绩，但在诗人毛泽东的诗笔之下，惊心动魄的万里长征却如同等闲之旅，因为中国工农红军是共产党领导下的钢铁之师，不怕远征之艰难。作者用 8 句 56 个字，通过高度凝练，艺术地概括了长征这一空前伟大的历史事件，给人们以巨大鼓舞和激励，展示了作者无比高超的艺术境界，而毛泽东作为世界著名军事家的伟大气魄与政治家的豪壮胸怀，在这首千古绝唱里更表现得酣畅淋漓。

◆湘江之战

湘江之战，是中央工农红军在万里长征中最惨烈的一次战役。

1934 年 10 月 10 日晚，中央红军主力撤离江西革命根据地，开始向湘西方向转移，兵分两路，继续西进。11 月 25 日，中央红军分 4 个纵队抢渡湘江。11 月 27 日，红军先头部队顺利渡过湘江。1934 年 11 月中旬，中央红军主力部队抢渡湘江。11 月 29 日，湘军和桂军蜂拥而来，战斗残酷而激烈地进行着。12 月 1 日，战斗白热化。红一军团一师与二师，在全州附近的脚山铺一带，阻击敌人四个师的疯狂进攻。三军团五师在兴安、灌阳一带，与广西来的桂军两个师激战，五军团在文市附近与湘军激战，三地红军战士连续浴血奋战三天三夜，伤亡相当惨重，师长陈树湘负伤牺牲。红军中央纵队，抛掉了一切辎重，全部轻装，终于突破了第四道封锁线，在东安与全州之间的界首，突击渡过湘江。如果说，长征是震惊寰宇的壮举，那么，湘江之战，则是这一壮举中最惨烈、最悲壮的一幕。在那暗无天日的岁月里，湘江就是一条血洗的河，就是一座血肉铸成的丰碑。

1987 年秋天，曾担任红军第五军团三十八师政治部宣传队员的李雪三将军，为湘江战役特地写了三首诗歌，题为《忆长征中紧急渡湘江》，诗云：

一

突围破敌三防线，敌人追截成空忙。
殿军健儿大刀闪，纵横劈舞保中央。

二

忽悉湘军设江防，军委电令急渡江。
迈开两条飞毛腿，腾云驾雾乐无双。

三

又复一日夜未眠，拂晓湘江到眼前。
远方传来枪炮声，三军渡过尽开颜。

湘江战役是中央红军突围以来最壮烈、最关键的一仗。进退维谷中的红军，走到了生死存亡的一刻！这是敌我双方意志的较量，是勇气的拼杀。红军将士与优势之敌苦战，展现了一往无前的牺牲精神。他们用自己的血肉之躯，挡住了敌人一次又一次疯狂的进攻，终于撕开了敌重兵设防的封锁线，粉碎了蒋介石围歼红军于湘江以东的企图，为长征铺垫了前进的通途。因为是胜利后的回忆，李雪三将军将湘江战役写得比较潇洒浪漫。事实上，由于共产国际的顾问李德和洋书生博古在军事指挥上的错误，湘江之战是红军创建以来最大的一次惨败。几万红军将士，血染湘江，气贯潇湘。渡过湘江后，中央红军和军委两纵队，已由出发时的8.6万余人锐减到不足4万人。血的事实，宣告了王明"左"倾教条主义军事路线的彻底破产。毛泽东的军事才能与战争艺术日渐彰显，在他的领导下，红军开始打破敌人的包围，闯出了一条逆境求生的成功之路。

◆ 南方游击战

　　中央红军长征以后，根据中共中央决定，时任中共苏区中央分局书记、中央军区司令员兼政治委员、军委分会主席的项英，与中华苏维埃共和国中央政府办事处主任陈毅等一起，率红24师和地方武装1.6万余人坚持斗争，掩护红军主力进行战略转移。后来中央苏区失陷，鉴于形势恶化，他们逐步作出独立自主坚持斗争的部署，率部在赣粤边区开展了三年艰苦卓绝的游击战。在与中央失掉联系、国民党军持续"清剿"的极端困难条件下，项英、陈毅等紧紧依靠群众，艰苦奋战，战胜了敌人的连续"清剿"和种种诡计，克服重重艰难困苦，保存了革命力量和基本阵地，并在战略上钳制了大量敌军，配合了红军主力的行动，为中国革命和革命战争作出了重要贡献。1937年12月13日，中共中央政治局作出了《对于南方游击区工作的决议》，对南方各游击区军民的斗争给予高度评价。

　　1936年4月，伤病初愈的陈毅到梅山地区检查工作。10月，由于叛徒出卖，陈毅在大庾岭遇上险情，马上转回梅山。回到梅山时遇上敌人搜山，他便暂时隐蔽在一个山坳里。敌人纵火烧山，但天下大雨，山火被雨淋灭。他们围山搜捕一直到天黑才伪装撤走，半夜时又如狼似虎地扑回来，但还是一无所获。当时陈毅同志用刀在陡坡上开出一块一尺宽、五尺长的平地，躺在那里休息。

后来敌人从叛徒口中得知山上有"大人物"，再次搜山，一连围搜"二十余日"。在苦虑不得脱身的生死关头，陈毅慷慨赋写了三首绝笔诗——《梅岭三章》：

> 一九三六年冬，梅山被围。余伤病伏丛莽间二十余日，虑不得脱，得诗三首留衣底。旋围解。

> 断头今日意如何？创业艰难百战多。
> 此去泉台招旧部，旌旗十万斩阎罗。

> 南国烽烟正十年，此头须向国门悬。
> 后死诸君多努力，捷报飞来当纸钱。

> 投身革命即为家，血雨腥风应有涯。
> 取义成仁今日事，人间遍种自由花。

诗前的小序是陈毅以后补写的。梅岭，即大庾岭，五岭之一，在江西省大庾县和广东省南雄县交界处。梅山就是梅岭的主要山系之一。生死存亡之际，最能彰显人之精神和气节。《梅岭三章》是陈毅写下的一组气壮山河的无产阶级正气歌，体现了作者甘愿献身人类美好的事业革命生死观。这三首七绝构成的一组诗，在内容上各有侧重，各自成篇，但其沉郁的基调又具有内在统一性，从不同侧面凸现出共产党人崇高博大的胸怀和精神境界。第一章着重表现作者对革命事业生死不渝的坚贞气节；第二章着重写对后死诸君的期待，勉励生者为中国人民解放的未竟事业继续奋斗；第三章进一步从正面抒发自己对革命事业的必胜信念和甘愿为之献身的人生理想。这三首诗贯穿着作者忠于革命事业的崇高理想、视死如归的革命气概，和革命必胜的坚定信念，其忠烈之情，溢于言表。组诗虚实相生，情文并茂，格调高昂，是作者崇高情怀的由衷抒发，更是诗人伟大人格的真实写照。

◆ 四渡赤水

四渡赤水，是毛泽东在红军长征途中运用机动灵活的战略战术，摆脱国民党几十万重兵围追堵截，进行的一次决定性运动战战役，是我军革命战争史上以少胜多、变被动为主动的光辉范例。红军避实就虚，"四渡赤水"，巧妙地穿插于敌人重兵集团之间，调动和迷惑敌人。当发现敌人的弱点时，立即抓住有利战机，集中兵力，歼敌一部，牢牢地掌握战场的主动权，从而取得了战略转移中具有决定意义的胜利。

1935年1月7日，中央红军突破乌江，一举攻克黔北重镇遵义城，具有转折历史意义的"遵义会议"随即召开。这次会议结束了王明"左"倾教条主义在中央的统治，确立了毛泽东在党和红军中的领导地位，是我党历史上的转折点，打开了中国革命的新局面。

湘江战役以后，中央红军主力仅仅保存三万余众，这是多么宝贵的革命力量啊！保存这支力量，中国就有了希望；如果以卵击石，与强大气盛的敌军硬拼，消耗了这支有生力量，中国革命就丧失了前程。为此，毛泽东指挥红军纵横驰骋于川黔滇边界地区，与敌人巧妙周旋。为了从四川泸州与宜宾之间北渡长江，与川陕根据地的红四方面军会合，中央红军于元月19日从遵义出发，西进土城，重创川军一个师，一渡赤水，进军云南扎西地区；蒋介石调集重兵在云南、四川、贵州三省边界围堵红军，红军主动放弃北渡计划，回师东进贵州，二渡赤水，远远抛开了敌军，在娄山关与遵义等地，一举歼灭敌军两个师，并与前来增援的蒋介石嫡系部队展开激烈的争夺战，歼灭敌人20个团，取得长征以来的第一次巨大胜利，这就是遵义战役；为了引诱敌人，寻找战机，红军又一次西进，由茅台镇三渡赤水，进军川南；为进一步造成敌之错觉和不意，3月21日，红军以一个团的兵力伪装主力，继续向川南的古蔺、叙永方向前进，引敌向西。红军主力则以快速的行动回师东进，于22日第四次渡过赤水河，再次折回贵州境内。5月上旬，红军乘机抢渡金沙江，终于摆脱了国民党10万大军的围追堵截，胜利完成红军在云贵高原的战略转移，进入四川西部地区。

然而，路在何方？路在脚下；而后的路怎么走？唯有爬雪山，过草地，走前无古人的艰难险峻之路。天不丧我，人亦何为？风雪，严寒，饥饿，疾病，死亡的威胁，还有敌人的围追堵截……令现代中国青年人难以想象，艰难困苦中的中国红军，凭着坚定的信念与坚强的毅力，克服了常人难以忍受的人生折

磨，终于创造了置之死地而后生的奇迹，创造了世界军事史的伟大奇迹。

伟哉，中国工农红军！

壮哉，两万五千里长征路上的英勇将士！

今人王大烈曾赋诗歌咏：

> 风雨如磐夜，
> 赤水迎救星。
> 红军经四渡，
> 碧血写长征。
> 东亚雄狮醒，
> 国势日蒸蒸。
> 纪念古稀寿，
> 红日正东升。

诗人以古稀之年抚今追昔为线索，再现了红军四渡赤水所开创的丰功伟绩，揭示了中华民族在当今时代翻天覆地的巨变。

◆娄山关

娄山关，又名娄关、太平关，是大娄山脉的主峰，海拔1 576米，南距遵义50公里，北距巴蜀，南扼黔桂，为黔北咽喉，历来都是兵家必争之地。1935年2月，中央红军二渡赤水，回师黔北，歼灭黔军四个团，攻下娄山关，揭开遵义大捷的序幕，赢得长征以来的第一次巨大胜利，展示了遵义会议的曙光。娄山关战斗时，毛泽东亲自指挥，并目睹红军战士的英勇战绩，特填《忆秦娥·娄山关》一词：

> 西风烈，长空雁叫霜晨月。霜晨月，马蹄声碎，喇叭声咽。
> 雄关漫道真如铁，而今迈步从头越。从头越，苍山如海，残阳如血。

词的上片主要是描写娄山关战斗的环境：西风，长雁，霜月，马蹄声，喇叭声，汇集而成一曲娄山关的战斗乐章；下片抒写娄山关战斗的意义，以从头越，苍山如海，残阳如血，来衬托娄山关战斗后红军长征所面临着的革命前景，不啻是一幅艰难、残酷、充满着血与火的拼杀的悲壮画卷。作者自注称："万里长征，千回百折，顺利少于困难不知有多少倍，心情是沉郁的。过了岷山，豁然开朗，转化到了反面，柳暗花明又一村了。以下诸篇（按：1958年出版的《毛主席诗词十九首》，《忆秦娥·娄山关》排在《十六字令三首》之前，'以下诸篇'指《十六字令三首》、《七律·长征》、《念奴娇·昆仑》、《清平乐·六盘山》），反映了这一种心情。"

◆ 六盘山

六盘山，古称大陇山，在宁夏回族自治区南部固原县西南，海拔2 928米，山路曲折盘旋，六重始达峰顶，故名六盘山。

红旗飘扬、秋色满眼的六盘山，是红军长征胜利到达陕北的历史见证。这里的山路，留下了红军长征的足迹；这里的山谷，回荡着红军胜利会师的欢笑；这里的高峰，飘扬着长征胜利的红旗。

1935年9月，毛泽东率领中央红军进入甘肃南部。10月2日，红军由通渭城北上，6日越过平凉－固原大道，当日夜间又进入山区，把尾随追击的敌军甩掉。第二天，在山区青石嘴遇国民党东北军白凤翔部骑兵，一战胜之，俘虏敌四百余人，马四百余匹，经宣传解释后，都加入了红军。在战斗胜利的鼓舞下，红军一鼓作气，于当天下午攻占了万里长征最后一座主峰——六盘山，晚到山东脚下宿营，一天行军八十多里。在六盘山顶峰，望着南飞的大雁，毛泽东触景生情，豪气干云，遂吟哦出《清平乐·六盘山》一词：

　　天高云淡，望断南飞雁。不到长城非好汉，屈指行程二万。
　　六盘山上高峰，红旗漫卷西风。今日长缨在手，何时缚住苍龙？

此词原名《长征谣》，是一首鼓舞士气的行军歌曲，经毛泽东八次修改后定型。

词的上片由南望飞雁，联想到红军以"不到长城非好汉"的英雄气概，走过两万五千里长征；下片由六盘山上的红旗招展，抒写红军今后以长缨缚住苍龙的伟大志向。一个疑问句，是鞭策，也是期待。"红旗"二字具有丰富而深刻意义：红旗是革命的旗帜，是胜利的象征，它从井冈山一直打到六盘山。今天飘荡在六盘山顶峰上的红旗，卷舒自如迎着西风，正足以说明革命迅猛发展的大势，说明长征已取得了决定性胜利，说明马克思列宁主义具有无坚不摧的威力，也说明伟大红军战士具有着昂扬的革命乐观主义精神，即使经历千辛万苦，仍然胸怀坦荡，屹立不动，无限自豪。全词有情有景，情景交融。词作雄浑豪放，金声玉振，充分表现了革命领袖坚定的革命意志和激昂的战斗精神，极富感染力。

◆西安事变

西安事变，又名"双十二事变"，是当时任职西北剿匪副总司令、东北军领袖张学良和当时任职国民革命军第十七路总指挥、西北军领袖杨虎城在西安对蒋介石发动的一次兵谏，目的是"停止剿共，改组政府，出兵抗日"，对于促成以国共两党合作为基础的抗日民族统一战线起到了重要的作用。

1936年12月，任职国民政府军事委员会委员长和西北剿匪总司令的蒋介石为了督促驻扎在西安的张学良东北军与杨虎城十七路军剿共，亲自督战西安。张、杨二位将军不满蒋介石对日不抵抗政策，要求停止内战，一致抗日，于12月12日发动兵谏，在西安临潼的华清池拘留蒋介石。这就是震惊中外的"西安事变"。

南京亲日派企图借机进攻西安，夺取蒋介石手中的权力。为了避免全面内战，实现第二次国共合作，中共中央指派周恩来亲赴西安调停，争取和平解决西安事变。通过多方努力，蒋介石被迫接受停战议和、联共抗日、释放政治犯等条件。

12月25日，张杨二位将军释放了蒋介石，"西安事变"到此和平解决。张学良将军为表示发动兵谏的歉意，执意要护送蒋介石回南京。蒋介石回南京后，却软禁了张学良将军，从此张学良失去自由，一生过着囚禁生活。

张学良因"西安事变"而被囚禁于苏仙岭。张学良比宋朝的秦观境遇更苦，命运更悲；苏仙岭的千载诗情，因此而抹上了一层人生悲剧与时代悲剧融合为一的政治色彩。

杨虎城将军曾有一诗言志:

西北大风起,东南战血多。
风吹铁马动,还我旧山河。

杨虎城是国民党优秀的爱国将领,于西安事变和平解决后,却被蒋介石逼令离军出国,抗战爆发后回国,立即被蒋介石监禁,命运比张学良还要悲惨。1949年9月,重庆解放前夕,被国民党特务杀害于中美合作所。

西安事变五十周年之际,我们来到郴州的苏仙岭,漫步于苏仙观的"屈将室",门口刻有一副对联:"捉蒋有功,当年临潼以兵谏;归奉无望,从此将军作楚囚。"对联拟得并不雅致,但亦颇为切近张学良将军的历史功绩和悲剧命运。

"屈将室"仅仅十七八平方米,室内摆设十分简陋,一张床,一张书桌,一把木靠椅。墙壁悬挂着将军的半身像,英俊,威武,正气凛然。像框两边嵌着将军在此书写的两首诗。右边是《无题》诗:

总府远来义气深,山居和敢动佳宾?
不堪酒贱酬知己,唯有清茗对此心。

这是对来访者的酬答之诗,字里行间饱含着将军无比幽愤而又坦荡无垠的志士情怀。左边是《感遇诗》,云:

山居幽处境,旧雨引心寒。
辗转眠不得,枕上泪难干。

吟诵这首泪迹斑斑的五言绝句,我仿佛看到当年将军身陷囹圄之中的那扇敞开的心扉:龙搁浅滩,虎落平阳,一代叱咤风云的抗日名将被困倦于斗室之中,报国无门,壮志难酬。这难以干涸的枕上泪水啊,是英雄之泪,是爱国志士之

泪!

一代抗日民族英雄，竟遭受如此厄运。岂止是他个人的悲剧，乃是整个民族的不幸呵！"恨天低，大鹏有翅愁难展。"这是当年将军题写在墙壁上的词句。悲愤和痛苦使少帅寝食不安，终日在斗室内徘徊，写诗抒情，还不时地朝着床边窗外开枪，以泄胸中激愤。窗外有一棵桂花树，那粗壮的树干上，至今还留着斑斑弹痕呢。

1941 年夏天，张学良被幽禁在贵州的麒麟洞，贵州省主席吴鼎昌在花溪举行诗会，邀张学良将军参加。这是西安事变五年来张学良第一次露面，在座各位以诗安慰张学良将军，张学良也以七律一首酬答，含蓄地表达他发动西安事变的纯正动机，诗云：

> 犯上已是祸当头，作乱原非愿所求。
> 心存广宇壮山河，意挽中流助君舟。
> 春秋褒贬分内事，明史鞭策固所由。
> 龙场愿学王阳明，权把贵州当荆州。

王阳明，即王守仁（1472—1528），明朝浙江余姚人，著名理学家，陆王心学的代表人物。弘治十二年（1499）进士，授刑部主事，因反对大宦官刘瑾，被贬斥为贵州龙场（今修文县治）驿丞。刘瑾被诛后，历官至南京兵部尚书，封新建伯。

张学良在贵州，时刻关注抗日战争形势和国家的安危。但是诗中却说要以王阳明为榜样，表达自己权且把贵州当作荆州的意愿，安心过自己的田园隐居生活。这是愤激之辞，是报国无门的不平之鸣！

张学良还认为自己犯上作乱，发动西安事变，"原非愿所求"，而是不得已之举。其实，张学良与杨虎城两将军发动西安事变，以兵谏方式逼蒋介石抗日，历史已经证明，张、杨两位爱国将领的行动没有错，错的是蒋介石，是蒋介石推行的反动政策，是蒋介石出尔反尔的狭隘胸襟。蒋介石软禁张学良，杀害杨虎城，是其反动嘴脸的暴露，是其报复心理的反映，因而不得人心，丧失民心，挫伤军心，注定他逃不脱以失败告终的历史命运。

◆卢沟桥事变

卢沟桥事变，又称"七七事变"。

1937 年 7 月 7 日，日本侵略军在北平西南的宛平附近进行军事演习，借口追查一士兵失踪，于是夜向中国驻军发起突然进攻，轰炸宛平城与卢沟桥。中国国民革命军第二十九军官兵按照军长宋哲元将军"确保卢沟桥和宛平城"，"卢沟桥即尔等之坟墓，应与桥共存亡，不得后退"的指令，奋起反击日寇，宣告中国抗日战争从此拉开了历史序幕。

（卢沟桥）

次日，中国共产党迅速通电全国，号召全民族抗战。然而国民党却迟迟没有反应，十天之后的 7 月 17 日，蒋介石出于各种压力，被迫在庐山发表谈话，公开对日宣战。

卢沟桥，是历史的丰碑，中国人民艰苦卓绝的八年抗日战争从这里开始；

卢沟桥，是历史的见证，日本侵略军的铁蹄从这里开始公开地践踏中国美丽的河山。

据陈浩望《民国诗话》记载，当时的宛平县县长王冷斋有诗披露一个鲜为人知的历史内幕：7 月 11 日，宋哲元将军携带全家乘火车回天津，日本鬼子在

丰台站铁轨下埋置炸药，企图炸死宋哲元将军，制造第二个"皇姑屯事件"。值得庆幸的是，火车过了丰台站以后，埋置的炸药才爆炸，宋将军一家幸免一难。王冷斋《卢沟桥抗战纪事诗》中有一诗云：

> 寇公千里急归旌，恰好危途过一程。
> 忽报雷声起车辙，北门幸未坏长城。

丰台谋炸宋哲元将军未成，日寇并不死心，又在平津铁路线的七号桥墩下安置地雷。7月19日清晨，宋哲元赴北平部署军事，火车经过七号桥墩后，地雷才爆炸，宋哲元将军再次躲过一劫。

◆ 南京大屠杀

南京大屠杀，是日本军国主义对中国人民实施的一次血腥大屠杀。

1937年12月，日本侵略军侵占南京，在日军华中方面军司令官松井石根和第六师团长谷寿夫等法西斯分子的指挥下，日军对南京市民进行为期六周的血腥大屠杀，教唆士兵以杀人为快，无论男女老幼，被枪杀，被活埋，被鞭笞，被奸淫致死者，多达30万之众。尸骨蔽巷，血流成河，惨不忍睹，为世界战争屠杀史所罕见，比德国法西斯还要残忍千百倍，连希特勒闻讯，都骂日本鬼子"不算人"。抗战胜利以后，参与南京大屠杀的杀人恶魔们受到了应有的惩处。其中，直接指挥者松井石根被远东国际法庭处以绞刑，谷寿夫也被引渡到中国后公开处死。

1939年，学者陈中凡先生有感于南京大屠杀，在成都写下了一首长诗《金陵叟》记载其事：

> 1937年12月，日寇分三路包围南京。国军仓皇逃遁，南京不战而沦陷。敌军入城，以杀人竞赛取乐。三九年，叟到蓉追述惨状。

> 叟从金陵来，为述金陵事。未言先唏嘘，太息更流涕：

"行年七十余，几曾见烽燧？岂料风烛龄，白日遭妖魅。
迄今一回首，神魂犹惊悸。"

时当丁丑冬，十一月近晦，传闻东战场，我军已失利：
苏淞忽不守，寇且旦夕至。人心日惶惶，全城顿鼎沸。
富户举室迁，贫者及身避。唯我老且病，重以妻孥累。
家无担石储，出门何所指？闻有难民区，老弱堪托寄。
妇孺相提携，径往求荫庇。喘息尚未安，景象日可畏。
腊月十二日，夜半势特异。火光上烛天，杀声震大地。
巨炮响若雷，弹丸飞如织。妇泣兼儿啼，心胆为破碎。
次早坚城堕，满目尽殊类。枪林列森森，战车陈前卫。
狼奔而豕突，四城逞蜂虿。屠戮及鸡犬，纵火遍阛阓。
囊时繁华区，一夕成荒秽。尸骸积通衢，血肉填图厕。
模糊不堪看，腥臭触人鼻，按户复搜查，巨细无遗弃。
汽车往复驰，衣饰尽捆载。宅中见男丁，强迫充伕役。
力竭不复顾，即刻加残害。妇女为瞥见，奸淫逞所快。
枝梧稍拂意，剁割成人彘。更入避难所，掳掠选少艾。
次日或送返，遍体如鳞介。哀号不移时，宛转遂就毙。
直至腊月杪，布告命登记。力迫诸难民，速各返旧第。
倘敢违律令，严惩不稍贷。可怜众无辜，为求活命计，
鹄立风雪中，争先报名字。年事差较幼，被目曾执锐。
别置大道旁，一一加拘紧。何来汉奸某，自称检查吏。
极口颂皇军，对众施狡狯："汝等曾服官，爵秩仍可观，
善后正需材，辛勿失交臂。如敢故隐瞒，论罪同奸细！"
其言似可信，同声悉感戴。顷刻两千人，举手被逮捕。
与前诸少年，同日共弃市。苍须一老贼，更组维持会。
甘心作虎伥，百般求献媚。四出搜妇女，昕夕娱贼意。
狼心果何居？诚别有肝肺？维新伪政府，百事讲统治。
捐税苛牛毛，粮食亦专卖。嗷嗷数万口，粥未不能继。
吞声忍饥寒，尸居仅余气。老妻暨孤孙，相继遂长逝。

孑然剩此身，偷活人间世。跋涉千百里，浪迹在旅次。
谨贡所见闻，愿世知激励。万众得生存，共申山河誓。

陈中凡（1888—1982），江苏建湖人，字觉元，又名钟凡，先后在南京大学等多所大学任教，曾担任江苏省政协副主席、江苏省文史馆代馆长，著有《中国文学批评史》和稿本《晴晖吟稿》。他这首泣血的格律体长诗借一位从南京逃难至重庆的老人之口，追叙了那场惨绝人寰的历史惨剧，真实地描绘出南京大屠杀的景象。日本人至今还想否定南京大屠杀的历史事实，企图掩盖甚至抹煞这段惨无人道的历史。陈钟凡以一个大学教授的诗笔，全面记录了日军在南京实行大屠杀的滔天罪行。全诗如"裂帛渍血，当志此痛，叙述悲凉，宛然乐天今乐府"，在血与泪的交织中蕴蓄着深切的民族义愤，堪比杜甫诗史。最后一句"万众得生存，共申山河誓"，大声喧嗒地表达了中国人抗战驱敌的民族誓言。

◆血战台儿庄

台儿庄，是中华民族扬威不屈之地。

台儿庄会战，是中国军队在山东台儿庄地区与日本侵略军进行的一场大血战，是中国参战部队在人员编制不足、武器装备差、缺乏训练等不利因素之下打下的一次威震敌胆的硬仗。

1938年3月下旬，侵华日军为打通津浦线，吞并中原，命令坂垣第五、矶谷第十两个精锐师团分进合击徐州门户、鲁南重镇台儿庄。4月3日，在第五战区司令长官李宗仁及副总参谋长白崇禧的指挥下，中国军队以四十万优势兵力，将进攻台儿庄的日军团团围困，双方展开了激烈的战斗，彼此伤亡巨大。面对穷凶极恶、暴戾成性的日寇，中国军人同仇敌忾，以血肉之躯筑起钢铁城墙，并与敌人斗智斗勇。经过三个昼夜的殊死战斗，又击溃从临沂前来增援的敌军第五师团，终于获得全胜，共歼敌两万余众。中国军队亦尸枕城墙，血染护城河。其场面之悲壮、惨烈，为历史所罕见。著名诗人臧克家目睹这壮烈的场面，而赋诗道："台儿庄，红血洗过的战场。一万条健儿，在这里做了国殇。"

　　台儿庄战役是国民党战场在抗战初期取得的一次大胜利，在军事上，打破了日军"不可战胜"的神话；政治上，极大地鼓舞了中国军民争取抗战最后胜利的信心，在中国抗日战争史和世界反法西斯侵略史上，中国军人写下了光辉的一页。

（台儿庄巷战）

　　在这场举世闻名的抗日战役中，产生了大量如火如血的诗歌。这些诗歌，犹如凌寒的腊梅，绽放出中华民族不屈不挠的家国之情、自由之思，是炎黄子孙救亡图存的呐喊，是华夏子弟抗敌御侮的呼号。

　　当时奔赴台儿庄参战的刘立身（1904—1986），是常德澧县人，黄埔军校第五期毕业生，参加3次长沙会战，1949年参加湖南和平起义后，担任解放军第53军第318师参谋长。刘立身是台儿庄战役的历史见证人之一，曾写有《赴台儿庄参战即事》一诗，云：

　　　　七尺昂藏甘许国，忍看半壁金瓯缺。
　　　　每逢衔命赴前锋，预写家书心似铁。
　　　　耿耿星河千里程，孜孜劳瘁满腔血。
　　　　何时尽净扫腥膻，还我神州一片洁。

中国戈争寺舌

昂藏：形容男儿仪表之雄伟高大。衔命：奉命。这首诗写得很好，将奔赴台儿庄参战的中国军人心态与志向，表述得淋漓尽致，不啻是抗日战士的铮铮誓言！当今的台儿庄抗战纪念馆，还陈列有一首无名氏写的《清扫战场》诗：

> 三千人家十里街，连日烽火化尘埃。
> 伤心几株红芍药，犹傍瓦砾惨淡开。

此诗当出自清扫战场的国民党官兵之手，用简洁的笔墨真实记录了日本侵略军烧杀抢掠的兽行，控诉了日本侵华战争带给中华民族的深重灾难。

我国现代著名作家郁达夫在其《毁家诗纪》中记载了台儿庄大捷一事。诗云：

> 千里劳军此一行，计程戒驿慎宵征。
> 春风渐绿中原土，大纛初明细柳营。
> 碛里碉壕连作寨，江东子弟妙知兵。
> 驱车直指彭城道，伫看雄师复两京。（其五）
>
> 水井沟头血战酣，台儿庄外夕阳县。
> 平原立马凝眸处，忽报奇师捷邳郯。（其六）

郁达夫（1896—1945），浙江富阳人。1938 年 4 月，曾参加国民革命军政治部代表团到一、五战区劳军。诗中原注称："四月中，去徐州劳军，并视察河防，在山东，江苏，河南一带，冒烽火炮弹，巡视一月之久。"这两首诗从诗人千里劳军写起，最后落笔到台儿庄大捷，情感深沉，意境开阔。细柳营：诗人借汉文帝巡视、慰劳细柳军的旧典，高度颂扬李宗仁治军的严整、国军将士的忠于职守，赫赫军威跃然而出。

◆长沙会战

抗日战争后期，中日军队在长沙有三次大规模的攻防战，史称长沙会战，也称"长沙保卫战"。

长沙会战，多达三次：1939 年 9 月为第一次长沙会战，1941 年 9 月到 12 月为第二次长沙会战，1944 年 6 月为第三次长沙会战。

日军侵占武汉、南昌以后，为巩固和扩大其占领区，打通日军通往东南亚的通道，企图歼灭中国第九战区主力于湘北、赣北地区。

1938 年 11 月 8 日，日本侵略军的魔爪，深入湖南境内，在岳阳北区的陆城强占民田 1 500 亩，强拉 9 个乡村的民夫修建临时军用机场。

根据《抗日战争正面战场》、《湖南四大会战》等文献资料记载，1939 年 9 月至 1941 年 1 月间，日寇连续三次调集精锐兵力进攻长沙。1939 年 9 月 9 日，第一次长沙会战爆发。在第九战区代理司令长官兼湖南省主席薛岳的指挥下，中国军队的第 52 军、第 4 军、第 58 军、第 20 军，先后转战于湘北，以岳阳、湘阴的新墙河、相公岭、马形山为前哨，与鬼子兵展开激烈的长沙保卫战，死难的将士们，用鲜血和生命筑成抗战的钢铁长城。

三次会战，历时几年，中国军人伤亡很大，但最终以日本侵略军攻击严重受挫，被迫北撤而告终。长沙会战，集中展示了中国军队英勇不屈的民族之魂。岳麓山那座抗战阵亡将士纪念碑，高高地矗立着，记载着中国军人在抗日战争时期长沙会战中的历史丰碑。

八年抗日战争中的湖南战场，是张扬民族正气的抗日前哨，也是疯狂日寇的坟墓。除了长沙会战之外，湖南战场还有常德会战、衡阳会战与湘西会战，统称为"湖南四大会战"。

长沙会战胜利的消息传出以后，诗人们写有多首诗歌。刘克醇有《闻湘北大捷喜赋》：

> 海岛鲸涛涌，倭夷气焰凶。
> 卢沟笼晓月，建业涨腥风。
> 湘北终奔北，关东不复东。
> 冈村宁次辈，日暮泣途穷。

彭乐山在其《第三次长沙会战》中写道：

百万雄师战虎狼，也曾贾勇一支枪。
潜身三捷纤筹策，劲旅齐驱奠故疆。
旷野鹰飞枯草劲，明沙日丽大江藏。
穷寇已逃千里外，回头犹怯望熊湘。

诗人以凌云健笔，渲染了战场的风云际会，表现了抗战国军将士的豪勇之气，突出了战败日寇的狼狈与猥琐，艺术风格豪宕劲健，令人读后雄姿英发。鲸涛：即惊涛，巨浪。比喻日寇侵华时的嚣张气焰。熊湘：《史记·五帝本纪》有"（黄帝）南至于江登熊湘"的记载。"熊"又即楚国始祖熊绎。熊绎率领楚人"筚路蓝缕"，曾辟道长沙。到熊渠时，楚国势力已完全控制了整个长沙地区。故古长沙有"熊湘"的雅称。

湖南军民为抗日战争的胜利，也付出了巨大的牺牲。根据湖南省党史研究室调查统计：在日本鬼子对湖南发动的 7 次疯狂进攻之中，侵略者制造了骇人听闻的厂窖惨案、营田惨案、云溪惨案、青山惨案、桃江惨案、洪山惨案、三汊湖惨案、华丰垸惨案、大架坪惨案、石潭惨案、东塘惨案、万家庄惨案、小河边惨案、芫上惨案、楼田惨案、凡家岭惨案等。八年抗战，湖南平民伤亡者，共计有 260 万之多，其中直接被鬼子杀死的就有 92 万人。鬼子飞机先后空袭湖南地区 682 次，出动飞机 7 027 架次，投弹 27 621 次，炸死民众 13 322 人，炸伤 14 910 人，炸毁房屋 66 685 栋。1938 年 4 月 10 日，鬼子出动 27 架飞机，悍然轰炸湖南大学校园，致使师生员工造成重大伤亡，教室等房屋被摧毁。1943 年常德会战期间，鬼子使用灭绝人性的细菌武器，使常德居民蒙受巨大牺牲。

历史不会忘记，日本鬼子在湖南犯下的滔天罪行，罄竹难书；湖南军民英勇抗战的功绩，传诵千古。正如薛岳将军于 1940 年秋写的《祭阵亡将士暨殉难同胞》诗颂扬道：

三湘子弟，不畏强梁。
以身殉国，同作国殇。
以报祖国，以慰义皇。
中华民族，寿永无疆！

抗日战争中的湖南军民，以血肉之躯，英勇抗击日寇的疯狂侵略，报效祖国，告慰羲皇始祖。这是对三湘子弟的赞歌，这是对中华民族的真诚祝福。

◆ 常德会战

常德，是湘西北重镇，历来属于兵家必争之地。

1943 年 10 月 2 日，为了挺进西南，抑制重庆，日本侵略军以十万之众，从华容、津市、南县三个方面，大举进攻常德。

烽烟迭起，杀戮惨绝，一场规模空前的常德会战展开。

经过半个月的外围作战，10 月 18 日，日本鬼子突破中国军队在常德的外围防线，进逼常德城郊。负责常德守城的国军，是国民党第 74 军的第 57 师。师长余程万（1902—1955），号石坚，广东台山人，黄埔军校第一期毕业生。

11 月 24 日，日本鬼子企图强渡沅江，攻入常德城内。守城的国军 57 师官兵，在余程万师长的指挥下，在沅江岸边的水星楼狙击敌军，战斗异常激烈，孤军奋战，寡不敌众，最后弹尽，发生肉搏战。经过十六昼夜的激战，伤亡极其惨重，6000 余名官兵牺牲。12 月 8 日，常德城全面沦陷。鬼子在常德城内，烧杀抢掠，无恶不作，常德居民的生命财产，损失殆尽。

常德沦陷，直接威胁重庆与大西南的安全。12 月 4 日，国军 58 军军长鲁道源受命指挥两个师，急速出援，赶赴常德，从后面夹击鬼子第 3 师团与第 68 师团。12 月 7 日，鲁道源的 58 军新编 11 师 32 团，在茅湾附近与守城的余程万 57 师取得联系后，当晚半夜三更，两军相互配合，攻打德山，于凌晨两点再次收复德山，而后渡江，占领德山街。

12 月 9 日，拂晓时分，余程万 57 师余部，鲁道源 58 军新编 11 师 32 团，以及太阳山守军第 44 军，分别从东门、小西门、北门三个方向，对常德城内的日军同时发起猛烈攻势。国军第 72 军，在火力掩护下，从裴家码头驾竹筏和小船渡江，进击日军残敌，占领河洑镇，随即从大西门攻入常德城内。国军自三面攻入常德，双方展开巷战，杀声震天，血肉横飞。经过三天三夜的争夺战，中国军队于 12 月 11 日夜间，全面收复常德。

鬼子并不甘心失败，悍然在常德使用细菌战，致使常德周边居民 7600 多人死伤于细菌与鼠疫，受害区域多达 13 个县，70 多个乡镇。

常德会战，时间虽然短暂，但是其激烈、壮烈、惨烈之状，是湖南四大会战中最为突出的。鲁道源将军（1900—1985）有《攻克常德即事》诗云：

儿郎对对武陵国，血肉霜风向北吹。
城破负隅犹巷战，问他倭虏几人归？

将军此诗，充满着胜利者的自豪。常德会战，鬼子死伤甚为惨重，肉搏战与巷战之后，活着逃走的鬼子兵寥寥无几。

曾任湖南省人民政府参事的田翠竹先生，是湖南湘潭人。当时就写作了《洞庭碧血》的长篇叙事诗，以歌颂常德守军英勇抗击日寇的英雄事迹。这里只收录其中二节诗歌：

（一）

常德城畔有楼名"水星"，当日寇环攻时，守兵二十人高据其上，予敌重创。敌怒极，乃以炮轰，中弹累累，而守兵岿然不动……层楼摇摇欲坠矣。远闻国歌声响过白云，三军尽哭。歌止，楼下坠，地上满砌血肉与砖瓦，模糊不清。一古钟亦粉碎无余。呜呼烈矣！

水星楼上星可摘，水星楼下水光碧。
楼上星辰楼下来，星水辉映自朝夕。
此楼之高高矗天，登楼四顾心茫然。
人民城阁尽如此，凝睇东望多烽烟。
烽烟浓压洞庭水，水阔天寒八百里。
孤月空照乌鹊飞，战船欲逼鱼龙死。
楼头猛士二十人，居处有如兄弟亲。
守土报国复何有，三尺短剑七尺身。
昨宵敌骑来城下，炮龛城垣弹碎瓦。
临难不苟勇莫当，独木乃能支大厦。

胡笳急，啼猿哀，血花遍野和霜开。

白骨暴街寒作灰，危楼不禁风雨摧，摇摇欲坠城之隈。

歌声蓦地惊寰宇，孤军清泪纷如雨。

楼与人身毁一时，人与楼名照千古。

搂头向有夜半钟，此时破碎楼相同。

顽铁无灵长苔藓，松涂西抹苏僵虫。

吁嗟乎！

元龙豪气悲陈迹，休向搂头寻蜡屐。

残钟不语夜漫漫，星影水光仍似昔。

（二）

一日，寇攻城甚急，守城者仅余十余人。寇借长梯攀援而上。守军首以枪击，枪弹尽，以刀砍，刀锋折，以石投，石亦尽矣。寇竟上。时城上剩一人，乃抱寇同坠城死。

武陵城头乌夜啼，武陵城上喧鼓鼙。

胡儿登城高未得，城畔架以百尺梯。

梯百尺，人五尺。

一人攀梯百人继，百人手各持刀戟。

城头壮士龙虎同，御敌首藉炮火攻。

炮火既尽拔短剑，枭首截腰无不利。

剑折复以顽石投，石花血花相交流。

此时敌死以千计，尸骨欲与城相伴。

城头战士石亦罄，梯上胡儿顶联胫。

纷纷争上城头来，城危势迫心不灰。

双手握梯城北推，梯倾敌陨啼声哀。

一梯处坠去，一梯忽又上。

城头战士剩一人，迎敌击以巨灵掌。

敌乃伸长臂，坚抱战士身。

350

战士压敌头，力斗未肯驯。
蓦然失足立无据，苍茫坠向城低处。
忠骨碎入瓦砾堆，幽魂化若风前絮。
城头乌声啼未休，梅边月落寒江曙。

这两段诗歌，描写常德会战的惨烈悲壮的战况，每一段前先有小序，后根据小序文字敷衍而成诗歌。第一段描写常德沅水边的水星楼战况，第二段描写常德守城战役的惨烈状况。描写精细，形象逼真，生动自然，大开大合，充分展现出中国军人英勇抗击日寇侵犯常德古城的历史风貌，歌颂了战士们誓死卫国、甘洒热血的英雄气概与牺牲精神。

1943 年中日常德会战结束后，长沙《大公报》刊登了湖南宁乡人李侠文写的一首诗歌，题为《保卫常德悲壮惨烈歌以颂之》，云：

三湘不可犯，三湘多健儿。
三湘之山河崔嵬，三湘之水涟且漪。
吾为君歌，吾为君吟湘军杀敌诗。
湘军杀敌最勇敢，一败再败屡败之。
长沙数役早著名，常德一战更千古。
大炮飞机奈我何，我有三军猛如虎。
拼将碧血溅霜锋，誓以丹忱守国土。
十六昼夜苦撑持，愈战愈勇我愈武。
巍巍常德城，屹然谁能侮？
勇哉余将军，杀敌如杀鼠。
怒潮汹涌洞庭波，待看歼敌洞庭浒。
洞庭之水高千丈，应是健儿葬骨处。

此诗见于《常德抗日血战史·大捷集咏》。这是一支常德抗战正气歌，是三湘健儿的英雄赞歌。

◆八路军

八路军，即国民革命军第八路军，又称第十八集团军，1937年七七事变后，为了团结抗日，建立抗日民族统一战线，中共中央与国民党达成协议，将中央红军主力改名为"八路军"，统属国民革命军建制，朱德为总司令，彭德怀为副总司令，叶剑英为参谋长。

红军改编为八路军的决定，是1937年8月25日在著名的中共中央洛川会议上公开宣布的，并通过了《八路军出师抗日誓词》、《八路军抗日三大纪律》与《八路军抗日八项注意》等。

八路军总部出师抗日誓师大会，于1937年8月31日，在云阳镇八路军总部大院举行。邓小平副主任主持大会，朱德总司令率先带领全体将士宣读《八路军出师抗日誓词》：

> 日本帝国主义，是中华民族的死敌，它要亡我国家，灭我种族，杀害我们父母兄弟，奸淫我们的母妻姐妹，烧我们的庄稼房屋，毁我们的耕具牲口。为了民族，为了国家，为了同胞，为了子孙，我们只有抗战到底。
>
> 我们是工农出身，不侵犯群众一针一线，替民众谋福利，对友军要亲善，对革命要忠诚。如果违反民族利益，愿受革命纪律的制裁，同志们的指责。
>
> 谨此宣誓！

这篇出师誓词，如洪钟大吕，掷地有声，远远超越了诸葛亮前后《出师表》的意义与价值。其明确的政治方向，鲜明的出师目的，严明的军队纪律与注意事项，在誓词里表达得一清二楚。八路军不同于一切旧军队，不同于国民党军，也不同于农民起义军。与红军一样，八路军是中国共产党领导的人民军队，抗日的目的是为了民族、为了国家，为了同胞，而不是为了党派集团，不是为了一己私利，因而有忠诚革命，爱护群众，亲善友军，严格遵守军队纪律。这是

中国战争寺舌

人民军队战无不胜、攻无不克的力量源泉，也是其后的人民解放军能够打败蒋介石八百万国民党军队的唯一法宝。

（参加抗战的八路军战士）

云阳誓师大会后，八路军所属三个师，其中一一五师以林彪为师长、聂荣臻为副师长、周昆为参谋长、罗荣桓为政训处主任、萧华为副主任；一二〇师以贺龙为师长、萧克为副师长、周士第为参谋长、关向应为政训处主任、甘泗淇为副主任；一二九师以刘伯承为师长、徐向前为副师长、倪志亮为参谋长、张浩为政训处主任、宋任穷为副主任。八路军三个师，奉命先后东渡黄河，开赴山西抗日前线，建立以太行山为中心的抗日根据地，成为中国人民八年抗日战争中一支劲旅，一支无坚不摧的钢铁队伍。

黄河边，太行山上，响起著名音乐家冼星海谱写的歌曲《在太行山上》："红日照遍了东方，自由之神在纵情歌唱。"一声声豪壮的歌词旋律，回荡在中华大地上。1939年春，朱德总司令在太行山八路军总部作《太行春感》，诗云：

> 远望春光镇日阴，太行高耸气森森。
> 忠肝不洒中原泪，壮志坚持北伐心。
> 百战新师惊贼胆，三年苦斗献吾身。
> 从来燕赵多豪杰，驱逐倭儿共一樽。

太行山，是抗日英雄的战斗阵地，是中华英雄儿女杀敌报国的热血战场。八路军与太行山抗日根据地，是中华大地冉冉升起的一颗颗星星，照亮了中华的茫茫夜空，是中国军民八年抗战的指路明灯。

我们并不否定国民党军在正面战场与日本侵略军英勇顽强拼杀的战斗功绩，我们赞扬国民党军在台儿庄、在武汉会战、长沙会战与远征东南亚战场所做出的巨大牺牲。但是公正地说，如果没有中国共产党领导的人民军队，八年抗日战争的情景也许是难以预料、难以想象的。

◆平型关大捷

平型关，在山西东北部，是进入山西太原的重要关口。

1937 年 9 月，侵入山西北部的日本侵略军，正在向平型关与雁门关附近进军，企图侵占山西太原。八路军总部闻讯，指示第一一五师长林彪、副师长聂荣臻、参谋长周昆等，事先召开全师干部大会，进行战斗动员与战斗部署，以一个团和骑兵营于 9 月 23 日向灵丘、涞源、广灵之间进军，以钳制日军，而以三个团的兵力于 9 月 24 日夜，在平型关到东河南镇的 15 公里峡谷古道两旁，冒雨设置埋伏，迎击敌军。

（平型关战斗）

9 月 25 日早晨 7 时，日军华北方面军第五师团，即板垣师团第二十一旅团的主力进入平型关地区。8 时许，鬼子的汽车、马车与全部兵力，钻进八路军第一一五师的埋伏圈。八路军以迅雷不及掩耳之势，向鬼子发起攻势，经过一天的激战，歼灭日军三千余人，击毁敌军汽车一百余辆，缴获大批武器与军需品。

平型关大捷是八路军东渡黄河开赴华北战场后，与日军正面交锋的第一役。在国民党军队一败涂地的混乱战局下，平型关大捷狠狠地打击了日本侵略军的嚣张气焰，戳穿了日军难以战胜的神话，打出了中华民族的志气，树立了八路军的威信，雄辩地说明，中国共产党领导的人民军队，有战胜任何敌人的勇气和力量。平型关战斗胜利大大增强了全国人民抗战的决心和信心，在海内外取得了良好的影响。

1986 年 8 月 10 日，看到少数日本右翼分子有复活军国主义的苗头，也为了纪念抗战胜利 40 周年，曾任 115 师副师长兼政治委员，亲自参加并指挥了平型关大捷的聂荣臻元帅，以《忆平型关大捷》为题，赋诗一首，满怀深情地回忆和歌颂了 49 年前的平型关战斗情景。诗云：

集师上寨运良筹，敢举烽烟解国忧。
潇潇夜雨洗兵马，殷殷热血固金瓯。
东渡黄河第一战，威扫敌倭青史流。
常抚皓首忆旧事，夜眺燕北几春秋。

这首诗虚实相生，把敌我生死决战表现得真切而悲壮，特别是"敢举烽烟解国忧"，"殷殷热血固金瓯"等句，读后油然增强了中华民族的自豪感，增强了我们奋发图强的志气。最后一句，作者抚今追昔，往事历历在目，更见"老骥伏枥，志在千里"的雄心壮志，尤为感人。

◆百团大战

自 1939 年冬以来，日军以铁路、公路为支柱，对抗日根据地进行频繁扫荡，并企图割断太行、晋察冀等战略区的联系，推行所谓"以铁路为柱，公路为链，碉堡为锁"的"囚笼政策"。1940年8月，为打击日军的"囚笼政策"，争取华北战局更有利的发展，并影响全国的抗战局势，八路军总部决定破袭华北日军交通线。8月20日夜，晋察冀军区第129、第120师在副总司令彭德怀的指挥下，对华北地区的日伪军发动了以破袭正太铁路（石家庄至太原）为重点的战役。八路军出动20余万兵力，向正太、同蒲、平汉、津浦、北宁、平绥、平古、白晋、德石等主要交通线上的日军及其两侧据点发动总攻击，配合各个根据地军民进行反扫荡作战。当彭德怀、左权在八路军总部作战室听取战役情况汇报、得知实际参战兵力达到105个团时，左权兴奋地说："好！这是百团大战。"彭德怀说："不管一百多少个团，干脆就把这次战役叫做百团大战好

（1940年9月百团大战，八路军攻克河北涞源县东团堡）

356

了!"由此，正太战役就发展成为百团大战。

百团大战是抗日战争相持阶段八路军在华北地区发动的一次规模最大、持续时间最长的战役。八路军连续参与大小战斗一千八百二十四次，攻克日军据点二百九十三余个，歼灭日伪军四万六千余人，缴获各种枪支五千八百多件与大量军用物资，摧毁敌人占据的铁路线四百七十公里、公路一千五百公里，给日伪军以沉重打击，鼓舞了中国军民抗战的斗志，增强了必胜的信心。

1988年，江学彬将军在回忆百团大战的胜利时，特意写作《咏战果》两首诗歌，云：

> 百团雄兵战敌伪，攻破倭寇千重垒。
> 正太雄关红旗飘，侵略动脉多处毁。
>
> 军民奋起回天力，横扫敌巢歼寇匪。
> 日伪败北命注定，我军奇胜扬国威。

"百团大战"的辉煌胜利，使中共中央与毛泽东感到非常振奋，极大地鼓舞了全国军民的抗战信心，但也从战略上过早暴露了八路军的军事实力。恼羞成怒的华北日军想尽办法妄图摧毁八路军指挥机关，八路军副总参谋长左权就在鬼子扫荡中不幸壮烈殉国。

左权（1906—1942），原名左纪权，幼名自林，号叔仁，湖南醴陵人。黄浦军官学校第一期毕业后，入苏联陆军大学学习，1930年回国，历任中国工农红军第十五军政委和军长、第一军团参谋长与代理军长。抗日战争时期，担任八路军副总参谋长，并兼任八路军第二纵队司令员。由于总参谋长叶剑英常驻重庆，左权实际上是八路军总参谋部的最高领导人，是党内为数不多的既有理论修养又有实践经验的军事家和优秀指挥员。

（抗日名将左权）

1942 年 5 月 25 日，数万日军精锐部队向太行山根据地疯狂发动了"铁壁合围"大"扫荡"。6 月 2 日，数万名日军精锐部队将八路军总部包围于辽县麻田以东的南艾铺一带，情况万分紧急。为了掩护八路军总部等机关突围转移，左权坚决要求由自己担任掩护和断后及带领总直机关、北方局机关及北方局党校突围的重任。他尽忠职守，在十字岭战斗中舍生取义，壮烈捐躯，年仅 36 岁。

左权是我军在抗日战场上牺牲的最高指挥员，他用生命证实了自己对党的无限忠诚，说明了八路军的高级将领始终是站在最前线指挥战斗的。名将陨落，是八路军的重大损失，也是中国抗日战争的重大损失，太行为之低咽，全党为之悲痛。为了纪念左权，晋冀鲁豫边区政府将辽县改名为左权县。八路军总司令朱德也亲笔为悼念左权壮烈殉国题诗：

（朱总司令悼左权将军诗手迹）

> 名将以身殉国家，
> 愿拼热血卫吾华。
> 太行浩气传千古，
> 留得清漳吐血花。

这首诗高度评价了左权将军短暂而光辉的人生，颂扬他以身赴死，浩气长存。1942 年 10 月 10 日为左权将军公葬日，参加公葬的除八路军总部和一二九师总部全体同志外，尚有五千军民。野战政治部主任罗瑞卿在墓前说："给烈士们行礼并没有完事，今后还要做三件事情，第一件事是报仇，第二件是报仇，第三件还是报仇！"一时间"为左权将军报仇！誓将抗日战争进行到底"的呼声响彻天地，当场就有五百多青年报名参军成立独立营。

◆街头诗运动

抗日战争时期，诗歌成为一种独特的战斗武器。人们纷纷以诗歌的形式来表达自己强烈的民族感情，用以服务于伟大的抗日斗争。其中，短小精悍的街头诗的创作尤为突出。

街头诗，在大街小巷，在山崖村庄，在人民大众之中。

街头诗运动，在共产党领导的各个抗日根据地流行一时，对于激发民族自信心，唤起民众的抗战报国意识等，都起到了极为重要的促进作用。

街头诗，又称为传单诗、墙头诗、岩头诗等。由于这些诗歌紧密配合当前政治军事斗争，能较为直接地发挥其宣传教育作用，常常被印成传单广为散发，或用以在街头、岩石上张贴，故有此称。在国统区的重庆一度也出现过街头诗、传单诗活动，但由于政治环境的区别，并没能形成比较广泛的群众运动。

街头诗的基本特征是：内容政治化，印刷传单化，语言形式口语化，宣传效果大众化。

街头诗的作者主要有田间、邵子南、史轮等，其中尤以田间为著。

田间（1916—1985），原名童天鉴，安徽无为人，被闻一多誉为"擂鼓诗人"、"时代的鼓手"，著有长诗《戎冠秀》，诗集《给战斗者》、《马头琴歌集》等。

1938 年 8 月 7 日，田间在延安与文艺界同仁共同发起声势浩大的"街头诗运动日"，他们发表《街头诗歌运动宣言》，号召人们"不要让乡村的一堵墙，路旁的一块岩石，白白的空着"，认为街头诗运动"是使诗歌服务抗战，创造大众诗歌的一条大道"（田间：《延安的街头诗运动》，见诗集《给战斗者》，中国青年出版社 2000 年版）。

当时延安的大街小巷、墙头和城墙上，都张贴起街头诗。晋察冀等边区的群众集会，每次都散发有红红绿绿的传单诗。在对敌人展开的政治攻势中，也有用街头诗的简短形式制成的宣传品。

田间是街头诗运动的积极推动者，创作下了大量的街头诗，如《假使我们不去打仗》、《毛泽东同志》、《义勇军》、《呵，游击司令》、《给饲养员》、《我是庄稼汉》等。这些街头诗，感情饱满，语言明快，风格淳朴，诗短意长，充满着火热的时代气息和强烈的爱憎感情。其中《假使我们不去打仗》写道：

> 假使我们不去打仗，
> 敌人用刺刀
> 杀死了我们，
> 还要用手指着我们骨头说：
> "看，
> 这是奴隶！"

这首六行短诗，语言质朴，节奏强劲，发人深省，发表后风靡全国。诗人故设疑问，向国人提出了一个严肃的问题：面对日本法西斯的疯犯侵略和残酷杀戮，是甘心当一个忍辱含垢的奴隶最终被敌人消灭，还是毅然作一名勇敢的战斗者在血火中寻求自由和生存？田间的这首小诗旗帜鲜明地表达了自己的抗战决心，对于激发人们坚定的抗日爱国情感和家国存亡的忧患意识有着重要作用。

◆皖南事变

皖南事变，是国民党蒋介石发动第二次反共高潮时，针对皖南地区新四军而蓄意制造的一个重大政治军事事件。

抗日战争全面爆发以后，根据国共两党的合作协议，1937 年 10 月，中共在江南的游击队，全部改编为国民革命军陆军新编第四军，简称"新四军"，下属四个支队，以叶挺为军长，项英为副军长，负责党组织工作。

1940 年 10 月，蒋介石授意何应钦与白崇禧以正副总参谋长名义，向八路军与新四军发出《皓电》，污蔑八路军、新四军"不守战区范围"、"不服从中央命令"、"不打敌人专事吞并友军"，并限令八路军与新四军在一个月内全部撤至黄河以北。毛泽东及时地发出《关于发动大规模反投降反内战运动，对付蒋介石的反共高潮的指示》，并提出中国共产党的基本方针和政策，指示新四军采取让步政策北移，以确保抗日民族统一战线不被反动派破坏。

1941 年 1 月 6 日，皖南新四军军部与所属三个纵队九千余人，左路纵队三

中国战争寺舌

千余人，中路两千余人，右路两千余人，军部机关两千余人随中路纵队行动，按照既定路线，出发北上。叶挺将军根据中央军委电报指示精神，提议部队东进苏南而后北上苏北，而项英违抗中央指令，执意向南，结果在安徽泾县茂林地区，陷入国民党军八万余众设置的重重包围圈之中。新四军指战员经过七个昼夜的激战，几乎全军覆灭。前去谈判的军长叶挺将军，被第三战区国民党军扣留，副军长项英、政治部主任袁国平被叛徒打死，新四军军部与三个纵队的九千多人马，损失殆尽。17日，蒋介石发表谈话，反而诬蔑新四军是"叛军"，宣布取消其番号，要将军长叶挺送军事法庭。

（参加抗战的新四军战士）

这就是惊震中外的"皖南事变"。

根据中共中央的指示，1月17日，远在重庆的中共南方局书记周恩来向国民党当局提出严正抗议。他在电话里怒斥何应钦："你们的行动，使亲者痛，仇者快。你们做了日寇想做而做不到的事，你何应钦是中华民族的千古罪人！"随即又亲笔题词，"为江南死国难者致哀"：

千古奇冤，江南一叶。
同室操戈，相煎何急？

这两句刊登在《新华日报》上的题词，反映了周恩来极其悲愤的心情，对于揭露"皖南事变"的真相、唤起民众的支持具有重大的作用。

针对蒋介石取消新四军番号的决定，1941年1月20日，中共中央军委郑重发布命令，重新组建新四军，任命陈毅为新四军代理军长，刘少奇为政治委员，张云逸为副军长，赖传珠为参谋长，邓子恢为政治部主任，继续领导新四军坚持长江南北敌后抗日斗争。5天后，新四军新的军部在苏北盐城宣告成立，全军编为七个师与一个独立旅，开始新的征程。

当时在新四军总部工作的钱杏邨，笔名阿英（1900—1977），曾写有《颂陈军长》一诗：

（周恩来为《新华日报》题词）

壮气凌云上，雄才一代中。
孤军驱暴虏，只手拯哀鸿。
苏北千城重，江南障海功。
生灵数百万，翘首仰英风。

诗中赞扬陈毅将军的雄才大略，对新四军的功业抱有极大的期许。阿英确实有眼力。历史证明，陈毅将军被任命为新四军代理军长之后，不负众望。在中央军委和陈毅的领导之下，新四军不断成长壮大，成为直插敌人心脏地区的一把钢刀，在抗日战争与解放战争的烽火中建立了不朽的战功。

◆狼牙山五壮士

狼牙山五壮士，是指抗日战争时期，在狼牙山为阻击日军而跳崖壮烈牺牲的五名英勇的八路军战士。

1941年9月25日，日本鬼子兵三千五百余人向晋察冀根据地大举进攻。为了保护晋察冀根据地军民的生命财产安全，军区所属八路军一分区一团七连六班的战士奉命在狼牙山地区依据险要地形阻击敌人，掩护主力部队与数万群众转移。他们苦战一天，杀敌九十余人，而鬼子兵还在继续攻击，情况十分危急。班长马宝玉率领战士胡德林、胡福才、葛振林、宋学义五人，采取诱敌深入的战术，将鬼子兵引上狼牙山绝顶，继续抗击敌人。最后子弹打光，又以石头抗击，因敌不住鬼子的进攻，他们摔坏枪支，英勇不屈地一起纵身跳下悬崖，表现出八路军战士视死如归、英勇顽强的自我牺牲精神，使日本武士为之惊震。

狼牙山五壮士中的葛振林、宋学义跳崖后，被悬崖壁上的树枝倒挂着，后被战友与群众救护，侥幸地存活下来，伤愈后返回部队，南征北战。抗美援朝战争后，葛振林来到湖南省衡阳军分区。光荣退役后，他生活俭朴，以自己的亲身经历，一直从事爱国主义、革命英雄主义教育与少年儿童的思想教育工作，备受广大群众尊敬。2005年3月21日23时10分，著名抗日英雄、狼牙山五壮士之一的葛振林，在湖南衡阳逝世，享年88岁。

狼牙山五壮士的历史丰碑，永远矗立在中华大地。湖南衡阳人何象贤为之写《拜祭老英雄葛振林兼怀狼牙山壮士》一诗，拜祭老英雄葛振林，诗云：

> 八八流年委逝波，燕云湘水泪滂沱。
> 悬崖百丈寒光逼，赤县千秋浩气多。
> 万死不辞身许国，三生有愿志驱倭。
> 暮年冷眼观神社，此去泉台剑尚磨。

此诗为拜祭老英雄葛振林逝世而作，参与广州《诗词》报2005年举办的"纪念中国人民抗日战争暨世界反法西斯战争胜利六十周年诗词联大赛"，获得一等奖。首联写老英雄葛振林之逝世，葛振林是河北人，因有燕云湘水之哭。颔联与颈联概括狼牙山五壮士之一的葛振林英雄一生；尾联写葛振林晚年的人生态度与英灵长存。

◆中国远征军

1941年12月7日，日本空军偷袭珍珠港，太平洋战争全面爆发。数月之间，日军席卷东南亚，连陷香港、关岛、威克岛、菲律宾，侵占号称东方直布罗陀的新加坡军港，并步步北犯，将其魔爪伸入缅甸，西进印度洋上，直叩安曼群岛之门。驻缅英军士无斗志，一路惨败。日寇以十万特种部队攻占滇缅公路，企图切断中国战区最后一条国际援助通道，我西南边疆遭受严重威胁。

为了抗击日本法西斯、保卫中国西南大后方，确保滇缅公路这条生命线的畅通无阻，中英军事同盟决定派遣一支机械化的中国远征军，奔赴缅甸、印度对日作战。中国战区成立了远征军第1路司令长官部（原定第2路在越南方面，后因情况变化取消），开赴缅甸战场。蔡炳煜少将曾随同新六军在这支军队里服役，随军去了印度，而后回到云南昆明。抗战胜利后，他与所在部队参加了芷江举行的日本恰降仪式。

中国远征军的行列中，有戴安澜将军率领的国民革命军陆军第5军第200师。这支部队对外号称是中国军队的第一个，也是唯一一个机械化师。在远征军中，它打得最为艰苦卓绝。戴安澜（1904—1942），号海鸥，安徽无为人。黄埔军校毕业后，曾参加北伐。在抗击日本侵华战争中，战功卓著，1939年被授予陆军少将军衔。1942年3月4日，戴安澜奉命挥师缅甸，协同英军对日作战。他在行军途中激情满怀，遂赋《七绝·远征》二首以明壮志：

> 万里旌旗耀眼开，王师出境岛夷摧。
> 扬鞭遥指花如许，诸葛前身今又来。
>
> 策马奔车走八荒，远征功业迈秦皇。
> 澄清宇宙安黎庶，先挽长弓射夕阳。

由于盟军指挥系统的战略失误，戴安澜将军在孤军深入的情况下，指挥部队在缅甸战场上与日军英勇作战，他守东瓜，克棠吉，战梅苗，以不足万人之师抗击日寇两万人的进攻，长达十二天之久，歼灭日军五千余人，击毁其坦克、装甲车20辆，给日军沉重打击，确保了滇缅公路的畅通，解救了被日军围困的英军七千多人。同年5月，戴安澜率师返国，不幸在归途之中遭受日军伏击，远征军将士伤亡惨重，戴安澜也身负重伤。进入原始雨林区后，残败不堪的将士们与恶劣环境抗争，与死亡抗争。至今，在缅甸南部与泰国北部，还残留着中国远征军的足迹与死难战士的尸骨。因为缺食少药，戴安澜于1942年5月26日壮烈殉国，年仅38岁。噩耗传开，全军无不下泪。

1942年6月2日，第200师仅存的两千余官兵抬着戴安澜师长的遗体，历尽千辛万苦，回到云南腾冲。县长张问德率领全县20万父老乡亲，沿街跪接中国远征军200师官兵。从昆明到全州，沿途各个城镇摆设祭品，公祭戴安澜将军。六年后，将军灵柩安葬仪式在芜湖举行，送葬队伍长达三华里。

戴安澜将军的业绩和精神，在当时曾得到包括国共两党和美英盟国在内的各方面的高度评价，认为他是近代以来中国军人中"立功异域，扬大汉声威"的"第一人"。蒋介石曾敬献挽联，云：

> 虎头食肉负雄姿，看万里长征，与敌周旋欣不乔；
> 马革裹尸酹壮志，惜大勋未集，虚予期望痛何如？

上联写戴安澜将军率师出征缅甸，与日军英勇作战，而不辱使命；下联写戴安澜将军牺牲于他乡，可惜他功勋未成，遂痛感自己的一片期望落空了。联语写得还算贴切，富有情感。

周恩来也称赞戴安澜是"黄浦之英，民族之雄"。董必武还作有五律《代毛泽东同志挽戴安澜将军殉国》，诗云：

> 外侮需人御，将军赋采薇。
> 师称机械化，勇夺虎熊威。
> 浴血东瓜守，驱倭棠吉归。
> 沙场竟殒命，壮志也无违。

365

以戴安澜为代表的中国远征军将士们，用鲜血和生命书写了抗日战争史上极为悲壮的一笔。这首诗雄壮慷慨，大气磅礴，彰显了戴安澜将军赴缅与日寇决死的英勇壮举，祭奠了这位青年抗日名将的不朽英魂。

其后，由于中国驻印军和中国远征军的反攻胜利，重新打通了国际交通线，使得国际援华物资源源不断地运入中国；把日军赶出了中国西南大门，揭开了正面战场对日反攻的序幕；钳制和重创了缅北、滇西日军，为盟军收复全缅甸创造了有利条件。

◆民兵

民兵，是武装的民众。

"民兵"一词，早在宋朝已经出现。宋王应麟《玉海·兵制·庆历兵录》云："庆历五年，丁度为《兵录》五篇，宋祁为之序曰：凡军有四：一曰禁兵，殿前马步三司隶焉；二曰厢兵，诸州隶焉；三曰役兵，郡有司隶焉；四曰民兵，农之健而材者籍之。"

北宋宋祁所谓"民兵"，是指乡兵，以健壮的农民列入兵籍，平时无战事，从事农业生产，战时则征召入伍。明清以来，沿用宋朝民兵体制，或曰民兵，或曰乡兵，或曰乡勇，性质一样。

中国革命战争时期，毛泽东继承与发展了历代军队建制中的民兵观念，使民兵成为毛泽东人民战争思想的重要组成部分。从赤卫队、儿童团到革命根据地与解放区的民兵，各级政府都特别注重民兵建设，民兵在革命战争与和平建设中所起的骨干作用，是非常巨大的。

抗日根据地的民兵与敌后武工队，运用地道战、地雷战、游击战等形式，配合八路军、新四军打击日本鬼子，是抗日战争的重要组成部分。

湖南常德鼎城区人管平，当时在八路军太行山区从事部队文艺工作，1943年特地为太行山的民兵写了一首《太行民兵歌》，歌词是：

太行山，高又高，百万民兵逞英豪。
年轻庄稼汉，扛上枪和刀，
练习打仗来出操。

一把锄，一杆枪，钢枪锄头放光芒。
平时多种地，战时去打仗，
生产抗战好儿郎。

鬼子兵，来扫荡，民兵个个齐武装。
展开麻雀战，撒下地雷网，
英勇杀敌是战场。

你磨刀，我擦枪，民兵操练武艺强。
争取时机到，反攻下山冈，
百万民兵上战场。

管平同志这首歌词，集中反映了抗日战争年代中国民兵的战斗生活情景和精神风貌。

（敌后武工队）

从抗日战争到解放战争，特别是辽沈、平津、淮海三大著名战役，广大民兵支援前线，大大推动了人民解放军对敌人的强有力的攻势。民兵的游击队、运输队、担架队、医疗队、宣传鼓动队、炊事队，样样都在支援前线。淮海等重大战役的胜利，千万民兵起了重要的推动作用。陈毅将军甚至说，淮海战役的胜利是老百姓"用独轮车推出来的"。这老百姓，就是武装起来的民兵。

从土地革命、抗日战争到解放战争，重视民兵建设，是毛泽东人民战争思想的有机组成部分。20世纪50年代后期，毛泽东提出：要全民皆兵，要大办民兵师。1961年2月，毛泽东偶然看到了身边工作人员李原慧在国庆10周年阅兵中参加民兵方队的照片，为女民兵能文能武的飒爽英姿所触动，欣然挥笔写下了《为女民兵题照》这首影响深远的七绝相赠。诗云：

> 飒爽英姿五尺枪，曙光初照演兵场。
> 中华儿女多奇志，不爱红装爱武装。

这首题照诗用俊朗质朴的语言，反映出丰富的现实，表现出深刻的意义。不但激励着新中国妇女从军报国，苦练军事技能，同时也激发了全国人民的爱国热情，是一首极具时代特色的七绝佳作。诗的一、二句，作者摄取生活的片段，勾勒出一幅朝气蓬勃的清晨操练图，生动展示了女民兵这一时代主体的青春风采；诗的三、四句在描写女民兵鲜明形象的基础上抒发感慨。而"多奇志"、"不爱红装爱武装"的表述，进一步强化了"女民兵"形象的时代特征。全诗运用描写和议论相结合的手法，通过对女民兵积极参加军事训练的细节描画，展现了新中国妇女们扬眉吐气、前所未有的飒爽英姿，赞美了她们"巾帼不让须眉"的崭新风貌，颂扬了她们时刻准备保卫祖国的英雄气概。与此同时，还通过"女民兵"艺术形象的塑造，表达了作者"兵民是胜利之本"的军事思想。

◆ 芷江洽降

芷江，这个湘西小城，见证了日本侵略军投降的历史，在中国人民抗日战争历史上书写了光辉的一页。

1945年8月21日，秋高气爽，湖南芷江机场上中国国旗迎风飘扬，机场跑道上停歇着百多架飞机，机场周围路上排列着百辆吉普车与军用卡车、小轿车，各界著名人士与五千多军民聚集在机场。

上午 11 时 10 分，一架日本专机飞抵机场上空，环绕机场低飞三圈，表示对中国军民的歉意与敬意，而后降落在机场中央跑道。

日本投降使者、日本中国驻军副总参谋长今井武夫一行四人，在随行人员指引下走出机窗，向中华民国国旗敬礼，而后低头从飞机跑道上走过来。

机场四周，人山人海，顿时响起一阵阵地动山摇一般的怒吼声："打倒日本帝国主义！""严惩战争罪犯！"

（芷江洽降会场）

芷江洽降仪式在当日下午举行。3 点 20 分，日本投降使者今井武夫一行四人，脱帽进入洽降仪式会场，站在铺上白色桌布的投降代表席上，向受降代表、中国陆军总参谋长萧毅肃鞠躬，然后坐下。中美代表验明其代表身份后，萧毅肃宣读敦促日军投降的命令。洽降历时近两个小时，身为中国陆军总司令的何应钦一直在幕后认真倾听。一待日本投降使退出，他立即走进大厅，听取萧毅肃的汇报，检查日本投降使递交的投降书副本。

　　1945 年 9 月 9 日，中国战区日军正式投降仪式，在南京原中央军校大礼堂举行，何应钦代表南京政府接受日本侵华驻军总司令官冈村宁次递交的投降书。

（南京受降会场）

　　日本侵华，给学术界同样造成空前的灾难。1945 年 8 月，著名学者陈寅恪教授闻讯日本投降，颇生当年杜甫《闻官军收复河南河北》之喜，因作《闻日本投降》七律一首，诗云：

降书夕到醒方知，何幸今生见此时。
闻讯杜陵欢至泪，还家贺监病弥衰。
国仇已雪南迁耻，家祭难忘北定时。
念远忧来无限感，喜心题句又成悲。

陈寅恪自注:"丁丑八月,先君卧病北平,弥留时犹问外传马厂之捷却否?"丁丑年(1937),日寇占领北平,诗人之父陈三立绝食殉难。弥留之际,闻马厂义军战败日寇的传言,特地询问消息是否确实。故诗里有"家祭难忘北定时"之句。南迁,是指北平沦陷后,陈寅恪举家南迁重庆之事。

湖南是抗日战争的主战场之一,长沙会战、衡阳会战、常德会战、湘西会战,战况空前,致使湖南 260 万平民伤亡,其中被鬼子杀死者 92 万余人,财产损失高达 12 万亿,其中在常德实施惨无人道的细菌战中,常德周边村民有 7 600 多人死于细菌与鼠疫,受害区域多达 13 个县,70 多个乡镇。

抗战胜利之日,湖南各界举行祭奠抗日阵亡将士大会,怀念为国捐躯的英雄将士,撰写的楹联是:

> 雪百年耻辱,复万里山河,汉唐无此雄,宋元无此壮;
> 写三楚文章,吊九原将士,风雨为之泣,草木为之悲。

百年耻辱:指鸦片战争到抗战胜利的一个世纪中国人民饱受外国列强欺侮与屈辱的历史。三楚:战国时期的楚国,有东、西、南三楚之分。此指代屈原《离骚》《国殇》、《招魂》之类不朽文章。九原:九泉。

◆ 重庆谈判

1945 年抗日战争胜利后,为避免内战、争取和平,中国共产党同国民党政府在重庆进行了为期 43 天的和平谈判,这次具有历史意义的和谈,史称"重庆谈判"。

1945 年 8 月 28 日,在蒋介石的三次电邀下,毛泽东、周恩来、王若飞组成的中国共产党代表团,乘飞机来到重庆举行和平谈判。时间花费了 43 天,于 10 月 10 日签订了《政府与中共代表会谈纪要》(即《双十协定》)。10 月 11 日,毛泽东返回延安,周恩来与王若飞留在重庆继续谈判。

然而,重庆谈判签订的《双十协定》,乃是一纸空文,蒋介石一则和谈,一则备战,签署和平协定,只是为了掩国人耳目而已。但是毛泽东的重庆之行却收获颇丰，让全国人民真实地认识了一个千古奇才毛泽东，一个文武双全、具有超凡智慧的天才毛泽东。

云集重庆的仁人志士们能够充分认识毛泽东，主要媒介是毛泽东的《沁园春·雪》一词：

北国风光，千里冰封，万里雪飘。望长城内外，惟余莽莽；大河上下，顿失滔滔。山舞银蛇，原驰蜡象，欲与天公试比高。须晴日，看红装素裹，分外妖娆。

江山如此多娇，引无数英雄竞折腰。惜秦皇汉武，略输文采；唐宗宋祖，稍逊风骚。一代天骄，成吉思汗，只识弯弓射大雕。俱往矣！数风流人物，还看今朝。

本词作于 1936 年 2 月初，当时毛泽东同志在陕西清涧袁家沟，正准备亲率红一方面军（1935 年 11 月，红军北上抗日先遣队与红十五军团会师后，恢复此番号）渡黄河东征，开赴河北抗日前线。毛泽东曾在致柳亚子先生书中说："初到陕北看见大雪时，填过一首词。"即谓此。这首前无古人、后无来者的绝世佳作，立意高远，笔力豪健，成功地运用了赋、比、兴等手法，具有神采飞扬的生动形象和景、情、理有机统一的宏阔境界。词的上片以如椽巨笔，描写北国风光，展现一派茫茫大雪中的奇丽景象，以突出北国江山之多娇；下片以森严的史笔一一评述历史上的英雄人物，从秦皇汉武到一代天骄，他们虽然功业赫赫，但是也各有其历史缺陷，一个"俱往矣"，而一扫历史风云与英雄际会，以"数风流人物，还看今朝"结句，赞颂当今之世的风流人物。

1945 年 10 月 7 日，应柳亚子先生要求，身在重庆的毛泽东亲笔书写了这首咏雪词赠他。作者回到延安后，重庆《新华日报》发表了柳亚子的和词。和词的小序写道："次韵和毛润之咏雪之作不尽依原题意也。"由于中国共产党在建党、建军、统一战线等许多方面的波澜壮阔的斗争，及其优良的传统和作风，毛泽东本人在长期的革命和建设中所体验出的人生哲理，都在这首词的深广意境中得到形象化体现，因而原作被爱好者广为传抄。11 月 4 日，重庆《新民报》晚刊据传抄件率先刊出《沁园春·雪》，编者还附注称其"风调独绝，文

情并茂，而气魄之大乃不可及"。其后，山城一些报纸相继转载，全国文化界为之瞩目。这首睥睨千古的豪迈词作，让国民党盘踞的大本营——重庆为之震撼，让以领袖中华自居的蒋介石为之汗颜，让一切爱国正义之士为之振奋，让抗战胜利后的整个中国为之轰动。国民党曾动员与组织全国高手作诗填词，要与毛泽东比试高低，要求有一二能超越毛泽东此词者，但最终无人能比；国民党又组织御用文人撰写批判文章，指斥毛泽东有封建帝王思想。重庆朝野，全国上下，围绕着毛泽东《沁园春·雪》一词展开争议，久久难以平息。而毛泽东在全国人民心目中的伟大形象，如同他运筹帷幄、决胜千里的军事家形象一样，像一座巍峨的历史丰碑，永远矗立在神州大地，让亿万炎黄子孙景行行止，高山仰止。

◆辽沈战役

1948 年 9 月到 11 月间，中国人民解放军东北野战军在辽宁西部和沈阳、长春地区对国民党军进行了战略性决战。历时 50 天的辽沈战役，是中国人民解放战争中具有决定意义的三大战役之一，共计歼灭敌军四十七万余众，活捉第九兵团司令廖耀湘，东北剿总副司令郑洞国率部投诚，解放东北全境。

辽沈战役的辉煌胜利，取决于中共中央与毛泽东主席"集中优势兵力打歼灭战"的战略部署。战役前期准备阶段，毛泽东采取"关门打狗"的作战方针，指示林彪挥师南下北宁线，占领军事要道锦州，将敌军封锁在东北全歼之。林彪以六个纵队、一个炮兵营、一个坦克营围攻锦州，又以两个纵队安置于锦西南的塔山、高桥地区，以三个纵队派置于黑山地区，以便阻击来自锦西、葫芦岛与沈阳方面的增援敌军；又以一个纵队与七个独立师继续围困长春。1948 年 9 月 12 日，辽沈战役正式打响。双方围绕着锦州展开激烈争夺战，特别是塔山与黑山的阻击战，打得相当艰苦卓绝。10 月 14 日，东北野战军总攻锦州，经过 31 个小时激战，全歼锦州之敌，俘虏其副总司令范汉杰、第六兵团司令卢濬泉以下十万余人。郑洞国率部投降，长春一部起义，国民党东北战场失败已成定局。11 月 2 日，解放军进驻沈阳与营口，辽沈战役胜利结束。

辽沈战役的胜利使人民解放军获得巩固的战略后方和强大的战略预备队，

从根本上改变了国共双方总兵力的对比，为解放战争向全国铺开奠定了坚实的基础。而后中共中央与毛泽东指示东北野战军迅速挥师入关南下，有效地加快了中国人民解放战争的历史进程。

1948 年 10 月，当年正在东北野战军的王文（1955 年授予少将军衔）曾写作了《攻锦州城》一诗，描写围攻锦州城之战，诗云：

> 旗卷秋风海浪翻，大军围困锦城寒。
> 西截海运葫芦岛，东挡陆援黑虎山。
> 五路精兵攻日半，十万败旅被全歼。
> 关门战略操胜券，四野雄师快进关。

锦州之战的胜利，实现了中央军委关于辽沈战役的决定性目标，即"关门打狗"的战略目标。四野，指第四野战军，1949 年 5 月改此编号，由东北野战军组成，所辖第十二、十三、十四、十五等四个兵团、一个特种兵司令部与一个铁道纵队，林彪为司令，罗荣桓为政委。东北解放以后，遵照中央军委的指示，四野迅速入山海关，参加平津战役。

◆ 淮海战役

淮海战役，是解放战争时期我中国人民解放军对国民党军进行的第二次战略性进攻战役。当时，华东、中原野战军以徐州为中心，在东起海州，西至商丘，北起临城（今枣庄市薛城），南达淮河的广大地区，向国民党军展开了空前的大决战，淮海战役也是三大战役中解放军牺牲最重，歼敌数量最多，政治影响最大、战争样式最复杂的战役。

淮海战役双方集结的兵力，国民党军先后有五个兵团，三个绥靖区的部队，总计 80 万人；解放军集结华东、中原、华北野战军的 23 个纵队与地方部队、民兵，总共六十余万人。

根据中共中央与毛泽东主席指示，刘伯承、邓小平、陈毅、粟裕、谭震林等总前委对淮海战役的部署，大致分为三个阶段：

　　第一阶段：击毙黄伯韬。从 1948 年 11 月 6 日至 22 日，中原野战军配合华东野战军，在徐州以东新安镇等地，旗开得胜，一举歼灭敌军第七兵团，击毙其兵团司令黄伯韬，逼迫国民党第三绥靖区所属三个半师的两万三千多人在台儿庄与枣庄起义，中原野战军又将从河南前来增援的国民党军第十二兵团，阻止于河南宿县的南坪集地区。

　　第二阶段：围歼黄维兵团。从 11 月 23 日到 12 月 15 日，解放军华东、中原野战军以雷霆万钧之势，对围困在双堆集地区的黄维兵团发起猛烈攻击，经过 22 天的双堆集血战，除廖运周的一一〇师起义之外，全歼黄维兵团，活捉兵团司令黄维。

　　第三阶段：总攻。从 1949 年 1 月 6 日到 10 日，经过 20 天战地休整后的解放军的华东、中原野战军对青龙集、陈官庄被围之敌发起总攻，俘虏副总司令杜聿明，击毙第二兵团司令邱清泉。

　　淮海战役是世界战争史上规模最大、歼敌最多的一次大战役。从 1948 年 11 月 6 日开始，到 1949 年 1 月 10 日结束，历时 65 天，解放军全歼国民党军 55.5 万人，国民党军的有生力量基本丧失殆尽，逼迫蒋介石不得不宣布下野。

　　淮海战役取得重大胜利的消息，传遍大江南北，当时担任东南大学教授的著名学者陈中凡作《淮海战役告捷解放军即将南下》一诗，寄托南京人民对解放军的期盼：

> 雄师百万扫青徐，满目妖气自此除。
> 念载诛求心未死，万民嫉恶愿终抒。
> 曾掀沧海辟为水，竭尽南山馨竹书。
> 江左生灵齐引颈，高呼徯我后其苏。

　　这首诗首联描写了淮海战役胜利的情景。青徐：指解放军横扫青州与徐州。颔联与颈联历数国民党统治中国 20 年的罪过馨竹难书。念载：20 年。诛求：征收。尾联则描写了江南人民期盼早日解放。徯我后其苏：语出《书·仲虺之诰》："徯予后，后来其苏。"意思是说：等待我的君主到来，君主一到，我们就可以苏息安宁了。后人以"徯后之望"，表示期盼明君到来。

根据陈浩望《民国诗话》记载：淮海战役总部署到位以后，陈毅在总前委作战室，以藐视敌人的豪迈气派，高声吟诵过明世宗嘉靖皇帝《送毛伯温》的一首诗，为杨勇、陈赓等大将们壮行，以此鼓励前线将士奋勇杀敌。诗云：

大将南征胆气豪，腰横秋水雁翎刀。

风吹鼍鼓山河动，电闪旌旗日月高。

天上麒麟原有种，穴中蝼蚁岂能逃。

太平待诏归来日，朕与先生解战袍。

毛伯温，字汝厉，明朝江西吉水人。正德年间进士，累官刑部尚书。嘉靖间，奉命南征安南，出征事嘉靖皇帝以此诗壮行。岁余，不发一矢，而安南定，凯旋而归，加太子太保。鼍（tuó）鼓：用鳄鱼皮蒙的战鼓。

◆平津战役

在辽沈战役胜利结束、淮海战役正在如火如荼发展之际，1948 年 12 月上旬至 1949 年 1 月 31 日，根据中共中央与毛泽东主席的战略部署，我中国人民解放军东北野战军和华北军区第二、第三兵团共一百万人，在北平、天津、张家口地区联合对国民党军队发动了平津战役。平津战役是解放战争时期进行的第三个战略性进攻战役，也是战略决战的最后一个大战役。

平津战役，历时 40 天，歼灭敌军五十二余人，是解放军打得比较轻松的一次战役。首先，解放军以神速切断盘踞在北平、天津、唐山、张家口、塘沽几个孤立据点敌军企图西窜与南逃的后路，先后攻占新保安与张家口，获得前期大捷。而后包围天津的解放军，于 1949 年 1 月 14 日，向拒不投降的天津守备敌军全面发起总攻，经过 29 个小时的激战，全歼守敌 13 万人，活捉指挥官陈长捷，天津解放。第三个阶段，主要是围攻北平，经过多方努力，争取了驻扎在北平的傅作义将军。1949 年元月 31 日，宣布北平和平解放。

北平和平解放，既使千年古都免遭兵燹之灾，保存了诸多历史建筑与文物古迹，又为共产党定都北京奠定了良好基础。1949 年 2 月 1 日，原北京大学著

名教授马叙伦应邀出席政治协商会议，而从上海来到沈阳，听到北平和平解放的喜讯，欣然而写《欣闻北平解放》一诗：

> 宫阙嵯峨六百年，风流文物欲凌前。
> 已残封建凭收拾，无上人民创地天。
> 风景未殊人事异，山河无恙物华鲜。
> 沙滩一角危楼在，指点当年旧讲筵。

诗的前三联主要是写北京的历史与现实，尾联写其对北京大学教授生涯的回忆。沙滩，是北京大学图书馆与文科教学楼所在地。

1949年3月25日，毛泽东等中央领导从石家庄乘飞机抵达北平，柳亚子到机场迎接，晚上参加颐和园益寿堂举行的宴会。次日，柳亚子写诗呈毛泽东主席，回顾自己与毛泽东的三次交往，而今又能在北平见面，感慨良多地说：

> 二十三年三握手，陵夷谷换到今兹。
> 珠江粤海惊初见，巴县渝州别一时。
> 延水鏖兵吾有泪，燕都定鼎汝休辞。
> 推翻历史三千载，自铸雄奇瑰丽词。

尾联是对毛泽东历史功绩的高度赞美。经过几个月的筹备，1949年9月21日，中国人民政治协商会议第一届全体会议，在中南海怀仁堂隆重举行，各民主党派与中国共产党共商国家大事，宣布改北平为北京，确定国旗、国徽与国歌；一个民主自由的新中国，如同东方升起的一轮朝阳一样，照耀着古老而多灾多难的中华大地。

◆ 解放南京

1948年到1949年之交，经过辽沈、淮海、平津三大战役以后，人民解放军取得了决定性胜利。此时的国民党政府玩弄两手策略：一则派遣代表和谈，要求划江而治；二则加强长江布防，企图凭借长江天险，阻止解放军渡江。长江南岸，从上海到湖北宜昌，设计一千八百多公里的长江防线，国民党布防军力多达75万兵力，其中有115个陆军师、1个海军舰队、280架飞机。

（人民解放军占领南京总统府）

1949年元月中旬至3月初，人民解放军第二野战军第四兵团的第十五军，成为百万雄师过大江的先遣部队，走出大别山，推进到长江北岸，而后着手渡江战役的各种准备工作。由于国民党拒绝在和平协定上签字，4月21日，毛泽东主席和朱德总司令发出《向全国进军的命令》，号令全军坚决、彻底、干净、全部地歼灭中国境内一切敢于抵抗的国民党反动派，解放全中国。当夜，我英勇的人民解放军以120万兵力，分西、中、东三路向国民党军发起了全面进军的渡江战役。在东起江苏江阴，西迄江西湖口的千里长江上，千帆竞发，万炮齐轰，人民解放军以锐不可当之势，冲破敌军重重封锁阻击，有效突破敌军防线，23日上午，各师进驻浦口，敲开了从正面进攻南京的大门。经过一夜激战，24日拂晓时分，陈毅麾下的第三野战军直捣南京总统府，将红旗插上总统府大门顶楼上，解放了国民党反动派盘踞了22年的南京，宣告蒋家王朝退出历史舞台。捷报传来，住在北平香山双清别墅的毛泽东欣喜万分，他诗兴大发，

中国战争事典

欣然挥笔，写下了《七律·人民解放军占领南京》这首气势恢宏的卓绝华章：

钟山风雨起苍黄，百万雄师过大江。
虎踞龙盘今胜昔，天翻地覆慨而慷。
宜将剩勇追穷寇，不可沽名学霸王。
天若有情天亦老，人间正道是沧桑。

这首七律，表现了共产党人彻底打垮国民党反动统治的信心和决心，表达了人民解放军解放全中国的必胜信念。前两联描写人民解放军占领南京的宏伟气势，钟山突起风雨，百万雄师，飞渡长江，使六朝古都发生天翻地覆的历史巨变。后两联是诗人的感叹与激励，告诫广大的人民解放军将士，不可沽名学楚霸王项羽，而是要善于抓住战机，奋勇追击穷途末路的敌军，争取从胜利走向胜利。因为这是正义的人民解放战争，是感动天地的伟大事业，走的是人间文明进步的正道，是符合自然与社会发展规律的。这首诗凝练谐畅，将史实与哲理紧密交融，不仅描述了人民解放军占领南京这一伟大的历史事件，而且揭示了它的重大意义，昭示着中国历史即将翻开新的一页。

正当中国人民解放军以排山倒海之势，向全国各地胜利进军之际，中国人民政治协商会议于1949年9月21日到9月30日，在北平中南海怀仁堂隆重举行。会议通过了新中国的国旗、国歌、国徽、国都、国号与纪年以及共同纲领，选举出中央人民政府。一个朝气蓬勃的新中国，就如同旭日东升一样，已经出现在世界的东方。

结　论

　　战争之神，从远古神话时代走来，身披的铠甲带着血风腥雨，带着胜利者的欢呼与失败者的哀痛，走过了人类历史发展的悠悠岁月，演变而成规模空前的第一次、第二次世界大战。直至现在，人类生存与发展的地球上，依然战火不断。大大小小的战争，像魔鬼与幽灵一样在世界各地徘徊着，始终纠缠着人类文明进步与发展的身躯，招之即来，挥之不去。

　　撰写这部《中国战争诗话》，我们的思绪与情感起伏波荡，如同钱塘江的潮涨潮落：涉笔于古代战争，感到笔调凝重，宛如千古沙场的战鼓咚咚与呐喊声声；写到近代战争，千钧笔端流出来的仿佛是滴滴血泪，倍感中华民族深受外国列强侵略、欺凌、侮辱与宰割的压抑、痛苦与悲哀；唯有写到现代战争，从反帝反封建的北伐战争到波澜壮阔的人民解放战争，我们才感到气宇轩昂、扬眉吐气，沉重无比的笔力才得以轻松流畅、痛快淋漓。

　　我们这部《中国战争诗话》，以中国历代战争与军旅文化为研究对象，以军旅诗歌为文化载体，采用传统诗话的形式著作而成，不啻是一部中国战争的史诗之作。其主要目的与基本动机，在于为战争立言，为博大精深的中国军旅文化张目，以祭奠千古将士在反抗外敌侵略、捍卫国家主权、维护社会安定而英勇献身的不朽英灵，以赞颂中国军队的千秋不灭的军魂，也为当今人民军队的人文素质教育与军队先进文化建设一备镜鉴。

　　150 年以前，普鲁士人克劳塞维茨著有《战争论》，拿破仑时代的兵学大师若米尼又著有《战争艺术概论》。我们不是军事家，也非政治家，但是撰写这部《中国战争诗话》，促使我们对古往今来的战争进行新的反思与文化分析，因而得出如下几点结论：

　　第一，战争是一把双刃剑。一部五六千年的中国历史，内外战争，绵延不断，中国历史上的辉煌与战争灾难始终相互交织在一起，难解难分。无尽的战

争给中国人民带来无穷无尽的灾难与痛苦，毁坏了中华文明与进步。但是战争也推动着中国历史的车轮滚滚向前，成为改朝换代与社会进步的有力工具。可以说，战争灾难与文明进步，殊途而同归，为人类历史书写着新的篇章。

第二，战争根源于"饮食男女"，体现了人类不同的族群、国家、阶级之间对于生存与发展空间的争夺。从炎黄两大部落之争到春秋战国纷争，从南北朝的长期对抗到北方少数民族政权与汉族争夺中原，从中国人民反抗外国列强入侵的反侵略战争到现代历史上的两次世界大战与当代的局部战争，从古希腊时期的特洛伊战争到未来可能爆发的太空争夺战，都是围绕着这一根本问题而引发的。

第三，战争与和平，始终贯穿于人类历史的发展进程。中华民族是世界上最热爱和平的民族，饱尝外国列强侵略中国的战争之苦，因此十分珍惜和平，始终恪守着"与人为善""以和为贵"的宗旨。我们不要战争，反对战争，但是不怕战争。我们牢记着先贤先哲们的教导："兵者，凶器也；圣人不得已而用之。"何谓"不得已"？就是当中华民族的生存与发展空间受到威胁，中国国家领土与主权受到外敌侵犯之际，我们自然会拿起武器，以血肉之躯筑成新的长城，英勇顽强地与敢于来犯之敌进行殊死战斗，以捍卫中华民族的生存权与发展权，以维护国家主权和民族尊严。

第四，军队是国家民族的坚强柱石，是维护社会安定、经济发展、国家主权、领土完整、人民安居乐业的武装力量。要强国，必须强军。军队的强大，不仅取决于高技术武器装备的发展和使用，更取决于这支军队文化软实力的充分发挥，优秀的军旅文化是引领一支军队前进的号角和火炬。"赳赳武夫"是中国军旅文化的主体。中国军旅文化的灵魂，就是军人心忧天下的爱国主义精神与一往无前的英雄主义气概。

第五，"兵民乃胜利之本"。中国历史上的军队，可谓形形色色：有天子之师、诸侯之兵、"揭竿而起"的农民起义军、还有民团乡勇之类，唯有中国共产党领导下的中国工农红军、八路军、新四军与中国人民解放军，遇弱则强，遇强则刚，攻无不克，战无不胜，以小米加步枪的劣势打败貌似强大的内外敌人。原因何在？因为这支新型军队的宗旨、属性与一切旧军队判然有别，她紧紧地和中国人民站在一起，把人民群众的利益作为自己的最高利益，把全心全意为人民服务作为其唯一宗旨，把民族的解放与国家的独立作为根本的目标。

第六，边塞问题，始终是国家主权安全的根本问题。古往今来，中国历代王朝无休止的边塞战争，或以安边，或以拓边，致使边塞战争烽火连天。这种边塞战争，在维护边塞和平与发展繁荣，维护国家主权与安定团结方面，具有积极的历史意义；但是漫天的战争烽火，也给国家与人民带来不少灾难，以致出现"不知何处吹芦管，一夜征人尽望乡"的思乡情结，连在汉朝边塞战争中屡建奇功的班超将军，也发出"臣不敢望到酒泉郡，但愿生入玉门关"的喟叹。新中国建国以来，我国政府坚决奉行独立自主的和平外交政策，力求与周边国家实现睦邻友好，这无疑是维护和平、构建和谐社会与和谐世界的重大举措。

中国工农红军长征图

1934 年 8 月—1936 年 10 月

图例

1934年革命根据地
1935年革命根据地
1936年红军经过扩大之革命根据地
革命根据地及游击区
红四军长征路线
红一方面军长征路线
红二十五军长征路线
红四方面军长征路线
红二方面军（红二、六军团）长征路线
敌军封锁线及据点
我军进攻方向

比例尺
0   108公里